Rezensionsexemplar

nicht zeichnen

17. Dezember 2022

Geschichtliche Entwicklung

der

Datumsgrenze

(1522 – 2012)

TEIL II

DIE POLITISCH-WIRTSCHAFTLICHE DATUMSGRENZE

Von der Änderung der Datumszählung auf den Philippinen 1844/45 bis zur Einführung der höheren Datierung auf Samoa und den Tokelau-Inseln 2011/12

mit Illustrationen, Diagrammen, Tabellen und Koordinaten der sich entwickelnden Datumslinie vom ersten Drittel des sechzehnten bis zum ersten Drittel des einundzwanzigsten Jahrhunderts

von

H.-D. Woreschk

2019 Heidelberg

Impressum

© 2019 H.-D. Woreschk, Turnerstr.■ 69126 Heidelberg
1. Auflage
Coverbild: steve estvanik / Shutterstock, Inc.

ISBN 978-1-091513273

Zum Gedenken an

JEROLIM FREIHERRN VON BENKO

k. u. k. Fregatten-Kapitän d. R.

Hinweis

Die eingerahmten Texte enthalten zusätzliche Informationen. Sie können übersprungen werden, ohne den inhaltlichen Zusammenhang zu unterbrechen.

Den ins Deutsche übertragenen fremdsprachigen Zitaten geht der Originaltext voraus. Die Übersetzungen sind vom Verfasser.

Die Zitate sind in der Schreibweise der Originalquellen abgefasst. Dabei gibt es Abweichungen von der heute üblichen Rechtschreibung.

Vorwort

Der vorliegende zweite Band der geschichtlichen Entwicklung der Datumsgrenze zerfällt in drei Teile. Im ersten Teil werden die historischen Rahmenbedingungen aufgezeigt, die zur Bildung der politisch-wirtschaftlichen Datumsgrenze führten. Im zweiten Teil geht es um die Entstehung dieser Variante der Datumsgrenze selbst – ein Vorgang, der unter Einbeziehung des neuesten Kartenmaterials der hydrographischen Abteilung der englischen Marine (Royal Navy) auch die jüngsten Entwicklungen im südlichen und mittleren Pazifik berücksichtigt. Auch wird die Frage der Änderung des Datumsgrenzenverlaufs unter rechtlichen Gesichtspunkten verfolgt, da man gerade auf diesem Gebiet vielerorts auf irrige Vorstellungen stößt.

Der dritte Teil fasst die Entwicklung der Datumsgrenze in Skizzenform zusammen.

Der Beitrag eines Offiziers der k. u. k. Marine zur Klärung der mehr als ein halbes Jahrhundert in der Südsee vorherrschenden ungeklärten Datumszählung sei hervorgehoben. Jerolim Freiherr von Benko, k. u. k. Fregatten-Kapitän d. R., war es gelungen, die weltweit so gut wie unbekannte Änderung der Zählung von Datum und Wochentag auf den Philippinen aus dem Jahre 1845 ins Bewusstsein der Allgemeinheit und der Fachliteratur zu heben. Sein jahrzehntelanges Bemühen krönte er durch eine 1890 im Selbstverlag erschienene Schrift.

Dank

Dem „Deutschen Verkehrsmuseum ‚Bahn – Post' Nürnberg" danke ich für die Zusendung aufschlussreichen Quellenmaterials über die Frühzeit des Eisenbahnwesens, das indirekt mit der Entwicklung der Datumsgrenze zusammenhängt.

Abschließend danke ich noch einmal den drei Engländern, ohne deren Unterstützung die Rekonstruktionsgenauigkeit des Datumsgrenzenverlaufs nicht hätte erreicht werden können: A. C. F. David von der hydrographischen Abteilung (Hydrographic Department) des englischen Verteidigungsministeriums; in memoriam dem Leiter des Bereichs ‚Navigation und Astronomie' des „National Martime Museum" (London Old Royal Observatory, Greenwich) H.D. Howse, M. B. E., D. S. C. RN und gleichfalls in memoriam dem Präsidenten der „Seventh-Day Adventist Church (A Section of the Central Pacific Union Mission of S. D. A.)" D. E. Hay sowie der deutschen Botschaft der Vereinigten Staaten von Amerika und deren Innen- und Außenministerium für das umfangreiche Quellenmaterial.

Nicht zuletzt danke ich meinem erst kürzlich verstorbenen langjährigen Freund Rolf Hopp und seinem Sohn Jörg Hopp fürs Korrekturlesen.

Heidelberg, im März 2019   H.-D. Woreschk

Inhaltsverzeichnis[*]

Teil II

DIE POLITISCH-WIRTSCHAFTLICHE DATUMSGRENZE

A. Grundlegende Ursachen ihrer Entstehung

---

[*]   Das Inhaltsverzeichnis von Teil I findet sich im Anhang.

3. Die pazifische Welt im Blickpunkt europäischer und nord-
amerikanischer Interessen

4. Inbesitznahme pazifischer Inseln durch Europäer und
Nordamerikaner

7

B. Herausbildung der politisch – wirtschaftlichen Linie des Datumswechsels

1. Grauzone des Datumswechsels

2. Rekonstruktion der Entstehung der politisch-wirtschaftlichen Datumsgrenze

3. Beginn der Erforschung Ozeaniens[*]

4. Einfluss des internationalen Strebens nach Längenunifikation auf die Datumsgrenze

---

[*]   Exkurs

C. Zusammenfassung der 500–jährigen Entwicklung der Datumsgrenze in Form von Illustrationen

1. Historische Datumsgrenze

2. Politisch-wirtschaftliche Datumsgrenze

ANHANG

11

DIE POLITISCH-WIRTSCHAFTLICHE
DATUMSGRENZE

A.

Grundlegende Ursachen

ihrer

Entstehung

1. Duplizität der Weiterentwicklung der historischen Datumsgrenze nach der Änderung der Datumszählung auf den Philippinen

Dieses Kapitel ist eine Zusammenfassung der entsprechenden Textstellen aus dem ersten Band („Die historische Datumsgrenze").

a. Zusammenbruch des Mittelstücks der historischen Datumsgrenze

Der Zusammenbruch der durch die Entdeckungsgeschichte entstandenen historischen Trennlinie von Wochentag und Datum wurde 1845 durch die Einführung der höheren Datierung auf den Philippinen eingeleitet und 1867 durch den Übergang Alaskas aus russischen in amerikanische Hände abgeschlossen. Gleichzeitig erfolgte dort der Tausch des höheren asiatischen gegen das niedrigere amerikanische Datum.

Im Blick auf die Philippinen resultierte der Wechsel der Datierungsart erstmals aus praktischen, den Wirtschaftsverkehr erleichternden Gründen, im Blick auf Alaska erstmals aus staatspolitischen Erwägungen.

Legende zu Figur 1:

1	=	Campbell-I.	2	=	Antipoden-Ins.	3	=	Bounty-Ins.
4	=	Chatham-Ins.	5	=	Kermadec-Ins.	6	=	Tonga-Ins.
7	=	Fidschi-Ins.	8	=	Samoa-Ins.	9	=	Ellice-Ins.
10	=	Gilbert-Ins.	11	=	Neuguinea	12	=	Molukken
13	=	Celebes	14	=	Borneo	15	=	Philippinen
16	=	Taiwan	17	=	Japan	18	=	Kurilen
19	=	Kommandeur-Ins.	20	=	Aleuten	21	=	Hawaii
22	=	Midway-Ins.	23	=	Marianen	24	=	Karolinen
25	=	Morrell-I.	26	=	Byers-I.	27	=	Kap Deschnew
28	=	Neuseeland						

* „Gilbert-Bogen":
Der Gilbert-Bogen entstand um die Mitte des 19. Jahrhunderts infolge nordamerikanischen Einflusses (Walfang, Missionierung und Handel). Durch den Rückzug der amerikanischen Walfänger (um 1870) und durch die Annexion der Gilbert-Inseln durch England (1892) verschwand er wieder (s. Teil I, S. 252 – 255; Teil II, S. 355).

Die Datumsgrenze nach der Änderung der Datumszählung auf den Philippinen (1845) und vor dem Übergang von „Russisch-Amerika" an die Vereinigten Staaten (1867)

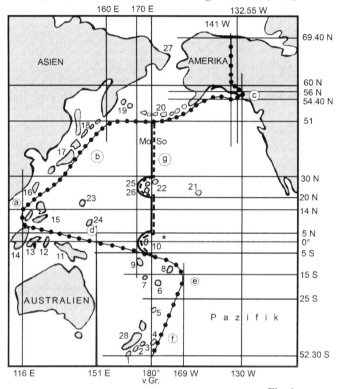

Fig. 1

Begriffliche Gliederung der Datumsgrenze nach Entwicklungsstufen

a = Philippinen-Bogen   e = Samoa-Bogen
b = Nordpazifik-Strecke   f = Südpazifik-Gerade
c = Alaska-Vorsprung   g = Greenwicher Gegenmeridian (mit
d = Äquator-Gerade   „Morrell-Byers- und Gilbert-Bogen")

●●●●●●●●●●   Historische Datumsgrenze bis 1845

●●●------●●●●   Nautisch-historische Datumsgrenze von 1845 bis 1867

Da beim Verkauf von Alaska die russisch-amerikanische Grenze eindeutig gezogen worden war, war auch die das höhere vom niedrigeren Datum trennende Linie eindeutig. So herrschte z. B. auf der St. Lorenz-Insel und auf Attu, der westlichsten der Aleuten-Gruppe, das amerikanische Datum, wo vor dem Verkauf von Alaska die russische Zählung zu beachten war (s. Fig. 63, S. 437: 35 = St. Lorenz-Insel, 29 = Attu).

Dagegen beugten sich die Kommandeur-Inseln schon der asiatischen Datierung. Ebensowenig unverkennbar war der Kurs der Datumslinie westlich um die Hawaii-Inseln, die gegen Ende der vierziger Jahre des 19. Jahrhunderts unter immer stärkeren Einfluss der nordamerikanischen Union geraten waren und somit zur westlichen Datumssphäre zählten.

Doch durch den Wegfall des „Philippinenbogens", des Mittelstücks der historischen Datumslinie, war im zentralen Pazifik, zwischen Hawaii und dem südlichen Ende des „Samoabogens" (ca. 25 S: s. Fig. 1, S. 15), ein riesiges Gebiet ohne feste Datumszählung entstanden, das sich immer weiter nach Südosten und Süden ausdehnte – bis in die Gewässer zwischen den Tonga- und Kermadecinseln (s. S. 15, Fig. 1: Tonga 6, Kermadec 5). Darin war die Zählung des Datums nicht mehr eindeutig, weil nicht mehr feststand, welchen Inseln die höhere und welchen die niedrigere Datierung zukam.

Dieses sich über Tausende von Seemeilen in Melanesien, Mikronesien und Polynesien ausdehnende Gebiet mit ungeklärter Datumszählung, die „Grauzone des Datumswechsels" (s. Fig. 17, S. 242), begann als eine Art Wegscheide zu fungieren. Der eine Arm wies der Entstehung der nautisch-historischen Datumslinie den Weg, der andere der Herausbildung der politisch-wirtschaftlichen-Datumslinie. Es sei eigens darauf hingewiesen: *Die Aufspaltung der historischen Datumsgrenze in ihre nautisch-historische und politisch-wirtschaftliche Variante erfolgte gleichzeitig. Die beiden Varianten entwickelten sich nebeneinanderher.*

Zunächst sei die Entstehung der nautisch-historischen, dann die Herausbildung des Fundaments der politisch-wirtschaftlichen Datumslinie ins Auge gefasst!

b. Entstehung der nautisch-historischen Datumsgrenze

Zu der Zeit, in der die historische Datumsgrenze zusammenge-brochen war, stützte sich die internationale Schifffahrt schon in recht hohem Maße bei der Bestimmung der geographischen Länge auf „Greenwich" – auf den englischen Nullmeridian. Diese Praxis hatte als Folge der unbestrittenen nautischen Führungsrolle Eng-lands gegen Ende des 18. Jahrhunderts eingesetzt und kontinuier-lich weiter um sich gegriffen. Um die Mitte des neunzehnten Jahr-hunderts war die Zahl der internationalen Hochseeschiffer, die die Greenwicher Gegenlinie als nautische Datumslinie akzeptierten, schon so groß, dass sich der 180. Meridian v. Gr. als Verbindungs-linie der stehengebliebenen nördlichen und südlichen Reststücke der zusammengebrochenen historischen Datumsgrenze etablierte und auf diese Weise allmählich die dazwischen aufgerissene Lücke schloss.

Dieser Vorgang wurde durch diejenigen Schiffe ausgelöst, die den Pazifik nur durchquerten und nicht in ihm Handel trieben, und erfolgte in dem Teil des Stillen Ozeans, der durch die philippini-sche Änderung der Datumszählung „datumslos" geworden war: im mittleren Pazifik.

Aus diesem indirekten Eingriff der Hochseeschiffer in die Da-tierungsverhältnisse des Großen Ozeans resultierte die Wiederher-stellung der zusammengebrochenen historischen Datumslinie in Gestalt der „nautisch-historischen Datumsgrenze". Sie ist als ge-dankliches Konstrukt notwendig, um dem Einfluss der internatio-nalen Nautik auf die pazifischen Datumsverhältnisse vor der Voll-endung der politisch-wirtschaftlichen Datumsgrenze (erst 1910) gerecht zu werden. Die nautisch-historische Variante der Datumsli-nie überbrückte im mittleren Pazifik die „datumsgrenzenlose" Zeit zwischen dem Zusammenbruch der historischen und der Voll-endung der politisch-wirtschaftlichen Linie des Datumswechsels.

Die ab 1879 auf den größten Archipelen zwischen Hawaii und Kermadec einsetzende Klärung der Datumszählung führte dazu: Die nautisch-historische Datumsgrenze wurde in dem Maße zu-

17

rückgedrängt, wie sich die politisch-wirtschaftliche Linie des Datumswechsels herauskristallisierte.[1]

c. Entstehung des Fundaments der politisch-wirtschaftlichen Datumsgrenze

Die nach dem Zusammenbruch der historischen Datumsgrenze im Norden und Süden stehengebliebenen Teile der Trennlinie von Wochentag und Datum bildeten in Verbindung mit der etwa gleichzeitig erfolgten Festsetzung der niedrigeren amerikanischen Zählung auf Hawaii die ersten Pfeiler des Fundaments der politisch-wirtschaftlichen Datumsgrenze.

Für die Entwicklung dieses Fundaments in Form weiterer Pfeiler (Fidschi, Tonga, Samoa) sorgten Europäer und Nordamerikaner, die in der zweiten Hälfte des 19. Jahrhunderts just dort im Pazifischen Ozean auftraten, wo die Datierung durch den Zusammenbruch der historischen Datumsgrenze uneinheitlich geworden war.

Die ungeklärte Datumszählung hielt im mittleren Pazifik etwa so lange an, wie die Kolonialmächte benötigten, dort die letzten noch unverteilten Territorien der Erde unter ihren Schutz zu stellen oder in ihren Besitz zu bringen: etwa ein halbes Jahrhundert lang.

Welche Gründe hatten dazu geführt, dass als Folge der zusammengebrochenen historischen Datumsgrenze der mittlere Pazifik zu einem Gebiet mit ungeklärter Datumszählung wurde?

Zur Beantwortung dieser Frage müssen die globalen verkehrstechnischen, politischen und wirtschaftlichen Hauptgründe ins

---

1 Am einfachsten wäre die Einteilung der Datumsgrenzenentwicklung gewesen, wenn man den Einfluss der Nautik den politisch-wirtschaftlichen Einwirkungen subsumiert hätte. Dann wäre auf den Zusammenbruch der historischen Linie (1845) unmittelbar die politisch-wirtschaftliche und nicht die nautisch-historische gefolgt. Doch diese Vereinfachung wäre der tatsächlich erfolgten „doppelspurigen" Datumsgrenzenentwicklung durch den Einfluss des Greenwicher Meridians nicht gerecht geworden.

Auge gefasst werden: der Einfluss der Dampfkraft auf den Verkehr, insbesondere auf den Verkehr über See; der Kolonialismus, der im letzten Drittel des neunzehnten Jahrhunderts im Pazifik seine imperialistische Ausprägung und damit seine Schlussphase erreichte; der gewaltige Aufschwung von Welthandel und Weltverkehr, denn als Handelsschiff ermöglichte das Dampfschiff die weltumspannende Ausdehnung der nationalen Wirtschaftsräume.

Eine entscheidende Rolle bei der Errichtung der kolonialistischen Herrschaft im Stillen Ozean spielte das von Wind und Meeresströmungen unabhängige Kriegsschiff mit Dampfantrieb. Durch den ununterbrochenen Fortschritt in Schiffbau und Geschützentwicklung immer schlagkräftiger geworden, war dieser Schiffstyp für Europäer und Nordamerikaner das Mittel, jederzeit im gesamten Pazifischen Ozean zur Wahrung und Durchsetzung ihrer Interessen intervenieren zu können. Das Dampfschiff ermöglichte die dauernde physische Präsens der Kolonialherren an Ort und Stelle.

Der dadurch möglich gewordenen zeitlich uneingeschränkten Machtausübung in jedem Seegebiet der Erde fielen die letzten noch „herrenlosen" Territorien im Großen Ozean zum Opfer: Die größtenteils noch unabhängige pazifische Inselwelt büßte ihre Selbständigkeit ein.

Im Folgenden seien nacheinander die verkehrstechnischen, politischen und wirtschaftlichen Hauptgründe aufgezeigt, die nach dem Niedergang der historischen Datumsgrenze im Jahre 1845 im mittleren Pazifik die „Grauzone des Datumswechsels", die Zone der konkurrierenden Zählung[1] von Wochentag und Datum, fortbestehen ließen.

Daraus entwickelte sich, womit vorausgegriffen sei, in einem ca. 80 Jahre umfassenden Zeitraum die Datumsgrenze, wie sie von der Mitte der 1920er Jahre bis 1995 (1995 Änderung der Datumszählung auf Kiribati) Bestand hatte. Siebzehn Jahre später änderten Samoa und die Tokelau-Inseln gleichzeitig ihre Zählung von Wochentag und Datum, was im Jahr 2012 zur heutigen Datumsgrenze führte.

---

1   die sich um einen Tag unterscheidende Zählung des Datums

d. Varianten der Datumslinie

Ehe auf die vorangehend genannten Hauptgründe eingegangen wird, die zur Entstehung der politisch-wirtschaftlichen Variante der Datumslinie führten, seien die unterschiedlichen Erscheinungsformen der Datumsgrenze zusammengefasst und vorgestellt.

Die Rekonstruktion der Datumsgrenze erfordert eine klare Begrifflichkeit, die die einzelnen Phasen ihrer Entwicklung voneinander trennt. Daher seien die verschiedenen Entwicklungsstufen der Datumsgrenze definiert. Ausdrücklich sei auf Folgendes hingewiesen:

Wenn nur von „Datumsgrenze" die Rede ist, ist nie die nautische Datumsgrenze gemeint, sondern die Trennlinie von Wochentag und Datum, nach der sich die Allgemeinheit richtet – also: je nach Zeitepoche die historische, nautisch-historische oder politisch-wirtschaftliche Datumsgrenze.

Nautische Datumsgrenze: Gegenlinie des englischen Nullmeridians (180° v. Gr.), nach dem sich die Seefahrer richten

Historische Datumsgrenze: Trennlinie von Wochentag und Datum als Folge der Entdeckungen und Eroberungen (bis 1845)

Nautisch-historische Datumsgrenze: die Verbindung des stehengebliebenen nördlichen und südlichen Teils der zusammengebrochenen historischen Datumslinie durch den Gegenmeridian von Greenwich, nach dem sich die den Pazifik nur durchquerenden Schiffe größtenteils richteten

20

Politisch-wirtschaftliche	die Linie des Datumswechsels, die sich durch
Datumsgrenze:	die politischen und wirtschaftlichen Einflüsse
	aus Europa und Nordamerika in der zweiten
	Hälfte des 19. Jahrhunderts herausgebildet hat

Zur Aufhellung der Beziehung zwischen den vier Varianten der Datumsgrenze sei noch Folgendes angeführt! Dabei sind Rückgriffe auf die vorangehenden Abschnitte dieses Kapitels nicht zu vermeiden.

In der Zeit, in der es der internationalen Nautik zufallen sollte, durch die um sich greifende Annahme des Greenwicher Meridians indirekt die stehengebliebenen Endstücke der historischen Datumsgrenze in Form der Greenwicher Gegenlinie (180° v. Gr.) zu verbinden, erfolgte der Verkauf von „Russisch-Amerika". Der Übergang Alaskas in amerikanischen Besitz, 1867, bietet sich an, die nautisch-historische Datumslinie in eine „Frühform": 1845–1867 und eine „Spätform": 1867–1900 zu gliedern[1] (s. Fig. 63 – 65, S. 437 – 439).

Die durch die Nautik wiederhergestellte durchgängige Bahn der historischen Datumsgrenze, die dadurch zur „nautisch-historischen Datumsgrenze" wird, ist nur ein gedankliches Konstrukt. Es trägt lediglich dem Faktum Rechnung, dass durch den Einfluss der internationalen Hochseeschifffahrt die stehengebliebenen Endstücke der zusammengebrochenen historischen Linie verbunden worden sind.

Die nautisch-historische Datumsgrenze wurde aber in ihrem Mittelstück ad absurdum geführt; denn zwischen den Aleuten und den Gewässern zwischen Tonga und Kermadec war ja, mit Ausnahme Hawaiis mit seinem das amerikanische Datum nach Westen abgrenzenden „Morrell–Byers–Bogen", ein riesiges Gebiet mit ungeklärter Datumszählung entstanden. Darin klärte sich erst nach mehr als einem halben Jahrhundert die Zählung von Wochentag und Datum und es bildete sich die „politisch-wirtschaftliche Datumslinie". Im Gegensatz zur nautisch-historischen Datumsgrenze wurde durch sie die Zählung des Datums der mittpazifischen Inselwelt geregelt.

---

1 s. Teil I, S. 360–365 und 390–402

2. Revolutionierung der Schifffahrt durch das Dampfschiff

a. Erfindung und beginnende Verbreitung in Binnen- und Küstengewässern

Denis *Papin* (1643–1717), französischer Physiker und Mathematiker, schlug 1681 vor, die Dampfkraft zur Fortbewegung von Schiffen zu benutzen. Während seiner Physikprofessur in Marburg (ab 1687) verbesserte und veränderte er die Dampfmaschine des schottischen Bergbauingenieurs Savery. Schließlich war sie so weit entwickelt, dass sie sich in ein größeres Boot zum Antrieb eines an der Seite angebrachten Ruderrades einbauen ließ. Damit gelang Papin die erste Fahrt eines Schiffes mit Dampfkraft.

Am 28. September 1707 fuhr Papin damit die Fulda von Kassel bis hinunter nach Münden, von wo er bis zur Wesermündung weiterfahren und dann nach England übersetzen wollte. In Münden aber endete sein Traum: Hier verweigerte ihm die Obrigkeit die Weiterfahrt. Papin geriet mit ihren Vertretern in heftigen Streit, die ihm sein Schiff, da er auf der Fortsetzung der Reise ohne Erlaubnis bestand, zertrümmerten.

Papin war darüber so entmutigt, dass er für immer dem Dampfschiff den Rücken kehrte. Gleichwohl kann er wegen seiner etwa dreißig Kilometer langen erfolgreichen Fahrt mit einem von der Dampfkraft angetriebenen Wasserfahrzeug als der eigentliche Erfinder der Dampfschifffahrt angesehen werden.

> „Weitere Versuche auf diesem Felde machten die Engländer *Savery* (1716), *Dickens* und *Hull*; dieselben führten indes zu keinen Resultaten. Im Jahre 1753 setzte dann die Pariser Akademie der Wissenschaften einen Preis auf die Erfindung eines Mechanismus, durch welchen man die Kraft des Windes ersetzen könnte. Nachdem sich mehrere Gelehrte um die Lösung dieses Problems vergeblich bemüht hatten, erhielt *Bernouilli* den Preis, der bewies, dass nach dem damaligen Stande der Wissenschaften die Erfindung eines solchen Mechanismus unmöglich sei."[1]

---

1 Geistbeck, Michael, Dr., in: Der Weltverkehr. Telegraphie und Post, Eisenbahnen und Schiffahrt in ihrer Entwickelung dargestellt, Freiburg i. Br. 1887, S. 307

Es sollte noch rund einhundert Jahre dauern – Jahre, in denen hauptsächlich Franzosen, Engländer und Nordamerikaner an der Verbesserung einer für die Schifffahrt geeigneten Dampfmaschine arbeiteten – , bis der Dampfantrieb so weit entwickelt war, dass er die Skeptiker überzeugte und man mit Fug und Recht vom Beginn des Dampfschifffahrtszeitalters sprechen konnte. 1783 gelang es z. B. dem Franzosen d'Abbans mit einem von ihm entwickelten Dampfschiff 15 Minuten gegen die Strömung der Saône zu fahren. Am 7. Oktober 1807 war der Amerikaner Robert *Fulton* mit einem ca. 40 m langen und etwa 5 m breiten Schaufelraddampfer, mit dem „Clermont", 120 Seemeilen stromaufwärts auf dem Hudson von New York nach Albany gefahren. Eine Dampfmaschine von 20 PS trieb zwei an den Seiten des Schiffes befestigte Ruderräder von je 4,70 m Durchmesser und 20 Umdrehungen pro Minute an. Die Fahrzeit betrug 32 Stunden, die Durchschnittsgeschwindigkeit lag bei 3,75 Knoten in der Stunde (ca. 7 km/h).

Der „Clermont", den Fulton zusammen mit Livingstone von 1806 bis 1807 gebaut hatte, war so weit ausgereift, dass er unmittelbar nach seiner erfolgreichen Versuchsfahrt als erstes brauchbares Dampfboot im Fahrgastverkehr auf dem Hudson eingesetzt wurde. Eine englische Stimme aus der Frühzeit der Dampfschifffahrt führt hierüber aus: („To provide more extended accomodation for passengers, she was in the ensuing winter lengthened to the extent of 140 feet keel. In the beginning of the year 1808, the 'Clermont' was placed for regular work, to ply between New York and Albany, and she was crowded with passengers. According to Coldon, the biographer of Fulton, her speed was, after the alteration, at the rate of five miles an hour … The celebrated steam vessel was the first that commenced and continued to run for practical purposes, and for the remuneration of her owners.")[1] „Um mehr Platz für die Passagiere zu schaffen wurde es im folgenden Winter bis zur Kiellänge von 140 Fuß – knapp 43 m, d. Verf. – verlängert. Ab Beginn des Jahres 1808 verkehrte es regelmäßig, mit Passagieren überfüllt, zwischen New York und Albany. Nach Colden, dem Bio-

---

1   Woodcroft, Bennet, in: A SKETCH OF THE ORIGIN AND PROGRESS OF STEAM NAVIGATION FROM AUTHENTIC DOCUMENTS, London 1848, S. 61/62

graphen von Fulton, belief sich nach der Änderung seine Geschwindigkeit auf fünf Meilen pro Stunde (ca. 9,3 km/h, d. Verf.) ... Dieses berühmte Dampfschiff war das erste Schiff seiner Art, das aus praktischen Erwägungen heraus seinen Einsatz begann und fortsetzte und seinen Eignern Geld einbrachte.": Das Zeitalter der Dampfschifffahrt war eröffnet.

> Fultons Erfolg einschränkend, darf Folgendes nicht unerwähnt bleiben: Er kombinierte verschiedene, gut funktionierende Erfindungen mit einer schon existierenden Schiffsform von geringem Strömungswiderstand. Fulton verwendete die Dampfmaschine von Watt und die von Miller bis zur Funktionstüchtigkeit weiterentwickelten Ruderräder. Bei deren Verbindung mit der Dampfmaschine hielt sich Fulton im wesentlichen an die Anregungen Symingtons. Bei der Form des Schiffsrumpfes ließ er sich von Beaufoy leiten.

Das neue Verkehrsmittel verbreitete sich schnell – zunächst in Nordamerika. 1812 befuhren schon mehr als 50 in den Vereinigten Staaten vom Stapel gelaufene Dampfer nordamerikanische Flüsse, 1823 waren es bereits über 300.

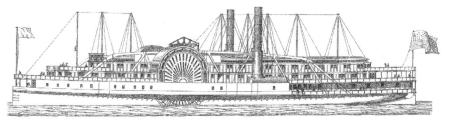

Fig. 2

„Amerikanischer Strom- und Küstendampfer."[1]

Nur wenige Jahre nach Fultons Pionierfahrt zogen in Europa erstmals Schiffe Rauchfahnen hinter sich her. 1815 verkehrte der erste englische Dampfer zwischen Liverpool und Glasgow: Die erste englische Dampfschifffahrtslinie über See war eröffnet. Fünf Jahre später, 1820, ließen schon 35 englische Dampfer ihr Kiel-

---

1   Meyer, in: Dampfschiff I., Leipzig und Wien 1895, 5. Aufl., Bd. 4, n. S. 534

wasser auf den Flüssen des Landes und an den Küsten Britanniens schäumen. 1830 flatterte auf 315 und 1836 auf nicht weniger als 588 Dampfern die englische Flagge. Es würde zu weit führen, in die stürmische Ausbreitung der Dampfschifffahrt die übrigen europäischen Länder einzubeziehen! Deutschland sei jedoch gestreift.

1816 begann das neue Schifffahrtsalter auf dem Rhein und der Elbe. Der englische Dampfer „Defiance" fuhr im Juni dieses Jahres bis Köln. Der erste regelmäßige Verkehr eines Dampfschiffes erfolgte auf der Elbe vom Juni 1816 bis August 1817 durch den schottischen Dampfer „Lady of the Lake". 1817 ertönten die Signalhörner der dampfgetriebenen Schiffe auch auf der Weser und der Spree – auf der Donau im Jahr 1830.

b. Einzug der Dampfkraft in die Meere

Nach der Eroberung der Binnen- und Küstengewässer drangen die Dampfschiffe auf das offene Meer. Zuerst eroberten sie sich den Atlantik. 1819 fuhr die „Savannah", ein dreimastiges Segelschiff mit Dampfantrieb, als erster Dampfer von New York über den Atlantischen Ozean: von Savannah nach Liverpool in 26 Tagen. 18 Tage war dieses Hybridfahrzeug mit Dampf, 8 Tage mit Windkraft vorangekommen. Die Dampfmaschine wurde immer dann abgeschaltet, wenn die Windverhältnisse eine Geschwindigkeit von wenigstens vier Seemeilen pro Stunde zuließen. Von Liverpool setzte die „Savannah" ihre Fahrt fort. Über Kopenhagen lief sie St. Petersburg an und kehrte nach einer weiteren Atlantiküberquerung nach New York zurück. 1826 fuhr ein englischer Hybriddampfer auf der Kaproute (um die Südspitze Afrikas) nach Kalkutta: Das Dampfschiff hatte nach dem Atlantischen Zugang in den Indischen Ozean gefunden. Im selben Jahr schaffte es ein britisches Schiff dieser Art, ohne die Segelkraft in Anspruch zu nehmen, nach Ostindien in 113 Tagen[1], wodurch die Fahrzeit im Vergleich mit reinen Segelschiffen gewaltig verkürzt wurde; denn im Durchschnitt brauchte ein Segler für dieselbe Strecke dreimal so lang. 1833 überquerte das erste, nur von Dampfkraft angetriebene

---

1 Davon entfielen zehn Tage auf das Bunkern von Kohle während der Reise.

Schiff den Atlantik: der kanadische Raddampfer „Prince Williams".

Nachdem die englischen Dampfer „Sirius" und „Great Western", beide noch mit Schaufelradantrieb, 1838 von Bristol nach New York und zurück gefahren waren, kam es zur Einrichtung regelmäßiger transatlantischer Dampfschiffverbindungen zwischen der Alten und der Neuen Welt. 1840 eröffnete Samuel *Cunard* die erste transatlantische Schifffahrtsgesellschaft, die „Cunard Line". Am 4. Juli dieses Jahres ging die „Britannia" dieser Gesellschaft in Liverpool unter Dampf, lichtete den Anker und warf ihn erst wieder in Boston. 1842 erfolgte von England aus die erste Fahrt eines Dampfschiffes um die Erde. 1843 lief der erste Ozeandampfer mit Schraubenantrieb, die „Great Britain", vom Stapel und stellte zwei Jahre später, 1845, durch eine Atlantiküberquerung seine uneingeschränkte Seetüchtigkeit unter Beweis.

Fig. 3
„Älterer transatlantischer Raddampfer."[1]

---

1   Geistbeck, Michael, Dr., in: Der Weltverkehr. Telegraphie und Post, Eisenbahnen und Schiffahrt in ihrer Entwickelung dargestellt, Freiburg i. Br. 1887, S. 312

Der unablässige Fortschritt in der Schiffsbautechnik[1], der stetig anschwellende Personen- und Güterverkehr und nicht zuletzt der Einzug der Dampfkraft in den Kriegsschiffbau ließen die Zahl der Dampfer in einem fort stetig steigen.

Der Bau von Kriegsschiffen mit Dampfkraft setzte nicht lange nach deren Einzug in die allgemeine Schifffahrt ein, denn („The introduction of steam propulsion into war ships necessitated the reconstruction of all navies; ...“)[2] „die Einführung des Dampfantriebs in den Kriegsschiffbau erforderte die Rekonstruktion des Kriegsschiffwesens aller Nationen." Den ersten Schritt in diese Richtung machte der Kongress der Vereinigten Staaten von Amerika, der Fulton 1814 den Auftrag zum Bau einer mächtigen Dampferfregattte für die junge amerikanische Kriegsmarine (1806 zur Abwehr der Maurengefahr für Handelsschiffe längs der nordafrikanischen Küste gegründet) erteilte.

1823 soll in Frankreich der Kriegsschiffbau auf Dampfbasis eingesetzt haben. Dagegen ist der Bau des ersten englischen Kriegsdampfschiffs belegt: 1830 ließ der Engländer Lang eine Dampffregatte von 110 Pferdestärken mit einem Tonnengehalt von 807 vom Stapel laufen. Sie konnte 360 Tonnen Kohle bunkern und war das erste Schiff, das ohne Einsatz von Segeln den Atlantik in westlicher Richtung überquert hatte.

---

1 Wichtigste Schritte:

- Übergang vom Rad- zum Schraubendampfer: 1829 erstmalige Anwendung des Schraubenantriebs durch den Österreicher Joseph Ressel in Triest;

- entscheidende Weiterentwicklung dieser Antriebsart durch den Engländer Smith, der 1836 damit große Anerkennung bei der englischen Admiralität fand, wodurch die Schiffsschraube ab 1839 ihren allgemeinen Einzug bei allen dampfschiffbauenden Nationen hielt;

- zunehmende Verwendung von Eisen statt Holz und Steigerung der Geschwindigkeit durch Einsatz von Verbunddampfmaschinen (ab 1854), denen sich nach wenigen Jahren die Zwillingsschrauben dazugesellten (durch den Engländer Taylor und den Schotten Wilson)

2 Reed, E. J., C. B., in: „OUR IRON-CLAD SHIPS; THEIR QUALITIES, PERFORMANCES, AND COST.", London 1869, S. 93

Fig. 4

„Raddampfer: ‚Cyclops‘, erste Dampffregatte
der englischen Flotte (1839)“[1]

Technische Großprojekte taten ein Übriges für die ständig
wachsende Dampferzahl. Ab 1869 verkürzte sich der Weg in den
Indischen und Pazifischen Ozean auf dem Ostkurs durch die Einweihung des Suez-Kanals um ca. 11 000 km. In der Folgezeit begannen die Planungen für das Verkürzen des Weges in den Stillen
Ozean – die Planungen für den Durchstich der Nord- und Südamerika trennenden Landenge von Panama (Isthmus von Panama) zum
Bau eines Kanals, der unter Westkurs die Fahrt in den Pazifik etwa
um die gleiche Strecke wie auf dem Ostkurs durch den Suez-Kanal
reduziert.[2]

---

1 Brockhaus 14, in: Dampfschiff. III., Leipzig 1908, 14. Aufl., 4. Bd.,
  n. S. 690
2 Der Bau des Panamakanals begann schon 1879. Er sollte in 12, spätestens
  19 Jahren fertig sein. Als Einweihungsdatum war der 3. Februar 1890
  vorgesehen – 24 Jahre vor seiner Freigabe an die internationale
  Schifffahrt am 15. August 1914.

England als führende Schifffahrtsnation besaß allein in dem Jahr, als das erste Schiff unter Dampf rund um die Erde fuhr (1842), etwa 1 000 Dampfer; 1875 hatte sich die Zahl der englischen Dampfschiffe verdreifacht, 1884 vervierfacht und 1896 versechsfacht.

Es ließen sich keine Angaben finden, die beispielsweise jährlich oder in einem anderen Jahresschritt die wachsende Dampferanzahl der Welt vom Beginn der Dampfschifffahrt bis zum Ende des neunzehnten Jahrhunderts nennen. Es fand sich aber eine Tabelle, die von 1821 bis zum Jahr 1903 eine Zunahme des Dampferbestandes aller seefahrttreibenden Nationen der Erde nach Netto-Tonnengehalt aufführt.

Anwachsen der Welt-Dampferflotte nach Netto-Tonnengehalt von 1821 bis 1903[1]

Jahr	Netto-Tonnengehalt
1821	11 500
1831	43 000
1841	140 500
1851	329 500
1861	1 003 500
1871	2 443 000
1881	5 006 100
1891	9 483 100
1901	13 856 500
1903	15 431 974

---

1 Meyer, in: Dampfschifffahrt, Leipzig und Wien 1904, 6. Aufl., 4. Bd., S. 470 (Tabelle der Form nach geändert, d. Verf.)
   Anmerkung: Netto-Tonnengehalt = Brutto-Tonnengehalt minus des für den Betrieb des Schiffes erforderlichen Tonnengehalts (1 Bruttoregistertonne = 2,83 m³)

Während der Weltbestand an Dampfern nach der vorangehenden Übersicht dem Netto-Tonnengehalt entsprechend wiedergegeben wird, verzeichnet die folgende Tabelle die nach Staaten aufgeteilte Anzahl des Weltbestandes an Dampfern für das Jahr 1886.

„Die Handelsdampferflotte der Erde im Jahr 1885/86 (Nach ihrer Tragfähigkeit geordnet; nach dem Büreau Veritas.)"[1]			
	Dampfer über 100 Tonnen		Dampfer über 100 Tonnen
Großbritan-		Chile	22
nien	4 852	Portugal	23
Frankreich	505	Mexiko	22
Deutschland	509	Argentinien	13
Vereinigte		China	8
Staaten	355	Türkei	14
Spanien	314	Peru	6
Niederlande	174	Hawaii	9
Italien	147	Haiti	5
Russland	210	Sansibar	2
Norwegen	266	Uruguay	4
Österreich	102	Tunis	2
Schweden	311	Rumänien	3
Dänemark	177	Venezuela	3
Belgien	60	Costarica	2
Japan	102	Siam	2
Griechenland	55	Äquatorial	1
Brasilien	82	San Domingo	1
Ägypten	31		

Weltbestand an Dampfschiffen 1886: *8 394*

Von 1886 bis 1891 war die Zahl der Dampfschiffe um ca. 40% gewachsen, was aus der in der Quelle zu findenden Tabelle hervorgeht.[2]

---

1 Meyer, in: Die Handelsdampferflotte der Erde 1885/86, Leipz. 1886, 4. Aufl., 4. Bd., S. 492

2 Meyer, in: Dampfschifffahrt, Leipz. u. Wien 1895, 5. Aufl., 4. Bd., S. 541

---

1   Cooper, H. Stonehewer (Editor), in: Our New Colony Fiji – History, Progress and Resources, London 1882, Advertisements

Dem Beispiel der ersten Dampfschifffahrtslinie – der englischen „Cunard Line" aus dem Jahre 1840 – folgend, begannen europäische, amerikanische und asiatische (japanische und chinesische) Dampfschifflinien ein immer dichter gesponnenes Netz über die Meere zu legen und die befahrbaren Küsten aller Erdteile damit einzusäumen. Das dichteste Netz fahrplanmäßiger Dampferlinien legte sich über den Atlantik, verbindet er doch die Alte und Neue Welt. Durchschnittlich verkehrten beispielsweise 1875 täglich ca. 300 Schiffe zwischen Europa und Amerika. 1886 war die Anzahl der täglich den Atlantischen Ozean durchfurchenden Dampfer schon auf 1 500 angestiegen – eine Zahl, die allein 300 größere Salondampfer enthält.

Nach der Erschließung des Atlantiks und des Indischen Ozeans folgte die allgemeine Ausbreitung der immer seetüchtiger werdenden Dampfschiffe im größten aller Meere – im Pazifischen Ozean. Er misst in der Nord-Süd-Ausdehnung zwischen der Bering-Straße und dem südlichen Ende von Neuseeland etwa 18 000 und in ostwestlicher Richtung auf der Höhe von Panama und dem Südchinesischen Meer ungefähr 19 000 Kilometer.

Mit dem Erreichen des Stillen Ozeans und ihrer Ausbreitung darin war der Einzug der Dampfkraft in die Meere der Welt abgeschlossen.

c. Verdrängung des Segelschiffs von den Meeren

Nach der ersten Atlantiküberquerung eines Ozeandampfers mit Schraubenantrieb, durch die „Great Britain"[1] im Jahre 1845, dauerte es nur noch wenige Jahre, bis das Dampfschiff die Oberhand über das Segelschiff zu gewinnen begann. Aus der folgenden Tabelle wird ersichtlich, wie sich von 1850 bis 1880 in der Welthandelsmarine die Prozentanteile von Dampfern und Segelschiffen zugunsten des Dampfers verschoben haben.

---

1 Länge des Decks 98 m, Breite 15 m, 3 500 Tonnengehalt, vier Dampfmaschinen von je 2 000 PS, eine vierflügelige Schraube mit 4,70 m Durchmesser

Korrelation des Weltbestandes an Dampf- und Segelschiffen[1]

	Dampfschiffe	Segelschiffe
1850	14%	86%
1860	29%	71%
1870	43%	57%
1880	61%	39%

Der stetig ansteigende Dampferanteil im Güterverkehr setzte sich bis zur schieren Verdrängung der Segelschiffe von den Weltmeeren (um 1900) fort.

Die Hauptgründe dieser Entwicklung, welche die immer größere Überlegenheit des Dampfers gegenüber dem Segelschiff aufdecken, sind nur zu offensichtlich: Der Dampfer ist deutlich schneller, wodurch sich die Fahrzeit erheblich verkürzt. Dauerte eine Fahrt mit dem Dampfschiff von der Südspitze Englands nach Halifax in Kanada (ca. 3 000 Seemeilen) schon im Jahr 1872 nur noch 10–11 Tage, kämpfte man mit einem Segelschiff meist 32–35 Tage auf dieser Linie gegen Wind und Wellen an.

Brauchte ein Segler im Durchschnitt drei Jahre für eine Weltumsegelung, benötigte ein Dampfer nur noch drei Monate. Da ein Dampfschiff in derselben Zeit – was wiederholt sei – dreimal so viele Fahrten wie ein Segelschiff machen kann, entspricht eine Dampfertonne drei Segelschifftonnen bei gleichem Ladevolumen von Dampfer und Segler. Neben der höheren Geschwindigkeit ist das Dampfschiff von Wetter und Strömungsverhältnissen praktisch unabhängig. Somit wird seine Fahrzeit berechenbar und es wird ein regelmäßiger Linienverkehr auf der Basis eines Fahrplans ermöglicht.

---

1   Meyer, in: Dampfschifffahrt: Die Handelsdampferflotte der Erde im Jahr 1885/86, Leipzig 1886, 4. Bd., S. 493 (Text und Form der Tabelle durch Verf. geä.)

3. Die pazifische Welt im Blickpunkt europäischer und nordamerikanischer Interessen

Vor dem Ende des achtzehnten Jahrhunderts war die pazifische Welt für die europäischen Staaten kein Gegenstand staatspolitischen Kalküls, sondern in erster Linie Ziel wissenschaftlicher, missionarischer und kommerzieller Interessen gewesen (s. Teil I, S. 216–217).

Doch etwa ab der Mitte des neunzehnten Jahrhunderts schob sich gerade dieses im achtzehnten Jahrhundert fehlende politische Kalkül der Europäer im Blick auf die Inselwelt des Großen Ozeans auffallend in den Vordergrund. Aber die Europäer waren nicht die einzigen, die sich besonders für Ozeanien zu interessieren begannen. Auch Nordamerika hatte angefangen, seine Fühler nach dem Pazifik auszustrecken. Das war ein Novum in der Kolonialgeschichte: Eine ehemalige Kolonie hatte sich angeschickt, ihrerseits kolonialistisch tätig zu werden. Europäer und Nordamerikaner waren mit Erfolg bemüht, die nach ihrer Ansicht letzten „unverteilten" Gebiete der Erde ihren Interessensphären zuzuordnen: Franzosen, Engländer, Deutsche und Amerikaner betrachteten sich als die neuen Herren der Inselwelt des mittleren und südlichen Pazifiks. Somit wiederholte sich, was schon im 18. und beginnenden 19. Jahrhundert, nur in viel kleinerem Maßstab über die pazifische Bühne gegangen war: die Ausbreitung der Europäer, um die Nordamerikaner vermehrt, über die Inselwelt Ozeaniens, wo der Kolonialismus in der Form des Imperialismus seinen Höhepunkt erreichen sollte.

„Um 1885 etwa … erfuhr dieser Prozeß der Ausbreitung der europäischen Zivilisation über den ganzen Erdball plötzlich eine ungeheure Beschleunigung; binnen weniger Jahre verwandelte er sich in ein förmliches Wettrennen der europäischen Mächte um noch ‚freie' Gebiete in Übersee …"[1]

Mit Beginn des zwanzigsten Jahrhunderts war die Inbesitznahme der pazifischen Welt durch die erwähnten Kolonialmächte be-

---

1 Mommsen, Wolfgang J. (Verf. u. Hrsg.): Das Zeitalter des Imperialismus, Fischer Weltgeschichte, Frankfurt/M. 1969, Bd. 28, S. 153

endet. 1898, nach dem spanisch-amerikanischen Krieg, erfolgte die Aufteilung der bis dahin spanischen Pazifikbesitzungen, 1899 die Aufteilung Samoas und im Jahr darauf, 1900, verloren schließlich Tonga und Hawaii als letzte Bastionen der Unabhängigkeit diesen Status.

Nachfolgend wird der Rahmen abgesteckt, innerhalb dessen Franzosen, Engländer, Deutsche und Nordamerikaner als Folge der von ihnen betriebenen Pazifikpolitik indirekt die Grundlagen schufen, die zur Entstehung der politisch-wirtschaftlichen Datumsgrenze führten. Für jedes Land werden nur die Hauptgründe dargelegt – und auch nur insofern, als sie für das Thema dieser Schrift von Belang sind.

a. *Frankreich*

Es waren die Franzosen, die im 19. Jahrhundert den Anstoß zur kolonialen Erschließung der Ozeanischen Welt gaben. König Ludwig Philipp (1830–48) hatte Algerien erobert, um seinen wankenden Thron zu retten. Da dies nicht genügte, verfolgte er den ehrgeizigen Plan, in Polynesien ein französisches Kolonialreich zu errichten. Die pazifischen Träume Ludwig Philipps realisierten sich nur teilweise. Nur in Ostpolynesien war es gelungen, von 1842 bis 1889 ein großes, zusammenhängendes Gebiet unter französische Oberhoheit zu stellen: die östliche und westliche Gruppe der Gesellschaftsinseln sowie die Tuamotu-, Tubai- und Marquesasinseln. In Mittelpolynesien und Westmelanesien erschwerte der Widerstand protestantischer Missionare gegen die unter dem Schutz Frankreichs stehenden katholischen Glaubensboten sowie die Politik Londons und Washingtons das französische Fußfassen. Daher konnte Frankreich nur in Neukaledonien (1853) seine Fahne hissen.

b. *England*

Das von Frankreich in der ersten Hälfte des neunzehnten Jahrhunderts von *staatlichen* Zielsetzungen eingeleitete Interesse Europas an der pazifischen Inselwelt brachte England in Zugzwang.

Gedrängt durch den von Frankreich ausgelösten pazifischen Sog, begann England ausgedehnten ozeanischen Besitz zu erwerben – ein Vorgang, der mit dem endgültigen Erwerb Neuseelands einsetzte, hatte doch schon Cook 1769 auf seiner ersten Reise durch Hissen der britischen Flagge förmlich den englischen Besitzanspruch auf diese Inselgruppe gesichert (s. Teil I, S. 309 ff.: „Entwicklung Neuseelands zur Kronkolonie").

Im großen und ganzen lassen sich für die Erweiterung und den Ausbau des englischen Kolonialbesitzes im Stillen Ozean sechs Gründe ausmachen. Da war erstens die Furcht der Engländer vor Frankreich als erneutem, globalem Gegenspieler, der er im erdballumgreifenden Britisch-Französischen Kolonialkrieg (1755–63) gewesen war. Frankreich durfte daher im Pazifik, der strategisches Neuland für die Europäer darstellte, keine so starke Position einnehmen, dass es die weltumspannenden handelspolitischen und militärischen Belange Großbritanniens zur Sicherung seines immer noch wachsenden Kolonialreichs hätte gefährden können.

Der zweite Grund war der in den fünfziger Jahren des 19. Jahrhunderts im westlichen und mittleren Stillen Ozean gewaltig Fuß fassende, von privaten Firmen getragene deutsche Handel. In nur wenigen Jahren erklomm er derartige Höhen, dass England nach der Reichsgründung im Jahre 1871 das politische Eingreifen Deutschlands zum Schutze dieses äußerst einträglichen Handels befürchtete (s. Teil I, S. 299 ff.: „Aufblühen des Südseehandels").

Der dritte Grund für die Ausdehnung des britischen Kolonialbesitzes im Großen Ozean hatte seine Ursache in dem von England nicht zu unterdrückenden Streben seiner Kolonien Australien und Neuseeland, ihrerseits ozeanischen Besitz erwerben zu wollen. Dieses Streben verwirklichte sich allerdings nur indirekt, indem Großbritannien die australischen und neuseeländischen Kolonialgelüste immer nur solange unterstützte, wie diplomatische Schritte zu deren Sättigung genügten.

Zum vierten Grund! Das Auftreten Deutschlands als Kolonialmacht im Pazifik (ab 1884: Aufteilung der Osthälfte Neu-Guineas zwischen England und Deutschland, s. Teil I, S. 231) beschleunigte die Tendenz Großbritanniens, über weiteren pazifischen Inselfluren seine Fahne aufzuziehen. Diese Entwicklung wurde noch durch die nicht nachlassenden Forderungen der australischen und neuseeländischen Kolonisten verstärkt, alle noch „freien" ozeanischen Inseln in den Besitz Englands zu bringen.

Diese Forderungen fielen insofern auf fruchtbaren Boden – und damit kommen wir zum fünften Grund –, als für das noch zwischen Nordamerika und Australien zu legende Telegraphenkabel mittpazifische Inseln als Trassenstützpunkte in Besitz genommen werden mussten, die in der allgemeinen Fluchtlinie des projektierten englischen Pazifikkabels zu liegen kamen. Bisher hatte Großbritannien die Inbesitznahme pazifischen Territoriums ja primär unter dem Gesichtspunkt betrieben, Australien und Neuseeland einen Schutzgürtel vorlegen zu können.

Englands wachsendes Engagement im Pazifik hatte seine Dampferflotte mitwachsen lassen, womit der sechste Grund für den Inselerwerb des Vereinigten Königreichs im Stillen Ozean angeführt sei. Für die immer größer werdende Zahl von Schiffen der Handels- und Kriegsmarine sah man sich gezwungen – insbesondere für die Einheiten der „Royal Navy" –, schon in Besitz befindliche Inseln als Kohlestationen zu halten und zusätzliche Inseln für denselben Zweck zu erwerben. Damit sollten in Ozeanien die englischen Interessen und Ansprüche gegenüber Frankreich, Deutschland und den Vereinigten Staaten von Amerika gewahrt werden.

Insgesamt gesehen hatte die britische Ozeanienpolitik bei der Verfolgung ihrer Ziele hauptsächlich mit französischen und deutschen Zielvorstellungen fertigzuwerden. Verglichen mit der Intensität und der Häufigkeit des Aufeinandertreffens von englischen Kolonialinteressen mit anderen europäischen Kolonialpositionen, waren die Berührungen Englands mit den Vereinigten Staaten von geringerem Gewicht.

c. Deutschland

Das Auftauchen der Deutschen im Pazifik unterschied sich grundsätzlich vom Eintritt ihrer kolonialen Mitbewerber in die pazifische Welt. Ließen sich Franzosen und Engländer von herkömmlich praktizierter Kolonialpolitik leiten und verfolgten die Amerikaner in Ozeanien vor der Mitte des 19. Jahrhunderts neben dem Walfang in erster Linie wissenschaftliche Zwecke (s. Teil I, S. 236 ff. und S. 301 f.), war es bei den Deutschen ausschließlich der von Privatgesellschaften betriebene Südseehandel, der den Weg Deutschlands in den Großen Ozean bahnte.

Die deutschen Handelsbeziehungen zur Südsee gerieten aber zusehends in das Kielwasser der nach der Reichsgründung (1871) verstärkt wirksam werdenden kolonialen Begehrlichkeit, die den ursprünglichen Charakter der deutschen Südseebeziehungen sukzessive ändern sollte. Der Abschluss von Freundschafts- und Handelsverträgen mit pazifischen Inselgruppen und das offene Paktieren mit anderen pazifischen Mächten zur Durchsetzung gemeinsamer Ziele gegen wieder andere pazifische Mächte legen ein beredtes Zeugnis sich abzeichnender staatlich gelenkter deutscher Kolonialpolitik ab. Kern dieser Politik waren der Schutz und der Fortbestand des gewinnbringenden Südseehandels. Damit ging das Bemühen einher, die über den ganzen westlichen und mittleren Pazifik verstreuten deutschen Faktoreien abzusichern und Stützpunkte, wie z. B. in Gestalt von Kohlestationen auf befreundeten Inselgruppen zu gewinnen. Dieses Streben markierte den Wendepunkt vom reinen überseeischen Handelspartner zur pazifischen Interventionsmacht, die sich aber noch nicht auf eigenen Kolonialbesitz in Ozeanien stützen konnte.

Nachdem die deutsche Kolonialpolitik in den frühen achtziger Jahren des 19. Jahrhunderts unter den Einfluss Bismarcks geraten war, wurde der Erwerb von Kolonien aus wirtschaftlichen Erwägungen zunächst abgelehnt. Trotzdem stand der deutsche Reichskanzler der Forderung bestimmter vaterländischer Gruppierungen nach Kolonialerwerb nicht verschlossen gegenüber. Am lautesten erhoben diese Forderung der Flottenverein, der Alldeutsche Verband und der Kolonialverein. Um die aus dem Besitz von Kolonien resultierenden Bindungen Deutschlands möglichst nicht zu einer Belastung für das junge Deutsche Reich werden zu lassen, sollten die zu erwerbenden Gebiete zu Protektoraten erklärt werden.

Bis zum Jahr 1887 waren zwei Gesellschaften zum Erwerb von Kolonien entstanden. Die erste „Koloniale Erwerbsgesellschaft"

– die 1887 gegründete „Jaluit-Gesellschaft A. G." – knüpfte unmittelbar an die Ursprünge der von privaten Kaufleuten in der Südsee ins Leben gerufenen Handelsbeziehungen und deren Weiterentwicklung an. Die „Jaluit-Gesellschaft" erwarb in der Folgezeit drei überseeische Handelsniederlassungen: erstens die Faktoreien der „Deutschen Handels- und Plantagengesellschaft der Südsee-Inseln zu Hamburg A.-G."[1]; zweitens die um 1875 von den Brüdern Hernsheim auf der Marshall-Insel „Jaluit" angelegte deutsche Handelsstation und drittens die Faktoreien der amerikanischen Firma „Crawford u. Komp." auf den Marshall-Inseln.

Die schon 1884 gegründete „Neuguinea-Kompanie" wandelte sich zur zweiten „Kolonialen Erwerbsgesellschaft". Beiden Gesellschaften dieser Art wurde ausdrücklich das Recht auf Erwerb herrenloser Gebiete oder von Territorien, die als herrenlos angesehen wurden, von der deutschen Regierung verliehen. Dieses Recht änderte den Status Deutschlands insofern ab, als sich der Übergang von der Interventionsmacht ohne kolonialen Besitz zur pazifischen Kolonialmacht anbahnte.

Die Wandlung Deutschlands zum territorial ausgestatteten pazifischen Machtfaktor sei am Beispiel Neuguineas kurz dargestellt. Bereits 1828 hatten die Niederlande (s. Teil I, S. 225 ff.) ihre Ansprüche auf die westliche Hälfte Neuguineas erhoben. Dagegen war die östliche Hälfte der Insel aus Sicht der Kolonialmächte noch frei, hatte also noch keinen europäischen Herrn. Nachdem am 6.11.1884 das englische Kriegsschiff „H.M.S. Nelson" in der Orangebai den südöstlichen Teil Neuguineas für Großbritannien in Besitz genommen hatte, hissten die Deutschen zehn Tage später, am 16.11.1884, ihre Flagge im nördlichen Teil der östlichen Hälfte Neuguineas und stellten das solchermaßen erworbene Gebiet unter den Schutz des Reiches. Die darauf noch 1884 gebildete „Neuguinea-Kompanie" war mit dem ausdrücklichen Ziel ins Leben gerufen worden, weiteren Kolonialbesitz für Deutschland zu erwerben.

---

1 Die „Deutsche Handels- und Plantagengesellschaft" hatte ihrerseits 1878 diejenige Firma in ihren Besitz gebracht, die ab 1857 das deutsche Handelsimperium in Melanesien, Mikronesien und im mittleren Polynesien errichtet hatte: die Weltfirma Godeffroy.

Noch im Jahr ihrer Etablierung beauftragte die „Neuguinea-Kompanie" die Gelehrten Finsch und Dallmann mit dem Auftrag, den ersten pazifischen Kolonialbesitz des Deutschen Reiches durch weitere Flaggenhissungen zu sichern und zu mehren. Auf drei Reisen befuhren Finsch und Dallmann die Nordküste Neuguineas und hissten hier und auf dem später so genannten „Bismarck-Archipel" die Fahne ihres Landes.

Das schnelle Vorgehen der Deutschen verhinderte, dass der Norden der östlichen Neuguineahälfte nicht auch noch, wie deren südöstlicher Teil, in englische Hände fiel. Zur Inbesitznahme just dieses Territoriums war nämlich England von Australien, insbesondere von den Kolonisten Queenslands, schon längere Zeit gedrängt worden.

Die Sicherung der ersten deutschen Kolonie im pazifischen Raum nach dem Fußfassen auf der neuguineischen Nordküste übernahm im Folgejahr ein am 17. Mai 1885 ausgestellter kaiserlicher Schutzbrief.

Durch dieses Dokument wurde die Ausübung der Hoheitsrechte über die ersten deutschen Kolonien der „Neuguinea-Kompanie" übertragen. Daher ist im Erwerb der nördlichen Hälfte Ostneuguineas („Kaiser-Wilhelms-Land") und der östlich vorgelagerten Inselwelt (mit dem „Bismarck-Archipel" als größter Gruppe) der eigentliche Beginn für den schon angesprochenen Wandel Deutschlands von der pazifischen Handels- zur pazifischen Kolonialmacht zu sehen.

Unter der Zielsetzung des Kolonienerwerbs, weitere kaiserliche Schutzbriefe schlossen sich an, war Folgendes unvermeidlich: Die deutsche Pazifikpolitik geriet zwangsläufig in verstärkten Gegensatz zu den Zielvorstellungen der anderen ozeanischen Mächte. Diese Entwicklung verdichtete sich zum erstenmal in der Einflussnahme auf die Tonga-Inseln durch zwei und kulminierte in der Auseinandersetzung über die Besitzrechte auf dem Samoa-Archipel zwischen drei der maßgeblichen Pazifikmächte. In beide Fälle war Deutschland verwickelt.[1]

---

1   s. Exkurs über Tonga und Samoa

d. Vereinigte Staaten von Amerika

In der schon fortgeschrittenen ersten Hälfte des neunzehnten Jahrhunderts wandten sich die USA erstmals der pazifischen Welt unter anderen Gesichtspunkten als dem Pottwalfang zu. Bis in den Anfang dieses Jahrhunderts war die nationale Kraft in hohem Maße für die Auseinandersetzung mit dem vormaligen Kolonialherren England benötigt worden. Die junge amerikanische Kriegsmarine mit einbeziehend, hatte der Atlantik die Blickrichtung der Vereinigten Staaten im Kampf gegen Großbritannien gefordert.

Erst nachdem die amerikanische Marine vom Kampf gegen das englische Mutterland befreit war, nahm sie in friedlicher Mission Kurs auf den Pazifischen Ozean. Das Vordringen Amerikas in den Stillen Ozean, insbesondere in dessen südliche Regionen, war nicht kolonialistisch bestimmt, da die Amerikaner auf Grund ihrer Geschichte zu Anhängern des Anti-Kolonialismus geworden waren. In erster Linie ließ sich Amerika in jener Zeit vom wissenschaftlichen Forschungsdrang leiten, der hauptsächlich die Navigationsgrundlagen amerikanischer Schiffe fördern sollte, wie z. B. diejenigen der gewaltigen amerikanischen Walfangflotte, mit nahezu 800 Einheiten die größte der Welt.

In diesem Zusammenhang sind zwei Namen zu nennen. Unter Charles Wilkes – seit 1833 Leiter der Seekarten- und Instrumentenabteilung („Department of Charts and Instruments") der „US-Navy" (Kriegsmarine der USA) – wurden von 1838 bis 1842 diejenigen Inseln vermessen und karthographisch aufgenommen, etwa 280 an der Zahl, die hauptsächlich von amerikanischen Walfängern frequentiert wurden. Weiter nach Süden vorstoßend, nahm die „Wilkes-Expedition" noch 3 000 Kilometer der antarktischen Küste auf. Wilkes Nachfolger als Leiter der Seekarten- und Instrumentenabteilung wurde M. F. Maury. Er stärkte die Präsenz der USA im Pazifik, und zwar dadurch, dass er u. a. für die amerikanische Marine Seekarten erstellte, Informationen über Wind- und Strömungsverhältnisse zur Erstellung verkürzter Reiserouten durch speziell eingerichtete Logbücher sammelte und durch seine Tiefseeforschungen Profile des pazifischen Seebettes erstellen ließ.

Im Gegensatz zur ersten Hälfte werden in der zweiten Hälfte des neunzehnten Jahrhunderts zwei Phasen der amerikanischen Pazifikzuwendung unterschieden. In der ersten Phase werden überwiegend wissenschaftliche, in der zweiten primär wirtschaftliche und darauf allgemeinpolitisch-strategische Ziele verfolgt. Die Ursachen für den Übergang von der ersten zur zweiten Phase liegen in diesem Grundzug amerikanischer Außenpolitik: Maßnahmen zu ergreifen, die Staat und Volk von Nutzen sind.

Unter diesem Gesichtspunkt sollte jede überseeische Inbesitznahme durch die Vereinigten Staaten von Amerika mit einem wirtschaftlichen, politischen oder strategischen Vorteil einhergehen. Dieser Grundzug amerikanischer Kolonialpolitik zeigte sich zum erstenmal im „Guano Act of 1856" (Guano-Parlamentsbeschluß von 1856). Bis zu diesem Jahr hatten die USA noch keine Territorien im Pazifik erworben oder beansprucht. Jetzt, nach der Verabschiedung des „Guano-Act", begannen die Vereinigten Staaten im Stillen Ozean diejenigen Inseln zu erwerben oder einfach zu besetzen, die der Anlass zur Verabschiedung der bewussten Parlamentsakte gewesen waren.

Der Grund für diesen Beschluss der amerikanischen Regierung lag darin: Auf zahlreichen mittpazifischen Inseln hatten sich reiche Ablagerungen eines überwiegend aus Vogelmist bestehenden natürlichen Düngers – Guano – gebildet. Die bemerkenswerten Erfolge, die damit seit 1840 als Düngemittel in der Landwirtschaft, hauptsächlich in Südamerika und Europa, erzielt worden waren, ließen die Nachfrage nach Guano außerordentlich steigen.

Dem Abbau von Guanovorkommen schlossen sich, nachdem diese so gut wie erschöpft waren, den wirtschaftlichen Zielsetzungen übergeordnete, allgemeinpolitisch-strategische Ziele Amerikas im Pazifik an. Die solcherart ausgeweiteten Interessen amerikanischer Ozeanienpolitik stießen im Wesentlichen zunächst mit deutschen Belangen in der Samoafrage zusammen und kulminierten – die Vereinigten Staaten als Kolonialmacht etablierend – im spanisch-amerikanischen Krieg von 1898.

Bis dahin hatten es die USA abgelehnt, als Kolonialherr aufzutreten. Doch da die Amerikaner davon überzeugt waren, dass die Spanier das Recht auf ihre Herrschaft in ihren amerikanischen und

42

pazifischen Besitzungen aus moralischen Gründen verwirkt hatten, entließen sie nach ihrem Sieg Kuba und Puerto Rico in die Unabhängigkeit, nahmen die Philippinen und Guam in ihren Besitz und erlaubten den Spaniern, ihre übrigen pazifischen Inseln an Deutschland zu veräußern.

Durch diese im Vertrag von Paris (1898) getroffenen Regelungen hatten sich die USA als pazifische Macht etabliert, die für das zwanzigste Jahrhundert gut vorgesorgt hatte. Die Aufteilung Samoas unter Deutschland und den Vereinigten Staaten (1899) sowie die Angliederung des Hawaii-Archipels an die nordamerikanische Union (1898 und 1900 s. S. 225 ff.) arrondierten den Pazifikbesitz der USA, unter Einbeziehung der Philippinen und Guams, zum festen, gut positionierten strategischen Dreibein amerikanischer Politik im Stillen Ozean.

4. Inbesitznahme pazifischer Inseln durch Europäer und Nordamerikaner

a. Überblick

In diesem Kapitel geht es darum, aufzuzeigen, welche unterschiedlichen Erscheinungsformen europäischer und nordamerikanischer Herrschaftsansprüche in der Schlussphase des Kolonialismus auf die pazifische Inselwelt einwirkten. Bei diesem Bemühen werden auch Inselgruppen vorgestellt, die auf die Herausbildung der politisch-wirtschaftlichen Datumsgrenze keinen Einfluss haben, damit ein möglichst geschlossenes Bild dieser Herrschaftsansprüche entsteht. Die nachfolgend genannten traten am häufigsten auf – meistens in gebündelter Form –, wie beispielsweise auf der Samoagruppe:

- Aufteilung in Einflusssphären

- Okkupation einzelner Inseln oder ganzer Inselgruppen für bestimmte Zwecke

- Kampf gegen die Herrschaftsstrukturen auf den ins Auge gefassten Archipelen

- Einverleibung benachbarter Einzelinseln und kleinerer Inselgruppen bei oder nach Errichtung der Herrschaft

- Kauf und Verkauf von Inselgruppen

- Neutralisierung einzelner Inseln

- Konfrontierung von Inselreichen mit weit überzogenen Forderungen zur Erlangung der Herrschaft über den betreffenden Archipel

- Ausübung eines Kondominats auf einer Inselgruppe

- Aufteilung von Archipelen unter mehrere Mächte

- Verschuldung von Häuptlingen oder Inselkönigen durch kolonialen Einfluss mit anschließendem Übergang des Inselreichs in den Besitz des Kolonialherren

- Verbannung von Inselkönigen auf weit abliegendes Festland oder weit abliegende Inseln

- Nichtaufrechterhaltung von Machteinflüssen zur Erreichung eines anderen kolonialen Ziels

- zunehmender Einfluss einer Macht unter mehreren Mächten

- Konkurrenz mehrerer Mächte auf ein und derselben Inselgruppe

- Parteinahme von Kolonialmächten in Bürgerkriegswirren unter Einsatz von Feuerwaffen (darunter Schiffsgeschütze)

- Änderung von Besitzverhältnissen und eine Vielzahl von Verträgen der Kolonialmächte untereinander und mit Inselherrschern

- zielgerichtete Annexion von Inselgruppen aus wirtschaftlichen oder strategischen Interessen

- Erhöhung des nationalen Ansehens im In- und Ausland

Parallel zu den vom imperialistischen Kolonialismus im Pazifik hervorgerufenen politischen Entwicklungen setzte dort aber auch

44

die Missionierung in Verbindung mit dem Aufbau eines Schulwesens ein. Ebenso wurden in der pazifischen Inselwelt die Grundlagen eines Gemein- und Gesundheitswesens nach westlichem Verständnis gelegt, wie es z. B. auf Hawaii der Fall war. Zudem wurde der Kannibalismus erfolgreich bekämpft und der landwirtschaftliche Anbau gefördert.

Besonders aber, damit sei vorausgegriffen, wirkte in der zweiten Hälfte des 19. Jahrhunderts der enorme Aufschwung des Weltverkehrs und die damit einhergehende ungeheure Zunahme des Welthandels auf den Großen Ozean ein. Das neue Verkehrsmittel in Form des Dampfschiffs ermöglichte ja die jederzeitige Erreichbarkeit der neuen Märkte.

Bis zum Beginn der Zeit, in der die völlige Aufteilung der pazifischen Inselwelt einsetzte, waren dort Entdecker, Forscher, Händler, Walfänger und Missionare die Vertreter der Alten und Neuen Welt gewesen. Jetzt – nachdem sich Europäer und Nordamerikaner zu den Herren des gesamten Stillen Ozeans aufschwangen – hatten sich diesem Personenkreis weitere Gruppen dazugesellt – Gruppen, die die bisherigen Besucher des Pazifiks aus Europa und Nordamerika zahlenmäßig in den Schatten stellten: staatspolitische Repräsentanten samt Gefolge, das sich in Verwaltungsbeamte und Militärpersonal, Handwerker, Techniker und Ingenieure, Krankenschwestern, Ärzte und Lehrer und, die Christianisierung der Südsee fortsetzend, Missionare aufgliederte.

Die immens gewachsene physische Präsenz von Europäern und Nordamerikanern drückte sich indirekt auch in der entstehenden Infrastruktur und in technischen Großprojekten aus. Koloniale Verwaltungsgebäude, Niederlassungen der großen Handelshäuser und Schifffahrtsgesellschaften, Krankenhäuser, Kirchen, Schulen, Druckereien, Gefängnisse und Unterkünfte für Regierungstruppen wurden erbaut. Häfen, Stapelplätze, Kohlen und Warenlager entstanden. Auf größeren Inseln kam es zur Anlegung eines Verkehrsnetzes, das auch Eisenbahnlinien mit einschloss, wie z.B auf Tahiti und Hawaii. Nicht zuletzt seien die Tiefenmessungen erwähnt, durch die die unverzichtbaren Bodenprofile des Pazifiks für die Trassen der bereits projektierten transpazifischen Telegraphenkabel erstellt wurden.

b. Partielle Aufteilung des Pazifiks in Interessensphären

Die spanischen Besitzungen (Philippinen, Karolinen einschließlich der Palaugruppe und der Yapinsel, Marianen) und die holländischen Territorien (westliche Hälfte Neuguineas, Molukken, Borneo) außer acht lassend, war bis zum Beginn der achtziger Jahre des 19. Jahrhunderts der größte Teil der pazifischen Inselwelt noch nicht in den Besitz der Kolonialmächte übergegangen. Nur rund zwanzig Jahre später, zum Beginn des 20. Jahrhunderts, war die Inbesitznahme der etwa bis 1880 noch „herrenlosen" Inseln und Inselgruppen durch Europäer und Nordamerikaner abgeschlossen.

Der von Australien und Neuseeland ausgeübte starke englische Einfluss auf den Stillen Ozean beeinflusste im besonderen Frankreichs junge Südseepolitik dergestalt, dass es versuchte, in Ozeanien seine Stellung über den schon erfolgten Erwerb ostpolynesischer Inselgruppen hinaus weiter auszubauen. Das Beispiel Großbritanniens und der USA nachahmend, entsandte es ebenfalls Missionare in den Pazifik und bemühte sich um Stützpunkte für Händler, Walfänger und seine Kriegsmarine.

Die amerikanische Pazifikzuwendung, eingeleitet durch den Pottwalfang (s. Teil I, S. 257 ff.), Schritt um Schritt durch den von Insel zu Insel führenden Guanoabbau (s. S. 56 ff.) verstärkt und zusätzlich durch die immer ausgeprägter werdende Festsetzung der nordamerikanischen Union auf Hawaii fest verankert, drängte hauptsächlich aus geopolitisch-strategischen Gründen auf weitere Inselerwerbungen. Als Beispiele seien die ins Auge gefasste, vom britischen Telegraphennetz unabhängige Kabelverbindung zwischen der amerikanischen Westküste und Asien oder der Erwerb von Inseln zur Anlegung von Stützpunkten mit ausgezeichneten Häfen für die amerikanische Marine angeführt.

Deutschland trat im Pazifik als jüngste Kolonialmacht auf. In kurzer Zeit entwickelte sie sich zu einem bedeutenden pazifischen Machtfaktor. Die meisten der zunächst von deutschen Handelshäusern erschlossenen Inseln waren nämlich sukzessiv in den Besitz des Deutschen Reiches übergegangen, wodurch ihnen kolonialer Status zukam.

Bald zeichneten sich zwischen England, Frankreich, Deutschland und den Vereinigten Staaten von Amerika Rivalitäten ab, die mehr oder weniger offen zu Tage traten. Dabei handelte es sich nicht um eine gleichzeitig einsetzende, sondern sich allmählich herausbildende Entwicklung. Sie begann mit einer ersten Abgrenzung englischer und französischer Einflusszonen. 1842 hatte Frankreich gegen den Willen der tahitischen Königin sein Protektorat über deren Inselreich erklärt, das de facto als „Schutzstaat" zum Ausgangspunkt des französischen Kolonialreichs in Polynesien wurde.

Die sich aus der gewaltsamen Protektoratserklärung über Tahiti (s. S. 88 ff.) und die davon abhängigen Inseln ergebenden Verwicklungen mit England standen aber der französischen Kolonialpolitik entgegen, die Auseinandersetzungen mit Großbritannien vermeiden wollte.

Für den französischen König Louis Philippe (1830–48) und seinen Premierminister Guizot waren das Prestige Frankreichs und das der katholischen Kirche gefährdet, wenn das eben erst erworbene Inselreich (Ostgruppe der Gesellschaftsinseln) durch Verschärfung der Verwicklungen mit England wieder verloren gegangen wäre.

In der Londoner Erklärung von 1847 billigte Großbritannien das französische Vorgehen und fand sich mit dem Protektorat Frankreichs über das Königtum von Tahiti ab. Im Gegensatz dazu erklärte sich England jedoch nicht bereit, weitere Annexionen von Pazifikinseln durch Frankreich hinzunehmen und verzichtete zugleich auf eigene Besitzergreifungen. Zudem einigten sich die beiden Mächte darauf, mehrere Inseln zu neutralisieren. Beide Länder vertrauten darauf, dass die in der Londoner Erklärung getroffenen Vereinbarungen zur Abgrenzung ihrer Interessen in Ozeanien genügen sollten, um eventuellen Rivalitäten zwischen ihnen vorzubeugen.

Als Frankreich aber 1853 im offenen Bruch der Londoner Erklärung von Neukaledonien zur Unterstützung der dort tätigen katholischen Missionare Besitz ergriff, erhob England dennoch keinen Einspruch, weil es Neukaledonien zur Gründung einer Strafgefangenenkolonie vorgesehen hatte, obwohl es die Insel Norfolk für diesen Zweck schon seit 1788 verwendete.

Nur wenige Jahre später stellte sich aber Folgendes heraus: Es war weder für Frankreich noch für England möglich, weiterhin Annexionsverzicht zu üben, zu vielgestaltig waren die Gründe, die die Voraussetzungen für das Londoner Abkommen von 1847 geändert hatten.

Als erster Grund ist die Änderung der Wirtschaftsstruktur des pazifischen Raums zu nennen. Hierzu seien drei Beispiele angeführt!

Der Handel mit Kokosöl verdrängte den unbedeutenderen mit Sandelhölzern und Algen. Damit waren bisher die Bedürfnisse des asiatischen Marktes gestillt worden. Der auf einer größeren Zahl mittpazifischer Inseln entdeckte Guano wurde als zusätzliches Düngemittel immer begehrter und als Ausgangsstoff zur Herstellung chemisch produzierten Düngers in wachsenden Mengen verlangt. Die ständig steigende Nachfrage nach Pflanzenöl führte zur Einrichtung einer Vielzahl von Plantagen auf nicht wenigen Inselgruppen, was europäische Ansiedlungen und einen nicht nachlassenden Bedarf an Arbeitskräften nach sich zog. Nicht selten kam es vor, dass Eingeborene der einen Insel oder Inselgruppe durch sogenannte „Arbeitskräftewerber" gegen ihren Willen auf einer anderen Insel oder anderen Inselgruppe als Plantagenarbeiter eingesetzt wurden.

Der zweite Grund, der dem Londoner Abkommen von 1847 über den Annexionsverzicht im Pazifik zwischen England und Frankreich entgegenstand, waren der deutlich verstärkte Einfluss der Vereinigten Staaten von Amerika und das Auftreten der neuen Kolonialmacht Deutschland im Stillen Ozean.

Was allen vier pazifischen Kolonialmächten im Blick auf das Londoner „Annexionsverzichtabkommen" gemeinsam war, ist an dritter Stelle der Gründe zu nennen, die dieses Abkommen praktisch wertlos machten: *das hochseetüchtig gewordene Dampfschiff*. Es *verlieh den vier Mächten*, wie vorangehend schon aufgezeigt, *allgegenwärtige Präsenz im Pazifischen Ozean*. Im Bunde mit den wirtschaftlichen und machtpolitischen Zielen Frankreichs, Englands, Deutschlands und der USA stellte diese Omnipräsenz in riesigen Seegebieten einen ständigen Quell von Rivalitäten dar, denn der größte Teil der pazifischen Inselwelt war ja – wie schon erwähnt – aus der Sicht der Europäer und Amerikaner noch „herrenlos".

Um zu vermeiden, dass im Pazifik die fortwährende und gleichzeitige physische Präsenz der bewussten Kolonialmächte, gestützt auf ihre gepanzerten Kriegsschiffe mit durchschlagskräftigen und weittragenden Geschützen, nicht zu dauernden Querelen oder gar bewaffneten Auseinandersetzungen führte, kam es zur gegenseitigen Abgrenzung von Interessen- bzw. Einflusssphären.

17.5.1885:	Regelung der Grenze zwischen dem deutschen und englischen Schutzgebiet auf Neuguinea[1]
17.12.1885:	Vereinbarung zwischen Spanien und Deutschland auf Grund des päpstlichen Schiedsspruchs vom 22.10.1885, durch den Deutschland das Eigentumsrecht Spaniens an den Karolinen anerkennt[2]
24.12.1885:	Abkommen zwischen Frankreich und Deutschland, worin Deutschland zusagt, die Besitzergreifung der „Inseln über dem Wind" und der Neuen Hebriden zu dulden
6.4.1886:	Festlegung des deutschen und englischen Machtbereichs im westlichen Großen Ozean, wobei dieser Teil des Pazifiks wie folgt definiert wurde: zwischen dem 15. Grad nördl. Br. und dem 30. Grad südl. Br. sowie zwischen dem 165. Grad westl. L. und dem 130. Grad östl. L. v. Gr.
24.10.1887:	Abschluss eines Abkommens, nach dem England und Frankreich zur Aufrechterhaltung der öffentlichen Ordnung auf den Neuen Hebriden eine aus Marineoffizieren beider Länder bestehende Kommission einsetzen[3]

---

1   s. Teil I, S. 228 ff.
2   s. S. 103 f.
3   s. S. 110 f.

16.11.1887: Übereinkommen zwischen Frankreich und England: Frankreich ergreift von den „Inseln unter dem Wind" (Huahine, Bora-Bora, Raiatea) Besitz[1]

14.6.1889: Erklärung Samoas zum unabhängigen und neutralen Gebiet[2]

26.6.1895: englisch-niederländisches Abkommen zur Regelung der Grenze zwischen Britisch- und Holländisch-Neuguinea

30.6.1899: Deutschland kauft von Spanien die Karolinen, die Palau- und Japinseln sowie die Marianen (mit Ausnahme der größten Marianeninsel – Guam –, die an die USA fällt)[3]

Im Zusammenhang mit der Abgrenzung pazifischer Interessenzonen erscheint folgendes Detail erwähnenswert: Es war gängige Praxis, Inselneubildungen (durch Vulkanausbrüche) und neuentdeckte Inseln derjenigen Macht zuzugestehen, in deren Einflussgebiet diese Vorgänge erfolgten.

Hierzu zwei Beispiele:

14.10.1885: In der Tonga-Gruppe bildete sich unter 20°19' südl. Br. und 175° 21½ westl. L. eine neue Insel. Sie wurde „Falkeninsel" genannt.

1885: Entdeckung einer neuen Insel innerhalb des Bismarck-Archipels. Sie erhielt den Namen „Allison-Insel".

---

1   s. S. 99
2   s. S. 156
3   s. S. 104

c. Inbesitznahme von Inseln und Inselgruppen für bestimmte Zwecke (Pitcairn, Norfolk, Guanoinseln u. a.)

- Transpazifische Kabeltrassen
- Unterbringung von Strafgefangenen
- Abbau von Guano
- Versuch einer neuen Form des Zusammenlebens
- Komplettierende Kurzchronologie zur Besitzergreifung pazifischer Inseln

Jetzt sei, bestimmte pazifische Inselgruppen als Beispiele ins Visier nehmend, auf die vorangehend aufgezeigten Erscheinungsformen kolonialer Herrschaftsansprüche eingegangen, die in der zweiten Hälfte des 19. Jahrhunderts die Welt Ozeaniens radikal umgestaltet und zur Herausbildung der „Grauzone des Datumswechsels" in Form der konkurrierenden Zählung des Datums geführt haben.

Pazifische Inseln wurden von Europäern und Amerikanern in den letzten zwei Jahrzehnten des 19. Jahrhunderts aus den unterschiedlichsten Gründen in Besitz genommen. Dies drückte sich sprachlich ebenso unterschiedlich aus, indem beispielsweise abwechselnd von „Annektion, Besetzung, Okkupation, Besitzergreifung, Unter-Schutz-Stellung, Protektorat" oder ganz offen von „Einverleibung" gesprochen wurde.

In den meisten Fällen wirkten bei einem solchen Schritt mehrere Gründe zusammen – meist wirtschaftliche Interessen und machtpolitische Überlegungen zur Stärkung der eigenen kolonialen Position im pazifischen Raum.

Transpazifische Kabeltrassen

Das Zusammenwirken mehrerer Ursachen war beispielsweise beim Erwerb von Inseln gegeben, die möglicherweise als Stützpunkt für die beiden geplanten transpazifischen Kabel dienen konnten. Das eine, das englische Pazifikkabel, sollte sich von Vancouver (Kanada) in allgemeiner südwestlicher Richtung quer durch den Stillen Ozean bis nach Australien und Neuseeland ziehen. Die genaue Trasse für dieses unterseeische Kabel ließ sich erst nach Erstellung aller Bodenprofile, die ihrerseits mehrjährige und langwierige Tiefenmessungen voraussetzten, festlegen. Aus der Ungleichheit des Meeresbodens ergab sich für den Weg, den das Kabel nehmen sollte, ein ungenau definierter, sehr breiter Streifen zwischen der amerikanischen Pazifik- und der Ostküste Australiens.

Wegen dieses gigantischen technischen Projekts gab es für Großbritannien neben der wirtschaftlichen Nutzung des pazifischen Raums und der weiteren dortigen Stärkung seiner machtpolitischen Stellung einen zusätzlichen Grund, pazifische Inseln in den Besitz Englands zu bringen: Wegen der im Planungsstadium nicht eindeutig festzulegenden Trasse war es nötig, die darin befindlichen Inseln zu annektieren.

Chronologischer Abriss der englischen Annexion von Inseln,
die in der nur ungenau umrissenen Trasse des projektierten
Pazifikkabels Großbritanniens zu liegen kamen

1.8.1886: die Kermadec-Inseln annektiert (als mögliche Kabelstation zur Gabelung der Leitung nach Australien und Neuseeland)

20.1.1887: die Kermadec-Inseln durch königliches Patent der englischen Kolonie Neuseeland einverleibt

4.9.1888: die Fanning-Insel, Christmas-Insel und Tongarewa (Penrhyn) in Besitz genommen

27.9.1888: die Cook-Inseln annektiert

22.4.1889: Besitzergreifung der Suvorovinsel

20.5.1889: Inbesitznahme der Tokelauinseln (Unioninseln) und der Phönixinseln

27.5.1892: die Gilbertinseln unter englischen Schutz gestellt

Juni 1892: die Insel Tukapuka (zur Uniongruppe zählend), die Insel Nassau und die Gardnerinseln (Gardinerinseln) gleichfalls unter britischen Schutz gestellt

---

17.7.1892:   die Guanoinsel Johnston (Cornwallis), südwestlich der Hawaiigruppe gelegen, von Großbritannien besetzt

28.7.1893:   Ausweitung des britischen Schutzes auf die südlichen Salomoninseln

1896:   die Insel Norfolk von der britischen Kolonie Neuseeland einverleibt (als alternative Kabelstation zu den Kermadec-Inseln (vgl. 1.8.1886)

1898:   Besitzergreifung der Santa-Cruz-Inseln und der östlich davon liegenden Tucopiainseln

1899:   den Tonga-Archipel unter britischen Schutz gestellt

Der Vollständigkeit halber seien auch diejenigen englischen Besitzergreifungen aufgezählt, die nicht in der breiten Kabeltrasse quer durch den Pazifik zwischen Vancouver und Australien bzw. Neuseeland erfolgten.

6.11.1884:   Protektorat über die Südküste Neuguineas von 141° östl. L. v. Gr. bis zum Ostkap mit allen diesem Kap vorgelagerten Inselgruppen bis hin zu den Louisiaden und den Inseln des Papuagolfs erklärt

3.8.1885:   Protektorat Großbritanniens über die Insel Trobriand (Kirvirai) und alle Inseln, die Neuguinea südlich von 8° südl. Br. benachbart sind

4.9.1888:   Britisch-Neuguinea durch königlichen Erlass zur Kronkolonie erklärt

Mai 1903:   Der englische Konsul von Tahiti erklärt drei Nachbarinseln von Pitcairn – darunter „Ducie" – für britisch.

Das amerikanische Pazifikkabel sollte zwischen San-Francisco und den 1898 in den Besitz der Vereinigten Staaten übergegangenen Philippinen den Großen Ozean durchqueren: über Hawaii, die Midwayinseln und die Insel Guam.

Bei der Inbesitznahme der für die Kabelstationen erforderlichen Inseln folgten die USA bekanntlich dem Grundzug ihrer jungen

Kolonialpolitik, dass jede überseeische Erwerbung mit einem Nutzen für das eigene Land einherzugehen habe – sei er wirtschaftlicher, machtpolitischer oder strategischer Art. Unter diesem Gesichtspunkt war es für die nordamerikanische Union allseitig von großem Vorteil, ein vom englischen Telegraphennetz unabhängiges Pazifikkabel zu besitzen.

Chronologischer Abriss der amerikanischen Inbesitznahme von Inseln, die in der nur ungenau umrissenen Trasse des projektierten Pazifikkabels der Vereinigten Staaten von Amerika zu liegen kamen

1867: die Midwayinseln annektiert (1859 von Kapitän N. C. Brooks entdeckt; zuerst „Middlebrooks", dann „Brooks", mit der Annektierung „Midwayinseln" genannt)

11.2.1895: Schutzherrschaft über die Hawaii-Gruppe erklärt, die sich 1894 zur „Republik Hawaii" proklamiert hatte

16.6.1897: Vertrag zwischen den USA und der Republik Hawaii wegen deren Einverleibung in die Vereinigten Staaten von Amerika

12.8.1898: Ratifikation des Vertrags von 1897 zwischen der Republik Hawaii und den USA

30.6.1898: Die Insel Guam, die größte der Marianeninseln, kommt als Folge des für die USA siegreichen Ausgangs des Krieges mit Spanien durch den Frieden von Paris (1898) in amerikanischen Besitz.

30.4.1900: Die Hawaiigruppe wird Territorium der USA.

Die etwa auf halber Strecke zwischen Neuseeland und Neukaledonien gelegene Insel „Norfolk", 1774 von Cook entdeckt, war dazu ausersehen, ab dem Jahre 1788 die zu lebenslanger Haft verurteilten Verbrecher aufzunehmen.

England, das nach dem Verlust der nordamerikanischen Besitzungen Australien in die Fußstapfen Virginias als Überseesträflingskolonie treten ließ, sah sich gezwungen, die schlimmsten Kriminellen, welche die Entwicklung der jungen australischen Kolonie gefährdeten, nach dieser 2 000 Kilometer von deren Küste entfernten Insel zu deportieren.

Die Hauptaufgabe der Strafgefangenen bestand darin, auf der fruchtbaren, gut bewässerten, etwa vierzig Quadratkilometer großen Insel Flachs, der dort in Mengen vorkam, zu bearbeiten.

Die wichtigsten Erzeugnisse der Flachsproduktion waren für die Hauptkolonie Australien zur Herstellung von Kleidungsstoffen gedacht. Zur Versorgung der Strafgefangenen ließ Leutnant King, der im Februar 1788 den ersten Sträflingstransport aus England nach Norfolk geleitet hatte, Nutzpflanzen anbauen. Zusammen mit den im Übermaß vorkommenden Südfrüchten sicherten sie ein reiches Nahrungsangebot.

Mit Ausnahme der Jahre von 1811 bis 1825 blieb Norfolk bis 1856 Sträflingskolonie. Dann diente die Insel einem anderen Zweck, von dem im übernächsten Kapitelabschnitt („Zum Versuch einer neuen Form des Zusammenlebens") die Rede sein wird.

Im Jahre 1804 gelang einer größeren Zahl von Strafgefangenen die Flucht von dieser einsamen Insel und erreichte die 1 800 Kilometer entfernten Fidschi-Inseln. Welche Rolle die Entflohenen dort spielen sollten, geht aus dem Exkurs über die Fidschi-Inseln hervor.

Die ab 1840 in Europa und anderen Teilen der Welt immer weiter um sich greifende Verwendung von Guano als Düngemittel führte dazu, dass sich die Vereinigten Staaten von Amerika etwa ab der Mitte des 19. Jahrhunderts als pazifische Kolonialmacht zu etablieren begannen. Bisher war der Stille Ozean nur von amerikanischen Walfängern, Missionaren und Schiffen der Kriegsmarine, die wissenschaftliche Zwecke verfolgten, aufgesucht worden.

Auf manchen mittpazifischen Inseln hatten sich reiche Ablagerungen eines überwiegend aus den Exkrementen von Seevögeln entstandenen Düngers – Guano oder Huano (span.) – gebildet, und zwar in Mächtigkeiten von sieben bis dreißig Metern.

Dass sich auf pazifischen Inseln überhaupt Guano bilden konnte, liegt daran: Da Guano leicht in Wasser löslich ist, wird er von jedem Regenguss ausgewaschen und der Abtragungsprozess der Schicht – das Auswaschen seiner löslichen Bestandteile – wird eingeleitet. Deshalb bilden und erhalten sich nur dort Guanoschichten, wo es nicht oder kaum regnet.

Die Vorzüge von Guano zur Steigerung der landwirtschaftlichen Produktion (die Zeit des chemisch-industriellen Düngers war durch Justus v. Liebig gerade erst angebrochen) und die Möglichkeit, durch den Guanoabbau Geld zu verdienen, veranlasste die amerikanische Regierung zur Verabschiedung des „Guano Act of 1856". Bis dahin hatten die USA noch keine Inseln im Pazifik erworben oder beansprucht. Jetzt, nach der Verabschiedung des „Guano Act", begannen die Vereinigten Staaten diejenigen Inseln in ihren Besitz zu bringen oder einfach zu besetzen, auf denen reiche Guanolager vorhanden waren.

Im „Guano Act" werden zunächst nur Ansprüche auf die Baker- und Howland-Insel der Phoenix-Gruppe und die Jarvis-Insel des Fanning-Archipels erhoben. Als Baker und Howland erschöpft waren, wurden andere Inseln, wie z. B. Bearn und Virney der Phoenix-Gruppe Ziel des amerikanischen Guanoabbaus. Auch diese beiden Inseln verließen die Amerikaner nach Erschöpfung der

Lagerstätten wieder. Mit dem Guanoabbau setzte die amerikanische Praxis ein, Eingeborene der Hawaii-Gruppe auf anderen pazifischen Inseln als Arbeitskräfte einzusetzen. Der umgekehrte Vorgang, Eingeborene von pazifischen Inseln nach Hawaii zum Arbeitseinsatz zu bringen, lässt sich auch feststellen, wie dies auf den Gilbert-Inseln der Fall war (s. Teil I, S. 245/46). Beispielsweise waren im Jahre 1876 auf den Phoenix-Inseln fünfzig Hawaiianer unter Leitung von vier Amerikanern mit dem Abbau von Guano beschäftigt.

Über die im „Guano Act" hinaus aufgeführten Inseln besetzten die Nordamerikaner z. B. auch die Tokelau-Inseln, weil auch dort der begehrte Dünger in großen Mächtigkeiten vorkam.

Bis zur Entdeckung des pazifischen Guanos war nur in Südamerika, namentlich auf den der peruanischen Küste vorgelagerten Chincha-Inseln (13.38 S 76.25 W) Guano entdeckt worden. Die drei Hauptinseln dieser Gruppe sind nackte, zerklüftete Felsen von sechzig Metern Höhe. Bis zum Beginn des 1841 in großem Umfang einsetzenden Guanoabbaus trugen sie auf ihrem Scheitel eine dreißig Meter hohe Schicht dieses unter Lufteinfluss, aber ohne Regeneinwirkung entstandenen Zersetzungsprodukts von Seevögelexkrementen.

Wie wichtig die Rolle des Guanos als Dünger war, zeigt ein Blick auf die Inkas. Deren Könige hatten Verordnungen erlassen, die das Betreten aller Chincha-Inseln während der Brutzeit der Vögel mit dem Tode bestraften. Jedes Guanolager hatte in jener Zeit einen eigenen Aufseher, und es war genau geregelt, welche Provinz von welcher Insel Guano erhielt. Noch zu Beginn des 19. Jahrhunderts waren unablässig etwa fünfzig kleinere Schiffe zwischen den Guanoinseln, gleichbedeutend mit Chinchainseln, und dem peruanischen Festland unterwegs, um den wertvollen Dünger an Land zu bringen. Die in Peru seit altersher übliche Verwendung des Guanos als Düngemittel schlug sich im Jahre 1604 erstmals in einer Schrift nieder: „Comentarios reales" von Garcilaso de la Vega.

Alexander von Humboldt war der erste Europäer, der die Guanolager auf den Chinchainseln besuchte. Seine Mitteilungen über das Düngen mit Guano und die von ihm nach Europa mitgebrachten Proben hinterließen aber in der Alten Welt nur geringen Eindruck, weil man sich von dem „Vogelmist" kaum Wirkung versprach. Erst Jahrzehnte später – 1840 – sollte die erste Schiffsladung Guano in Liverpool eintreffen: Der Siegeszug des Guanos begann. Die erstaunlichen Erfolge dieses neuen Düngers ließen den Peru-Guano – in dessen Vertrieb sich vor allem englische und deutsche (Hamburger) Reeder teilten – zu einem sehr begehrten Handelsgut werden. Ab dem Jahr 1840 wurden die Guano-Inseln Perus zum Treffpunkt großer Flotten von Handelsschiffen, die durchschnittlich Jahr für Jahr ca. 500 000 Tonnen Guano abtransportierten.

Die Nachfrage nach Guano war so groß, dass die Lagerstätten der Chincha-Inseln, mit deren Abbau 1840 begonnen worden war und deren Vorräte man noch 1853 auf rund 12 500 000 Tonnen geschätzt hatte, im Jahr 1875 erschöpft waren.

Obwohl beispielsweise auf den peruanischen Inseln Punta de Lobos, Pabellon und auf dem peruanischen Festland selbst wie auch in Bolivien und Chile neue Guanolager entdeckt wurden, waren auch diese wegen des nicht nachlassenden, ungeheuren Bedarfs bei einer jährlichen Exportmenge von, wie schon angeführt, einer halben Million Tonnen wiederum bald erschöpft – und dies, obwohl der Guano, der nicht von den Chincha-Inseln stammte, bei weitem von nicht so hoher Qualität war.

Durch den ungebrochen hohen Verbrauch an Guano kam es einerseits auch zu Fälschungen in großem Stil, denen man z. B. in Deutschland erst durch die Kontrollen, die von den landwirtschaftlichen Versuchsstationen eingeführt worden waren, und durch die Redlichkeit der Importeure wirksam begegnen konnte. Andererseits wurde Guano auch künstlich hergestellt – hauptsächlich aus Knochenmehl, Asche und Ammoniaksalzen. Selbst Präparate aus Walen, Fischen und den Rückständen aus der Produktion von Fleischextrakten belegte man mit dem Namen „Guano".

Zur Beschaffenheit und Verwendung dieses Naturdüngers selbst! Guano, im besonderen der Peruguano, ist eine gelblich-braune, erdige Masse, die von kleineren und größeren verschieden harten Klumpen durchsetzt ist. Nicht selten kommt es vor, dass auch Steine und andere Materialien beigemengt sind. Auf Grund dieser Beschaffenheit ist es nicht möglich, Guano unbearbeitet, d. h. im Naturzustand, auf dem Feld oder im Garten als Dünger auszubringen.

Daher wird der Guano auf zweifach verschiedene Weise angewendet: in Wasser gelöst oder in Pulverform. Am wirksamsten ist er in gelöster Form. Dabei kann die Verdünnung ein Verhältnis von 1:100 haben. Erscheint die Lösung hellgelb, ist die Verdünnung richtig. Zur Verwendung in pulveriger Form wird der Guano in ein gleichmäßiges Pulver gemahlen und dann gesiebt. Ein Mischungsverhältnis von 1:20 ist hier von Vorteil: ein Teil Guano und zwanzig Teile Verdünnungsmaterial (Erde, Sand o. ä.). Werden zum Verdünnen des Guanopulvers Substanzen gewählt, die ihrerseits Düngemittel sind, wie z. B. Asche oder Gips, erhöht sich die

Wirksamkeit der Mischung. Kalk darf allerdings wegen seiner zersetzenden Wirkung nicht als Verdünnungsmittel genommen werden. Hinzu kommt: Kalk treibt Ammoniak aus. Pro Hektar genügen in der Regel 100 Kilogramm, Höchstmengen wären 200 bis 300 Kilogramm Guano.

Beim Düngen muss Folgendes beachtet werden: Peruguano wirkt sehr rasch. Darum ist er einerseits für keimende Saaten von Nachteil, wenn nicht auf ausreichende Verdünnung geachtet wird. Andererseits bewirkt der hohe Stickstoffgehalt dieser Guanoart (13–14%) eine beschleunigte Umwandlung der im Boden enthaltenen Stoffe in Pflanzennahrung. Das wirft eine sehr ertragreiche Ernte ab.

Doch umso rascher erschöpft sich dabei der Boden, wenn ihm die durch den Guanoeinsatz entzogenen Wirkstoffe, wie z. B. Kali und Phosphate, nicht in reichlichem Maße ersetzt werden. Wenn darauf nicht geachtet wird, folgt auf eine Zeit reichster Ernteerträge die völlige Bodenerschöpfung.

Mit Vorliebe wurde Guano in der Landwirtschaft eingesetzt, beispielsweise zur Belebung schwacher Wintersaaten oder zur Düngung von Wiesen und Ölpflanzen. Pflanzen, bei denen es auf den Wohlgeschmack ankam, wurden in der Regel nicht mit Guano gedüngt, weil sie Kali und Phosphate brauchen. Dagegen konnte der Dünger aus Vogelmist für alle Blattpflanzen verwendet werden, sofern man nur auf Massenwachstum Wert legte, ebenso für Zimmerblumen.

Die von der nordamerikanischen Union für den Guanoabbau ins Auge gefassten Inseln im mittleren Pazifik kamen zwar unter dem Aspekt der Mächtigkeit den Guanolagerstätten auf den peruanischen Chincha-Inseln in etwa gleich. Doch im Blick auf die Qualität klafften zwischen dem Peruguano und dessen mittpazifischer Variante große Unterschiede. Während der Peruguano den für die ertragreiche Düngung erforderlichen hohen Stickstoffgehalt (13–14%) hat, der Rest ist überwiegend phosphorsaurer Kalk, ergibt die Analyse für den pazifischen Guano, wie z. B. für den von der Tokelau-Gruppe stammenden, das Fehlen von Stickstoff und einen deutlich größeren Anteil von phosphorsaurem Kalk als beim Guano aus Peru.

Wegen der Unlöslichkeit des phosphorsauren Kalks im Boden hat der pazifische Guano, im Gegensatz zum peruanischen, eine sehr geringe unmittelbare Düngewirkung. Demgegenüber stellte der Pazifikguano aber ein ausgezeichnetes Rohmaterial zur Verbesserung der „Superphosphate" dar, die bereits ab 1845 produziert wurden.[1] Der hohe Anteil an phosphor-

---

1 1840 hatte Justus v. Liebig den ersten Anstoß zu ihrer Produktion gegeben. Von ihm stammt z. B. auch die Anregung, Knochen mit Vitriolöl,

saurem Kalk des Pazifikguanos, der bei unmittelbarer Bodendüngung von Nachteil ist, erweist sich beim Einsatz von Superphosphaten als Vorteil. Ihre Hauptdüngewirkung liegt nämlich in ihrem hohen Anteil von in Wasser löslicher Phosphorsäure. Da der Pazifikguano dieses Grunderfordernis der Superphosphatverwendung in hohem Maße erfüllt, ergänzte er in idealer Weise (auf der Grundlage des „Guano Act" von 1856) die bisherigen Rohmaterialien[1] der Superphosphatherstellung.

Nach den durch den Pazifikguano verbesserten Superphosphaten, die intensiver und schneller als die bisher verwendeten Düngemittel wirkten, erhob sich in Nordamerika in kurzer Zeit eine ungeheure und anhaltende Nachfrage.

Versuch einer neuen Form des Zusammenlebens

- Der Brotfruchtbaum und seine Bedeutung für England
- Meuterei auf der „Bounty"
- Landung und Leben auf Pitcairn
- Umsiedlung nach Norfolk
- Rückkehr nach Pitcairn
- Kapitän Blighs weiteres Schicksal

Unter den von Europäern und Nordamerikanern okkupierten Inseln im Pazifik sticht eine Insel durch die Einmaligkeit des Nutzungszwecks heraus: Ein einsam im südlichen Stillen Ozean gelegenes Eiland wird zum Schauplatz eines merkwürdigen sozialen „Experiments", bei dem eine für die damalige Zeit neue Form des menschlichen Zusammenlebens ohne Rückkehrmöglichkeit in die zivilisierte Welt praktiziert wird.

Die Hauptfiguren dieser beispiellosen Geschichte sind ein drakonischer, seine Disziplinargewalt mit unerbittlicher Strenge ausübender Kapitän eines englischen Kriegsschiffs, ein aufrührerischer Untersteuermann, ein Mannschaftsmitglied, dem auf der be-

---

also mit rauchender Schwefelsäure zu behandeln, um auf diese Weise Superphosphat zur schnelleren Wirkung im Boden zu bringen.

1   Phosphorit (erdiger Apatit), kristallinischer Apatit und Koprolit (Kotstein), die von den unterschiedlichsten, weit verstreuten Fundorten stammen, wie z. B. aus den USA selbst (Florida, Carolina, Tennessee), aus Kanada und England, aus Norwegen und Deutschland, aus Tunesien und Algerien

wussten Insel eine außergewöhnliche Rolle zufallen sollte, und ein amerikanischer Kapitän. In den Nebenrollen finden sich die Besatzung des erwähnten britischen Kriegsschiffs und Eingeborene beiderlei Geschlechts derjenigen Insel, von der aus das Schiff – ohne seinen Kapitän – nach diesem „einsam im südlichen Stillen Ozean gelegenen Eiland" in See gestochen war.

Das Eingreifen des amerikanischen Kapitäns hatte letztlich zur Folge, dass das auf der bewussten einsamen Südseeinsel herangewachsene Völkchen zweimal von dieser Insel auf andere, Tausende von Seemeilen abliegende Inseln umgesiedelt wurde.

Nach der ersten Umsiedlung verursachte die auf der aufnehmenden Insel vorherrschende lockere Moral die Rückkehr nach der Heimatinsel. Nach der zweiten Umsiedlung, auf eine Sträflingsinsel für die schlimmsten Verbrecher einer europäischen Kolonialmacht, war eigener moralischer Niedergang in Verbindung mit zunehmender Unfähigkeit, die zugewiesene Insel selbst zu verwalten, der Grund, dass eine größere Gruppe freiwillig wieder zur eigenen Insel zurückkehrte.

Der Brotfruchtbaum und seine Bedeutung für England

William Bligh (1754–1817) begleitete als Navigationsoffizier James Cook auf der „Resolution" auf dessen zweiter Reise um die Welt (1772–75). Es war auf dieser Expedition, dass der Brotfruchtbaum (Artocarpus), von dem man in Europa seit den Südseefahrten des englischen Kapitäns William Dampier (1652–1715) Kenntnis hatte, von der Cook'schen Expedition auf der Insel Tahiti entdeckt wurde.

Den großen Nutzen des Brotfruchtbaums in Betracht ziehend, entsandte die britische Admiralität im Auftrag ihrer Regierung gegen Ende des Jahres 1787 Kapitän William Bligh auf „H.M.S. Bounty" nach Tahiti, um diesen Baum nach Westindien zur Verbesserung der dortigen Ernährungssituation zu verpflanzen. Bligh schien der richtige Mann für diesen Auftrag zu sein, denn er hatte sich so sehr für diesen Baum eingesetzt, seit er ihn unter Cook auf Tahiti kennengelernt hatte, dass er schließlich den Spitznamen „Bread-fruit-Bligh" (Brotfrucht-Bligh) bekam.

(„L'indigène de Tahiti peut vivre sans rien faire, en mangeant les fruits que la nature lui donne. L'arbre à pain fournit jusqu'à 4 récoltes par an.")[1] „Der Eingeborene von Tahiti kann leben, ohne etas zu tun, indem er die Früchte isst, die die Natur ihm gibt. Der Brotfruchtbaum bringt bis zu vier Ernten im Jahr hervor." Die ovalen, etwa 40 cm langen und 25 cm breiten und zwischen 5 bis 12½ kg schweren Früchte des 12 bis 18 m hohen Baumes werden vor der Reife geerntet. Die Frucht, die vor der Reife ein weißes, mehliges Mark enthält – roh nicht essbar –, wird geschält, in heiße Blätter gewickelt und schließlich zwischen oder auf heißen Steinen zu Brot gebacken. Die solcherart gewonnene Speise hat einen angenehmen, bananenähnlichen Geschmack, während die reife Frucht, deren Mark breiig und gelb ist, unangenehm faulig schmeckt. Die unreife Frucht lässt sich gebacken und gekocht genießen.

Zur Ernährung in früherer Zeit! Während der drei Monate, in denen der Brotfruchtbaum keine Früchte trägt, ernähren sich die Insulaner fast ausschließlich von der eingemachten Frucht. Die geschälten Früchte werden nämlich bevorratet, indem sie in Gruben aufgeschüttet werden, wo sie in saure Gärung übergehen. Dann – während der erwähnten drei fruchtlosen Monate – werden sie gleichfalls gebacken. Außer den Früchten sind auch die öligen Kerne essbar. Aus dem zähen, fadenziehenden Milchsaft der Rinde fertigen die Eingeborenen Vogelleim und aus dem Bast junger Zweige, dem unter der Rinde liegenden Fasergewebe, stellen sie Kleider her. Schließlich dient das gelbliche, schwammige Holz, das leicht und weich ist, zur Herstellung von Haushaltsgeräten und zur Verwendung als Baumaterial.

Die Vorzüge dieses Baumes, der die wichtigste Nahrungspflanze der Südseeinsulaner darstellte, beeindruckten die britische Regierung. Im Blick auf den Ernährungseffekt sind die Früchte mit den Kartoffeln oder dem Getreide vergleichbar. Auch lassen sie sich auf unterschiedliche Weise zubereiten. Die in Scheiben geschnittene und dann getrocknete Frucht kann auch den Schiffszwieback ersetzen, weil sie sich in diesem Zustand zwei Jahre lang hält. Hinzu tritt ein ganz gewichtiges Argument: Zwei, drei Bäume genügen, um einen Menschen jahraus, jahrein zu ernähren. Anders ausgedrückt: Schon der Besitz mehrerer solcher Bäume reicht für den Lebensunterhalt einer größeren Familie aus. Außerdem sind die übrigen Teile des Baumes für verschiedene Zwecke brauchbar.

---

1 Compte-Rendu Du Congrès Des Sciences Géographiques Cosmographiques Et Commerciales Tenu à Anvers Du 14 Au 22 Août 1871., Anvers 1872, Tome Second, S. 220

Brot(frucht)baum
(Artocarpus)

Blütenstände: Stb mit Staub-
und Stp mit Stempelblüten.

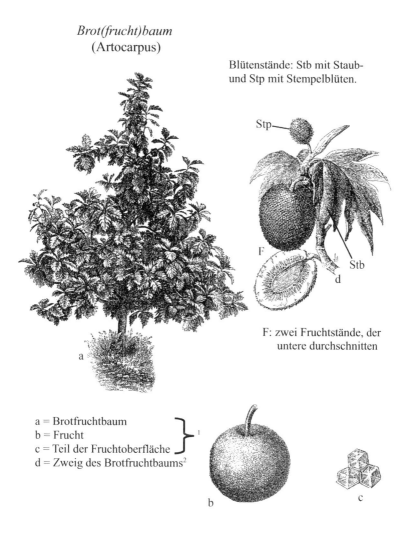

Stp

F

Stb

d

F: zwei Fruchtstände, der
untere durchschnitten

a = Brotfruchtbaum
b = Frucht
c = Teil der Fruchtoberfläche
d = Zweig des Brotfruchtbaums[2]

}[1]

b

c

a

Fig. 5

1   (a, b, c) Brockhaus, in: Tafel „URTICINEN" zum Artikel 'Urticinen',
     Leipzig 1908, 14. Aufl., 16. Bd., n. S. 130
2   Schmeil, O., in: Leitfaden der Botanik, Leipzig 1914, 54. Aufl., S. 17
     (Abbildung ‚Zweig vom Brotfruchtbaume')

Der Mannschaft der „Bounty" gefiel der lange Aufenthalt auf Tahiti außerordentlich gut – vor allem wegen des freundlichen Menschenschlags und hier wiederum hauptsächlich wegen der entgegenkommenden Insulanerinnen. Nicht zuletzt trug auch die an Land gelöstere Stimmung zu dem angenehmen Landaufenthalt bei, während sonst, an Bord, Bligh aufs unerbittlichste auf Disziplin achtete und nicht selten in der Auslegung der Disziplinarvorschriften zu weit ging.

Mit 1015 Setzlingen des Brotbaums nahezu überladen, lichtete die „Bounty" Anfang April 1789 in Tahiti Anker und nahm auf dem Westweg Kurs auf die westindischen Inseln. Kapitän Bligh herrschte wieder in bekannter, diesmal wegen der Sorge um die jungen Bäume, mit noch unerbittlicherer Strenge. Die Mannschaft aber, die sich gedanklich nur schwer von Tahiti und den damit verbundenen angenehmen Erinnerungen lösen konnte, bedauerte Tag für Tag mehr den schweren, allzu schweren Alltag auf See. Schon regte sich der Widerstand: Die einen murrten weniger, die anderen mehr gegen die kaum noch zu ertragenden Schikanen durch „Bread-fruit-Bligh". Dieser Zustand war umso weniger auszuhalten, als die meisten zarte Bande mit Tahitierinnen geknüpft hatten und sich die Seeleute danach sehnten, wieder dorthin zurückzukehren, wo sie so glücklich gewesen waren.

Am frühen Morgen des 28. April 1789 brach die Meuterei aus. Unter Führung des Untersteuermanns Christian Fletcher wurden in einem gut vorbereiteten, schnellen und unblutigen Handstreich Kapitän Bligh und achtzehn ihm weiterhin ergebene Mannschaftsmitglieder über die eine Seite der „Bounty" getrieben, in einem Boot auf dem offenen Meer ausgesetzt und sich selbst überlassen.

Lassen wir Kapitän Bligh selbst zu diesem unerhörten Vorfall – einer Meuterei in der „Royal Navy" – zu Wort kommen! („Just before sun-rising, Mr Christian, with the master at arms, gunner's mate, and Thomas Burket, seaman, came into my cabin while I was asleep, and seizing me, tied my hands with a cord behind my back, and threatened me with instant death, if I spoke or made the least noise: I, however, called so loud as to alarm every one; but they had already secured the officers who were not of their party, by placing centinels at their doors. There were three men at my cabin

64

door, besides the four within; Christian had only a cutlass in his hand, the others had muskets and bayonets. I was hauled out of bed, and forced on deck in my shirt, suffering great pain from the tightness with which they had tied my hands. I demanded the reason of such violence, but received no other answer than threats of instant death, if I did not hold my tongue.

...

The boatswain was now ordered to hoist the launch out, with a threat, if he did not do it instantly, to take care of himself. The boat being out, ... I demanded the cause of such an order, and endeavoured to persuade some one to a sense of duty; but it was to no effect: 'Hold your tongue, Sir, or you are dead this instant,' was constantly repeated to me.

...

I continued my endeavours to turn the tide of affairs, when Christian changed the cutlass he had in his hand for a bayonet, that was brought to him, and, holding me with a strong gripe by the cord that tied my hands, he with many oaths threatened to kill me immediately if I would not be quiet: the villains round me had their pieces cocked and bayonets fixed. Particular people were now called on to go into the boat, and were hurried over the side: whence I concluded that with these people I was to be set adrift. I therefore made another effort to bring about a change, but with no other effect than to be threatened with having my brains blown out.")[1]

„Kurz vor Sonnenaufgang, während ich schlief, kam Mr Christian mit dem Schiffsprofos[2], dem Hilfskanonier und Thomas Burket, einem Matrosen, in meine Kabine. Sie packten mich, banden meine Hände mit einem Strick hinter dem Rücken zusammen und bedrohten mich mit dem sofortigen Tod, wenn ich spräche oder den geringsten Lärm machte. Ich schrie jedoch so laut, dass jeder alarmiert werden musste. Aber sie hatten bereits die Offiziere, die nicht mitmachten, hinter Schloss und Riegel gesetzt, indem sie Wachposten vor ihren Türen postiert hatten. Außer den vieren in meiner Kabine waren drei Mann vor meiner Kabinentür. Christian hatte nur einen kurzen Säbel in der Hand, die anderen hatten Musketen und Bajonette. Ich wurde aus dem Bett gerissen und im Hemd an Deck gezerrt, wobei ich große Schmerzen durch das

---

1   Bligh, William, Lieutenant, in: „NARRATIVE OF THE MUTINY, ON BOARD HIS MAJESTY'S SHIP *BOUNTY*; AND THE SUBSEQUENT VOYAGE OF PART OF THE CREW, IN THE SHIP'S BOAT From TO-FOA, one of the Friendly Islands, To TIMOR, A DUTCH Settlement in the East Indies. London MDCCXC (1790), S. 3 und 5
2   der für Disziplin und Ordnung an Bord zuständige Maat

straff zusammengezogene Seil, mit dem sie meine Hände gefesselt hatten, erlitt. Ich verlangte den Grund solcher Gewalttätigkeit zu wissen, aber erhielt keine andere Antwort als Androhungen des sofortigen Todes, wenn ich meinen Mund nicht hielte.

…

Der Bootsmann erhielt nun den Befehl, das große Boot auszusetzen, begleitet von der Drohung, falls er dies nicht sofort machte, müsste er auf sich achtgeben. Nachdem das Boot zu Wasser gelassen worden war, …, forderte ich den Grund eines solchen Befehls ein und bemühte mich, das Pflichtgefühl der Meuterer zu wecken. Doch dies war erfolglos. ‚Halten Sie ihren Mund, Sir, oder Sie werden augenblicklich getötet‘, wurde mir dauernd wiederholt.

…

Ich setzte meine Bemühungen fort, dem Stand der Dinge eine andere Wendung zu geben, als Christian den kurzen Säbel, den er in der Hand hatte, gegen ein Bajonett tauschte, das man ihm brachte. Mit starkem Griff hielt er mich an dem Seil, das meine Hände fesselte und unter Ausstoßen vieler Flüche drohte er, mich sofort umzubringen, falls ich nicht ruhig wäre. Die Schurken, die mich umgaben, hatten die Hähne ihrer Schusswaffen gespannt und die Bajonette auf mich gerichtet. Bestimmte Leute wurden nun aufgerufen, ins Boot zu steigen und wurden schnell über die Reling getrieben, Daraus schloss ich, dass ich mit diesen Leuten ausgesetzt werden sollte. Daher machte ich einen weiteren Versuch, eine Wendung herbeizuführen, aber mit keinem anderen Effekt, als damit bedroht zu werden, mir eine Kugel durch den Kopf zu jagen.“

Während Bligh und seine achtzehn Getreuen in einem für diese Personenzahl viel zu kleinen Boot und unzulänglich ausgerüstet auf offener See einem ungewissen Schicksal entgegensahen (worauf noch eingegangen wird), segelten die auf der „Bounty“ zurückgebliebenen fünfundzwanzig Mann unter Fletchers Führung mit dem in ihre Gewalt gebrachten Schiff nach Tahiti zurück. Dort blieben die Meuterer bis zum folgenden Jahr und nahmen ihre verloren geglaubten Beziehungen, überwiegend amouröser Art, wieder auf. Indessen lag die „Bounty“, wegen ihrer hohen Masten gut versteckt, in einer der zahlreichen, geschützten Buchten, die sich im Inneren des Tahiti umschließenden Korallenrings finden. Die

Meuterer waren sich sicher, dass ihr auf diese Weise vor Anker liegendes Schiff von See her nicht entdeckt werden konnte.

Landung und Leben auf Pitcairn

Im nächsten Jahr, 1790, lichtete die „Bounty" zum zweitenmal die Anker vor Tahiti. An Bord waren nur noch achtzehn Mann der ursprünglichen Besatzung, darunter Fletcher als Kapitän, sechs Tahitier und zwölf tahitische Frauen. Das englische Kriegsschiff hielt allgemeinen südöstlichen Kurs – auf die etwa 1000 Kilometer entfernte Insel Pitcairn zu. Die Bestimmung der geographischen Länge bereitete keine Schwierigkeiten, denn die zweite von Kendal (Londoner Uhrmacher, d. Verf.) reproduzierte Kopie von ‚H 4' (Harrison'scher Chronometer ‚H 4', d. Verf.) wurde von den Meuterern der ‚Bounty' mit nach Pitcairn genommen.[1]

Diese Insel ist die südsüdöstlichste der Tuamotu-Gruppe im südlichen Polynesien, etwa 2 000 Kilometer von der nächsten Insel dieses Archipels entfernt. Pitcairn liegt unter 25° 4' südl. Br. und 130° 6' westl. L. v. Gr., ist 3,5 km lang, 1,6 km breit und ca. 6 Quadratkilometer groß. Im Gegensatz zu den meisten Inseln Polynesiens ist Pitcairn nicht von Korallenriffen umschlossen. Die Insel steigt in steilen, stark zerklüfteten Felsenklippen aus dunkler, basaltischer Lava bis zu einer Höhe von 388 Metern aus dem Meer. Die Klippen des Inselfußes ragen scharf aus dem Wasser und machen die Insel, mit Ausnahme von Booten, schwer zugänglich. Ein halbkreisförmiger Krater umschließt in etwa 350 Metern Höhe ein fruchtbares Becken. Der Boden ist überwiegend sehr fruchtbar, das Klima feucht, Wasserläufe dagegen fehlen. Auf der Expedition von Philipp Carteret, die im Jahre 1767 auch über Pitcairn führte, wurde die Insel von einem Fähnrich, der sie als erster sichtete, entdeckt – sein Name: Robert Pitcairn.

Nach der Landung auf Pitcairn wurde die kleine Insel gründlich durchforscht. Sie stellte sich als unbewohnt heraus. Alles, was in irgendeiner Weise für das Leben auf diesem winzigen, abgeschie-

---

1   s. Fußnote S. 74

denen Eiland brauchbar erschien, wurde von Bord geholt und an Land gebracht – auch die Brotbaumsetzlinge. Dann befahl der Anführer der aus englischen Matrosen und tahitischen Eingeborenen ungewöhnlich zusammengesetzten Abenteurergruppe beiderlei Geschlechts, Christian Fletcher, die „Bounty", die einzige Verbindung zur Außenwelt, zu verbrennen, da ihre hohen Masten vorübersegelnden Schiffen sofort verraten hätten, dass sich die Meuterer hier aufhielten.

Die Verbrennung des Schiffes war nicht zu vermeiden, denn nirgendwo fand sich zwischen den felsigen Klippen, die scharf und bedrohlich aus der Brandung ragen und die Insel schwer zugänglich machen, ein für die dreimastige „Bounty" geeigneter Ankerplatz, der Sichtschutz von See her geboten hätte. Dies war der eine Grund, warum Fletcher das Schiff verbrennen ließ. Der andere lag darin: Niemand sollte die Insel verlassen – weder in einem der Boote des Schiffes noch mit der „Bounty" selbst: Das Abenteuer einer bisher noch nicht praktizierten Lebensform hatte begonnen.

Beim Durchstreifen und Erforschen der Insel stellte man fest, dass es kaum essbare Nutzpflanzen gab. Sofort wurden die Schiffsvorräte aufs knappste rationiert und die Setzlinge des Brotbaums eingepflanzt, denn der Boden schien sehr fruchtbar zu sein und an Regen mangelte es nicht. Den durch die Vernichtung der „Bounty" und deren Rettungsboote von jeglichem Kontakt zur Außenwelt abgeschnittenen Abenteurern entging nicht, dass die Insel in alter Zeit bewohnt war. Sie stießen nämlich auf zahlreiche Reste in Form von steinernen Götzensäulen, Beilen aus Stein und auch auf Gräber, in denen noch Skelette lagen. Auch Menschenschädel und Lanzenspitzen wurden ausgegraben.

Von Anfang an fiel es den neuen Inselbewohnern schwer, gesittet und in gegenseitiger Rücksichtnahme zusammenzuleben. Der Trunksucht folgten rasch Liederlichkeit und sittliche Ausschweifungen. Eifersucht, verletzter Stolz, Neid und Rachegefühle schlossen sich an. Lug und Trug, wüste Auseinandersetzungen und Prügeleien bestimmten überwiegend den Tagesablauf.

Die solcherart zwischen den Seeleuten und den männlichen Insulanern aus Tahiti verursachten und sich ständig weiter erhöhenden Spannungen entluden sich schließlich in Totschlag und hinterlistigem Mord: Eine blutige Fehde war ausgebrochen. Die Zahl der Inselbewohner sank, denn die Meuterer hatten begonnen, die Tahitier umzubringen, dann löschten sich beide Gruppen gegenseitig aus.

Elf Jahre nach der Ankunft auf Pitcairn war das Experiment, dort ohne jegliche Verbindung zur Außenwelt ein gemeinsames Leben zu führen, völlig gescheitert. Im Jahre 1801 war der Matrose Alexander Smith, der inzwischen den Namen John Adams angenommen hatte, der einzige noch lebende Mann auf der Insel. Die meisten Frauen dagegen lebten noch, außerdem gab es zwanzig Kinder. Adams fühlte sich für die Frauen und Kinder verantwortlich. Gewarnt durch den bisherigen unheilvollen Gang des Inselaufenthalts, schlug er gänzlich neue Wege ein.

Er besann sich auf die religiösen und sittlichen Werte, die England zur Blüte verholfen hatten. Unter seiner strengen, durch und durch patriarchalischen Anleitung wuchs ein kleiner Volksstamm heran, in dem sich die Vorzüge der Engländer und der Polynesier vereinten. Die aus der Verbindung der englischen Seeleute mit den tahitischen Frauen hervorgegangenen Kinder zeichneten sich nicht nur durch ein liebenswürdiges Wesen, Arbeitsamkeit und hohe Sittlichkeit aus, sondern auch durch körperliche Schönheit.

Der amerikanische Kapitän Folger, der mit der „Topas" 1808 als erster Vertreter der Außenwelt nach der Landung der Meuterer vor Pitcairn Anker warf, lenkte die Aufmerksamkeit Englands auf dieses seltsame Inselvölkchen. 1814 entsandte die britische Admiralität Kapitän Staines mit „H. M. S. Briton", 1817 Kapitän Pipon mit „H. M. S. Tagus" und 1825 das Forschungsschiff „Blossom" unter Kapitän Beechy nach Pitcairn, um Näheres über die als merkwürdig beschriebene Gemeinschaft zu erfahren. Die Kapitäne der von Großbritannien zu diesem Zweck mit Südseekurs ausgeschickten Schiffe bestätigten alle, was der Amerikaner Folger über Pitcairn berichtet hatte.

Durch Beechy ist bekannt, dass sich 1825 die Inselbevölkerung, die inzwischen das Dorf „Pitcairn" gegründet hatte, auf sechsundsechzig Einwohner belief. Weiter ist durch Beechy Folgendes bekannt: 1823 waren zwei Seeleute in die Inselgemeinschaft aufgenommen worden.

Nach dem Bericht von Kapitän Beechy nahm sich die englische Regierung des Pitcairner Inselvolks mit Fürsorge an, war doch einerseits seit der Meuterei auf der „Bounty" mehr als ein Vierteljahrhundert verstrichen, wodurch nach englischem Recht die Tat verjährt war. Andererseits war der offensichtliche Charakter der Inselbewohner so recht nach den englischen Vorstellungen: arbeitsam, fromm, gut erzogen und sittenstreng. Am 29. März 1829 starb John Adams, nach dem später das Dorf „Pitcairn" in „Adamsdorf" umbenannt wurde.

Etwa gleichzeitig schienen die Wasservorräte der bach- und flusslosen Insel wegen der weiter wachsenden Bevölkerung zur Neige zu gehen. Deshalb ordnete die ferne englische Regierung an, alle siebenundachtzig Bewohner der Insel nach Tahiti zu bringen und dort anzusiedeln. Unter der Leitung des Iren George Hunn Nobbs, der sich 1828 dem Inselvolk angeschlossen hatte und nach dem Tod Adams, der als Pastor und weltlicher Leiter fungierte, erfolgte die Übersiedlung nach Tahiti. Doch schon im folgenden Jahr kehrten die zu den Adventisten zählenden tugendhaften und arbeitsamen Pitcairner wieder nach ihrer Heimatinsel zurück – zu sehr waren sie von der auf Tahiti vorherrschenden niedrigen Moral und dem dortigen Klima enttäuscht worden.

Die aufregenden Erlebnisse sollten in der Geschichte Pitcairns nicht abreißen. Nicht lange nach der Rückkehr ihres kleinen Völkchens tauchte auf dem winzigen Pazifikeiland ein Abenteurer namens Joshua Hill auf. Mit Gewalt maßte er sich die Leitung an und tyrannisierte alle Bewohner so sehr, bis ihn endlich die Besatzung eines britischen Kriegsschiffs im Jahre 1838 gefangennahm und abtransportierte.

Im selben Jahr wurde Pitcairn britische Kronkolonie. Da diese Insel den Engländern besonders am Herzen lag, besetzte Großbritannien die drei umliegenden Inseln, allesamt unbewohnt, von denen eine – Ducie – einen ausgezeichneten Landeplatz hat, was bei Pitcairn nicht der Fall ist.[1]

---

1 Die formelle Inbesitznahme der drei umliegenden Inseln Pitcairns erfolgte 1903 durch den englischen Konsul von Tahiti.

Sieben Jahre später, 1845, braute sich das nächste Unheil zusammen – diesmal nicht von Menschenhand. Ein furchtbarer Orkan verwüstete die ganze Insel, die, da sie annähernd vierhundert Meter hoch steil aus dem Ozean ragt, der Urgewalt des entfesselten Windes schutzlos ausgesetzt ist. Jetzt war die Ernährungsgrundlage für die stetig wachsende Bevölkerung stark gefährdet. Diese Situation verschlimmernd, schwemmten nicht nachlassende Regenfälle das fruchtbare Erdreich weg. Als der Nahrungsmangel immer gravierender wurde, gab die britische Regierung im Jahre 1856 Order, die Inselbewohner von Pitcairn nach der mehr als 7 000 Kilometer entfernten, zwischen Neuseeland und Neukaledonien liegenden Sträflingsinsel Norfolk zu übersiedeln.

Das ganze Pitcairner Inselvölkchen, das zum Zeitpunkt seiner zweiten Übersiedlung 194 Seelen zählte und einen selbstgewählten Magistrat an der Spitze hatte, wurde von britischen Schiffen nach Norfolk gebracht.[1] Um für die neuen Bewohner Platz zu schaffen, erlosch noch im selben Jahr, in dem die Pitcairner an Land gingen, der Status Norfolks, eine Kolonie zur Aufnahme der schlimmsten englischen Kriminellen via Australien zu sein (seit 1788).

Nach dem Abzug der Sträflinge fand die neue Bevölkerung von Norfolk, sieht man von der englischen Administration ab, eine unbewohnte Insel vor. Die neuen Bewohner verteilten sich bei ihrer Ankunft auf dreißig verheiratete Paare und eine Gruppe von 134 Personen, die aus Ledigen beiderlei Geschlechts und Kindern bestand. 1858 zogen es zwei Familien vor, nach Pitcairn zurückzukehren, und auch in der Folgezeit entschlossen sich ein paar weitere Familien zu diesem Schritt. Doch die Mehrzahl der Übersiedelten fand Gefallen an der äußerst fruchtbaren und mit einem milden Klima gesegneten, zehnmal größeren Insel; insbesondere nach jah-

---

1   Nach einer englischen Quelle (Britannica, in: Pitcairn, New York 1911, 11th edition, Vol. XXI, S. 659 f.) wurden alle Pitcairner übersiedelt, nach einer deutschen (Helmolts Weltgeschichte, Leipzig 1922, Bd. 9, S. 371) blieben acht Personen auf Pitcairn. Aus der deutschen Quelle geht aber nicht hervor, ob sie dies freiwillig taten. Diese Arbeit hält sich an die englische Quelle.

relangen, verheerenden Unbilden des Wetters auf ihrer winzigen Heimatinsel und der damit einhergegangenen von Jahr zu Jahr schlechter gewordenen Versorgung mit Nahrungsmitteln und Trinkwasser. Auf Norfolk aber drohte den Pitcairnern keine Hungersnot. Hier wechseln sich Wiesen und Wälder angenehm ab, sind Viehzucht und ergiebiger Fischfang möglich, stehen Tannen und Palmen, wachsen beispielsweise Orangen, Zitronen, Weintrauben, Feigen und Ananas.

1871 war die Zahl der nach Norfolk übersiedelten Pitcairner bereits auf 340 Personen angewachsen. Bei Inspektionen durch englische Regierungsvertreter in den Jahren 1873 und 1878 stellte man dieses fest: Die Insel ist in jeder Hinsicht in einem ausgezeichneten Zustand. Allerdings setzte in der Folgezeit eine unangenehme Entwicklung ein: Durch fortgesetztes Heiraten untereinander innerhalb dieser kleinen Gemeinschaft war es zu gewissen, nicht zu verkennenden Verschlechterungen von Intellekt, Energie und auch der Moral gekommen. Jedoch widersprechen spätere Berichte dem insofern, als dann nur noch von einem nicht zu übersehenden, niedrigeren Moralkodex die Rede war.

Auch erwies sich die Selbstverwaltung dieser für bisherige Pitcairner Verhältnisse großen Einwohnerzahl als nicht mehr zufriedenstellend. Vergehen und Verbrechen wurden nur selten bestraft und Schulden ließen sich nicht mehr eintreiben. 1891 belief sich bei unveränderten Zuständen die Bevölkerungszahl schon auf 738 und betrug nur wenige Jahre darauf rund 900 Seelen. Im Jahr 1896 half die englische Regierung diesen auf Dauer nicht hinnehmbaren Verhältnissen in dem autonomen Kleinstaat ab: Die Insel Norfolk wurde unter die straffe Verwaltung von Neusüdwales gestellt.

Rückkehr nach Pitcairn

Während sich die nach Norfolk übersiedelten Pitcairner stark vermehrten, war in dieser Zeit auch auf Pitcairn selbst die Zahl der

Inselbewohner wieder gestiegen. Insgesamt waren nicht lange nach dem Fußfassen auf Norfolk vierzig Personen nach ihrer Heimatinsel zurückgekehrt. 1873 begegnete der Engländer Mainwaring dort schon wieder 73 Seelen. Sechs Jahre später zählte sein Landsmann Robinson 93 Bewohner. Bis zur Wende vom 19. zum 20. Jahrhundert hatte sich das Inselvölkchen auf 170 Seelen vermehrt.

Seit 1838 unterstand die Insel Pitcairn, 1838 britisch geworden, als Kronkolonie der Gerichtsbarkeit des englischen Gouverneurs der Fidschi-Inseln, dem Hohen Kommissar für den westlichen Pazifik. In dem Bericht von R. T. Simons aus dem Jahre 1906 heißt es, dass die Inselbewohner einen merkwürdigen Dialekt sprächen, der sich von der Mundart der mit den Meuterern auf die Insel gekommenen tahitischen Frauen ableite. Dennoch beherrschten die meisten Erwachsenen Englisch ziemlich gut. Sie hätten eine Art Selbstverwaltung, deren Verfassung auf Grund interner Eifersüchteleien mehrfach geändert worden sei. Auf der Insel würden Süßkartoffeln, Melonen, Yams- und Pfeilwurzeln, Kaffee und Bananen angebaut. Haustiere, wie beispielsweise Ziegen und Hühner, liefen frei herum. Der größte Teil der Insulaner wohne in dem einzigen Dorf auf der Insel: in „Adamsdorf".

Kapitän Blighs weiteres Schicksal

Wie schon dargelegt, wurden Bligh und seine achtzehn Getreuen auf offener See ausgesetzt. Ihr Boot war zwar die Barkasse der „Bounty", das größte Boot, war aber mit einer Länge von 23 Fuß (7,11 m) für neunzehn Mann „Besatzung" viel zu klein. Nur sechs Paar Ruder waren vorhanden, allerdings auch ein winziges Segel, das an einem kleinen Mast aufgezogen werden konnte. Christian Fletcher, der Rädelsführer, hatte seinem entmachteten Kapitän zugestanden, einen Kompass, einen Sextanten, das Logbuch und einige private Papiere mit in das Boot zu nehmen. Den Chronometer behielt Fletcher für sich.[1]

Weiter überließ Fletcher den Ausgesetzten vier kurze Säbel, 150 Pfund Schiffszwieback, 20 Pfund Pökelfleisch und 28 Gallonen Trinkwasser (1 Gallone ca. 4,5 l, 1 englisches Pfund ca. 0,454 kg), einige Kokosnüsse und einen Liter Rum, verteilt auf vier Quartflaschen.

Mit diesem Minimum an Vorräten sah Bligh mit seinen Leuten einem ungewissen Schicksal entgegen. Auf offener See waren sie in einem Boot unzureichender Größe zusammengepfercht und eine lange Route lag vor den Ausgesetzten. Der nächste Hafen, auf der Insel Timor in Niederländisch-Indien, war 8 000 Kilometer entfernt. Quälender Durst, beißender Hunger und andere schlimme Leiden erwarteten Bligh und seine Männer: peitschender Dauerregen und sengende Sonne, lähmende, jegliche Hoffnung abtötende Windstille und die alles bedrohende Gewalt des Meeres bei Sturm und Orkan.

Auch feindliche Eingeborene setzten Bligh und seinen Leuten zu. Zur Aufstockung der knappen Wasservorräte schickte er einen kleinen Trupp auf die Tonga-Inseln. Der Landungstrupp kam ohne Wasser und mit einem Mann weniger zurück: Die Inselbewohner hatten einen der Landgänger zu Tode gesteinigt. Da setzte Bligh die tägliche Ration Trinkwasser auf ein unglaubliches Mindestmaß herab: auf eine Viertelpinte (0,16 Liter). Dazu gab es zwei Unzen Zwieback (56 Gramm) pro Mann und Tag.

Von Tonga durch die Eingeborenen vertrieben, nahm Bligh direkten Kurs auf die östlichste der kleinen Sundainseln – auf Timor, wo, wie schon erwähnt, die Holländer einen Hafen unterhielten. Nicht weniger als 7 500 Kilometer waren es noch bis dahin! Unglaubliches, ja Grauenhaftes stand Bligh und seinen Männern be-

---

1   Es handelte sich um eine besondere Seeuhr, die genaueste ihrer Zeit: um den zweiten Nachbau des Harrison'schen Chronometers „H4" (nach dem Londoner Uhrmacher Kendall „K2" genannt), der seinem Erfinder den vom englischen „Board of Longitude" 1714 ausgesetzten Preis zur genaueren Bestimmung der Länge eingebracht hatte. Cook hatte auf seiner zweiten Reise (1772–75) den ersten Nachbau von „H4" an Bord von „H.M.S. Resolution".

vor! Einmal waren sie gezwungen, bei unentwegt peitschendem Regen fünfzehn Tage lang – Tag und Nacht – Wasser aus dem immer zu tief im Wasser liegenden und daher ständig vom Untergang bedrohten Boot zu schöpfen – mit nichts anderem als ihren bloßen Händen. Wochenlang ruderten die immer schwächer werdenden Männer, nur gelegentlich von dem kleinen Segel unterstützt, gegen die unerbittlichen Naturgewalten an.

Nach einem etwa sechsmonatigen Überlebenskampf erreichte die Barkasse der „Bounty" endlich einen rettenden Hafen. Angetrieben von den schlimmsten Rachegedanken Blighs gegen die Meuterer und nach nur einem einzigen kurzen Strandaufenthalt an der nordostaustralischen Küste zum Sammeln von Beeren und Austern machte Bligh mit seinen tapferen Männern, ohne einen weiteren Mann nach dem tödlichen Zwischenfall auf Tonga verloren zu haben, in Batavia fest.

Blighs Rückkehr nach England kam einer Sensation gleich. Sein Verhalten fand die Zustimmung der Admiralität, der Regierung und der Öffentlichkeit. Das „Gentleman's Magazine" drückte passend die allgemeine Meinung über Bligh und diesen bis dato unerhörten Vorfall aus: („The distresses he has undergone entitle him to every reward.")[1] „Die Qualen, die er durchlitten hat, berechtigen ihn zu jeder Belohnung."

Noch im selben Jahr erhielt Bligh das Kommando über „H.M.S. Providence", mit der er den ursprünglichen Auftrag, dessen Durchführung wegen der Meuterei auf der „Bounty" scheiterte, erfolgreich durchführte: Brotfruchtbäume von Tahiti in die Karibik zu transportieren. Unter Kapitän Edwards entsandte die britische Regierung ein Kriegsschiff, die „H.M.S. Pandora", nach Tahiti, um der Meuterer, die von dort nicht nach Pitcairn mitgesegelt waren, habhaft zu werden. Von den anfänglich fünfundzwanzig meuternden Seeleuten hatten es sieben vorgezogen, wie schon bekannt, Tahiti nicht wieder zu verlassen. Davon wurden sechs Mann von Edwards Leuten aufgegriffen und nach England gebracht. Das anschließende Kriegsgerichtsverfahren verurteilte drei zum Tode durch den Strang.

---

1   Allen, Oliver E., in: The Pacific Navigators, Amsterdam 1980, S. 163

Abschließend sei für den interessierten Leser noch Folgendes angefügt: Blighs Bericht über die Meuterei erschien noch im Jahr seiner Rückkehr nach England (1790) unter dem Titel "Narrative of the mutiny on board H.M.S. ‚Bounty' ". Zwei Jahre später veröffentlichte Bligh eine Beschreibung der ganzen Reise – „Voyage to the South Sea", die schon 1793 ins Deutsche übersetzt wurde.

Der englische Poet George Byron setzte der berühmtesten Meuterei der Welt durch sein Gedicht „The Island or Christian and his comrades" ein literarisches Denkmal.

Als Bligh 1806 zum Gouverneur von Neusüdwales ernannt wurde, machte er sich dort durch seine persönliche Willkür derart unbeliebt, dass ihn die Bewohner der jungen australischen Kolonie nur zwei Jahre nach seinem Amtsantritt schon wieder absetzten und nach England zurückschickten.

Seine Karriere war nach diesem ebenfalls bis dato unerhörten Vorfall noch nicht zu Ende. Als Admiral der britischen Kriegsmarine starb er am 7. Dezember 1817 zu London.

Komplettierende Kurzchronologie zur Besitzergreifung pazifischer Inseln

Der Abschnitt über die Inbesitznahme der Inseln des Stillen Ozeans durch die Kolonialmächte in den letzten zwei Jahrzehnten des neunzehnten Jahrhunderts wäre unvollständig, wenn nicht auch ein Abriss über den Inselerwerb durch Deutschland und Frankreich folgte.

Deutschland

4.11.*1884*: Proklamation der Schutzherrschaft über den Neubritannia-Archipel (später Bismarck-Archipel genannt)

16.11.*1884*: die deutsche Flagge im Friedrich-Wilhelmshafen (in der Astrolabe-Bai) und im Finschhafen (an der Dampierstraße) gehisst (Neuguinea)

17.5.*1885*: durch kaiserlichen Schutzbrief die Hoheitsrechte über folgende Inseln an die „Neu-Guinea-Kompanie" übertragen: über den deutschen Teil von Neu-Guinea (Kaiser-Wilhelm-Land), über den Neu-Britannia-Archipel (fortan als „Bismarck-Archipel" bezeichnet) und über alle anderen Inseln, die nordöstlich von Neu-Guinea zwischen dem Äquator und dem 8.° südl. Br. und zwischen 141° und 154° östl. L. v. Gr. liegen

15.10.*1885*: das deutsche Protektorat über folgende Inseln proklamiert: Marshallinseln, Browninseln, Providence-Inseln

28.10.*1886*: Heißen der kaiserlichen Flagge auf der Insel Bambatani der Salomongruppe: damit nördlichen Teil der Gruppe in Besitz genommen

13.12.*1886*: kaiserlicher Schutzbrief für die nördlichen Salomoninseln und deren Eingliederung unter die Verwaltung der Neu-Guinea-Kompanie

16.4.*1888*: deutsche Schutzherrschaft über die Insel Nauru (=Nawodo = Pleasant) erklärt

30.4.*1889*: Satzungsänderung der Neu-Guinea-Kompanie, wonach die Verwaltung der ihr bisher obliegenden Territorien auf das Deutsche Reich übergeht: nördliche Hälfte des Ostteils von Neu-Guinea (Kaiser-Wilhelms-Land), Bismarck-Archipel und die unter dem 17.5.1885 angeführten Inseln, die „nordöstlich von Neu-Guinea ... 154 ° östl. L. v. Gr. liegen"

1.4.*1899*: Übergang des gesamten Besitzes der Neu-Guinea-Kompanie in die Hände des Deutschen Reiches

30.6.*1899*: Deutschland kauft die Karolinen, die Palau-Inseln und die Marianen (mit Ausnahme der Insel „Guam", die an die USA fällt) von Spanien

8.3.*1901*: Tatsächliche Besitzergreifung der Palau-Inseln Sonsorol, Merir und Pul (= Pula Ana) – durch den Gouverneur v. Bennigsen –, die zusammen mit den Karolinen und den Marianen käuflich erworben werden

1853: von Neukaledonien Besitz ergriffen

1880: durch Gesetz Tahiti mit den davon abhängigen Inseln (die übrigen „Inseln über dem Winde") zur französischen Kolonie erklärt, nachdem Frankreich de facto schon seit 1842 über diese Inselgruppe herrschte

19.11.*1886*: vertraglich Oberherrschaft über die Inselgruppe Uea (=Uvea = Wallis) genommen, die schon 1844 unter französische Herrschaft geraten war

13.12.*1886*: Neue Hebriden unter französischen Schutz gestellt

16.11.*1887*: Protektorat über die Inseln Futana und Alosi erklärt

16.11.*1887*: Abkommen zwischen England und Frankreich, durch das die „Inseln unter dem Winde" (Huahine, Raiatea, Borabora) französischer Besitz werden

16.4.*1888*: Förmliche Besitzergreifung der 1887 annektierten Insel Futana

20.5.*1889*: die Inseln Rurutu (Reteroa) und Rimatara (zur Gruppe der Tubuai-Inseln gehörig) annektiert

d. Kampf gegen insulare Machtstrukturen und über die Folgen nicht aufrechterhaltener Machtansprüche (Tahiti)

Im folgenden Exkurs wird dargelegt, wie eine europäische Nation, die im 18. Jahrhundert die größten Territorien ihres weltweiten Kolonialreichs eingebüßt hatte (in Nordamerika und Indien), im 19. Jahrhundert den ehrgeizigen Plan fasste, sich im südlichen Pazifik wieder ein größeres Kolonialreich zu schaffen. Zielpunkt dieses Strebens war Tahiti mit seiner Inselwelt. Der jahrzehntelange Kampf gegen das tahitische Königtum legt den unbeugsamen Willen dieses Landes offen, pazifische Kolonialmacht zu werden. Eine andere Nation, deren Vertreter als erste auf Tahiti gelandet waren und dort fest Fuß gefasst hatten, hält letztlich im Rahmen dieser turbulenten Entwicklung seine zu Recht erworbenen Ansprüche auf Tahiti und die es umgebende Inselwelt nicht mehr aufrecht.

– Lage und landschaftliche Charakteristik

– Entdeckung

– Beginn der protestantischen Mission und ihre Beziehung zum Inselkönigtum

– Vom Einsetzen der katholischen Mission bis zur Protektoratserklärung Frankreichs

– Englisch-französische Verwicklungen im französischen Schutzstaat Tahiti

– Tahiti wird erste französische Kolonie in Ozeanien

– Rolle der Neuen Hebriden beim Übergang der Westgruppe der Gesellschaftsinseln in den Besitz Frankreichs

Lage und landschaftliche Charakteristik

Die Gesellschaftsinseln liegen im ostpolynesischen Raum des Stillen Ozeans zwischen 16° bis 18° südl. Br. und 148° bis 155° westl. L. v. Gr. Durch eine breite Straße sind sie in eine westliche Gruppe (Inseln unter dem Winde) und eine östliche Gruppe (Inseln über dem Winde) geschieden. Zur Westgruppe zählen die Inseln Huahine, Raiatea, Tahaa, Borabora, Tubuai, Maupiti, Tapamanoa, Mopelia (Lord-Howe), Scilly und Bellingshausen. Zur Ostgruppe werden Tahiti, Moorea (Eimeo), Tetiaroa, Mehetia, Tubai-Manu (Maiao-Iti) gerechnet.

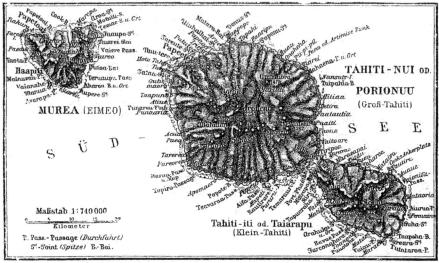

Fig. 6

Das folgende Zitat aus dem Standardwerk über die Inseln des Pazifiks gibt einen kleinen Einblick in die Schönheit der tahitischen Inselwelt.

„Alle Berichterstatter stimmen darin überein, dass diese Inseln durch malerische Gruppierung und großartige Formen der Berge, den Reichtum der Ebenen, den Glanz der Vegetation, endlich die Bildung der sie umgebenden Riffe außerordentlich schön sind und landschaftliche Bilder von der größten Lieblichkeit und Anmut darbieten. In ihrem Bau sind sie, abgesehen von … vier flachen … Laguneninseln … alle ganz ähnlich. Den Kern nehmen kühne, … erhaben gebildete Berge ein, die sich in steilen Piks erheben, deren jede Insel einen oder mehrere Hauptgipfel zu haben pflegt, und an denen die Rücken nach allen Seiten hin sich herabsenken, die Berge sind bis auf einzelne kahle Felswände mit dichten Wäldern bedeckt … Vor allem aber sind die Thäler … von zahlreichen, schö-

1   Meyer, in: Tahiti (Otaheiti), Leipzig und Wien 1890, 4. Aufl., 15. Band, S. 493

80

nen und gewundenen Bächen und Flüsschen durchschnitten ...
überaus reich und fruchtbar. Um die Berge liegt eine breite, zu Zeiten durch Vorsprünge der Berge unterbrochene Ebene, die in allen Inseln der einzig bewohnte Theil und deren sehr fruchtbarer Boden ... grossentheils mit wildwachsenden Fruchtbäumen bedeckt ist und einen entzückenden Anblick gewährt. Die Küsten sind von Barriereriffen umgeben, die bis weit in das Meer reichen und zwischen sich und den Küstenriffen Küstenmeere von verschiedener Breite einschliessen ... In diesen Küstenmeeren liegen die zahlreichen, durch die Kanäle der Barrierriffe zugänglichen schönen Häfen ..."[1]

Diese allgemeine Beschreibung trifft in besonderem Maße auf Tahiti, die größte Insel des Archipels, zu. Sie besteht aus zwei Vulkaninseln, deren größere Tahiti-Nui und deren kleinere Tahiti-Iti heißt. Die beiden Inseln hängen durch eine etwa zwei Kilometer breite Landenge zusammen. Die ganze 1 042 qkm große Insel ist von einem Korallenriff umschlossen, das mehrere Öffnungen zum Einlaufen von Schiffen und zahlreiche Buchten mit guten Ankerplätzen hat. Ungefähr in der Mitte der größeren Insel erhebt sich der höchste Berg, ein erloschener Vulkan von 2 237m Höhe. Die vielen, sich von den Bergen ergießenden Bäche bilden in ihrem Oberlauf wundervolle Kaskaden. In der Regenzeit wandeln sich diese Bäche zu reißenden Flüssen. Zwischen dem Fuß der sich ringförmig erhebenden Berge und der Küste zieht sich ein schmaler Streifen niedrigen Landes, worauf die Ansiedlungen zerstreut liegen.

Entdeckung

Tahiti hat eine vielschichtige Entdeckungsgeschichte, die in eine lebhafte, ja ungestüme Verwicklung mit Christentum und europäischer Kolonialpolitik mündet. Der Spanier Quiros entdeckte 1606 die Insel und nannte sie „Sagittaria". 1722 wurde sie von dem

---

1   Meinicke, Karl E., in: DIE INSELN DES STILLEN OZEANS, Zweiter Theil, Der Archipel der Societätsinseln, Leipzig 1876, S. 152/153

Holländer Roggeveen, 1767 von dem Engländer Wallis und 1768 von dem Franzosen Bougainville besucht. Wallis, der auf seiner Weltumsegelung, begleitet von Carteret, mit „H.M.S. Dolphin" vor Tahiti ankerte, nannte sie zu Ehren seines Königs Georg III. (1760–1820) „Georgs III.-Insel". Wallis verdankt die westliche Zivilisation die ersten Mitteilungen über Tahiti, auch die Feststellung, dass dort drei Stämme verbissen um die Oberherrschaft kämpften. Bougainville, der im Auftrag seiner Regierung zur ersten französischen Erdumsegelung (1766–1769) aufgebrochen war (s. Teil I, S. 272 ff.), bezeichnete Tahiti wegen des niedrigen sittlichen Niveaus, das seine Mannschaft beim Landgang festgestellt hatte, „Nouvelle Cythère"[1].

Um die eheliche Treue war es auf Tahiti schlecht bestellt. Die Ehe wurde nach Belieben von beiden Partnern gebrochen. Auch war es üblich, die eigene Frau dem Gast anzubieten. Eine rasche Scheidung war das Normale. Die Zügellosigkeit der Eheleute wurde von unverheirateten Frauen meist noch übertroffen. Fehl- und Frühgeburten waren an der Tagesordnung, was mit häufigem Kindesmord einherging. „… er fand … nach den Ordnungen dieser Gesellschaft ohne Unterschied statt, auch war er bei allen aus Verbindungen von Personen ungleichen Standes Entsprossenen nothwendig, bei anderen ging er aus Vergnügungssucht und der Furcht vor den Mühen des Aufziehens der Kinder hervor, häufiger mordete man Mädchen als Knaben. Das Morden geschah gewöhnlich gleich nach der Geburt und am gewöhnlichsten dadurch, dass man die Kinder lebendig begrub oder erwürgte; die Thäter waren in der Regel die eigenen Aeltern oder nächsten Verwandten, es gab aber auch Leute, die daraus ein Geschäft machten."[2]

Dass Tahiti nach seiner Entdeckung auch als „Otaheiti" bezeichnet wurde, geht auf James Cook zurück, der während seiner ersten Reise am 3. Juni 1769 auf Tahiti im Auftrag der „Royal So-

---

1   „Nouvelle Cythère": die am weitesten südlich liegende Ionische Insel, südöstlich des Lakonischen Golfes und ca. 10 km südwestlich von Kap Maleas – Angeblich ist diese Insel der Ursprungsort des durch phönizische Purpurschneckenfischer begründeten Aphroditekults.
2   Meinicke, Carl E., in: Die Inseln des Stillen Oceans, Leipzig 1876, Zweiter Theil, S. 187

ciety" den Durchgang der Venus vor der Sonnenscheibe beobachtete (s. Teil I, S. 309 f.). Zu Ehren der „Royal Society" nannte Cook den ganzen Archipel „Gesellschaftsinseln" (Soziets-Inseln). Der größten Insel der Gruppe gab er den Namen „Otaheiti", da ihm die Eingeborenen auf seine Frage, wie die Insel heiße, „O Taiti! (Das ist Taiti)" zur Antwort gegeben hatten.

Die öffentliche Kenntnis von Tahiti verbreitete sich in Europa nicht primär durch Cook, sondern durch den deutschen Naturforscher Johann Reinhold Forster, der zusammen mit seinem Sohn Georg Cook auf dessen zweiten Reise (1772–1775) begleitete. Da sich Forster gegenüber der britischen Regierung verpflichtet hatte, nichts über diese Reise zu veröffentlichen, was über den offiziellen Bericht Cooks hinausgegangen wäre, verfasste Forsters Sohn Georg nach den Tagebuchaufzeichnungen seines Vaters einen ausführlichen Reisebericht.[1]

Trotz seiner Zusage, nichts über die wissenschaftlichen Erkenntnisse der zweiten Reise Cooks zu publizieren, ergänzte Forster den Bericht seines Sohnes durch ausführliche naturgeschichtliche und erdphysikalische Notizen und gab das Gesamtwerk 1778 zu London unter dem Titel „Observations made during a voyage round the world" heraus.[2] „Johann Reinhold Forster und dessen Sohn Georg … haben auf Grund ihrer zahlreichen Beobachtungen, in denen es der junge Forster zur Meisterschaft brachte, die bis dahin stiefmütterlich behandelte Völkerkunde zu einer Wissenschaft erhoben."[3]

---

1   Auf dieser Reise ging es hauptsächlich um die Klärung der schon zweitausend Jahre alten Frage, ob das sagenumwobene Südland existiert oder nicht (s. Teil I, S. 321 ff.).

2   Außer der Zuerkennung des juristischen Doktorgrads durch die Universität Oxford (1775) erhielt Forster wegen seines Wortbruchs keine andere Belohnung für die Teilnahme an der dreijährigen Weltreise. Auch fanden sich in diesem Werk Bemerkungen, die von der britischen Regierung missbilligt wurden. Infolge Geldmangels geriet Forster in immer größere Schuldenlast, deretwegen er schließlich verhaftet wurde. Friedrich II. löste Forster aus und ließ ihn als Professor für Naturgeschichte in Halle einsetzen (1780).

3   Buschick, Richard, Dr., in: Die Eroberung der Erde, Leipzig 1930, 6. Aufl., S. 320

Das Buch stieß im Europa der Aufklärung auf großen Zuspruch. Da zum erstenmal in einem der Öffentlichkeit zugänglichen Buch über die geheimnisvolle Südseewelt in größerem Umfang berichtet wurde, gab man sich den Vorstellungen hin, in den Gesellschaftsinseln, insbesondere auf Tahiti, auf eine Art Paradies gestoßen zu sein, worin der Mensch noch unverdorben wie im Urzustand lebte.

Dieses Wunschdenken währte aber nur so lange, bis nach wenigen Jahren, um die Wende vom 18. zum 19. Jahrhundert, die ersten Berichte der Missionare über die wirklichen Zustände auf den Gesellschaftsinseln Aufschluss gaben.

Nach Cook und Forster nahm eine Reihe illustrer Seefahrer Kurs auf Tahiti, darunter Beechy, Bellinghausen, Dumont d'Urville, Duperrey, Turnbull und Wilson. Ihre Forschungen sorgten dafür, dass das Interesse Europas an der Südsee stetig zunahm.

Rund 170 Jahre nach der Entdeckung Tahitis durch den spanischen Seefahrer Pedro Fernandez de Quiros setzten die Spanier wieder ihren Fuß auf die Insel und ergriffen diesmal Besitz von ihr. Doch wegen des unerwarteten Todes ihres Fregattenkapitäns Domingo de Bonecha verließen sie sie bald wieder. Der spanische Kolonisationsversuch hatte nur vom 1. Januar bis zum 26. Januar 1775 gedauert.

Den Spaniern folgten 1789 die Meuterer von der „Bounty" – fünfundzwanzig an der Zahl. Während sich, wie vorangehend schon dargelegt, achtzehn Mann entschieden, zusammen mit tahitischen Frauen nach Pitcairn weiterzusegeln, blieben sieben auf Tahiti zurück.

Mit Waffen versehen, die teils von der „Bounty", teils von einem schwedischen Schiff stammten, ergriffen sie Partei für König Pomare I., der in einen grimmigen Kampf mit der Nachbarinsel Eimeo (Murea) verwickelt war. Mit Hilfe der Bounty-Meuterer beendete Pomare I. diesen Kampf siegreich. Das verhalf ihm, dessen Geschlecht seit über einhundert Jahren herrschte, dazu, seine Macht auch über die übrigen Inseln des östlichen Archipels von Tahiti auszudehnen.

Beginn der protestantischen Mission und ihre
Beziehung zum Inselkönigtum

Gegen Ende des achtzehnten Jahrhunderts begann die protestantische Missionsbewegung Englands ihr segensreiches Werk auf den Gesellschaftsinseln. Am 7. März 1797 hatte die „Duff", das Schiff der „London Missionary Society", achtzehn Missionare auf Tahiti an Land gesetzt. Dieser Gruppe fiel nach kurzer Zeit über ihre eigenliche Tätigkeit hinaus auch eine bedeutende politische Rolle zu. Zudem bekämpften die Missionare mit Erfolg den lockeren Lebenswandel der eingeborenen Bevölkerung, der durch die Berührung mit den Europäern weiter gesunken war. Trunksucht und Seuchen grassierten, wie beispielsweise die Lustseuche.

König Pomare I., der eigentlich Otu hieß und den sonderbaren Namen „Pomare" (wörtlich: Nacht des Hustens) angenommen hatte, nahm die Missionare freundlich auf und gab ihnen die Zusage, in Zukunft dem Kindesmord und den Menschenopfern zu entsagen. Doch er wurde wortbrüchig, weil er fortfuhr, seine eigenen Kinder zu ermorden (mit Ausnahme seines vorgesehenen Nachfolgers). Auch duldete Pomare I. die schlimmsten Misshandlungen der englischen Glaubensboten. Da aber die Eingeborenen dem Christentum und dem Bildungsgut der Europäer freundlich gegenüber standen – und im Prinzip auch der König –, fielen die Missionsbemühungen überwiegend auf fruchtbaren Boden.

Doch die ständigen kriegerischen Auseinandersetzungen auf Tahiti und mit den umliegenden Inseln wie auch die Haltung des Königs selbst, der zwar den Missionaren keine Steine in den Weg legte, aber gelegentlich doch heidnische Rückfälle zeigte, erschwerten allerdings den britischen Glaubensboten das Fußfassen.

Einer der vielen Kriegsgründe lag beispielsweise darin, dass sich Pomare I. 1802 das heilige Götzenbild Oros, der auf allen Inseln der Gruppe als bedeutendster Kriegsgott verehrt wurde, angeeignet hatte. Trotz der Bemühungen der Missionare, die daraus folgenden Kämpfe zu verhindern, wurde um den Besitz dieses Götzenbildes mit äußerster Härte gekämpft. Schließlich wurde der König durch seine Feinde zur Herausgabe des begehrten, siegverheißenden Götterbildes gezwungen.

Pomare I. verschied unerwartet am 3. September 1803. Sein 1780 geborener Sohn folgte ihm als Pomare II. nach. Doch noch im Jahr seiner Thronbesteigung wurde er durch die politisch instabile Lage, die sich durch den plötzlichen Tod seines Vaters ergeben hatte, gezwungen, zusammen mit den englischen Missionaren auf die benachbarte Insel Eimo zu flüchten. Von dort aus suchten die protestantischen Glaubensboten und der junge tahitische König vor den immer weiter eskalierenden Stammesfehden auf Tahiti Zuflucht in New South Wales in Australien.

1812 kehrten die englischen Missionare mit Pomare II. nach Tahiti zurück. „In dem Gefecht bei Narii (12. November 1815) schlug Pomare II., der am 12. Juli 1812 Christ geworden war, seine Feinde völlig; damit wurden auch die übrigen Inseln des Archipels christlich."[1]

Als Pomare II. mit Unterstützung der kämpferischen Missionare die Macht des Inseladels gebrochen hatte, erzielte die Mission große Erfolge auf Tahiti. Durch Verbrennung aller Götzenbilder auf einem Scheiterhaufen und den Übertritt des Oberpriesters der Insel Eimeo zum christlichen Glauben hörte die Anbetung der Götzen auf. Ebenso gaben sich ritueller Kindesmord und Polygamie. Kaffee, Baumwolle und Zucker wurden angepflanzt, und nachdem 1819 die erste Kirche errichtet worden war, schmückten drei Jahre später, 1822, schon 66 Kirchen und Kapellen die anmutige Landschaft der Insel. In den ersten Schulen wurden die wissbegierigen Kinder der Inselbewohner anhand von Lehrmitteln unterrichtet, die mit der 1817 eingeführten Druckerpresse hergestellt worden waren. 1818 erhielt Tahiti auf Veranlassung Pomare II. erstmals ein geschriebenes Gesetz.

Im Jahre 1816 war die ganze Inselgruppe zum Christentum bekehrt. Nicht weniger als 3 000 Eingeborene konnten um diese Zeit schon lesen und schreiben. Zwei Jahre später gründeten die Missionare auf Tahiti eine Missionsgesellschaft zur Christianisierung der Bewohner anderer Inselgruppen. Der König selbst stand dieser Einrichtung, der „Akademie der Südsee", vor.

---

1   Helmolts Weltgeschichte, Leipzig und Wien 1922, 9. Bd., S. 368

Pomare II. starb am 30. November 1821. Auf ihn folgte sein unmündiger Sohn Pomare III. Da er beim Tod seines Vaters erst achtzehn Monate alt war, nahmen die Missionare die Geschicke des Inselreiches in ihre Hände, weil sich Pomare II. in seinen letzten Regierungsjahren völlig dem Laster der Trunksucht hingegeben hatte – einem Laster, das schon seit langer Zeit in der gesamten Bevölkerung des Inselreiches vorherrschte. Ein weiterer Grund für die Übernahme der Regierungsgeschäfte durch die Mission lag darin: Trotz der bisher erzielten großen Erfolge war die christliche Aufbauarbeit immer wieder durch Rückfälle in schon abgelegte heidnische Praktiken und durch immer wieder aufkeimende Immoralität der Inselbewohner in Frage gestellt worden. Doch durch die politische Herrschaft der englischen Missionare wurde der Fortschritt in Missionierung und Bildung nicht gefährdet.

Dennoch brachen Unruhen aus, die bis 1824 anhielten. Da gelang es den Missionaren, dass der knapp fünf Jahre alte Königssohn als Pomare III. anerkannt wurde.

Ungefähr drei Jahre darauf, am 11. Januar 1827, starb der unmündige König Pomare III. im Alter von knapp acht Jahren, der nach seiner Wahl die Zeit bis zu seinem frühen Tod in der von den Missionaren auf Tahiti gegründeten „Akademie der Südsee" verbracht hatte. Durch die in dieser Zeit erfolgte Umarbeitung des Gesetzbuches von 1818 erhielt Tahiti eine Art von repräsentativer Verfassung, was zur Ablösung der vorherrschenden Monarchie führte.

Nach Pomare III. gelangte durch den Einfluss der englischen Missionare, die immer noch die politischen Geschicke Tahitis leiteten, dessen sechzehnjährige Halbschwester als Pomare IV. (auch Pomare Wahine I.) auf den Thron. Während es unter ihren Vorgängern zur Christianisierung ihres Inselreiches gekommen war, sollte es unter der unglücklichen Herrschaft der Königin Pomare IV. zu fundamentalen politischen Veränderungen kommen, an deren Ende Tahiti seine politische Selbständigkeit als tradierter ostpolynesischer Inselstaat verlor.

Wie war es dazu gekommen? Zwei Hauptgründe lassen sich ausmachen: die Intervention europäischer Kolonialmächte und das Auftreten der katholischen Mission. 1825 geriet Tahiti zum erstenmal in Konflikt mit dem politischen Europa, als der Inselstaat die an seinen Küsten von Schiffen fremder Länder intensiv betriebene Perlmuttfischerei abgabepflichtig machte. Kurze Zeit später konnte ein englisches Schiff nicht den Nachweis über die Abgabe erbringen. Das Schiff wurde von Eingeborenen überfallen und vollständig ausgeplündert. Der englische Konsul auf Tahiti, seit kurzem im Amt, beschwerte sich erfolglos bei der Regierung Tahitis. Erst als ein englisches Kriegsschiff vor den Küsten Tahitis kreuzte und schwere Sanktionen ankündigte, erfolgte die Rückgabe der gestohlenen Dinge sowie die Aufhebung der Abgabe auf die Perlmuttfischerei.

Vom Einsetzen der katholischen Mission bis zur
Protektoratserklärung Frankreichs

Bis 1856 verkündeten nur protestantische Glaubensboten auf Tahiti und den dazugehörigen Inseln das Wort Gottes. Da setzte eine Entwicklung ein, die die Arbeit der englischen Missionare und die Regierungsgeschäfte der jungen Königin aufs empfindlichste zu stören begann.

Am 21. November 1836 erreichten zwei römisch-katholische Priester namens Laval und Carret sowie ein katholischer Laienprediger Papeete, die Hauptstadt Tahitis. Von der Insel Mangarewa kommend, östlich der Inseln über dem Wind gelegen, wo diese Gruppe heimlich gelandet war, dort eine kleine Missionsstation errichtet und ohne Genehmigung der tahitischen Behörden mit der Missionierung begonnen hatte, waren die französischen Missionare nach einigen Monaten, in denen sie sich gute Kenntnisse der tahitischen Sprache aneigneten, auf der Insel Tahiti an Land gegangen. Sie zogen von Dorf zu Dorf und erzählten den Eingeborenen, die schon alle protestantisch geworden waren, dass ihnen die englischen Missionare den falschen Glauben vermittelt hätten.

In Papeete, dem Regierungssitz, bereitete Königin Pomare IV. ihren widerrechtlichen Missionsbemühungen ein Ende. Sie stützte sich dabei auf ein von den englischen Missionaren erlassenes Gesetz, das den katholischen Kirchenvertretern Frankreichs das Fußfassen auf Tahiti verbot und auf den Ratschlag des englischen Konsuls Pritchard auf Tahiti, den Jesuiten dort die Missionierung zu verwehren. Es bestand zudem die Gefahr, dass die mit der Politik der Königin nicht einverstandenen Häuptlinge im Bunde mit den katholischen Priestern der Regentschaft der Königin hätten gefährlich werden können.

(„The queen undoubtedly acted on her own initiative, and it was the wish of herself and of the chiefs that the French priests should not be permitted to reside in Tahiti.")[1] „Unzweifelhaft handelte die Königin aus eigenem Antrieb, und es war ihr eigener Wunsch und der der Häuptlinge, den französischen Priestern nicht zu erlauben, sich auf Tahiti niederzulassen." Die politischen Gegner der Königin, die ihr feindlich gesonnenen Häuptlinge, befürworteten allerdings die Landung der französischen Missionare.

Am 13.12.1836 verließen die französischen Missionare ohne Widerstand und ohne von tahitischer Seite beleidigt worden zu sein oder dass ihrem Hab und Gut Schaden zugefügt worden wäre Tahiti. Einige Tage nach ihrer Abfahrt landete dort Lord Edward Russell. Er erklärte, dass („in his opinion the Queen was quite right in sending those priests off the island, for if they had remained nothing but anarchy and confusion would have taken place, and the prospects of the island would have been ruined.")[2] „nach seiner Meinung die Königin mit vollem Recht diese Priester von der Insel wies, denn wenn sie dort geblieben wären, hätten sich nichts anderes als Anarchie und allgemeine Unordnung eingestellt und die in der Zukunft der Insel liegenden Möglichkeiten, eine erfreuliche Entwicklung zu nehmen, wären ruiniert gewesen."

Als die katholischen Priester am 27. Januar 1837 wieder zurückkehrten (sie hatten inzwischen eine Passage nach Valparaiso mit der Klausel, in Tahiti landen zu können, gebucht) und der Kapitän der „Colombo", eine amerikanische Brigg, um Landungsgenehmigung nachsuchte, wurde diese verweigert. Da versuchten die

---

1 Lovett, Richard, M. A., in: THE HISTORY OF THE LONDON MISSIONARY SOCIETY 1795–1895: The Conquest of Tahiti by France, Oxford 1899, Vol. I, S. 309
2 Pritchard, W. T., F. R. G. S., F. A. S. L., in: POLYNESIAN REMINISCENCES, OR LIFE IN THE SOUTH PACIFIC ISLANDS., London 1866, S. 7

Priester ohne Genehmigung zu landen. Doch Polizisten hinderten sie daran und ohne Widerstand, wie bei der ersten Verweisung von Tahiti, kehrten die katholischen Missionare zu ihrem Schiff zurück und segelten nach Valparaiso.

Auf Grund dieses Vorfalls sah sich der französische König Ludwig Philipp (1830–44) veranlasst, als Rächer seiner beleidigten Kirche und der angegriffenen Nationalehre seines Landes aufzutreten. Er entsandte Kapitän Dupetit-Thouars mit der Fregatte „Venus" nach Tahiti, die dort am 27. August 1838 drohend ihre Ankerketten durch die Klüsen rasseln ließ. Dupetit-Thouars ging mit äußerster Strenge gegen die nunmehr siebenundzwanzigjährige Königin vor.

Er landete und traf sich mit dem amerikanischen Konsul M. Moerenhout, einem belgischen Händler, der die katholischen Priester als überzeugter Katholik auf Tahiti unterstützt und Kontakte zwischen aufrührerischen Häuptlingen und ihnen geknüpft hatte.

(„... grâce à M. Moerenhout, consul des États-Unis, chargé par délégation des intérêts français, ... les indigènes, comprenant enfin que le salut et la tranquillité de leur pays dépendent de la liberté de conscience, implorèrent la protection du pavillon français ... et catholiques et résidents français, ... eurent à essuyer les vexations les plus humiliantes ...")[1] „... dank M. Moerenhout, Konsul der Vereinigten Staaten im Auftrag der französischen Interessen ... erbaten die Eingeborenen den Schutz der französischen Flagge, da sie endlich begriffen, dass das Wohl und die Ruhe ihres Landes von der Gewissensfreiheit abhängen ... sowohl Katholiken als auch französische Geschäftsträger hätten die demütigendsten Kränkungen hinnehmen müssen."

Dupetit-Thouars und Moerenhout saßen schon einige Stunden beisammen, wobei dem französischen Admiral sicher auch folgendes zu Ohren kam:(„Les menées des protestants, qui ne tendaient à rien moins qu'a faire passer Tahiti sous le protectorat de l'Angleterre, réveillaient chez les indigènes le sentiment national.")[2] „Die Schliche der Protestanten, die auf nichts weniger abzielten, als Tahiti unter das Protektorat Englands zu bringen, erweckten bei den Eingeborenen nationa-

---

1   Le Chartier, H., in: TAHITI ET LES COLONIES FRANÇAISES DE LA POLYNÉSIE, Paris 1887, S. 26
2   ebd. S. 24 f.

le Gefühle." Am nächsten Morgen wurde der tahitischen Königin ein offizielles Schreiben von Bord der Sechzig-Kanonen-Fregatte „Venus" übersandt.

Als Satisfaktion für die verletzte Ehre der französischen Kirche und ganz Frankreichs wurde in dem Schreiben, das der französische Admiral der tahitischen Königin übersandte, die Zahlung von 2 000 schweren spanischen Piastern (spanischen Dollars) innerhalb einer äußerst knapp bemessenen Frist und ein Entschuldigungsschreiben gefordert. Zudem sollte die französische Flagge durch eine nicht geringe Zahl von Salutschüssen gegrüßt werden.

Der Brief von Dupetit-Thouars, der diese Forderungen beinhaltete und letztlich die französische Herrschaft in Ostpolynesien mit dem Mittelpunkt Tahiti begründete, sei in voller Länge wiedergegeben:

("On board the French frigate 'Venus,'
"Papeete, 30th August, 10 A.M., 1838.

"To the Queen of Tahiti.
"Madam,
"The King of French and his Government, justly irritated by the outrages offered to the nation by the bad and cruel treatment which some of his members who came to Tahiti have suffered, and especially Messrs. Laval and Carret, Apostolic Missionaries, who called at this island in 1836, has sent me to reclaim, and enforce, if necessary, the immediate reparation due to a great Power and a valiant nation, gravely insulted without provocation. The King and his Government demand –
"1st. That the Queen of Tahiti write to the King of the French to excuse for the violence and other insults offered to Frenchmen, whose honourable conduct did not deserve such treatment. The letter of the Queen will be written in the Tahitian and the French language, and both will be signed by the Queen. The said letter of reparation will be sent officially to the Commander of the frigate 'Venus,' within twenty-four hours after the present notification.

"2nd. That the sum of two thousand Spanish dollars be paid within twenty-four hours after the present notification into the cashier of the frigate 'Venus,' as an indemnification for Messrs. Laval and Carret, for the loss occasioned to to them by the bad treatment they received at Tahiti.

"3rd. That after having complied with these two first obligations, the French flag shall be hoisted the first day of September on the island of Motu-uta, and shall be saluted by the Tahitian Government with twenty-one guns.

"I declare to your Majesty, that if the reparation demanded be not subscribed within the specified time, I shall see myself under the obligation to declare war, and to commence hostilities immediately against all the places of your Majesty's dominions, and which shall be continued by all the French vessels of war which shall successively call here, and shall continue to the time when France shall have obtained satisfaction.

"I am, of your Majesty,
"The most respectful Servant,
"The Captain of the French frigate 'Venus,'
"(Signed) A. Du Petit Thouars.")[1]

„An Bord der französischen Fregatte ‚Venus‘
Papeete, 30th August, 10 A.M., 1838

An die Königin von Tahiti
Gnädige Frau,
Der König der Franzosen und seine Regierung, mit Recht durch die groben Beleidigungen aufgebracht, die die Nation durch die schlechte und grausame Behandlung, welche einige ihrer nach Tahiti gekommenen Angehörigen erlitten haben, im besonderen die Herren Laval und Carret, apostolische Missionare, die auf dieser Insel 1836 gelandet waren, hat mich gesandt, um sofortige Wiedergutmachung, die einer großen Macht und einer tapferen ohne Provokation schwer beleidigten Nation gebührt, zu fordern oder notfalls mit Gewalt zu erzwingen. Der König und seine Regierung fordern–

---

1   Pritchard, W. T., F. R. G. S., F. A. S. L., in: POLYNESIAN REMINIS-CENCES OR, LIFE IN THE SOUTH PACIFIC ISLANDS., London 1866, S. 10f.

1. Dass die Königin von Tahiti an den König von Frankreich schreibt, um sich für die Gewalttätigkeit und andere Beleidigungen, die den Franzosen widerfuhren, deren ehrenwertes Verhalten eine derartige Behandlung nicht verdient, zu entschuldigen. Der Brief der Königin ist in der tahitischen und französischen Sprache abzufassen und beide Versionen sind von der Königin zu unterzeichnen. Der besagte Wiedergutmachungsbrief ist nach dem Erhalt dieser Mitteilung dem Kommandanten der Fregatte ‚Venus‘ auf dem offiziellen Weg zuzusenden.

2. Dass die Summe von zweitausend spanischen Dollars innerhalb von vierundzwanzig Stunden nach Erhalt dieser Mitteilung an den Zahlmeister der Fregatte ‚Venus‘ als Entschädigung für die Herren Laval und Carret für den Verlust, der ihnen durch schlechte, auf Tahiti widerfahrene Behandlung zugefügt wurde, bezahlt werde.

3. Dass, nachdem diesen beiden Verpflichtungen nachgekommen ist, die französische Flagge am ersten Septembertag auf der Insel Motu-atu geheisst werde und von der tahitischen Königin mit einundzwanzig Kanonenschüssen zu salutieren ist.

Ich erkläre gegenüber Ihrer Majestät, dass, falls in die geforderte Wiedergutmachung innerhalb der bezeichneten Zeit nicht eingewilligt ist, ich mich verpflichtet sehen werde, den Krieg zu erklären und sofort mit den Feindseligkeiten gegen alle Gebiete von Ihrer Majestät Herrschaft zu beginnen und die durch alle französischen Kriegsschiffe, welche hier nacheinander einlaufen und bis zu der Zeit anhalten werden, sobald Frankreich Satisfaktion erlangt haben wird.

Ich bin Ihrer Majestät
respektvollster Diener
Der Kapitän der französischen Fregatte ‚Venus‘
(Signatur) A. Du Petit Thouars.“

(„The French captain refused to even listen to Pomare's protest that the account of what had happened upon which he was acting was incorrect, and that no Frenchmen had been treated either unjustly or unkindly. Twenty-four hours only were allowed, and he announced that then, unless his terms were complied with, he would open fire upon Papeete. Pomare was, thus compelled to apologize to the French king for supposed violence done to his subjects, to pay … a fine of 10 000 francs (£400), and to salute the French flag.“)[1]

---

1   Lovett, Richard, M. A., in: THE HISTORY OF THE LONDON MISSIONARY SOCIETY 1795–1895; The Conquest of Tahiti by France, Oxford 1899, Vol. I, S. 310

„Der französische Kapitän weigerte sich sogar, sich Pomares Protest anzuhören, dass der Bericht über das, was vorgefallen und nach dem er handelte, falsch und dass kein Franzose ungerecht oder unfreundlich behandelt worden sei. Nur vierundzwanzig Stunden wurden zugebilligt und er verkündete, dass, wenn seine Forderungen nicht erfüllt würden, er das Feuer auf Papeete eröffnen ließe. Pomare wurde auf diese Weise gezwungen, sich bei dem französischen König für die vermeintlich seinen Untertanen zugefügte Gewalt zu entschuldigen, eine Geldstrafe von 10 000 Franken (400 Pfund Sterling) zu bezahlen und die französische Flagge zu grüßen."

Dieser Forderung, die im Grunde ein auf die Kanonen der „Venus" gestütztes Ultimatum war, musste sich die Herrscherin von Tahiti beugen. Im Folgejahr, 1839, erhöhte die französische Regierung den Druck auf die Königin: Kapitän E. P. Th. Laplace verlangte gebieterisch, dass die katholische Kirche neben der protestantischen gleichberechtigt sei. Zudem bestand Laplace auf Bauplätzen für die Errichtung katholischer Gotteshäuser.

In beiden Fällen musste Pomare IV. nachgeben. Die Königin sah sich gezwungen, einen Vertrag zu unterzeichnen, durch den Frankreich den meistbegünstigten Fremden auf ihrem Inselreich gleichgestellt wurde. Ab 1838 setzten französische Missionare ihren Fuß auf Tahiti und ab 1839 wurden katholische Kirchen gebaut. Dem englischen Konsul Pritchard missfiel aber die Tätigkeit der französischen Missionare derart, dass er die Eingeborenen gegen die unerwünschten Franzosen aufwiegelte. Er veranlasste die tahitische Königin, um britischen Schutz nachzusuchen und trat zu dessen Erhalt eine Reise nach England an.

Unterdessen war es dem Belgier Moerenhout 1841 gelungen, fünf bedeutende Häuptlinge zur Unterzeichnung einer Urkunde zu veranlassen, in der sie um das französische Protektorat über Tahiti nachsuchten. Dupetit-Thouars, der zwischenzeitlich nach Frankreich zurückgesegelt und zum Admiral befördert worden war, ging am 1. September 1842 wieder vor Papeete, dem Regierungssitz der tahitischen Königin, vor Anker und beschwerte sich, dass sie sich nicht an bestehende Verträge gehalten habe. Auch forderte er im Namen der französischen Regierung Ersatz für die Verluste, die die französischen Missionare bei ihrer Tätigkeit auf Tahiti erlitten hätten, eine Summe von 15 000 Thalern, die innerhalb von 24 Stunden beglichen werden sollte. Da es der Königin nicht möglich war, diese hohe Summe zu entrichten, wurde von Dupetit-Thouars ohne ihr Einverständnis eine provisorische Regierung eingesetzt, der auch der bewusste Moerenhout und zwei französische Seeoffiziere angehörten.

Inzwischen war der britische Konsul Pritchard just von seiner Reise nach London mit der Zusage der englischen Regierung, Tahiti Schutz zu gewähren, zurückgekehrt. Obwohl die Königin, die englischen Missionare und Pritchard aufs heftigste gegen das französische Vorgehen protestierten, erklärte Dupetit-Thouars im September 1842 das Protektorat Frankreichs über das Königreich Tahiti.

Englisch-französische Verwicklungen im
französischen Schutzstaat Tahiti

Im französischen Schutzstaat „Tahiti", der sich anfangs nur aus der Ostgruppe der Gesellschaftsinseln (Inseln über dem Wind) zusammensetzte, spitzte sich im Folgejahr, 1843, die Lage weiter zu. Nach der Deklaration der Schutzherrschaft hatte sich Pritchard, der englische Konsul auf Tahiti, an die in Sydney ansässigen britischen Behörden mit der Bitte um Hilfe gewandt. Unter Kapitän Nicholas wurde ein Schiff der „Royal Navy" nach Tahiti entsandt. Die Anwesenheit des englischen Kriegsschiffs und das protahitische Verhalten von Kapitän Nicholas ließ die Volksversammlung Tahitis verkünden, sich für die britische Oberherrschaft und nicht für die französische entschieden zu haben. Auch sollte Pomare IV. weiterhin Königin sein.

Währenddessen war die Erklärung der französischen Regierung eingetroffen, dass sie die Schutzherrschaft über Tahiti annehme. Gleichzeitig erreichte die Insel aber auch die Nachricht, dass Großbritannien diesen Schritt der Franzosen hinnehme, wodurch den Vertretern Englands auf Tahiti die Hände gebunden waren: Admiral Dupetit-Thouars konnte ungehindert am 1. November 1843 den Protektoratsvertrag in Kraft treten lassen.

Doch Pritchard gab trotz gegenteiliger Weisung Londons den Kampf um Tahiti nicht auf. Er beeinflusste die Königin dahingehend, dass die Schutzherrschaft Frankreichs nur im Blick auf die auswärtigen Angelegenheiten gelten könne, nicht aber für die inneren Belange, die ihr weiterhin zufielen. Schließlich brachte er die Königin dazu, ihre durch den Protektoratsvertrag nicht verlorene Souveränität durch Hissen einer Flagge anzuzeigen. Dupetit-Thouars gab jedoch den Befehl, die tahitische Fahne einzuholen, und erklärte kurzerhand am 6.11.1843 Pomare IV. für abgesetzt, nachdem sie im Haus des englischen Konsuls Pritchard Zuflucht gesucht hatte.

Pritchard gab den Kampf um Tahiti aber immer noch nicht auf. Die Franzosen nahmen ihn gefangen und setzten unter unwürdigen Bedingungen den englischen Regierungsvertreter in einem Blockhaus, das eher einer armseligen Hütte glich, fest. Das sollte hohe Wellen auf Tahiti wie auch in England und Frankreich schlagen.

Dass Tahiti durch das Vorgehen der Franzosen seine Souveränität eingebüßt hatte, die Königin abgesetzt und der britische Konsul ins Gefängnis geworfen worden war, führte beinahe in ganz Tahiti zu einem Aufstand der eingeborenen Bevölkerung. Das gewaltsame Handeln des französischen Admirals wurde allerdings in dieser Art von seiner Regierung nicht gebilligt, denn Paris war an guten Beziehungen zu London gelegen. Wie schon erwähnt, waren für den französischen König Louis Philippe (1830–1848) und seinen Premierminister Guizot das Prestige Frankreichs und das der katholischen Kirche gefährdet, wenn das eben erst durch Protektoratserklärung erworbene Inselreich (Ostgruppe der Gesellschaftsinseln = Inseln über dem Wind) durch Verwicklungen mit England wieder verloren ginge.

Nach einigen Schwierigkeiten war der inhaftierte englische Konsul auf Tahiti, Pritchard, nach England zurückgekehrt. Das von ihm geschilderte selbstherrliche Handeln von Dupetit-Thouars hatte stürmische Entrüstung ausgelöst. Premierminister Peel verwies öffentlich im Parlament darauf, dass das französische Vorgehen in Tahiti von England als grobe Beleidigung angesehen werde. In der Bevölkerung erhob sich der Ruf nach kriegerischer Vergeltung für die Gefangensetzung eines britischen Regierungsvertreters. Doch die Vernunft obsiegte: Die offizielle britische Reaktion begnügte sich letztlich mit einem formalen Protest, nachdem Frankreich gegenüber der englischen Regierung eingeräumt hatte, die Annexion von Tahiti nicht zu sanktionieren und Dupetit-Thouars wegen der Verhaftung des britischen Konsuls Pritchard abzuberufen. 1844 wurde mit dem Einverständnis des Königs Dupetit-Thouars abberufen und Pritchard zu Lasten der französischen Staatskasse entschädigt. Im Gegenzug gab die britische Regierung das Versprechen, Pritchard nicht mehr in offizieller Funktion nach den Gesellschaftsinseln entsenden zu wollen.

Die französische Regierung setzte zwar Pomare IV. wieder als Königin ein, berief auch Dupetit-Thouars von Tahiti ab, hielt jedoch gegen ihre Ankündigung, das Protektorat über Tahiti und die übrigen Inseln der Ostgruppe der Gesellschaftsinseln aufrecht. Aus dem gegen die Zusage Frankreichs aufrechterhaltenen Machtanspruch resultierte eine mehrjährige kriegerische Auseinandersetzung mit der eingeborenen Bevölkerung, während der die Königin auf der Nachbarinsel Eimeo im Asyl lebte.

Die Kämpfe eskalierten. Die französischen Soldaten und Gendarmen sahen sich in einen Guerillakrieg verwickelt, der es nötig machte, dass Frankreich Verstärkungen in die Südsee schickte. Nach mehrjährigem Kampf leistete nur noch das Fort Fatanua Widerstand. Durch Bestechung gelang es den Franzosen, den heftigen Widerstand der sich tapfer haltenden Eingeborenen zu brechen. Dieser Sieg war gleichbedeutend mit der Unterwerfung der Bevölkerung des Inselreichs.

Tahiti wird erste französische Kolonie in Ozeanien

Als unter diesen Umständen Königin Pomare IV. am 6. Februar 1847 das französische Protektorat über ihr Königreich anerkannte, hatten die Franzosen ihre Herrschaft über Tahiti gesichert: Der Sieg über die Tahitier und deren Unterwerfung war von der Königin durch die Annahme des französischen Schutzes sanktioniert worden.

97

Somit war die Keimzelle eines französischen Kolonialreichs im südlichen Pazifik gelegt. Der Plan der Franzosen, auch die Westgruppe der Gesellschaftsinseln („Inseln unter dem Winde": Huahine, Raiatea, Tahaa, Borabora, Tubuai, Maupiti, Tapamanova und die westlich abliegende Insel Mopelia – Lord Howe –) ihrem Protektorat einzugliedern, scheiterte. In der Londoner Erklärung[1] desselben Jahres billigte Großbritannien aber, wie schon aufgezeigt, die französische Protektoratsproklamation über die östliche Gruppe Tahitis.

Nach dem Ende des Krieges kehrte Königin Pomare IV. nach Tahiti zurück. Bis zu ihrem Tod am 17. September 1877 übte sie unter Bevormundung Frankreichs nur noch eine Scheinregierung aus.

Ihr Sohn Arijane unterzeichnete als König Pomare V. zusammen mit dem Kommissar der französischen Republik am 29. Juni 1880 einen Vertrag, der als wichtigste Punkte beinhaltete: Pomare V., der letzte König von Tahiti, verzichtete durch Abdankung auf seine Hoheitsrechte, wodurch die volle Souveränität über alle von der tahitischen Krone abhängigen Gebiete – die östliche Inselgruppe und die Insel Eimeo – an Frankreich überging. Als Gegenleistung erhielt Pomare V. vom französischen Staat eine lebenslange Pension von 25 000 Fr. jährlich. Pomare V. starb 1891.

Schließlich, durch das Gesetz vom 30. Dezember 1880, wurde Tahiti und die übrigen Inseln der Ostgruppe der Gesellschaftsinseln zur französischen Kolonie erklärt. Ihre Bewohner erhielten die französische Nationalität mit allen Rechten und Pflichten zuerkannt. Zugleich wurde der „Code Napoleon" als Gesetzbuch und eine Verwaltung aus französischen Zivil- und Militärbeamten eingeführt. Der Erlass vom 28. März 1881 öffnete den Hafen Papeete und Port-Phaeton auf Tahiti sowie den Hafen Papetoai auf Eimeo dem auswärtigen Handel.

Die westliche Gruppe der Gesellschaftsinseln, die „Inseln unter dem Winde", stand zu dem Zeitpunkt nominell noch unter der Herrschaft der einheimischen Könige. De facto aber betrachtete

---

1 Abgrenzung englischer und französischer Interessengebiete im südlichen Pazifik

Großbritannien die Westgruppe als seinen Besitz. Doch mit Zustimmung Englands nahm Frankreich auch diesen Teil der Gesellschaftsinseln sieben Jahre später, 1888, in Besitz. Der Abschluss des Abkommens zwischen England und Frankreich zur Aufrechterhaltung der öffentlichen Ordnung auf den Neuen Hebriden, 1887, wo beide Länder gleichzeitig als Kolonialmächte auftraten, war England so wichtig, dass es die westliche Gruppe der Gesellschaftsinseln durch den Vertrag vom 16.11.1887 an Frankreich abtrat.

Rolle der Neuen Hebriden beim Übergang der Westgruppe der Gesellschaftsinseln in den Besitz Frankreichs

Der Faktor „Nicht aufrechterhaltene Machtansprüche" tritt in der tahitischen Geschichte zweimal auf. Im ersten Fall, Besitzergreifung durch die Spanier, führten widrige Umstände, der plötzliche Tod ihres Kapitäns, zur Preisgabe von Tahiti (1775). Im zweiten Fall, Inbesitznahme durch die Franzosen (1842–1888), hatten sich der verletzte Stolz der französischen Kirche und der französischen Regierung im Bunde mit entschlossen-unnachgiebiger kolonialer Machtpolitik gegen den eher zurückhaltenden englischen Einfluss auf Tahiti durchgesetzt.

Obwohl sich Großbritannien einen Machtanspruch auf Tahiti erworben hatte, namentlich durch die Erforschung der Insel und durch die dortige jahrzehntelange, segensreiche Tätigkeit seiner Missionare, trat es die Gesellschaftsinseln in zwei Schritten an Frankreich ab und verzichtete somit auf seinen Anspruch auf die ganze Inselgruppe.

Beim ersten Schritt intervenierte England nicht mit der nötigen Entschlossenheit, als das französische Protektorat über Tahiti und die übrigen Inseln der Ostgruppe der Gesellschaftsinseln (Mourea, [Eimeo] Tetiaroa und Mahetina [Maitia]) errichtet wurde.

Beim zweiten Schritt stimmte Großbritannien dem Übergang der Westgruppe (1888) an Frankreich zu, und zwar aus sicherheitspolitischen Erwägungen hinsichtlich der Aufrechterhaltung der öffentlichen Ordnung auf den Neuen Hebriden. Wie im Exkurs über diese Inselgruppe aufgezeigt, teilten sich dort England und Frankreich in die Herrschaft. Auf den Neuen Hebriden war die öffentliche Ordnung ständig gefährdet: durch die Differenzen zwischen englischen und französischen Siedlern wie auch durch Gegensätze zwischen diesen beiden Gruppen einesteils und der eingeborenen Bevölkerung anderenteils. Die Aufrechterhaltung der inneren Sicherheit war ohne die Mitwirkung der Franzosen nicht in dem Maße gegeben, wie es sich England wünschte. Ohne sie hätte immer die Gefahr bestanden, dass ausufernde Unruhen nicht mehr unter Kontrolle gebracht worden wären, was auf das nahe Australien und die östlich davon liegende englisch beherrschte Inselwelt zum Nachteil Großbritanniens hätte ausstrahlen können. Doch das englisch-französische Kondominat wirkte dem entgegen. Es waren hauptsächlich diese Gesichtspunkte, die England dem Übergang der Westgruppe der Gesellschaftsinseln an Frankreich zustimmen ließ.[1]

Die südlich der Gesellschaftsinseln gelegenen „Tubuai-Inseln" (Austral-Inseln) gingen durch aufeinanderfolgende Annexionen zwischen 1842 (Protektoratserklärung über Tahiti) und 1889 wie die übrigen Inseln der Ostgruppe der Gesellschaftsinseln in französischen Besitz über. Auch die nördlich der Tuamotu-Gruppe zu findenden „Marquesas-Inseln" gerieten 1842 unter die Herrschaft Frankreichs.

Zur Abrundung der Betrachtungen über die Berührungen Tahitis mit Europa – Berührungen, die 1880 bzw. 1888 zum völligen Verlust seiner staatlichen Selbständigkeit geführt hatten –, sei aus der Sehweise jener Zeit selbst ein Blick auf Bevölkerungszusammensetzung, Infrastruktur, Wirtschaft, Handel und Religion geworfen!

---

1 Die östlich der Gesellschaftsinseln liegenden „Tuamotu-Inseln" (Paumoto- oder Niedrige Inseln) nahm Frankreich auch in Besitz: 1842 die westlichen Inseln dieser Gruppe, was zusammen mit der Errichtung des Protektorats über die Ostgruppe der Gesellschaftsinseln erfolgte; 1887 die östlich liegenden Inseln des Tuamotu-Archipels anlässlich der Erklärung der Westgruppe der Gesellschaftsinseln zur französischen Kolonie; Pitcairn und Ducie, die südlichsten Inseln der Tuamotu-Gruppe, blieben englisch.

„Die Bevölkerung … zu Cooks Zeiten (wohl zu hoch) auf 120,000 Seelen geschätzt, ist sehr gesunken und betrug 1885 nur 9 562 mit dem benachbarten Morea (Eimeo, d. Verf.) 11,007 Seelen (davon nur 4 673 weiblichen Geschlechts). Von der Gesamtzahl waren 8 577 Eingeborene, 288 Franzosen (davon 132 Mann Garnison), außerdem Engländer, Amerikaner, Deutsche, eine Anzahl Chinesen und als Arbeiter eingeführte Polynesier anderer Inseln.

Das Christentum (meist methodistisches) ist durchweg angenommen; es bestehen 34 Schulen, in welchen 1 800 Kinder unterrichtet werden. Als Zeitung besteht der amtliche „Messager de T." Unter Kultur sind 3 093 Hektar, davon 2 328 mit Kokospalmen bepflanzt, der Rest mit Baumwolle, Zuckerrohr, Kaffee, Vanille, Mais u. a.; die Orangenbäume, von Cook eingeführt, wachsen wild und liefern reiche Erträge zur Ausfuhr nach Amerika.

Der Großhandel ist in den Händen englischer, deutscher und nordamerikanischer Häuser. Eingeführt werden: Spirituosen, Konserven, Hausgerät, Bauholz, Kleider; ausgeführt: Baumwolle, Apfelsinen, Perlschalen, Kopra, Trepang. 1887 betrug die Ausfuhr 1, 644, 308 Mk., und es liefen 172 Schiffe ein und 156 aus. Die Post beförderte durch fünf Ämter 176, 483 Sendungen.

Die Ausgaben des Mutterlandes für die Kolonie betrugen 805,000, das Kolonialbudget 1,27 Mill. Frank. Die wichtigsten Häfen sind Papeete (s. d.), Papeuriri und Antimaono auf der Südküste, Papaoa ostnordöstlich von Papeete. Ein monatlicher, von der französischen Regierung subventionierter Schiffsverkehr besteht mit San Francisco. Auch eine Eisenbahn von 33 km Länge besitzt T. Hauptstadt ist Papeete; im Innern in Fatuahua befindet sich ein Fort, das die ganze Insel beherrscht."[1]

e. Wechselnde Besitzverhältnisse durch Verkauf von Inselgruppen (Karolinen)

In diesem Exkurs wird aufgezeigt, wie der Ausgang eines Krieges auf der einen Hälfte der Erde zum Verkauf mehrerer Inselgruppen auf der anderen führt. Dabei spielen ein päpstlicher Schiedsspruch und eine bedeutende Handelsgesellschaft eine große Rolle.

---

1   Meyer, in: „Tahiti (Otaheiti)", Leipzig und Wien 1890, 4. Aufl., Bd. 15, S. 492/93

Die *Karolinen* erstrecken sich über 32 Längengrade von den Philippinen bis zu den Marshallinseln – von 131° 4' bis 163° 4' östl. L. v. Gr. und von Süden nach Norden über neun Breitengrade von 0° 55' bis 10° 6' nördl. Br. Sie zerfallen in einen westlichen (Palau- und Yapinseln) und einen östlichen Zweig, der sich seinerseits in zwei Gruppen aufteilt.

So wie sich die Karolinen über eine große Fläche in Mikronesien (westlicher Pazifik) verteilen, so verteilt sich ihre Entdeckungsgeschichte und Inbesitznahme über einen großen Zeitraum. Der Portugiese Diego da Rocha stieß 1527 als erster auf Inseln dieser Gruppe und taufte sie „Sequeirainseln". Ihm folgten die Spanier, die die Inselgruppe in Besitz nahmen. Alvaro de Saavedra fand 1543 die Uluthi- oder Elivi- oder Mackenzie-Gruppe, Villalobos im selben Jahr die Palauinseln und der Admiral Francesco Lazeano entdeckte 1686 die Faraulep-Gruppe, der er zu Ehren seines Königs, Karl II., den Namen „Carolina" gab. Dieser wurde später auf den gesamten Archipel übertragen und verdrängte bald den in der Zwischenzeit eingeführten Namen „Neu-Philippinen".

Mehrere Missionsversuche scheiterten. Von Manila aus versuchten Jesuiten, die Eingeborenen gewaltsam im christlichen Glauben zu unterweisen (s. Teil I, S. 291/92). Der erste Versuch misslang; die nachfolgenden Bemühungen, die Bewohner der Karolinen zum Christentum zu bekehren, misslangen gleichfalls. Als 1731 Pater Cantova ermordet wurde, ließen die Spanier von ihren vergeblichen Missionierungsbemühungen ab. Lange Zeit waren dann die Karolinen weder für die spanische Kirche noch für die spanische Regierung ein Gegenstand des Interesses. Erst durch die Bemühungen deutscher, russischer und französischer Forscher rückten die Karolinen wieder ins Bewusstsein der Alten Welt: 1817 durch die Deutschen Kotzebue und Chamisso in russischen Diensten, 1824 durch den Franzosen Duperrey und 1827 durch die russischen Kapitäne Lütke und Kittlitz und im letzten Drittel des 19. Jahrhunderts z. B. durch die Deutschen Kubary und Hernsheim.

Manche Geographen verzeichneten danach die Karolinen als zu Spanien gehörig, obwohl sie bis dahin niemals offiziell von Spanien in Besitz genommen worden waren. So ist es nachzuvollziehen, dass Spanien 1875 sein angebliches Besitzrecht geltend machte. Deutschland und England wiesen den spanischen Anspruch zurück.

1884 wurde die deutsche Regierung von der Deutschen Handels- und Plantagengesellschaft ersucht, die Karolinen unter den Schutz des Reiches zu stellen. „Denn einmal waren die Karolinen wirtschaftlich grösstenteil, mit 80% der Handelsbewegung, bereits in deutschen Händen, und dann trat der dort ansässige Händler O'Keefe gegen die Konkurrenten wie gegen die Eingeborenen so rücksichtslos auf, dass ein Einschreiten dringend geboten schien."[1]

Auf Grund des Abkommens mit England (v. 17.5.1885) über die Grenzen des deutschen und englischen Einflussgebiets auf Neuguinea und in den nördlich davon liegenden pazifischen Gewässern entschloss sich Deutschland zur Inbesitznahme der Karolinen. Die gereizte Stimmung der Spanier griff immer weiter um sich. Neben einer heftigen Pressefehde kam es zu großen Demonstrationen gegen Deutschland. Auch erhob sich die Forderung, die deutschen Gesandten auszuweisen und die dem König Alfons XII. verliehenen deutschen Orden zurückzugeben.

Als das deutsche Kanonenboot „S. M. S. Iltis" am 25. August 1885 auf der Yapinsel die Flagge Deutschlands heißte und damit zwei vor der Insel liegenden spanischen Kriegsschiffen zuvorgekommen war, erreichte die antideutsche Stimmung in Spanien ihren Höhepunkt: Kriegsgeschrei erhob sich allenthalben. „Wütende Volksmassen warfen die Fenster der deutschen Gesandtschaft ein, rissen Wappen und Fahnenstock herab und verbrannten sie unter den Rufen: Nieder mit Deutschland! Krieg mit Deutschland!"[2]

Spanien protestierte gegen die deutsche Besitzergreifung. Schließlich willigte Deutschland ein, zur Schlichtung des Besitzstreits Papst Leo XII. anzurufen. In seinem Schiedsspruch vom 22. Oktober 1885 kam er zu folgender von beiden Mächten angenommenen Entscheidung: „Auf Grund der in neuester Zeit vollzogenen Akte und aus älteren Ansprüchen ist Spanien die Oberhoheit über die Karolinen zuzuerkennen. Doch verpflichtet es sich, dort bald-

---

1 Hassert, Kurt, Dr., in: Die neuen DEUTSCHEN ERWERBUNGEN in der Südsee: Die Karolinen, Marianen und Samoa-Inseln, Leipzig 1903, S. 5
2 ebd. S. 6

möglichst eine geordnete und zum Schutz der Europäer ausreichende Verwaltung einzurichten. Deutschland bekommt volle Freiheit des Handels, der Schifffahrt, der Gründung von Plantagen u.s.w. in derselben Weise wie spanische Unterthanen und erhält das Recht zur Anlage einer Schiffs und Kohlenstation."[1] Beide Mächte nahmen den päpstlichen Schiedsspruch an; allerdings verzichtete Deutschland wegen der Erwerbung der Marshall-Inseln, 1885 Errichtung der deutschen Schutzherrschaft durch „S.M.S. Nautilus" auf dieser Gruppe, auf das Recht einer Schiffs- und Kohlenstation. Der Inhalt des päpstlichen Schiedsspruchs schlug sich am 17.12.1885 in einer Vereinbarung zwischen Spanien und Deutschland nieder.

Die von den Spaniern auf den frischerworbenen Karolinen praktizierte Kolonialpolitik führte dazu, dass nur zwei Jahre nach dem Schiedsspruch des Papstes, 1887, der spanische Gouverneur und die meisten seiner Offiziere von den erbitterten Eingeborenen erschlagen wurden. Obwohl sein Nachfolger, 1890 eingesetzt, ein besonnenerer Mann als sein Vorgänger war, ließ er die aufrührerischen Inselbewohner so bestrafen, wie diese gehandelt hatten: mit blutiger Strenge.

Dass die Karolinen einschließlich der Palau- und Yap-Inseln sowie der Marianengruppe (ohne Guam) an Deutschland fielen, ist auf den Ausgang eines Krieges zurückzuführen: Das für die Vereinigten Staaten von Amerika siegreiche Ende des spanisch-amerikanischen Krieges von 1898 sorgte für eine völlige Umgestaltung des Inselbesitzes im mittleren Westpazifik. Nachdem im Frieden von Paris (1898) Spanien die Philippinen und die größte der Marianeninseln, Guam, gegen 20 Millionen Dollar an die USA abtreten musste, sah sich Spanien gezwungen, auch seine übrigen pazifischen Besitzungen zu verkaufen.[2] Sie waren nach dem Verlust der Philippinen eher eine Last als ein Gewinn.

Durch den Vertrag vom 12. Februar 1899, ratifiziert am 30. Juni 1899, trat Spanien gegen Zahlung von 25 Millionen Pesetas (beinahe einer Million Pfund Sterling) die Karolinen einschließlich der

---

1   ebd. S. 7
2   Erst 1946 entließen die USA die Philippinen in die Unabhängigkeit.

Palauinseln, der Yapinseln und der Marianengruppe mit Ausnahme von Guam an Deutschland ab.

f. Kondominat in ein und demselben Archipel
(Neue Hebriden)

Schauplatz des folgenden Exkurses sind die Neuen Hebriden, die unter kolonial-politischen Gesichtspunkten eine besondere Stellung unter den Südseearchipelen einnehmen. Dort war es durch die gleichzeitige Anwesenheit zweier Kolonialherren zu einer Entwicklung gekommen, die weder für die Europäer noch für die eingeborene Inselbevölkerung erfreulich genannt werden kann. Es begann mit der Errichtung eines Schutzstaats, dem Raubbau an den Naturschätzen der Inselgruppe und den rücksichtslosen Praktiken bei der Beschaffung von Arbeitskräften für die zahlreichen Plantagen der beiden Staaten; setzte sich mit Annektionsaufforderungen und grauenhaften Übergriffen der sich zur Wehr setzenden Urbevölkerung und Strafexpeditionen gegen sie fort; führte zur Einsetzung einer gemischten Kommission von Seeoffizieren unterschiedlicher Nationalität zur Aufrechterhaltung der immer gefährdeten öffentlichen Ordnung auf dem Archipel; gefolgt von mehrfacher Neutralitäts-Proklamation der Gruppe. Schließlich wurden zwei Abkommen geschlossen. Das eine legte endgültig die Neutralität der Neuen Hebriden fest. Das andere, zwanzig Jahre später, erkannte der Inselgruppe den Status eines Kondominats zu.

Die Neuen Hebriden – nördlich von Neukaledonien – liegen zwischen 13° 4' und 22° 24' südl. Br. und 166° 30' und 169° 50' östl. L. v. Gr. Diese melanesische Inselgruppe umfasst bei einem Gesamtareal von 13 227 qkm 30 größere und kleinere Inseln, die in drei Abteilungen zerfallen: in die nördliche Gruppe, bestehend aus den neun Banks- und Torresinseln, in die sechzehn Zentralinseln und in die fünf südlichen Eilande. Die bedeutendsten Inseln sind folgende: Espiritu Santo (4857 qkm), Mallicollo (2268 qkm), Sandwich (518 qkm), Ambrym (644 qkm), Arba (325 qkm), Api (507 qkm), Tanna (380 qkm); Erromanga, Futana, Aneitum, Malo, Maiwo, Paama, Lopevi, Matthew und Hunter (Fearn).

Zu den Inseln selbst! Sie sind hoch, gebirgig und nur spärlich von Korallenriffen umschlossen; die Küsten fallen steil ab. Zahlreiche Vulkane sind über die ganze Inselgruppe verstreut; tätige Krater finden sich auf Erromanga, Tanna, Ambrym und Lopevi. Außer Vulkanausbrüchen suchen Erdbeben recht häufig die Inseln heim. Der Boden ist mit Ausnahme von Erromanga äußerst fruchtbar und die Vegetation von großer Üppigkeit. Die Fauna ähnelt derjenigen des Indischen Archipels, ist aber im ganzen gesehen ärmer. Das tropische Seeklima ist ungesund. Europäer und Eingeborene leiden häufig an Fieber (Malaria) und Ruhr.

Die Bewohner der Neuen Hebriden schätzte man um die Mitte der achtziger Jahre des 19. Jahrhunderts auf 70 000 Seelen, die in viele kleine, sich unablässig bekriegende Stämme zerfielen, deren auffallendste Merkmale Mut, Kampfeslust und Grausamkeit – vor allem Anthropophagie (Kannibalismus) waren. Auf der Insel Erromanga wurden der „Apostel der Südsee", der englische Missionar John Williams, und einer seiner Gefährten Opfer der damals noch kannibalischen Inselbewohner (s. Teil I, S. 296–98).

Die Entdeckung der Neuen Hebriden ist mit den Namen dreier berühmter Seefahrer verknüpft: mit Quiros, Bougainville und Cook. Der Spanier Pedro Fernandez de Quiros entdeckte 1606 die größte Insel der Gruppe und nannte sie, weil er glaubte, auf dem seit dem Altertum vermuteten und noch nicht entdeckten Südkontinent gelandet zu sein, „Australie del Espiritu Santo" (s. Teil I, S. 321 f.).

1768 besuchte der französische Fregattenkapitän Antoine de Bougainville auf seiner Reise um die Welt den seit Quiros in Vergessenheit geratenen Archipel und entdeckte ihn also wieder. Der Franzose setzte seinen Fuß auf der nördlichen Abteilung der Gruppe an Land und gab ihr den Namen „Große Cykladen". Es blieb dem Engländer Cook vorbehalten, 1774 auf seiner zweiten Reise (1772–75) den größten Teil dieser Inselflur zu entdecken und sie nach den schottischen Hebriden „Neue Hebriden" zu taufen.

In der ersten Hälfte des 19. Jahrhunderts folgten weitere Entdecker und Forscher nach. Die ersten Missionare, protestantische aus England und katholische aus Frankreich, ließen sich auf einigen Inseln nieder. Diese Berührungen mit Europa, hauptsächlich aber die beginnende wirtschaftliche Nutzung des Archipels – insbesondere durch die Ausbeutung des mit wenigen Ausnahmen auf der ganzen Inselgruppe vorkommenden Sandelholzes – öffneten diese Inselwelt und verliehen ihr bis zur Mitte des besagten Jahrhunderts eine gewisse wirtschaftliche Bedeutung.

Das ungezügelte Fällen der Sandelholzbäume auf den Neuen Hebriden erwies sich für den größten Sandelholzmarkt der Welt – China – als Glücksfall. Bis dahin wurde dieses wertvolle Holz nur in Indien, von Baumkulturen, gewonnen. Das Schlagen des Sandelholzbaumes war dort z. T. Regierungsmonopol. Die bedeutendsten Anbaugebiete waren in Madras und Maissur, woher allein jährlich 1250 t der von Indien produzierten Jahresmenge von mehr als 5000 t kamen. Der größte Teil des indischen Sandelholzes wurde nach China exportiert. Der europäische Markt wurde nur sehr spärlich bedient. Nur ein kleiner Teil verblieb in Indien selbst.

In Indien wurde Sandelholz hauptsächlich als Räuchermittel des Totenkults verwendet. In China schnitzte man z. B. Fächer verschiedener Größe und kleine Schmuckartikel daraus. Auch wurde es im chinesischen Reich zur Parfümherstellung benutzt. Dazu griff man auf die Schnitzabfälle zurück, aus denen ein ätherisches Öl von hellgelber Farbe und dickflüssiger Beschaffenheit hergestellt wurde. Es hat einen feinen Rosenduft und wird überwiegend dazu verwendet, Rosenöl zu verfälschen. Weiter schnitzte man aus Sandelholz buddhistische Götterbilder und verbrannte es in den Tempeln wegen seines starken, angenehmen Geruchs, der sich besonders bemerkbar macht, wenn das Holz angeschnitten und erwärmt wird.

Den Sandelholzhändlern und -räubern folgten die Pflanzer auf die Neuen Hebriden. Von Neukaledonien aus legten Kolonisten aus Frankreich 1868 die ersten Pflanzungen an, die rasch an Zahl zunahmen. Den französischen Siedlern folgten englische, die gleichfalls Plantagen anlegten. Die nötigen Arbeitskräfte ließen sich unter der einheimischen Bevölkerung nicht gewinnen. Sie war wegen des rücksichtslosen Raubbaus an den Sandelholzbeständen aufs äußerste verbittert, sodass sich die englischen wie auch die französischen Pflanzer gezwungen sahen, meist auf Arbeitskräfte zurückzugreifen, die aus Asien auf die Inselgruppe gebracht wurden. Ab 1880 begann der Bananen-, Kaffee- und Maisanbau die Baumwolle zu verdrängen und die Gewinnung von Kopra trat allmählich hinzu.

Während das in übergroßen Mengen eingeschlagene Sandelholz über Singapur nach China verschifft wurde, war der übrige Warenverkehr, vor allem die Produkte der europäischen Pflanzer, hauptsächlich auf das französische Neukaledonien und zum kleineren Teil auf das australische Queensland ausgerichtet.

1876 forderten britische Pflanzer Frankreich auf, die Inselgruppe zu annektieren. Im Jahr darauf, 1877, traten protestantische Missionare mit dem gleichen Vorschlag an Großbritannien heran. Wieder ein Jahr später, 1878, erklärten die beiden Mächte die gesamte Inselgruppe zum neutralen Gebiet.

Die gleichzeitige Anwesenheit französischer und englischer Siedler hatte eine unzulängliche Verwaltung zur Folge. Die Regelung zivilrechtlicher Angelegenheiten, wie z. B. Streitigkeiten über Grundbesitz und die Ausübung der Rechtsprechung beider Kolonialherren über die Eingeborenen lagen im Argen. Auch ließen sich unterschiedliche Meinungen darüber nicht aus dem Weg räumen, welcher Macht denn die „Handelshoheit" zukam.

Diese im Grunde genommen erste französisch-englische Interessenkollision auf den Neuen Hebriden wurde durch die Stärkung Frankreichs gelöst, indem John Higginson von Neukaledonien aus eine große Handelsgesellschaft auf der Insel Sandwich, mit dem Hauptsitz in Port Vila, gründete. Daraus ging die „Société Française des Nouvelles Hebrides" mit Plantagen, vornehmlich Kopragewinnung und Kaffeeanbau, auf mehreren Inseln des Archipels hervor.

Zu den internen Differenzen zwischen den beiden Kolonialmächten, primär resultierend aus der unbefriedigenden Rechtslage, die das Verhältnis zwischen französischen und englischen Pflanzern trübte, war etwas getreten, was für beide Seiten sehr lästig, teils sogar lebensbedrohend geworden war: das schlechte Verhältnis zur eingeborenen Bevölkerung. Außer den sich immer bei einer

Inselbevölkerung einstellenden Irritationen, die ein über See kommender Okkupator auslöst, wenn er sich zum Herrn über das den ursprünglichen Inselbewohnern angestammte Land macht, traten auf den Neuen Hebriden zwischen den Eingeborenen und den Kolonialherren Spannungen auf, die sich schlimm auswirkten.

Die Ausbreitung der englischen und französischen Sandelholzfäller, Pflanzer und Missionare über die Neuen Hebriden konnte nämlich bei dem meist rücksichtslosen Verhalten der Europäer nicht ohne Folgen für das Verhältnis zur einheimischen Bevölkerung bleiben. Im wesentlichen waren es drei Gründe, die die Eingeborenen gegen die Europäer aufbrachten: die Urbarmachung von Land, die gewaltsame Entführung von Eingeborenen als Arbeitskräfte und das unangemessene Fällen der Sandelholzbäume, deren Bestände zu Beginn des zwanzigsten Jahrhunderts stark gelichtet waren.

Die durch diese Gründe verursachte Herabwürdigung der Urbevölkerung und deren fortschreitende Zurückdrängung auf kleiner werdenden Territorien nährte die charakterlichen Veranlagungen der Einheimischen: Unerschrockenheit, Rachsucht und die Lust zu kämpfen und zu töten bis hin zum Kannibalismus. Die Eingeborenen überfielen Schiffe, die ihresgleichen gegen ihren Willen zur Zwangsarbeit nach Australien, nach Neukaledonien und zu den Fidschiinseln bringen sollten. Auch wurden zahlreiche Europäer grausam niedergemetzelt. Niemand weiß genau, wie viele von ihnen dem Kannibalismus zum Opfer fielen. Im Jahre 1886 ereignete sich einer der schlimmsten Gewaltausbrüche der Ureinwohner gegen die Europäer. Frankreich sah sich genötigt, von Neukaledonien aus mit einer deutlichen Machtdemonstration in Form einer Strafexpedition zu antworten.

(„Pour garantir en partie la sécurité de nos nationaux, le gouverneur de la Nouvelle-Calédonie envoya deux compagnies d'infanterie et une d'artillerie de marine, qui s'installèrent en juin 1886, moitié à Port-Havannah, dans l'île Vaté, moitié à Port-Sandwich, dans l'île Mallicollo.")[1] „Um teilweise die Sicherheit unserer Staatsbürger zu garantieren, entsandte der Gouverneur von Neukaledonien zwei Infanteriekompanien und eine

---

1   Daville, Le D'Ernest, in: LA COLONISATION FRANÇAISE AUX
     NOUVELLES HEBRIDES, Paris 1895, S. 97

Artilleriekompanie der Marine, die sich im Juni 1886 teils in Port-Savannah auf der Insel Vaté, teils in Port Sandwich auf der Insel Mallicollo niedergelassen haben."

Im selben Jahr wurde die ganze Inselgruppe unter französischen Schutz gestellt. Dagegen erhob England Einspruch, der nicht erfolglos blieb: Die französischen Soldaten und das sie begleitende Zivilpersonal zogen wieder von den Inseln ab.

Zur Erhöhung der durch die Entsendung französischer Soldaten zusätzlich gefährdeten inneren Sicherheit kam es am 16. November 1887 zwischen den beiden Mächten zu einem Übereinkommen. Es sollte Leben und Eigentum der britischen und französischen Untertanen vor den die öffentliche Ordnung aufs gröbste gefährdenden Eingeborenen schützen und als Grundlage zur Schlichtung von Streitigkeiten zwischen England und Frankreich dienen. Eine gemischte Kommission aus Seeoffizieren beider Nationen war ausersehen, durch Überwachung des Archipels den Inhalt des Übereinkommens in die Praxis umzusetzen. Zugleich wurde darin die Neutralität der Neuen Hebriden vertraglich festgesetzt.

Der rasche Abschluss dieses britisch-französischen Abkommens war nicht zuletzt dadurch möglich geworden, dass England Frankreich in einem langgehegten Wunsch entgegenkam: England hielt seine Herrschaftsansprüche über die westliche Gruppe der Gesellschaftsinseln (Inseln unter dem Winde) nicht mehr länger aufrecht.

Im ersten Artikel des zwischen Frankreich und England abgeschlossenen Hebridenabkommens vom 24.10.1887 heißt es hierzu: („Le gouvernement de S. M. Britannique consent à procéder à l'abrogation de la déclaration de 1847, relative au groupe des îles Sous-le-Vent de Tahiti, aussitôt qu'aura été mis à l'exécution l'accord ci-après formulé pour la protection à l'avenir des personnes et des biens aux Nouvelles-Hébrides, au moyen d'une commission mixte.")[1] „Die Regierung Ihrer Majestät von Großbritannien willigt ein, die Abschaffung der ‚Declaration de 1847‘ (gemeint ist die Londoner Erklärung von 1847: s. S. 47 f., d. Verf.) bezüglich der Inseln unter dem Wind von Tahiti vorzunehmen, ebenso wird das nachstehende Übereinkommen, formuliert zum künfti-

---

1   ebd. S. 97/98

gen Schutz der Personen und ihres Hab und Guts auf den Neuen Hebriden, mittels einer gemischten Kommission durchgeführt."

1888 stimmte England dem Übergang dieser Inselgruppe an Frankreich zu, das dadurch zum Herrn über die gesamten Gesellschaftsinseln aufstieg und – nachdem schon 1880 deren Ostgruppe französisch geworden war – zur dominierenden Macht in Ostpolynesien wurde. Durch dasselbe Abkommen gerieten auch die Inseln Futana und Alofi unter französischen Schutz, was den Einfluss Frankreichs in Melanesien weiter mehrte.

Am Grundzug der internen Situation auf den Neuen Hebriden änderte das britisch-französische Abkommen von 1887 aber nichts: Die Zwietracht zwischen den französischen und englischen Landbesitzern blieb erhalten, ja steigerte sich noch, und der Übergriffe der kannibalischen Ureinwohner wurde man nicht Herr – auch nicht gemeinsam. Beispielsweise kamen am 5. April 1890 dreißig europäische Arbeiter auf grausamste Weise ums Leben.

Da die öffentliche Ordnung durch die Animosität zwischen den Eingeborenen und den Europäern weiterhin gefährdet blieb und auch die Gegensätze unter den Siedlern der beiden Kolonialmächte weiterhin ungebrochen zu Tage traten, kam es 1904 abermals zu einem Abkommen zwischen England und Frankreich. Die beiden wichtigsten Klauseln hatten zum Inhalt: die Einrichtung einer den Ureinwohnern gerecht werdenden Gerichtsbarkeit sowie die Einsetzung einer Kommission zur Beilegung von Streitigkeiten zwischen französischen und englischen Plantagenbesitzern.

Im Jahr des zweiten Hebriden-Abkommens, 1904, und auch noch im Folgejahr machte sich unter der ursprünglichen Bevölkerung besonders große Unruhe bemerkbar. Die innere Sicherheit erschien dermaßen gefährdet, dass beide Länder mit einer gemeinsamen Strafexpedition auf die aufrührerischen Melanesier reagieren mussten.

Inzwischen war es in Australien zu großer Empörung darüber gekommen, dass die britischen Siedler auf den Neuen Hebriden ihre Ansprüche vor Gericht nicht gebührend durchsetzen konnten. Die australischen Kolonisten schlossen sich daher den Forderungen der englischen Siedler auf den Neuen Hebriden an, die ganze

Inselgruppe zu annektieren oder wenigstens in zwei getrennte Machtbereiche aufzuteilen.

Am 21. Oktober 1906 formulierten die beiden Mächte ein weiteres Abkommen, das am 9. Januar 1907 ratifiziert wurde. Während das Übereinkommen von 1887 die Einsetzung einer gemischten Kommission aus Marineoffizieren zum Schutz von Leben und Eigentum der Untertanen beider Länder gegen die Eingeborenen zum Inhalt hatte, das Übereinkommen von 1904 versuchte, der eingeborenen Bevölkerung durch eine entsprechende Gerichtsbarkeit gerecht zu werden und eine gemeinsame Kommission zur Schlichtung von Grundstücksstreitigkeiten einsetzte, ging das Übereinkommen von 1907 einen entscheidenden Schritt weiter: Das Leitmotiv lag in dem Beschluss, über die Neuen Hebriden, einschließlich der Torres- und Banksinseln, ein *Kondominat* auszuüben. Dessen wichtigste Punkte seien kurz vorgestellt!

- Die Befehlsgewalt über die Inselhäuptlinge erhielten zwei Oberkommissare – ein englischer und ein französischer. Ihnen unterstanden zwei nationale Polizeitruppen gleicher Stärke. Die 1887 aus Seeoffizieren beider Länder ins Leben gerufene Kommission zur Aufrechterhaltung der öffentlichen Ordnung behielt man zusätzlich bei.

- Der Verkauf von Waffen und berauschenden Getränken an die einheimische Bevölkerung wurde verboten. Die bisherige willkürliche Praxis zur Beschaffung eingeborener Arbeitskräfte – bis dato eine ständige Quelle gewaltsamer Auseinandersetzungen zwischen Einheimischen und Europäern – wurde insofern entschärft, als das Abkommen von 1907 die Modalitäten zum Anwerben von freiwilligen Arbeitskräften unter der Inselbevölkerung regelte.

- Ein weiterer Schritt zur Besänftigung der erregten Eingeborenenseelen war die Entscheidung, dem Beispiel Neukaledoniens und Norfolks nicht zu folgen: auf den Neuen Hebriden keine Sträflingskolonie für europäische Verbrecher einzurichten.

Auch die Entscheidung der beiden Oberkommissare, vom 4. Dezember 1907 an ihren gemeinsamen Amtssitz in Port Vila auf der Insel Efate als alleinigen Zugangshafen zu den Neuen Hebriden auszuweisen, war eine Maßnahme zur Erhöhung der angestrebten inneren Sicherheit.

Zur rechtlichen Stellung der Siedler: Die Untertanen beider Nationen hatten in jeder Hinsicht gleiche Rechte. Jedoch behielt jede Macht die Rechtsprechung über die eigenen Staatsbürger bei. Um aber der rechtlichen Situation sowohl der französischen als auch der englischen Pflanzer besser gerecht werden zu können, wurde ein gemeinsamer Gerichtshof eingerichtet. Er setzte sich aus zwei Richtern zusammen, die von beiden Mächten jeweils eingesetzt wurden und einem dritten Richter als Vorsitzenden, der, ernannt vom spanischen König, weder Engländer noch Franzose sein durfte.

Die Rechtsprechung des gemeinsamen Gerichtshofs umfasste Zivilsachen einschließlich handelsrechtlicher Klagen und Prozesse um Grundstückseigentum, Vergehen oder Verbrechen Eingeborener gegen Nichteingeborene und alle Vergehen gegen die Klauseln des Abkommens von 1907.

Zur Förderung der englisch-französischen Gemeinsamkeit enthielt das bewusste Abkommen wichtige Punkte. Man verständigte sich auf gemeinsame Richtlinien im Blick auf öffentliche Bauten, infrastrukturelle Maßnahmen wie auch über die Frage der Finanzen.

Zusätzlich war man sich einig, Englisch und Französisch als gleichberechtigte Landessprachen einzuführen. Hinzu kam: Auf Ersuchen von Gruppen mit nicht weniger als dreißig nicht eingeborenen Antragstellern konnten Verwaltungsbezirke geändert oder neu errichtet werden. Außerdem waren beide Geschlechter berechtigt, an den Wahlen zur Gemeindeverwaltung teilzunehmen.

Australien kritisierte das Abkommen von 1907 bitterlich, und zwar mit dem Hinweis darauf, dass viele Klauseln, die nominell Franzosen und Engländer gleichstellten, in der Praxis den Engländern zum Nachteil gereichten. Zum Ärger der australischen Kolonisten war ihre Regierung zudem weder bei der vorbereitenden Konferenz auf dieses Abkommen vertreten noch war sie in ausreichendem Maße während der Verhandlung über dessen Inhalt konsultiert worden.

Zum Abschluss der Ausführungen über das britisch-französische Kondominat auf den Neuen Hebriden sei noch auf einen interessanten Aspekt verwiesen: Durch den englisch-französischen Hebridenvertrag von 1907 fand die durch den 1828 erhobenen holländischen Besitzanspruch auf die Westhälfte Neuguineas bis 141° östl. L. v. Gr. (s. Teil I, S. 226) eingeleitete Kolonisierung der Südsee insofern ihren Abschluss, als der Übergang bisher unabhängiger pazifischer Territorien in die Hände der Kolonialmächte abgeschlossen war.

g. Zusammenfall von Häuptlings- und Kolonialmachtinteressen (Fidschi-Inseln)

Im Mittelpunkt des folgenden Exkurses steht, wie der maßgebliche Häuptling der Fidschiinseln wegen seiner hohen Schulden zweimal versucht, die Inselgruppe gegen Begleichung seiner Schulden an England abzutreten.

Abel Tasman entdeckte 1643 auf seiner zweiten Australienumrundung, von Tonga kommend, die nordöstlichen Fidschi-Inseln und bezeichnete sie als „Prins-Willhelms-Eilanden". James Cook stieß 1773 im Rahmen seiner zweiten Reise auf die südöstlichen Inseln der Gruppe. Die nächste Berührung mit der Außenwelt erfolgte 1789, als der von den Meuterern der „Bounty" ausgesetzte Kapitän William Bligh mit seinen achtzehn Getreuen nach dem feindlichen Zusammentreffen mit Bewohnern der Tongainseln auch hier eine feindliche Begegnung mit den Inselbewohnern hatte. 1820 entdeckte der russische Seefahrer Bellingshausen die südlichste Insel des Fidschi-Archipels: Ono. 1827 und 1838 besuchte der Franzose Dumont d'Urville die Fidschigruppe. Von seiner Regierung in beiden Fällen ausgeschickt, die 1788 in der Südsee verschollene französische Expedition von Lapérouse zu suchen (s. Teil I, S. 287–88), warf er auch in den Gewässern von Fidschi Anker und erforschte als erster gründlich die Inselgruppe.

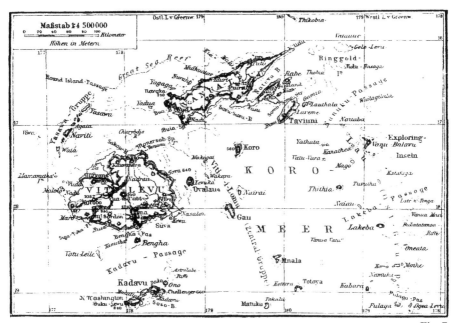

Fig. 7

Zu Beginn des 19. Jahrhunderts traten Europäer auf den Plan, die in die auch auf dieser Inselgruppe seit Jahrhunderten vorherrschenden Stammesfehden eingriffen. Da traten zwei Ereignisse ein, die die Stammesfehden noch verschlimmerten. 1804 waren 27 aus Norfolk entwichene englische Sträflinge auf Fidschi gelandet und nahmen, ganz ohne politische Ziele zu verfolgen, bald für den einen, bald für den anderen Häuptling Partei. Vier Jahre später verstärkte sich der europäische Einfluss: („In 1808 a brig called the 'Elisa' was wrecked off the reef of Nairai (an island in the middle of the Fiji group, the author), and the escaped crew and passengers, mostly runaway convicts from New South Wales … took the side of the Bau people.")[2] „1808 stran-

---

1 Meyer, in: Fidschiinseln, Leipzig und Wien 1895, 5. Aufl., 6. Bd., S. 422
2 Stonehewer Cooper, H., in: THE ISLANDS OF THE PACIFIC THEIR PEOPLES AND THEIR PRODUCTS, London 1888 (Richard Bentley

dete die Brigg ‚Elisa' an den Felsenklippen der Insel Nairai (in der Mitte der Fidschigruppe gelegen, der Verf.) und die entflohene Mannschaft und die Passagiere, meistens entlaufene Strafgefangene von Neusüdwales …, schlugen sich auf die Seite der Anhänger von Mbau." („Powder and shot settled the question of ascendency …")[1] „Pulver und Blei regelten die Frage, wer die Oberhand gewinnen sollte", denn die Mannschaft der „Elisa" führte Musketen mit sich.

Häuptling Mbau vermochte die Herrschaft des Stammes Verata im Osten der Insel Viti Levu, der Hauptinsel, zu stürzen und eine durch und durch kriegerische, erfolgreiche Regentschaft zu errichten. 1829 starb Nauliva von Mbau. Sein Bruder Tanoa folgte ihm in der Herrschaft nach. Er war einer der schrecklichsten Kannibalen, der je auf Fidschi die Macht hatte.

1835 landeten englische Missionare, Wesleyaner, auf der Inselgruppe. Weil sie von Tonga herangesegelt waren, ließen sie sich zuerst auf den östlichen Inseln nieder, da sie den Tongainseln ähneln. 1840 ging die nordamerikanische Vermessungsexpedition unter Wilkes in den fidschianischen Gewässern vor Anker. Meinicke schreibt hierüber, dass dessen geodätische „Aufnahme so ausführliche und vollständig ist, dass sie die Grundlage für alle künftigen Forschungen geworden ist und bleiben wird (s. Teil I, S. 301–03)."[2]

1844 setzten auch katholische Missionare aus Frankreich ihren Fuß auf die Gruppe. Der Einfluss der englischen Glaubensboten war größer. In den ersten Jahren versuchten sie vergeblich, die wilden, teils kannibalischen Inselstämme durch das Wort Gottes dahin zu bringen, ihre grausamen Sitten abzumildern. Die Mühen der missionarischen Beharrlichkeit fruchteten aber erst, als Tanoas Sohn *Thakombau*, der mächtigste Häuptling der Fidschi-Inseln, zum Christentum bekehrt wurde. Thakombau führte die von seinem Onkel Nauliva von Mbau begründete Herrschaft zu hoher Blüte und dehnte sie während seiner Regentschaft (1852–1874) mit Ausnahme einiger Inseln über den gesamten Archipel aus.

    and Son, Publishers in Ordinary to Her Majesty the Queen), S. 19
1   ebd.
2   Meinicke, Carl E., in: DIE INSELN DES STILLEN OZEANS, Zweiter Theil, Polynesien und Mikronesien, Leipzig 1876, S. 1

Erst nachdem die üblichen Stammesfehden wenigstens in den Küstenregionen zum Erliegen gekommen waren – hauptsächlich durch die fruchtbare Tätigkeit der Missionare, insbesondere der der Wesleyanischen Mission –, konnten sich auf den Fidschi-Inseln, namentlich auf den Küstenstreifen der Hauptinsel „Viti Levu", ungefährdet amerikanische und europäische Händler niederlassen. Unter den Europäern waren Engländer und Deutsche am stärksten vertreten.

(„Levuku [on the island Ovalau east of Viti-Levu the author], may be called the Babel of the Pacific. The white population is a wonderfully diversified one, for in a small township of about 700, there are representatives of nearly every civilised community: English, Scotch, Irish, Germans and French abound, while Russians, Swedes and Norwegians, Danes, Dutch, Italians, Spaniards, United States citizens, West Indians, Canadians, South Americans, Australians, Chinese, Hindoos, etc. are numerous. Among the Polynesian races, representatives may be found of nearly every group or island in the broad Pacific.")[1] „Levuka (auf der Insel Ovalau östlich von Viti-Levu, d. Verf.) kann das Babylon des Pazifiks genannt werden. Die weiße Bevölkerungsgruppe ist auf wunderbare Weise mannigfaltig; denn in der kleinen Stadtgemeinde von etwa 700 Einwohnern gibt es Vertreter fast jeder zivilisierten Gesellschaft: Engländer, Schotten, Iren. Es wimmelt vor Deutschen und Franzosen, während Russen, Schweden, Norweger, Dänen, Holländer, Italiener, Spanier, Bürger der Vereinigten Staaten, Bewohner Westindiens, Kanadier, Südamerikaner, Australier, Chinesen, Hindus etc. zahlreich vertreten sind. Unter den polynesischen Rassen finden sich Repräsentanten nahezu aller Inselgruppen oder Inseln des weiten Pazifiks."

Zum Kernpunkt dieses Exkurses: zu den Schulden eines Häuptlings! Im Jahre 1847 setzten die Vereinigten Staaten von Amerika den Konsularagenten Williams zur Wahrung ihrer Interessen auf Fidschi ein. Zur Weiterverfolgung der durch Williams unfreiwillig angestoßenen Entwicklung, an deren Ende die Fidschigruppe schließlich englische Kronkolonie wird, sei eine Stimme aus dem Jahr 1922 angeführt!

---

1   Stonehewer Cooper, H., in: THE ISLANDS OF THE PACIFIC, London 1888 (Richard Bentley and Son, Publishers in Ordinary to Her Majesty the Queen), S. 45

„Als 1849 bei einem Brande Eingeborene dem Konsul Williams einiges von seinem Eigentume stahlen, verlangte dieser von Tanoa Schadenersatz in der unberechtigten Höhe von 3 006 Dollar 12 1/2 Cent. Schon im folgenden Jahr war die Summe infolge anderer Räubereien auf 5 001 Dollar 38 Cent gestiegen. 1855 befahl der Schiffskapitän Boutwell, der zur Unterstützung der Angelegenheit nach Fidschi geschickt worden war, Thakombau, sofort Kapital und Zinsen zu zahlen; ein zweiter Brief setzte die zu zahlende Summe auf 30 000 Dollar fest und drohte mit Pulver und Blei. Schließlich ließ Boutwell den Oberhäuptling auf sein Schiff kommen, verlangte 45 000 Dollar und drohte mit dem Strange; da unterschrieb Thakombau. Da Thakombau, der 1854 weniger aus Überzeugung als aus politischen Beweggründen zum Christentum übergetreten war, glaubte, sich nicht länger halten zu können. ... beschloss er, sein Land an England abzutreten.“[1]. Er befürchtete, die Vereinigten Staaten von Amerika könnten wegen der Nichtbegleichung seiner Schulden eine Strafexpedition nach Fidschi entsenden.

Um dies zu verhindern, fasste Thakombau folgenden Plan: 1858 arbeitete er mit dem englischen Konsul der Fidschiinseln, William Thomas Pritchard, einen Vertrag aus, dem alle Häuptlinge der Gruppe zustimmten. Thakombau erklärte seine Absicht, englischer Untertan zu werden, wollte aber seine Titel und die Oberhoheit über seinen Archipel behalten. England sollte Thakombaus Schulden bei den Amerikanern gegen Entgegennahme riesigen Landbesitzes begleichen.

Thakombau, der sich außerstande sah, die von den Amerikanern geforderte Entschädigungssumme von 45 000 Dollar zu begleichen, („offered to cede the sovereignty of the islands to Her Majesty, on condition that he should retain the rank and title of Qui Viti (King of Fiji), which had been accorded to him by the American Government, and that in consideration of his ceding 200,000 acres of land, Her Majesty's Gov-

---

1   Helmolts Weltgeschichte, Leipzig und Wien 1922, Bd. 9: „Die Geschichte der Ozeanier nach der Berührung mit den Europäern“ (Die Fidschi-Inseln), S. 365/66

ernment should pay the American claims for him. A deed of cession, signed by Thakombau and the leading chiefs, was accordingly conveyed to England by Mr Pritchard in the early part of the year 1859.")[1] „bot an, die Souveränität über die Inseln unter der Bedingung an Ihre Majestät abzutreten, dass er Rang und Titel eines Qui Viti (Königs von Fidschi) behalten sollte, der ihm von der amerikanischen Regierung verliehen worden war. In Anbetracht seiner Abtretung von 200 000 Morgen Landes (80 936 Hektar = 809,39 qkm, d. Verf.) sollte die Regierung Ihrer Majestät die amerikanischen Forderungen für ihn bezahlen. Eine Abtretungsurkunde, von Thakombau und den führenden Häuptlingen unterzeichnet, wurde demgemäß von Mr Pritchard im beginnenden Jahr 1859 nach England gesandt."

Die britische Regierung prüfte den Vorschlag Thakombaus, lehnte ihn aber 1861 nach Konsultationen mit dem Gouverneur von Neusüdwales und dem zur Untersuchung der Verhältnisse auf den Fidschiinseln dorthin entsandten Oberst Smythe ab. London befürchtete nämlich hohe Kosten, die Möglichkeit in einen Krieg mit den Eingeborenen der Inselgruppe hineingezogen zu werden und nicht zuletzt Konflikte mit Deutschland und der nordamerikanischen Union – mit Mächten, die an der Fidschigruppe großes Interesse zeigten.

1859 meldeten sich die Amerikaner wieder mit ihren Forderungen. Gleichzeitig forderte auch Tonga von Thakombau eine große Summe mit dem deutlichen Hinweis, ihm in zurückliegender Zeit behilflich gewesen zu sein. („Several chiefs who disputed his authority were crushed by the aid of King George of Tonga, ..., but he demanded 12,000 for his services.")[2] „Mehrere Häuptlinge, die seine rechtmäßige Macht bestritten (die Macht Thakombaus, d. Verf.), wurden mit Hilfe König Georgs von Tonga niedergemetzelt ..., aber er verlangte 12 000 Pfund Sterling für seine Dienste."

---

1   Cooper, H. Stonehewer (Editor), in: Our New Colony Fiji – History, Progress and Resources, London 1882, S. 3
2   The Encyclopaedia Britannica, in: "Fiji-History", New York 1910, eleventh edition, Vol. X., S. 388

In dieser für Thakombau unangenehmen Lage machte die Melbourner „Polynesian Company" 1868 den Vorschlag, das der englischen Regierung angebotene Land gegen Begleichung der Schulden Thakombaus kaufen zu wollen. Das Geschäft kam zustande: Die „Polynesian Company" bezahlte an die Amerikaner 9 000 Pfund Sterling und erhielt 45 000 Hektar Land auf Fidschi.

In der Folgezeit lebten in den Küstenregionen der Fidschi-Inseln die alten Fehden zwischen den Eingeborenen wieder auf. Außerdem kam es zu Zwistigkeiten zwischen ihnen und den schon in großer Zahl eingewanderten Weißen, die sich in Händler, Kaufleute und Pflanzer, die hauptsächlich Zuckerrohr- und Baumwollanbau betrieben, aufgliederten. Zur selben Zeit führte eine wirtschaftliche („depression in Australia and New Zealand ... to a rapid increase of settlers – from 200 in 1860 to 1800 in 1869. This produced fresh complications, and an increasing desire among the respectable settlers for a competent civil and criminal jurisdiction. Attempts were made at self-government, and the sovereignty was ... offered, conditionally, to England, and to the United States.")[1] „Depression in Australien und Neuseeland zu einer starken Zunahme von Ansiedlern von 200 im Jahr 1860 auf 1800 im Jahr 1869. Dies verursachte neue Schwierigkeiten und unter den angesehenen Siedlern den zunehmenden Wunsch nach einer kompetenten zivil- und strafrechtlichen Gesetzgebung. Versuche zur Selbstregierung wurden unternommen, und die Souveränität wurde unter gewissen Bedingungen England und den Vereinigten Staaten angeboten."

Zur Beendigung der zahlreichen auf Fidschi herrschenden unerfreulichen Zustände etablierten Engländer unter Thakombau 1871 ein konstitutionell gebundenes, sich aus zwölf Häuptlingen zusammensetzendes Ministerium, dem Thakombau, dazu als König ausgerufen, vorstand. Dieser Schritt beinhaltete auch ein von Europäern und Amerikanern gewähltes Gesetzgebungsorgan und ein oberstes Gericht. Die parlamentarische Regierungsform konfrontierte König Thakombau mit bisher nicht gekannten Schwierigkeiten: Besaßen die Eingeborenen die Majorität im Parlament, unterdrückten sie die Weißen. Sobald sich die Machtverhältnisse ins Ge-

---

1 The Encyclopaedia Britannica, in: Fidji, eleventh edition, New York 1910, Vol. X, S. 338

genteil verkehrt hatten, wurde die Partei der eingeborenen Bevölkerung niedergehalten. Ein weiteres Moment schwächte die Stellung des Königs: Die konstitutionelle Monarchie, deren Minister ohne Ausnahme Engländer waren, erfüllte nur so lange ihren Zweck, so lange es zur Deckung der Regierungsinteressen mit denen der Weißen kam. Als jedoch Europäer und Nordamerikaner auch Steuern entrichten sollten, missachteten sie die entsprechenden Gesetze. Zudem war die Regierung nicht in der Lage, weder für das Wohlergehen der Eingeborenen noch für das der Weißen im Land zu sorgen.

König Thakombaus Schwierigkeiten wuchsen weiter. 1873 brach eine bewaffnete Revolte gegen seine Regierung aus, die im Bunde mit den hohen Schulden des jungen Staatsgebildes zum Scheitern der parlamentarischen Monarchie auf den Fidschiinseln führte.

Thakombau wusste sich nicht anders zu helfen, als diesmal Großbritannien die ganze Fidschigruppe als Gegenleistung für die inzwischen auf 80 000 Pfund Sterling angewachsene Staatsschuld anzubieten.

„England lehnte auch jetzt zunächst ab. Erst die Besorgnis, Amerika oder Deutschland möchten zugreifen, stimmte es um. Fidschi wurde (1874, d. Verf.) englische Kronkolonie. England nahm alle Schulden auf sich und zahlte an Thakombau bis zu seinem Tod (1883) ein Jahresgehalt."[1]

Interessant ist folgende Stimme, die sich über den Status von Fidschi als englische Kronkolonie äußert: („Every year some old Fijian peculiarity disappears, and the changes brought by the growing number of white residents take place with an ever-increasing rapidity; and I think we ought now to feel greater interest in them than we have ever done. Do you know *why*? Because the Fijians are now our fellow subjects. Yes; Fiji has been annexed to the British dominions and is under the happy rule of our beloved Queen Victoria. The year 1874 had nearly closed when this change was made. The Fijians and their king were glad of this change; for they know our Queen is a christian sovereign, and they hope she and her government will be able to protect them from all wrongdoers and help to make the islands far happier and more prosperous than any one has yet imagined to be possible. Let us hope they may not be disappointed, but that these distant neighbours of ours may be

---

1   Helmolts Weltgeschichte, Leipz. u. Wien 1922, Bd. 9, S. 366

firmly bound to us by golden chains of love and goodwill.")[1] „Jedes Jahr verschwindet irgendeine der alten fidschianischen Eigenheiten und die Veränderungen, verursacht durch die wachsende Zahl weißer Siedler, ereignen sich mit ständig wachsender Geschwindigkeit. Und ich denke, wir sollten jetzt ein größeres Interesse an den Bewohnern der Fidschiinseln zeigen, als wir es bisher getan haben. Wissen Sie, warum? Weil die Fidschianer unsere Mitbürger sind. Ja, die Fidschigruppe ist an die britischen Kolonialgebiete angegliedert worden und befindet sich unter der glücklichen Herrschaft unserer geliebten Königin Viktoria. Das Jahr 1874 hatte sich fast geneigt, als diese Veränderung stattfand. Die Fidschianer und ihr König waren über diesen Wechsel glücklich. Denn sie wussten, unsere Königin ist eine christliche Herrscherin. Und sie hoffen, sie und ihre Regierung wird in der Lage sein, sie vor allen Missetätern zu schützen und dazu beitragen, die Fidschiinseln weit glücklicher und wohlhabender zu machen, als irgend jemand dies bis jetzt für möglich gehalten hat. Lasst uns hoffen, dass sie nicht enttäuscht sein mögen, wenn diese Nachbarn von uns, die so weit entfernt sind, nicht fest durch das goldene Band der Liebe und des guten Willens mit uns verbunden sein könnten."

Außer der Besorgnis, mit Amerika und Deutschland Unannehmlichkeiten zu bekommen, hatten zwei weitere Gründe zur Annektion der Fidschi-Inseln geführt. Die Fidschi-Gruppe stellt einen guten Stützpunkt auf der Strecke „Australien – Panama" dar, vor allem unter dem Aspekt, dass 1874 die Planungsarbeiten für den Panama-Kanal schon weitgehend vorangekommen waren (Baubeginn 1881). Zudem konnte England durch Besitz der Fidschigruppe besser gegen den dort nicht verbotenen Sklavenhandel vorgehen. Zur Bekämpfung des Menschenhandels wurde der Gouverneur von Fidschi zum „Hohen Kommissar für den westlichen Pazifik" ernannt.

Eine der wichtigsten Maßnahmen der jungen britischen Kolonialregierung auf der Fidschi-Gruppe bezog sich auf die Landverkäufe, die die Inselhäuptlinge vor 1874 getätigt hatten. England wollte diese Verkäufe zunächst nicht anerkennen. Da aber dadurch besonders deutschen Han-

---

1   Scholes, S.E., in: FIJI AND THE FRIENDLY ISLES: Sketches of their scenry and People., London 1882, S. V

delshäusern, die auf Fidschi Niederlassungen hatten, großer Schaden entstanden wäre, kam es 1885 doch noch zu einer Regelung: Eine aus englischen und deutschen Regierungsbevollmächtigten zusammengesetzte Kommission prüfte die deutschen Ansprüche und englischerseits wurden 10 620 Pfund Sterling als Entschädigung bezahlt – eine Summe, die bei weitem nicht dem verlorenen Land gleichkam.

h. Zurückdrängung des Einflusses einer Kolonialmacht durch eine andere (Tonga-Inseln)

Entdeckung und frühe Erforschung

Die Suche der Holländer nach dem sogenannten „Südland", dessen Existenz lediglich auf der Annahme beruhte, dass die großen Festlandsmassen der nördlichen Erdhalbkugel als Gegengewicht einer großen Landmasse auf der südlichen Erdhälfte bedürften, führte als erste die holländischen Seefahrer Jakob le Maire und Willem Schouten in die Gewässer von Tonga (s. Teil I, S. 124 ff.). 1616 erreichten sie die Insel Niuato-Butabu. Ein feindliches Zusammentreffen mit deren Bewohnern verhinderte eine erste Erforschung der Gruppe. Le Maire und Schouten folgte ihr Landsmann Abel Tasman auf der Suche nach dem Südkontinent. Er umrundete Australien, ohne es zu sichten, und landete 1643 auf seiner von Westen nach Osten gerichteten Entdeckungsfahrt auf der Insel Tongabatu.

Nach Tasman gerieten die Tongainseln wieder in Vergessenheit. Cook lenkte erneut die Aufmerksamkeit auf sie und ihre Bewohner, indem er die Inselgruppe 1773 auf seiner zweiten Reise wiederentdeckte und 1777, auf seiner dritten Reise, sieben Wochen lang den Archipel als erster Europäer erforschte. Wegen des freundlichen Wesens der eingeborenen Bevölkerung bezeichnete Cook die Inselgruppe als „Freundschaftsinseln".

James Cook folgte 1781 der Spanier Morello, der die nördlichen Inseln der Tongagruppe aufgefunden hat. Morello schlossen sich 1787 Lapérouse, 1789 Bligh, 1793 Edwards und d'Entrecasteaux an. 1827 warf Dumont d'Urville in den tongaischen Gewässern Anker.[1] 1840 berührte die amerikanische Forschungs- und Vermessungsexpedition unter Wilkes die Tongagruppe.

Über Dumont d'Urville, Wilkes u. a., die vor oder nach ihnen auf Tonga waren, schreibt Meinicke im Jahr 1876: „Aber eine ordentliche Aufnahme und wissenschaftliche Erforschung dieses Archipels (im Gegensatz zur Aufnahme der Fidschiinseln durch Wilkes, d. Verf.) ist noch nicht erfolgt."[2]

Gründlicheres Wissen über die Inselgruppe Tonga und ihre Bewohner, ein Wissen, das die von Cook hinterlassenen Kenntnisse übersteigt, vermittelte erst der Engländer John Martin auf der Grundlage der Aufzeichnungen von William Mariner und der Gespräche, die er mit Mariner hatte. Im Jahre 1806 war Mariner auf Tongabatu, der Hauptinsel des Archipels, in Gefangenschaft geraten und musste dort fünf Jahre zubringen. In zwei Bänden, 1814 in London erschienen, geht Martin auf die Tongainseln ein („Account of the Tonga Islands", deutsch: Weimar 1819).

Es sei dem Leser nicht vorenthalten, wie dieses Grundlagenwerk über die Tongainseln entstanden ist! („In the year 1811 I accidentally heard that Mr William Mariner ... had been a resident at the Friendly Islands during the space of four years; and, my curiosity being strongly excited, I solicited his acquaintance. In the course of three or four interviews I discovered that the importance ... he was able to communicate respecting the people with whom he had been so long and so intimately associated was very far superior to, and much more extensive than any thing that had yet appeared before the public. His answers to several inquiries, in regard to their religion, government and habits of life, were given with that kind of unassuming confidence which bespeaks a thorough intimacy with the subject, and carries with it the conviction of truth ...

To my inquiries respecting his intentions of publishing, he replied, that having necessarily been, for several years ... he was apprehensive his endeavours would fail in doing that justice to the work which I seemed to think its

---

1 D'Entrecasteaux war im Auftrag der französischen Regierung – fast zwei Jahre erfolglos – auf der Suche nach der 1788 im Westpazifik verschollenen Expedition von Lapérouse. Nach 34-jähriger Pause nahm Dumont d'Urville, wiederum im Auftrag Frankreichs, die Suche nach der immer noch verschollenen Expedition wieder auf. Auch er hatte keinen Erfolg (s. Teil I, S. 284 ff.).

2 Meinicke, Carl E., in: Die Inseln des Stillen Oceans, Leipzig 1876, Zweiter Theil, S. 62

importance demanded: he modestly proposed, however, to submit the subject to my consideration ... he brought me memoranda of the principal events at the Tonga islands, in the order in which they had happened during his residence there, together with a description of the most important religious ceremonies, and a vocabulary of about four or five hundred words ... I urged the necessity of committing the whole to paper while everything remained fresh in his memory ... not one of the ensuing pages has been written without Mr Mariner's presence ...")[1]

„Im Jahr 1811 hörte ich zufällig, dass Mr William Mariner ... über einen Zeitraum von vier Jahren ein Bewohner der Tongainseln gewesen sei. Das machte mich sehr neugierig und ich bemühte mich um seine Bekanntschaft. Im Laufe von drei oder vier Unterredungen fand ich heraus, dass seine Kenntnisse ... über die Bewohner Tongas, mit denen er so lange und so tief verbunden war, viel umfangreicher waren und bei weitem alles übertrafen, was bis jetzt der Öffentlichkeit zugänglich gewesen war. Seine Antworten auf verschiedene Fragen hinsichtlich von Religion, Regierung und Lebensgewohnheiten wurden mit der Art unaufdringlichen Selbstvertrauens gegeben, die gründliche Vertrautheit mit dem Gegenstand verrät – gepaart mit überzeugendem Wahrheitsgehalt.

Auf meine Fragen, ob er an eine Veröffentlichung denke, antwortete er, dass dies notwendigerweise mehrere Jahre lang der Fall gewesen sei, ... er aber befürchte, seine Bemühungen würden nicht ausreichen, dieser Arbeit die Würdigung widerfahren zu lassen, die ich ihr wegen ihrer Wichtigkeit beizumessen zu denken scheine ... er brachte mir Aufzeichnungen der wichtigsten Geschehnisse, wie sie sich der Reihe nach während seines Aufenthalts auf den Tongainseln ereignet hatten – zusammen mit einer Beschreibung der wichtigsten religiösen Zeremonien und einem Verzeichnis von ungefähr vier- oder fünfhundert Wörtern ... Ich wies auf die dringliche Notwendigkeit hin, das Ganze zu Papier zu bringen, während alles noch frisch in seinem Gedächtnis sei ... nicht eine der sich ergebenden Seiten ist ohne Mr Mariners Gegenwart geschrieben worden ...“

---

1   Martin, John, M.D., in: AN ACCOUNT OF THE NATIVES OF THE TONGA ISLANDS IN THE PACIFIC OCEAN ... COMPILED AND ARRANGED FROM THE EXTENSIVE COMMUNICATIONS OF Mr WILLIAM MARINER, London 1817, vol. I, S. VIII-IX

Missionierung und Zusammenschluss des Archipels zu einem Reich

Den Entdeckern schlossen sich 1797 die ersten Missionare an: Glaubensboten der „London Missionary Society" (LMS). Nur zwei Jahre zuvor war diese Gesellschaft unter dem Eindruck der Begeisterung für Cooks Entdeckungsfahrten in der Südsee gegründet worden. Allerdings widersetzten sich die Eingeborenen erfolgreich den ersten Missionsversuchen. („Les débuts furent même sanglants et l'on se rappele le massacre à Hihifo, en 1797, de trois ministres ... des Londres, sur dix que le *Duff* y avait déposés.")[1] „Die Anfänge waren sogar blutig, und man erinnert sich des Gemetzels zu Hihifo 1797, dem von zehn durch die *Duff* dort an Land gesetzten ‚Londoner' Priestern ... drei zum Opfer fielen." Erschwert wurde die Mission nämlich dadurch, dass sich die englischen Missionare sogleich in heftige Stammesfehden, die 1799 ausgebrochen waren, verstrickt sahen. Mehrere wurden ermordet. Im Laufe der Jahre zogen sich die übrigen aus Tonga zurück. Den Londoner Missionaren war es zwar nicht vergönnt, auf Tonga das Christentum einzuführen, aber ihre Tätigkeit hat dazu beigetragen, dass der Tonga-Archipel erstmals zu einem festen Ziel europäischer Interessen in der ozeanischen Inselflur wurde.

Nach dem Rückzug der Londoner Missionsgesellschaft entfalteten Wesleyanische Missionare aus England ab 1822 ihre Tätigkeit auf Tonga. Ihre Arbeit sollte von Erfolg gekrönt werden. Acht Jahre später, 1830, traten *Taufaʻahau,* der Herrscher von Hapai, der mittleren Gruppe der Tonga-Inseln, und *Tubo,* der Herrscher von Tongabatu, der südlichen Gruppe, zum Christentum über. Nachdem 1833 auf der nördlichen Gruppe, der Vavau-Gruppe, die Häuptlingslinie Finau ausgestorben war, fiel diese Gruppe der Tongainseln dem Herrscher von Hapai, Taufaʻahau, zu. Seitdem trug Taufaʻahau den Namen „George".

Als 1845 der Häuptling von Tongabatu, der Herrscher der südlichen Gruppe, Tubo, gestorben war, nahm George, der Herrscher über die mittlere und nördliche Gruppe, den tongaischen Titel

---

1 Monfat, Le, P. A., in: Les Tonga où Archipél des Amis, Lyon 1893, S. 28

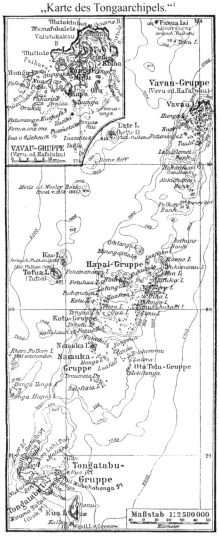

„Karte des Tongaarchipels."[1]

Fig. 8

Machtverhältnisse auf der Tongagruppe in der ersten Hälfte des 19. Jahrhunderts bis zur Einführung der Monarchie (1845)

nördliche Gruppe:

Häuptlingslinie FINAU

- 1833 ausgestorben
- nördl. Gruppe fällt an den Herrscher der mittl. Gruppe

mittlere Gruppe:

Häuptling TAUFA 'AHAU

- nach Vermehrung seines Machtbereichs um die nördl. Gruppe Annahme des Namens „George"

südliche Gruppe:

Häuptling TUBO

- stirbt 1845
- südl. Gruppe fällt an den Herrscher der mittl. Gruppe: TAUFA' AHA nimmt den Königstitel an („König George Tubo I.")

---

1   Meyer, in: Tongaarchipel (Freundschaftsinseln), Leipzig und Wien 1908, 6. Aufl., 19. Bd., S. 607 (Text v. Verf.)

127

„Tu'kanokupolu" und die Königskrone an. Residenz des Königs und Regierungssitz wurde Nukualofa auf der Insel Tongabatu, der größten Insel des Archipels. König Georg Tubo I. (1839–1893) vereinigte die ganze Tonga-Inselgruppe unter seiner Regierung zu einem Reich: Die lange Periode der Uneinigkeit und des Kampfes zwischen den verschiedenen Stämmen Tongas (1799–1845) war durch die Errichtung der Monarchie beendet.

Seit dem Jahr 1838 versuchten katholische Missionare aus Frankreich der protestantischen Mission der Wesleyaner auf Tonga das Feld streitig zu machen. Doch der Herrscher von Tongabatu, Tubo, widersetzte sich den französischen Bemühungen, den Katholizismus auf Tonga Fuß fassen zu lassen.

Erst als im Dezember 1841 ein französisches Kriegsschiff drohte, den auf Tonga nicht willkommenen und in Bedrängnis geratenen französischen Missionaren notfalls mit Waffengewalt beizustehen, ersuchte der Herrscher von Tongabatu um englisches Protektorat. Die Engländer gewährten zwar den Schutz, doch die katholischen Glaubensboten durften auf Tonga bleiben. Während sie in ihrer Hauptaufgabe, der Mission, bei weitem nicht so Bedeutendes wie die protestantischen Wesleyaner zu leisten vermochten, waren die Missionare aus Frankreich auf politischem Gebiet erfolgreich.

Unter ihrem Einfluss stehend, zettelten 1847 die Häuptlinge von Tongabatu eine Widerstandsbewegung gegen die Herrschaft von König Georg an. Diese Erhebung wurde erst 1852 niedergeschlagen, als der König die Festen Houma und Bea erstürmen ließ, die von den französischen Missionaren verteidigt wurden. „Obwohl die Häuptlinge in ihre früheren Ämter wieder eingesetzt wurden und die Missionare Leben und Eigentum behielten, fühlte sich Frankreich beleidigt, erzwang 1858 die offizielle Zulassung der katholischen Lehre und setzte mehrfach katholische Häuptlinge an die Stelle von protestantischen."[1]

War schon vor der Thronbesteigung Taufa'ahaus der Einfluss der Wesleyaner auf den Herrscher von Hapai groß gewesen, so sollte er nach der Errichtung des Königtums noch größer werden.

---

1 Helmolts Weltgeschichte, Leipzig und Wien 1922, Bd. 9: „Die Geschichte der Ozeanier nach ihrer Berührung mit den Europäern (Tonga)", S. 380

Unter den wesleyanischen Missionaren ragte ein Mann heraus, der mit seiner Einflussnahme auf den ersten König von Tonga alle anderen übertraf: der Rev. Shirley *Baker*. In dieser Stellung machte sich Baker um die staatliche Neugestaltung verdient. Nachdem König Georg Tubo I. schon vor seiner Krönung (1839) für die nördliche Gruppe (Vavau) und die mittlere Gruppe (Hapai) verordnet hatte, ein geschriebenes Gesetz einzuführen und die alten Bräuche abzuschaffen, nach denen jeder Häuptling bisher nach eigenem Gutdünken Recht gesprochen hatte, schaffte die Gesetzgebung aus dem Jahr 1862 auch die Leibeigenschaft ab. Die tongaischen Insulaner wurden zu freien Pächtern ihres Landes erklärt. Von ihrem Stück Land konnten sie nicht mehr vertrieben werden, solange sie den Pachtzins entrichteten. Weiter wurde 1862 verordnet, dass alle männlichen Einwohner Tongas ab dem 16. Lebensjahr jährlich Steuern zu zahlen hatten. Weil Tonga keine eigene Währung besaß, galten als gesetzliche Zahlungsmittel alle Goldmünzen sowie alle englischen, französischen und amerikanischen Münzen. Die Höhe der jährlichen Steuer belief sich auf sechs Dollar.

Die Wesleyanische Mission sorgte mit der wohlwollenden Unterstützung des jungen tongaischen Königreichs vortrefflich für den Unterricht. Um das Jahr 1880 herum besuchten ungefähr 5 000 – 6 000 Kinder die Schule. Auch an die berufliche und höhere Bildung war gedacht. Zu dieser Zeit gab es auf Tongabatu schon eine Industrieschule und ein Gymnasium (Tubo-College).

Der wesleyanische Einfluss erstreckte sich nicht nur auf die Gesetzgebung und auf das Erziehungs- und Ausbildungswesen. Auch der politische Bereich blieb davon nicht frei. So wurde Tonga 1862 eine konstitutionelle Monarchie. Mit der Verfassung vom 4. November 1874 brachte König Georg Tubo I. den inneren Ausbau seines den gesamten Tonga-Archipel umfassenden Reiches zum Abschluss. Diese Verfassung ist das gemeinsame Werk des Königs und seines treuen, langjährigen Beraters, des zum Premierminister aufgestiegenen Missionars, Shirley Baker. Auf seine Veranlassung wurde ausdrücklich in die Verfassung geschrieben, dass der Landverkauf an Fremde verboten sei, damit die Tonganer „nicht in die See getrieben werden". Was diesen Passus angeht, bildete Deutschland allerdings eine Ausnahme, indem einzelne Deutsche auf Tonga bedeutenden Landbesitz erwarben, und auch das Deutsche Reich dort selbst zum Großgrundbesitzer wurde. Selbst die Verpachtung von tongaischem Boden an Fremde war nur nach Rückfrage bei der Regierung möglich.

Trotz der katholischen Konkurrenzmission setzte der Protestantismus auf Tonga, insbesondere seit Baker Premierminister geworden war, seinen Siegeszug fort. Dazu trug auch bei, dass der Verkehr der Inseln untereinander durch ein eigenes Missionsschiff gefördert wurde. Auf Bakers Veranlassung brach König Georg Tubo I. die Beziehungen mit den Wesleyanern von Sydney ab. 1884 erfolgte durch königliche Anordnung die Konstituierung der tongaischen Nationalkirche, der sich der größte Teil der christlichen Bevölkerung anschloss: 11 000 Christen, 5 000 Kommunikanten, 12 eingeborene Pastoren und 800 Laienprediger.

Auf der Insel Niue dagegen hatten die Londoner Missionare, die als erste versucht hatten, auf Tonga das Wort Gottes zu verkünden, das Feld besetzt. Dort gab es mittlerweile 5 300 Christen. Auf der Insel Uea war es den katholischen Glaubensboten aus Frankreich gelungen, die protestantischen englischen Glaubensbrüder zu verdrängen. Die in den letzten Regierungsjahren König Georg Tubo I. (1839–95) herrschenden Wirren begünstigten die katholische Mission, sodass sie auf Kosten der Protestanten eine größere Zahl von Anhängern gewinnen konnte.

Außenhandel und Außenpolitik

- Dominanz des deutschen Handels
- Rückgang des deutschen Handels und Einflusses durch englische Politik

Dominanz des deutschen Handels

Mehr als zwanzig Jahre lang hatte das Hamburger Handelshaus „Johann Cesar Godeffroy & Sohn" den Handel mit dem gesamten Tonga-Archipel so gut wie monopolisiert, lag der Warenverkehr mit der ganzen Inselgruppe in erster Linie in deutschen Händen. Wie war es dazu gekommen? Die Beantwortung dieser Frage greift z. T. die Ausführungen über den deutschen Südseehandel aus Teil I (s. S. 299 ff.) wieder auf und vertieft sie. Die Firma Godeffroy tauchte zuerst 1766 in der Hamburger Handelsgeschichte auf, zwar noch nicht als Reederei, sondern als Exportgeschäft für schlesisches Leinen. Eine eigene Reederei entstand erst 1815, die sich zu einer der „größten Segelschiffs-Reedereien Hamburgs entwickelt."[1] Johann Cesar Godeffroy (1813–1885) trat im Alter von siebzehn Jahren in das von seinem Großvater gegründete Geschäft ein. Der Enkel war es, der dieser Firma zu Weltruf verhalf. „Zuerst an Mittel- und Südamerika interessiert, knüpfte man 1849 Verbindungen mit Australien an … 1857 gaben die Godeffroys alle amerikanischen und indischen Geschäfte auf und widmeten sich ausschließlich der Südseefahrt."[2]

Auf den Inseln des Pazifischen Ozeans errichtete J.C. Godeffroy mit den Karolinen und den Marshallinseln im Norden, dem Bismarck-Archipel im Westen und den Tonga- und Samoainseln im Süden sein Handelsimperium.

> *Mit 45 Niederlassungen und Handelsagenturen, Landbesitz auf zahlreichen Inseln und nicht weniger als 32 großen Dampfschiffen beherrschte Godeffroy & Sohn den Handel im mittleren und westlichen Pazifik. Neben dem Handel betrieb dieses Hamburger Handelshaus auf den erworbenen Landflächen die Kultur der Baumwolle, des Zuckers, des Kaffees und der Kokospalme. Zudem betrieb und förderte man die Perlmuttfischerei. Die wichtigste der verschiedenen geschäftlichen Aktivitäten blieb jedoch der Handel, dessen Schwerpunkt auf den Samoa- und Tonga-Inseln lag (s. Teil I, S. 299 ff.).*

zu Figur 9

1	=	Karolinen	2	=	Marshallins.	3	=	Bismarck-Arch.
4	=	Tongainseln	5	=	Samoainseln	6	=	Fidschiins.
7	=	Ellice-Ins.	8	=	Gilbertins.	9	=	Hawaii-Ins.
10	=	Midway-Ins.	11	=	Philippinen	12	=	Japan
13	=	Aleuten	14	=	Neuseeland	15	=	Gesellschaft-Ins.
16	=	Tuamotu-Ins.	17	=	Neuguinea	18	=	Kermadec-Ins.

---

1 Köhlers Flottenkalender 1963, 51. Jahrgang, Minden 1963, S. 36/37
2 ebd.

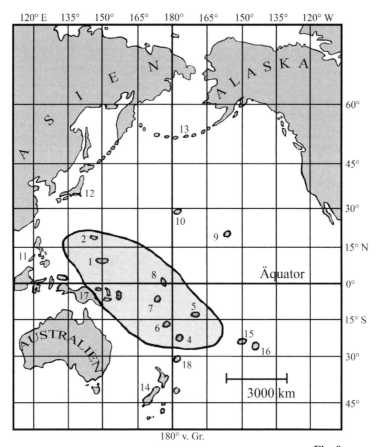

Fig. 9

Ungefährer Handelsraum der Firma Godeffroy

War Tonga bis zum Ende der fünfziger Jahre des neunzehnten Jahrhunderts nur durch englische und französische Missionare sowie durch deutsche Südseehändler mit Europa in Beziehung getreten, sollte diese Inselgruppe im Zeitalter des kolonialen Imperialismus – etwa ab den siebziger Jahren des 19. Jahrhunderts – auch mit Europa, später auch mit den USA Beziehungen aufnehmen. Auf Dauer konnte das günstig gelegene Tonga dem Besitzstreben der Europäer und Nordamerikaner nach den letzten noch „herrenlosen" Territorien der Erde, die es nur noch im Pazifik gab, nicht entgehen. Das deutsche Interesse an Tonga, das bisher nur dem Handel mit dem Inselreich gegolten hatte, weitete sich bald zu politischen Beziehungen aus. König Georg Tubo I. und dessen Premierminister bzw. Kanzler, der ehemalige wesleyanische Missionar Baker, waren allem Anschein nach deutschfreundlich; denn beim Ausbruch des deutsch-französischen Krieges von 1870/71 („… the Tongan King issued a solemn proclamation of neutrality!")[1] „… versicherte der tongaische König in einer feierlichen Erklärung seine Neutralität!".

Fünf Jahre später, am 1. November 1876, schloss das deutsche Kriegsschiff „S. M. S. Hertha" einen Freundschafts- und Handelsvertrag zwischen dem Königreich Tonga und dem Deutschen Reich ab. Dieser Vertrag begünstigte politisch den von Deutschland ohnehin schon durch das Hamburger Handelshaus Godeffroy & Sohn monopolisierten Handel mit der Inselgruppe. Die deutsche Stellung weiter stärkend, trat Tongas Regierung an das Deutsche Reich den Hafen Taulanga auf der Insel Vavau ab, damit dort eine Kohlestation für deutsche Dampfschiffe errichtet werden konnte. Allerdings blieben dadurch die königlich-tongaischen Hoheitsrechte unberührt.

Trotz der Überlassung des genannten Hafens und der für deutsche Südseeinteressen unerlässlichen Kohlestation und trotz der fortgesetzten und weiter verstärkten Begünstigung des deutschen Handels lehnte die deutsche Reichsregierung die Bitte des tongaischen Königs ab, den Tonga-Archipel unter deutsche Schutzherr-

---

1 Stonehewer Cooper, H., in: THE ISLANDS OF THE PACIFIC, London 1888, S. 311

schaft zu stellen. Deutschland musste diese Bitte ablehnen, gebot es doch zu diesem Zeitpunkt noch nicht über eine nennenswerte Überseeflotte, die der stärksten der Welt – der englischen – in dem ozeanischen Aufmarschfeld hätte entgegentreten können.

Dieser von Deutschland abschlägig beschiedene Wunsch führte letztlich dazu, dass es zu einer Annäherung zwischen Tonga und England kam. Das war ganz im Sinne Großbritanniens, das nach seiner Festsetzung auf den Neuen Hebriden und nicht zuletzt auf Fidschi im Tonga-Archipel eine gute Möglichkeit sah, den „Schutzgürtel" um die wichtigste englische Kolonie im indisch-pazifischen Raum, Australien mit Neuseeland, von Osten her weiter zu verstärken. Am 20. November 1879 folgte das erste Abkommen zwischen Tonga und dem Britischen Empire: der Abschluss eines Freundschaftsvertrags. Darin wurden den britischen Staatsangehörigen auf Tonga die gleichen Rechte zugesichert, wie sie die Deutschen als meistbegünstigte Nation bereits erhalten hatten. Durch das Zustandekommen der beiden erwähnten Verträge war das Königreich Tonga außenpolitisch repräsentiert. Während das Deutsche Reich durch einen Generalkonsul, war Großbritannien durch einen Vizekonsul vertreten. Weitere sieben Jahr später, am 6. April 1886, schlossen Deutschland und England in Berlin ein Abkommen, in dem sie den Tonga-Archipel zum neutralen Gebiet erklärten. Schließlich folgte am 1. August 1888 noch ein Freundschaftsvertrag zwischen Tonga und den Vereinigten Staaten von Amerika.

Nach diesem nötigen Vorausgriff in die Außenpolitik Tongas zurück zu dessen Außenhandel und damit wieder zu „Godeffroy & Sohn"! Im Jahr 1879 ging dieses Unternehmen in den Besitz der „Deutschen Handels- und Plantagengesellschaft" über. Verluste an der Börse und die zu aufwändige Finanzierung der Südseeerforschung durch den Firmeninhaber hatten das Hamburger Handelshaus ruiniert. Auf den Gang des deutschen Südseehandels hatte die Auflösung der in aller Welt bekannten Hamburger Firma jedoch keinen negativen Einfluss. So wie vor 1879 Godeffroy & Sohn den Handel mit Samoa und Tonga (und anderen Südseearchipelen) monopolisiert hatte, war dies auch bei der „Deutschen Handels- und Plantagengesellschaft" der Fall. Von Interesse könnten folgende

Zahlen sein: „Der Wert der Einfuhr belief sich 1883 auf 2 100 000 Mark, der der Ausfuhr (meist Kopra, dann auch Lichtnüsse und Baumwolle) auf 1 900 000 Mark. Die eingeführten Waren kommen größtenteils von Apia (auf Schiffen der Deutschen Handels- und Plantagengesellschaft, d. Verf.).“[1]

Rückgang des deutschen Handels und Einflusses durch englische Politik

In einer vier Jahre darauf veröffentlichten Quelle heißt es hierzu: „Die Einfuhr (Baumwoll- und Wollwaren, Eisenwaren, Getreide, Bauholz, Konserven usw.) betrug 1887: 3,171,553 Mk. (Mark, d. Verf.), davon deutsch 1,181,300, englisch 1,691,864 Mk., die Ausfuhr (Kopra und etwas Kaffee, Schwämme, Wolle) 3,148,933 Mk., davon deutsch 2,377,384, englisch 704,160 Mk. … Die Inselgruppe wurde 1887 besucht von 74 Schiffen von 28,264 Ton., darunter 34 deutschen … “[2]

Der Vergleich der Handelsziffern von 1883 und 1887 deckt auf: Die Wareneinfuhr nach Tonga befand sich bis zum Anfang der achtziger Jahre des 19. Jahrhunderts in deutschen Händen – wenigstens muss der in den Handelsziffern für 1883 nicht angeführte Anteil Englands zu dieser Zeit so gering gewesen sein, dass er nicht erwähnt wurde. 1887 hatte die englische Einfuhr die deutsche übertroffen. Während es in der Quelle von 1883 noch keinen Hinweis auf die Warenausfuhr nach England gibt, verhält es sich 1887 anders: Der englische Anteil an der Ausfuhr beträgt bereits fast ein Drittel des deutschen Anteils an den ins Ausland exportierten tongaischen Waren. Das starke Wachstum der englischen Warenein- fuhr und -ausfuhr geht direkt auf den Abschluss des Freundschafts- vertrags zwischen Tonga und Großbritannien zurück (1879). Er- heblichen Anteil an dieser Entwicklung hatte die nach dem Zustan- dekommen dieses Vertrages zwischen den englischen Fidschi-In- seln und Tongabatu eingerichtete englische Dampferlinie.

Diese Tendenz – Zurückdrängung des deutschen Handels durch den englischen – hielt weiter an. Begünstigt wurde diese Entwick- lung hauptsächlich durch den Tod König Georg Tubo I. am 18. Fe-

---

1 Brockhaus, in: „Tonga-Inseln“, Leipzig 1886, 13. Aufl., 15. Bd., S. 747
2 Meyer, in: „Tongaarchipel“, Leipzig und Wien 1890, 4. Aufl., Bd. 15, S. 751

bruar 1893. Nachfolger des ersten Königs von Tonga wurde dessen erst einundzwanzig Jahre alter schüchterner Urenkel, der 1895 zum zweiten König von Tonga, Georg Tubo II., gekrönt wurde. „Bis zu seinem Regierungsantritt hatte deutscher Handel und Einfluss den englischen an Bedeutung übertroffen."[1]

Nachdem Baker, königlicher Berater, Kanzler und Premierminister in Personalunion, englischen Intrigen zum Opfer gefallen war, geriet der junge König unter immer stärkere englische Einflussnahme. Die englische Einwirkung auf ihn wurde noch größer, nachdem die vom Deutschen Reich geförderten Dampferfahrten nach Tonga und Samoa durch den Norddeutschen Lloyd eingestellt worden waren.

Unter dem jungen König Georg Tubo II. (1893–1918) geriet Tonga bald in finanzielle Schwierigkeiten. Hierzu ein Beispiel! Im März 1899 erschien das deutsche Kriegsschiff „S. M. S. Falke" vor Tongabatu. Wie der Kapitän vorgab, hatte er den Auftrag, den Hafen von Taulanga so lange für alle nichtdeutschen Schiffe – also auch für tongaische – zu sperren, bis die fällige Summe von 100 000 Dollar, die Tonga Deutschland schuldete, bezahlt sein würde. Der junge König sah sich außerstande, diese hohe Forderung zu begleichen. Daraufhin tauchte am 10. April 1899 ein englisches Kriegsschiff aus Australien vor Tonga auf und zahlte an Georg Tubo II. 125 000 Dollar aus. Allerdings musste sich der König als Gegenleistung verpflichten, dass er – im Gegensatz zu seinem Vorgänger Georg Tubo I. – keinerlei Landrechte an fremde Mächte abtrete. Der König willigte ein und Großbritannien verbürgte aufs neue die tongaische Unabhängigkeit, nachdem es dies bereits am 6. April 1886 zusammen mit dem Deutschen Reich durch die Neutralitätserklärung Tongas in Berlin schon einmal getan hatte.[2]

Im Londoner Vertrag vom 14. 11. 1899 zwischen dem Deutschen Reich und Großbritannien verzichtete Deutschland auf Tonga und die benachbarte Insel Niue zugunsten Englands, und Eng-

---

1 Helmolts Weltgeschichte, Leipzig und Wien 1922, Bd. 9, S. 381
2 Dennoch kam es am 15. Februar 1900 zur Erneuerung des deutsch-tongaischen Freundschaftsvertrags vom 1. November 1876. Dies änderte aber nichts mehr am schon erfolgten Rückzug Deutschlands von den Tonga-Inseln.

land trat seinen Anspruch auf die Samoa-Inseln an Deutschland ab, sodass die samoanischen Inseln Upolu und Savaii (und einige benachbarte kleinere Inseln) als Eigentum an Deutschland fielen. Durch das bewusste Londoner Abkommen waren die Tonga-Inseln endgültig aus der deutschen in die englische Machtsphäre übergegangen. Obwohl König Georg Tubo II. dagegen Einspruch erhob, wurden Tonga und Niue am 19.5.1900 zum englischen Protektorat erklärt. Die formelle Verankerung Tongas im britischen Weltreich erfolgte im Dezember 1904. Da wurde die ganze Inselgruppe dem englischen Gouverneur der Fidschi-Inseln unterstellt, der als Oberkommissar des westlichen Stillen Ozeans im Namen der britischen Krone regierte. Auf Tonga unterstanden jetzt die Gesetzgebung und die Finanzverwaltung ausschließlich dem englischen Gouverneur, während die übrigen staatlichen Bereiche unter englischer Aufsicht in den Händen der tongaischen Regierung verblieben.

Der allmähliche Übergang Tongas aus der deutschen in die englische Einflusssphäre wirkte sich kontinuierlich auf den Handel aus, was eine deutsche Quelle aus dem Jahre 1897 bestätigt: „Der Handel befindet sich zumeist in den Händen Englands, Deutschlands und Neuseelands. Die Einfuhr ... betrug 1895: 1 717 968 Mk. (deutsch 682 863 MK.), die Ausfuhr 2 326 387 (deutsch 870 387) Mk., ... Es liefen 1895 ein 97 Schiffe von 49 559 Ton., meist englische, nur 10 deutsche mit *630* T. (Hervorhebung durch den Verf.). Mit Neuseeland sowie mit San Francisco und Tahiti stehen die Tongainseln durch englische Schiffe in Verbindung."[1]

Stellt man die Handelsziffern von 1895 und 1887 gegenüber, wird viererlei deutlich: Das in Geld ausgedrückte Handelsvolumen hat sich weiter zugunsten Englands verschoben. Die Zahl der deutschen Schiffe ist drastisch zurückgegangen. Daraus folgend hat der in Tonnen wiedergegebene Handelsumfang einen derart großen Sprung zum Vorteil Englands gemacht, dass man den deutschen Anteil im Grunde als nicht existent bezeichnen darf: 49 559 Ton. zu 630 Ton.

Außerdem fällt auf: Tonga, das seit dem Abschluss des Freundschaftsvertrags mit Großbritannien von 1879 nur durch eine englische Dampferlinie mit der Außenwelt verbunden war, mit Fidschi, steht nunmehr, 1897, mit Australien, Amerika und der zentralpazifischen Inselflur durch Dampfschifffahrtslinien in Verbindung.

---

1 Meyer, in: „Tongarchipel", Leipzig und Wien 1897, 5. Aufl., 16. Bd., S. 937

i. Tiefe Verstrickung mehrerer Mächte in Innenpolitik und Bürgerkrieg (Samoa-Inseln)[1]

Auf die Geschichte Samoas im Zeitalter des Imperialismus sei ausführlicher als auf die anderer Inselgruppen eingegangen. Denn in der zweiten Hälfte des 19. Jahrhunderts waren die machtvoll aufeinanderprallenden Interessen dreier Kolonialmächte jahrzehntelang gleichzeitig auf Samoa gerichtet – ein Vorgang, der bei keinem anderen Südseearchipel in diesem Ausmaß gegeben war.

- Überblick

- Herrschaftsstrukturen und Titelwesen

- Erste Einmischung der Europäer und Amerikaner in die Innenpolitik Samoas

- Amerikanische Annexionsversuche

- Wandel der amerikanischen Samoapolitik

- Beginnende Einzelvertrags-Politik der Fremdmächte durch Handels- und Freundschaftsverträge

- Gemeinsames Abkommen der Samoamächte von 1879

- Samoa-Akte von 1889

- Gewaltausübung der Samoamächte in den fortgesetzten Bürgerkriegswirren nach der Samoakonferenz von 1889

- Deutsch-englisch-amerikanisches Abkommen von 1899 über die Aufteilung Samoas

- Zusammenfassung: Ein- und Absetzen von Königen und Gegenkönigen auf Samoa nach dem Fußfassen der Kolonialmächte

- Samoa nach der Aufteilung

---

1   Der folgende Exkurs setzt die Darlegungen über Samoa aus dem ersten Band fort (s. Teil I, S. 275 ff.).

„Samoa- oder Schiffer-Inseln."[1]

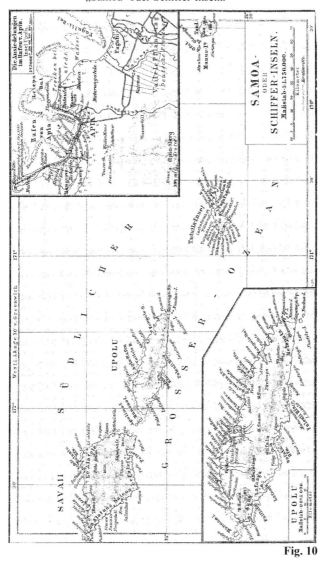

Fig. 10

1   Meyer, in: Samoa, Leipzig und Wien 1890, 4. Aufl., 14. Bd., n. S. 260

Überblick

Auf den Samoa-Inseln kam es im letzten Drittel des neunzehnten Jahrhunderts zu einem sich jahrzehntelang hinziehenden Zusammenprall handels- und machtpolitischer Interessen Deutschlands, Englands und der Vereinigten Staaten von Amerika – zu einem Zusammenprall, der die drei Länder in die blutigen Bürgerkriege der eingeborenen Bevölkerung hineinzog.

Durch die immer längere Anwesenheit der Europäer und Nordamerikaner fanden die Stammesfehden auf Samoa – die dort wie auf den meisten Südseearchipelen eine mehr oder weniger ausgeprägte Tradition hatten – nicht nur kein Ende, sie flammten vielmehr in meist sich steigernder Wildheit mehrmals wieder auf. Die Siedler, Pflanzer, Kaufleute, die diplomatischen Vertreter und das Marinepersonal aus Europa und Amerika verbündeten sich das eine Mal mit der einen, das andere Mal mit der anderen Gruppierung der sich meist feindlich gegenüberstehenden Parteien Samoas.

Das Eingreifen der die Geschicke Samoas bestimmenden Fremdmächte ging z. B. so weit, die Geschütze von schweren Kriegsschiffen einzusetzen oder einen missliebigen Inselkönig einfach abzusetzen und Tausende von Seemeilen weit in die Verbannung zu schicken. Den Eingeborenen aber ging es in den bürgerkriegsähnlichen Kämpfen immer nur darum, die Herrschaft an sich zu reißen.

Herrschaftsstrukturen und Titelwesen

Ehe in groben Zügen auf die Geschichte Samoas unter der gleichzeitigen Herrschaft der Europäer und Nordamerikaner eingegangen wird, sei ein kurzer Blick auf die Herrschaftsstrukturen geworfen, wie sie seit alters her auf dieser Inselgruppe anzutreffen waren.

Eine Zweiteilung in Volk und Häuptlingsadel hatte zu einer strengen Ständeordnung geführt. An der Spitze eines Dorfes stand ein Häuptling mit dem Titel „Alii". Mehrere Dörfer bildeten einen Bezirk, dessen Anführer, der Bezirkshäuptling, den Titel „Tui" trug. Ihm zur Seite stand ein Beirat: die „Faipule". Sie setzte sich aus den Dorfhäuptlingen des Bezirks zusammen und begrenzte die

Macht des Bezirkshäuptlings. Die Gesamtheit der Bezirke stellte das samoanische Königreich dar, dessen Geschicke vom König, dem höchsten Häuptling, geleitet wurden. Wenn im Laufe der zahlreichen Stammesfehden einer der Häuptlinge sich den Königsthron erkämpft hatte, wurden seiner Macht traditionsgemäß durch die Vertretung der Bezirkshäuptlinge, die „Taimuna", Grenzen gesetzt.

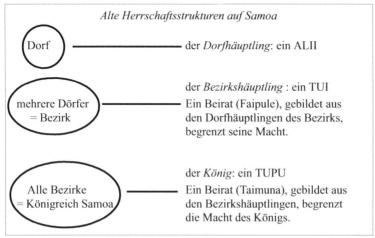

Alte Herrschaftsstrukturen auf Samoa

Dorf — der *Dorfhäuptling*: ein ALII

mehrere Dörfer = Bezirk — der *Bezirkshäuptling* : ein TUI
Ein Beirat (Faipule), gebildet aus den Dorfhäuptlingen des Bezirks, begrenzt seine Macht.

Alle Bezirke = Königreich Samoa — der *König*: ein TUPU
Ein Beirat (Taimuna), gebildet aus den Bezirkshäuptlingen, begrenzt die Macht des Königs.

Fig. 11

Zu der strengen ständischen Gliederung trat in Samoa der weitverzweigte Hang zur Titelverleihung. Unter den verschiedenen Auszeichnungen, die die Häuptlinge erringen konnten, nehmen diejenigen, die hohe Würde und Ansehen ausdrücken, eine Sonderstellung ein. Dem König kam der Titel „Tupu" zu.

Die berühmteste Auszeichnung dieser Art ist die „Malietoa". Sie wird von dem Ort „Mali", der zwölf Kilometer westlich von Apia liegt, verliehen. Die Würdebezeichnung „Mataafa", die im Dorf „Faleata" zuerkannt wird, steht der „Malietoa" kaum nach.

Wenn sich ein Häuptling die Königswürde, also den Titel „Tupu" erkämpft und er zugleich die Würdebezeichnung „Malietoa" erlangt hatte, wurde dieser Titel dem Namen vorangestellt. Dann nannte sich z. B. der Häuptling „Laupepa" „Malietoa Laupepa".

141

Erste Einmischung der Europäer und Amerikaner
in die Innenpolitik Samoas

Als John Williams an einem Augusttag des Jahres 1830 als erster Missionar Samoa betrat (s. Teil I, S. 291 ff.), war es Malietoa Vaiinupo gelungen, die Herrschaft über den Archipel an sich zu reißen. Bald hatte der neue König als erster die würdevolle Auszeichnung „Tupu" angenommen, die seitdem auf den samoanischen Inseln üblich geworden war.

Nach dem Tod dieses Königs, am 11. Mai 1844, brach auf Samoa ein zwanzigjähriger Bürgerkrieg aus, der die ganze Inselgruppe erfasste. Aus der großen Zahl der Häuptlinge, die um den Thron kämpften, setzten sich 1860 schließlich *Malietoa Laupepa* und dessen Onkel *Pea*, auch Talavu genannt, durch. Beide herrschten mehrere Jahre gemeinsam über das Inselreich.

Es war unter dieser Doppelherrschaft, dass sich Europäer und Amerikaner erstmals in die Innenpolitik Samoas einmischten, indem sie die Samoaner dahingehend beeinflussten, die Doppelherrschaft durch die Herrschaft eines einzelnen abzulösen. Dieses Bemühen war erfolgreich: 1868 kamen die Samoaner überein, nur noch einen König an der Spitze ihres Reiches zu haben. Durch die Absetzung von Talavu wurde sein Neffe Laupepa zum alleinigen König des Archipels.

Auf den Einfluss der Fremden ging auch zurück, die Versammlungen der Bezirks- und Dorfhäuptlinge nicht mehr auf der zwischen Sawaii und Upolu liegenden kleinen Insel Manono abzuhalten. Stattdessen sollten die beiden Ständevertretungen in Mulinuu bei Apia auf der Insel Upolu zusammenkommen.

Die durch die Fremdmächte erzielte Änderung der Herrschaftsstruktur (nur noch *ein* König) und der Wechsel des Versammlungsortes der Ständevertretungen (in unmittelbare Nähe Apias, wo die Entscheidungsträger der Europäer und Amerikaner ihren Sitz hatten), zielte eindeutig auf die Schwächung der samoanischen Staatsgewalt zugunsten der fremden Mächte. Ein weiterer Schritt in diese Richtung war die 1868 von den europäischen und nordamerikanischen Kolonisten angestrebte samoanische Verfassung, nach der neben dem König – in diesem Fall Malietoa Laupepa – die Versammlung der Bezirkshäuptlinge gleichsam als Oberhaus und die Versammlung der Dorfhäuptlinge als Unterhaus fungieren sollten.

Die Einmischung der Kolonialmächte in die Innenpolitik Samoas, insbesondere der Beschluss, die beiden Häuptlingsversammlungen nicht mehr auf der Insel Manono, sondern in Mulinuu abzuhalten, erregte den Zorn von Manono derart, dass es Pea als König ausrief. In dem darauffolgenden Kampf wurde Malietoa Laupepa besiegt.

Neuseeland und die USA versuchten, den wiederentfachten Bürgerkrieg für ihre Zwecke auszunutzen. Noch während die Kämpfe tobten, bot sich 1872 die englische Kolonie Neuseeland an, die ihrerseits dem kolonialen Erwerb immer zugetan war, ein Schiff zur Einverleibung Samoas in das britische Kolonialreich auszurüsten. Dieser erste offene Versuch einer fremden Macht, Samoa in ihren Besitz zu bringen, scheiterte allerdings an der der neuseeländischen übergeordneten englischen Kolonialpolitik. Etwa gleichzeitig war es aber dem Konsul der Vereinigten Staaten gelungen, durch das eigenmächtige Vorgehen eines amerikanischen Kriegsschiffkommandanten, sich 1872 für sein Land den Hafen Pago-Pago auf der Insel Tutuila – den besten Hafen des Archipels – vorläufig abtreten zu lassen. Hierzu heißt es in einer Gesetzesquelle des Außenministeriums der USA: („In 1872 Commander Richard Meade, U. S. Navy, commanding the U.S.S. Narragansett visited Pago Pago, and on his own responsibility on March 2, 1872, made an agreement, entitled … Commercial Regulations, etc. … with High Chief Mauga. This agreement was submitted to the United States Senate in May 1872 by President Grant stating that he would not hesitate to recommend its approval, but for the protection to which it seemed to pledge the United States, which he thought was not in accord with the foreign policy of the United States. The United States did not ratify the agreement, and hence, it apparently never became legally effective. [II. Ex. Doc. 161 44 (41) Cong. 1 Sess. 6.)]")[1] „1872 visitierte Kapitän Richard Meade der amerikanischen Kriegsmarine, der die ‚U.S.S. Narragansett' kommandierte, Pago Pago. Auf

---

1   United States of America, Ministry of Foreign Affairs, of the, in: Treaties, Cessions and Federal Law: AGREEMENT OF 1872, S. 2

seine eigene Verantwortung schloss er am 2. März 1872 mit dem hohen Häuptling Mauga ein Abkommen unter dem Titel ‚Handelsstatuten' ab. Es wurde im Mai 1872 durch den Präsidenten Grant dem Senat der Vereinigten Staaten unterbreitet. Grant zögerte dabei nicht darzulegen, er hätte die Billigung des Abkommens empfohlen, wenn nicht der Schutz, zu welchem es die Vereinigten Staaten zu verpflichten schien und von dem er dachte, nicht in Übereinstimmung mit der auswärtigen Politik der Vereinigten Staaten zu sein, zu beachten gewesen wäre. Die Vereinigten Staaten ratifizierten das Abkommen nicht, und daher ist es allem Anschein nach niemals gesetzlich wirksam geworden."

Nach der Einstellung der Kampfhandlungen im Jahr 1873 bewirkte das Eingreifen der inzwischen auf Samoa eingerichteten Konsulate Deutschlands, Englands und der Vereinigten Staaten von Amerika einen Vertrag folgenden Inhalts mit der samoanischen Inselregierung: Die gesamte Regierungsgewalt geht auf die beiden Ständevertretungen über: auf die „Taimuna" und die „Faipule". Damit war das Königtum abgeschafft.

Amerikanische Annexionsversuche

Im selben Jahr, 1873, traf der amerikanische Oberst *Steinberger* auf Samoa ein. In amtlicher Eigenschaft war er von seiner Regierung als Kommissar zur Erkundung der Nutzung des Samoa-Archipels für amerikanische Zwecke dorthin geschickt worden. Der zielstrebige und energische Mann missbrauchte jedoch die ihm verliehenen Vollmachten, indem er versuchte, durch eigenmächtiges, nicht mit der amerikanischen Regierung abgesprochenes Handeln den Samoaarchipel für die USA zu gewinnen. In kurzer Zeit hatte Steinberger großen Einfluss. Die beiden Ständevertretungen, in deren Händen nach der Aufhebung des Königtums die alleinige Regierungsgewalt lag, wählten ihn als Berater.

Die einmalige Gelegenheit, Ratgeber beider Ständevertretungen zu sein, nützte Steinberger äußerst geschickt zur Verstärkung des amerikanischen Einflusses auf Samoa. Steinberger brachte die „Taimuna" und die „Faipule" beispielsweise dazu, bei den Vereinigten Staaten um das Protektorat nachzusuchen. Das war ein diplomatisches Meisterstück: die samoanische Regierung derart zu beeinflussen, dass sie das von Steinberger Erstrebte – das Protektorat der USA über Samoa – erbittet.

Das entsprechende Gesuch überbrachte Steinberger persönlich nach Washington. Am 1. April 1875 kehrte er nach Samoa zurück – ohne die gewünschte Protektoratserklärung. Sie war am Widerstand des Kongresses gescheitert, der im Protektorat über diese Inselgruppe (noch) keinen so großen Nutzen für Amerika erblickte, als dass dieser Schritt im Sinne der obersten Maxime der jungen amerikanischen Kolonialpolitik gerechtfertigt erschienen wäre: Jede territoriale Erwerbung hat mit einem unverkennbaren Nutzen für die Vereinigten Staaten einherzugehen. Stattdessen brachte Steinberger nur ein Empfehlungsschreiben des amerikanischen Präsidenten Grant und allerlei Geschenke für die Inselbewohner mit.

Gegen die Entscheidung seiner Regierung machte sich Steinberger aber weiter daran, den Samoa-Archipel in den Besitz seines Landes bringen zu wollen. In seiner Funktion als Berater beider samoanischer Ständekammern brachte er zunächst eine Art Verfassung durch, setzte den entmachteten König Malietoa Laupepa als Scheinkönig ein und verlieh sich selbst den Titel „Premierminister", der nach eigenem Gutdünken regierte. Im Widerspruch zur Haltung der nordamerikanischen Union hisste Steinberger auch deren Flagge.

Eigenmächtig regelte Steinberger z. B. die Erbfolge und die Organisation des Gerichtswesens. Im Bunde mit seinen übrigen, die Verwaltung Samoas betreffenden Anordnungen bescherte er dem bisher ständig von Bürgerkriegen heimgesuchten Archipel eine Zeitlang eine gewisse innenpolitische Stabilität und damit eine etwas längere, von Auseinandersetzungen und Kämpfen freie Periode.

Doch dann versuchte Steinberger mit allen nur erdenklichen Mitteln die politische Macht der beiden Ständevertretungen zu brechen. Durch sein zügelloses Machtstreben auf Kosten der beiden

aus der Geschichte Samoas nicht wegzudenkenden Häuptlingsversammlungen brachte er mehrere Gruppierungen gegen sich auf:
den von ihm wieder eingesetzten König Malietoa Laupepa mit seinen Beratern, die Missionare der Inselgruppe, den englischen Be-
völkerungsanteil und nicht zuletzt die beiden Ständevertretungen,
also die Gesamtheit der Häuptlinge Samoas.

Schließlich erklärten die beiden Häuptlingsversammlungen
– die offiziellen politischen Entscheidungsträger Samoas – Steinberger in seinen Funktionen als Premierminister und Berater der
beiden Ständevertretungen für abgesetzt. Ein blutiger Kampf entbrannte, in dem der von seinen Befürwortern unterstützte Steinberger von seinen vorangehend angeführten Feinden besiegt wurde.
Ein englisches Kriegsschiff brachte Steinberger nach Neuseeland.[1]

„Die Entfernung Steinberger's hatte insofern noch ein Nach-
spiel, als nunmehr die Taimua und Faipule den König Malietoa absetzten, weil er die Hand zur Beseitigung des von diesen Körper-
schaften erwählten Berathers (gemeint ist Steinberger, d. Verf.) geboten hatte, und seit dieser Zeit herrscht auf den Samoa-Inseln in
gewissem Sinne wieder Anarchie."[2]

Wandel der amerikanischen Samoapolitik

Nach Steinbergers Deportation war ein Wandel in der kolonialen Sehweise der USA im Blick auf die Erwerbung Samoas festzu-
stellen. Jetzt war man an dieser Inselgruppe interessiert. Woher
kam dieser immer deutlicher werdende Sinneswandel?

Die Gründe lagen in der wachsenden Pazifikzuwendung der
nordamerikanischen Union. Im Jahre 1869 hatte die erste von vier
transamerikanischen Eisenbahnlinien die Pazifikküste erreicht.
Gleichzeitig waren die Fortschritte in der Schiffsbautechnik so

---

1   Von Neuseeland kam Steinberger im Dezember 1875 nach New York, wo
    er 1890 starb.
2   Werner von, B., in: Ein deutsches Kriegsschiff in der Südsee., Leipzig
    1890, 3. Aufl., S. 227

weit gediehen, dass man so gut wie unabhängig von den Naturgewalten die riesige Wasserwüste des Stillen Ozeans und zudem
noch mit fahrplanmäßiger Regelmäßigkeit befahren konnte. Auch
begann die 1848 nach Entdeckung der kalifornischen Goldfelder
erstmals angedachte Kanalverbindung zwischen Atlantik und Pazifik Einfluss auf die Pazifikpolitik der Nordamerikanischen Union
zu nehmen; denn 1879 wurde mit dem Bau des Panamakanals begonnen.

Ein weiterer Grund des sich immer stärker abzeichnenden Pazi-
fikinteresses der USA lag darin: Der Handel mit dem gegenüberliegenden asiatischen Festland, mit Australien und den zahlreichen
Inselfluren des Großen Ozeans lockte. Hinzu kam, dass durch die
Fortschritte im Schiffbau die Fischgründe im Pazifik, namentlich
die Pottwalfanggründe, schneller und leichter zu erreichen waren.

Die amerikanische, den globalstrategischen Machtzuwachs ins
Visier nehmende Pazifikpolitik nahm vor dem Hintergrund der
überwiegend noch „herrenlosen" Inselwelt des Stillen Ozeans in
immer klareren Konturen Gestalt an, und zwar insbesondere, nachdem 1856 der „Guano Act" verabschiedet worden war (s. S. 56 ff.).

Dieses Gesetz fußte auf dem bereits erwähnten Grundsatz, dass
jede amerikanische territoriale Erwerbung mit einem klaren Nutzen für Amerika einherzugehen habe. Und es war unter den angeführten Gesichtspunkten von großem Nutzen, auf dem für strategische Zwecke geographisch günstig gelegenen Samoa-Archipel einen ausgezeichneten maritimen Stützpunkt zu besitzen. Dafür war,
dies sei wiederholt, schon 1872 der beste Hafen des Archipels,
Pago Pago auf der Insel Tutuila, in amerikanische Nutzung – wenn
auch nicht mit der Genehmigung des Kongresses – übergegangen.

Werden die vorangehenden Darlegungen über die sich herausbildende amerikanische Pazifikzuwendung berücksichtigt, ist es
nachzuvollziehen, dass 1877 der Konsul der Union auf Samoa
– Griffin – die Flagge der USA hisste.

Nur der deutliche Einspruch Englands und Deutschlands verhinderte den frühen Übergang der Inselgruppe in amerikanische
Hände. Auf diese Weise war auch der zweite Versuch, Samoa zu
annektieren, nicht geglückt, nachdem schon fünf Jahre zuvor Neuseeland daran gescheitert war.

Beginnende Einzelvertragspolitik der Fremdmächte durch
Handels- und Freundschaftsverträge

Auf die energischen deutschen und englischen Proteste hin de-
mentierte die US-Regierung, Griffin die Weisung zur Besitzergreifung Samoas gegeben zu haben, billigte sein Vorgehen nicht und
berief ihn von seinem Posten ab.

Zur Eindämmung der offenen, auf Annexion zielenden amerikanischen Samoapolitik, wie sie durch Griffin offenbar geworden
war, kam das Deutsche Reich am 3. Juni 1877 noch im selben Jahr
mit der samoanischen Regierung überein, andere fremde Mächte
gegenüber Deutschland nicht zu bevorzugen.

Die Regierung der Vereinigten Staaten hatte zwar die offene
Annexionspolitik ihres Konsuls Griffin nicht gebilligt, wodurch
Samoa nicht zum Protektorat der USA geworden war, aber der Hafen Pago Pago sollte in amerikanische Nutzung übergehen. Ein
(„'treaty of friendship and commerce' was made January 17, 1878 and after
ratification proclaimed February 13, 1878 between the United States and 'the
Government of the American Samoa Island'")[1] „… 'Freundschafts- und
Handelsvertrag' wurde zwischen den Vereinigten Staaten und 'der
Regierung von American Samoa Island' am 17. Januar 1878 abgeschlossen und nach der Ratifizierung am 13. Februar 1878 verkün-
det." Durch den mit König Malietoa Laupepa abgeschlossenen
Vertrag erhielten die Amerikaner endgültig den begehrten Hafen
für die unterschiedlichsten maritimen Zwecke, wie z. B. für die
Nutzung als Kohlenlager oder zur Durchführung von Reparaturarbeiten.

Als der deutsche Kapitän von Werner mit der „Ariadne", die zu
dieser Zeit auf Reede vor Apia lag, davon hörte, dass Pago Pago
vertraglich in die Hände der Amerikaner gelangt war, besetzte er
die Häfen Saluafata und Faleolili – Saluafata an der Nordküste, Faleolili an der Südküste der Insel Upolu.

Werner erinnerte die samoanische Regierung an den Vertrag,
den sie am 3. Juni 1877 mit dem Deutschen Reich abgeschlossen

---

1   United States of America, Ministry of Foreign Affairs, of the, in: Treaties,
    Cession and Federal Law: AGREEMENT OF 1872, S. 3

hatte und dessen wichtigster Punkt besagte, anderen fremden Mächten keine Vorrechte vor Deutschland einzuräumen. Werner war in seinem entschlossenen Bemühen erfolgreich, einen gleichlautenden entsprechenden Vertrag auszuhandeln, der Deutschland den Hafen Saluafata auf Upolu als Station für alle Schiffszwecke – und damit auch als Kohlestation – zuwies.

Am 24. Januar 1879 erlangte dieser Vertrag Gültigkeit. Großbritannien folgte dem deutschen Beispiel und schloss mit Samoa ein ähnliches Abkommen ab. Es gestattete England das Anlegen einer Kohle- und Marinestation und die ungehinderte Fahrt in allen Gewässern der Inselgruppe (28. August 1879).

Gemeinsames Abkommen der Samoamächte von 1879

- Erklärung Samoas zum neutralen Gebiet und Änderung der samoanischen Verfassung
- Samoa-Vorlage
- Beginn der offenen Parteinahme der Fremdmächte in der Innenpolitik und den Bürgerkriegswirren
- Eskalation durch offenen Konflikt zwischen Deutschland und den Vereinigten Staaten von Amerika

Erklärung Samoas zum neutralen Gebiet und
Änderung der samoanischen Verfassung

Samoa hatte mit den drei Fremdmächten in knapp zwei aufeinanderfolgenden Jahren je einen Handels- und Freundschaftsvertrag abgeschlossen. Darauf wurde eine neue Phase in der Vertragspolitik des Inselreiches eingeläutet, und zwar insofern, als die drei Mächte Deutschland, England und die Vereinigten Staaten von Amerika nur noch gemeinsame Abkommen mit Samoa abschließen sollten.

Der erste gemeinsame Samoa-Vertrag nach der Zeit der Einzelverträge war das Abkommen vom 2. September 1879. Apia, der größte Ort des Archipels auf der Insel Upolu, und der umliegende Bezirk unterstanden dadurch einer von den drei Mächten gebildeten Munizipalität (städtische Selbstverwaltung), die im Wechsel einen der drei ausländischen Konsuln an der Spitze hatte.

Schließlich wählten am 23. Dezember 1879 an Bord des deutschen Kriegsschiffs „S. M. S. Bismarck" die Häuptlinge des ganzen Inselstaats Malietoa Laupepa zum Regenten und seinen Onkel Pea, bekanntlich auch Talavu genannt, dem inzwischen auch die Würdebezeichnung „Malietoa" verliehen worden war, zum König auf Lebenszeit. Durch diesen Akt war das Königtum offiziell wieder eingeführt worden.

Fig. 12

„Fregatte ‚Bismarck'."[1]

Samoa-Vorlage

Da Samoa im Jahre 1880 noch nicht in den Besitz einer fremden Macht übergegangen war und das den Handel auf dieser Inselgruppe seit 1856 dominierende deutsche Handelshaus Godeffroy durch Unglück an der Börse Ende der siebziger Jahre in arge finanzielle Bedrängnis geriet, rückte der Samoa-Archipel ins Visier der australisch-englischen Bewegung zur Inbesitznahme aller noch „herrenlosen" Inseln Ozeaniens.

---

1   Werner von, B., in: Ein deutsches Kriegsschiff in der Südsee., Leipzig 1890, 3. Aufl., S. 542

Die schon im Exkurs über die Tonga-Inseln vorgestellte Firma Godeffroy hatte das Handelsmonopol im mittleren und westlichen Pazifik errungen und nannte bedeutenden Landbesitz mit vielen Plantagen auf den drei großen Inseln der Samoagruppe (Savaii, Upolu, Tutuila) und auf den Karolinen ihr eigen. Im Zusammenbruch dieses Handelsimperiums und dem denkbaren Abzug der deutschen Kriegsschiffe von den Samoa-Inseln sahen die Anführer der auf diese Inseln gerichteten australisch-englischen Okkupations-Kolonialpolitik eine gute Gelegenheit, ihre imperialistischen Ziele zu realisieren, insbesondere unter diesem Gesichtspunkt: durch Annexion Samoas der finanziellen Rettung des Handelshauses Godeffroy durch das Deutsche Reich zuvorzukommen.

„Da boten die Zahlungsschwierigkeiten der durch schwere Verluste infolge des Sinkens der Koprapreise erschütterten Firma Godeffroy eine willkommene Gelegenheit, Samoa unter deutschen Schutz zu stellen und damit der Gefahr vorzubeugen, dass der umfangreiche Landbesitz jenes Hauses und im Anschluss daran die politische Besitzergreifung des Archipels an England übergehen würde."[1]

Wegen der in ihrer Existenz hart bedrängten deutschen Firma Godeffroy, die in aller Welt einen ausgezeichneten Ruf genoss, und des im Konkursfall nicht auszuschließenden internationalen Ansehensverlusts des jungen Deutschen Reichs gab Bismarck seine dem Kolonialismus gegenüber zurückhaltende Einstellung auf. Noch im selben Jahr, 1880, brachte er im Reichstag die „Samoa-Vorlage" ein. Durch sie sollte die Reichsregierung veranlasst werden, zugunsten des Hauses Godeffroy mittels einer Zinsbürgschaft einzugreifen.

Der „Samoa-Vorlage" war indes kein Erfolg beschieden. Der Reichstag lehnte sie am 29. April 1880 ab. Damit war auch die Einrichtung einer deutschen Schutzherrschaft über Samoa, auch Inhalt dieser Vorlage, abgelehnt. Dies stärkte die überwiegend von Australien und Neuseeland ausgehenden englischen Kolonialgelüste, den Samoa-Archipel dem britischen Weltreich einzuverleiben.

---

1 Hassert, Kurt, in: Die neuen DEUTSCHEN ERWERBUNGEN in der Südsee: Die Karolinen, Marianen und Samoa-Inseln, Leipzig 1903, S. 11

Trotz des ersten gemeinsamen Abkommens der Samoamächte von 1879 kam es zu neuen Unruhen und blutigen Kämpfen auf der Inselgruppe. Am 8. November 1880 starb der erst im Vorjahr auf Lebenszeit inthronisierte König Malietoa Talavu. Ihm folgte im Einverständnis mit den drei Fremdmächten sein Neffe, der bisherige Regent Malietoa Laupepa.

Die kurz nach seiner Thronbesteigung unter den Eingeborenen wieder aufflammenden Auseinandersetzungen wusste Malietoa Laupepa weder zu lenken noch zu schlichten. In dieser für ihn ausweglosen Situation wandte sich der König im November 1885 heimlich an Großbritannien und bot ihm die Oberherrschaft über den Samoa-Archipel an. Nur wenig später, Anfang 1886, wählte eine dem König feindlich gesonnene Gruppe von Häuptlingen aus ihrer Mitte den Häuptling *Tamasese* zum Gegenkönig.

Deutschland stellte sich auf die Seite des Gegenkönigs, denn König Malietoa Laupepa hatte auf eigene Faust gehandelt. Ohne sich mit der Ständevertretung, die seine Macht einschränkte – mit der Versammlung der Bezirkshäuptlinge – abzusprechen, hatte er England das Protektorat über den Archipel angetragen.

In den sich anschließenden Kämpfen zwischen den Anhängern des Königs Malietoa Laupepa und des Gegenkönigs Tamasese wurden durch die Befürworter des Königs zahlreiche deutsche Staatsangehörige beleidigt und beraubt. Von den Übergriffen gegen den Besitz der drei Kolonialmächte erfolgten die schwersten gegen deutsches Eigentum. Da Malietoa Laupepa und seine Gefolgsleute nicht nachließen, fortwährend gegen deutsche Belange zu verstoßen, wurde er im August 1887 von Besatzungsmitgliedern eines deutschen Kriegsschiffes, das im Hafen von Apia lag, gefangengenommen und in die Verbannung außer Landes gebracht – zunächst in die deutsche Kolonie Kamerun (an der Westküste Afrikas), dann auf die unter deutscher Herrschaft stehenden Marshallinseln (im westlichen Pazifik östlich der Karolinen). Darauf erfolgte die Anerkennung Tamaseses als König.

Nach kurzer Kampfpause flammte der Bürgerkrieg erneut auf, sodass die Herrschaft des vom Deutschen Reich gestützten Gegenkönigs Tamasese nicht lange währte. Schon nach einem reichlichen Jahr war nämlich im September 1888 von den Anhängern des verbannten Königs Malietoa Laupepa der im Volk angesehene und unter starkem amerikanischem Einfluss stehende Mataafa zum König ausgerufen worden.

Mataafa schlug Tamasese und dessen Unterstützer. Die Gefolgschaft des siegreichen Mataafa ging, dem Beispiel der Anhänger des verbannten Laupepas folgend, gleichfalls gewalttätig gegen die auf Samoa ansässigen Deutschen vor. Auch waren die Unterstützer Mataafas darin erfolgreich, die Stadt Apia in ihren Besitz zu bringen und sich dort zu verschanzen.

Als die Ausschreitungen gegen die Deutschen nicht nachließen, forderte der deutsche Konsul Knappe, der sich durch zwei im Hafen von Apia vor Anker liegende Kriegsschiffe der Kaiserlichen Marine in einer starken Position wähnte, die dem Deutschen Reich feindlich gesonnenen Samoaner auf, die Feindseligkeiten einzustellen, die Waffen an die Deutschen abzuliefern und Schadenersatz zu leisten. Die Anhänger der von Amerika unterstützten Gruppierung Mataafas weigerten sich jedoch, dieser Aufforderung nachzukommen.

Eskalation durch offenen Konflikt zwischen Deutschland und den Vereinigten Staaten von Amerika

Am 18. Dezember 1888 erteilte Knappe der Kreuzerkorvette „S. M. S. Olga", die eines der beiden schon erwähnten im Hafen von Apia liegenden deutschen Kriegsschiffe war, die Order, Truppen zur Unterstützung der hart bedrängten deutschen Staatsangehörigen zu landen. Doch die Landung der deutschen Seesoldaten wurde an Mataafa verraten. Sie gerieten in einen Hinterhalt. Von den ihnen zahlenmäßig weit überlegenen samoanischen Kräften Mataafas wurden sie unter der Führung des Amerikaners Klein vernichtend geschlagen.

„Kreuzerkorvette (Olga)."[1]   Fig. 13

Fig. 14

Mehr als fünfzig Mann des deutschen Landungstrupps kamen in diesem Feuergefecht ums Leben. Auf der westlich von Apia etwa drei Kilometer weit ins Meer ragenden Nehrung wurde ihnen ein Massengrab bereitet (s. Nebenstehende Figur links oben).

---

1   Brockhaus, in: Schifftypen. I: Kriegsschiffe, Leipzig 1886, 13. Aufl., 14. Bd., n. S. 342
2   Meyer, in: Samoa- oder Schifferinseln, Leipz. u. Wien 1890, 4. Aufl., 14. Bd., n. S. 260

Im Januar 1889 sollte die missliche Lage der Deutschen noch unangenehmer werden. In der Nacht vom 8. auf den 9. Januar wurde das deutsche Konsulat in Apia in Brand gesteckt. In dem darauf folgenden Depeschenverkehr mit Berlin muss der deutsche Konsul in Samoa eine Depesche falsch interpretiert haben, denn er rief am 19. Januar 1889 den Kriegszustand zwischen dem Deutschen Reich und seinen samoanischen Gegnern aus.

Die Konsuln der Vereinigten Staaten und Großbritanniens protestierten energisch gegen die Erklärung des Kriegszustands zwischen Deutschland und der von Amerika unterstützten Mataafa-Partei. Die deutsche Regierung erkannte Knappes Vorgehen nicht an und berief ihn von seinem Posten aus Apia ab. Der schon offene Konflikt mit den USA sollte sich nicht noch weiter verschärfen.

In dieser höchst angespannten Lage, in der auf beiden Seiten außer Handfeuerwaffen auch Schiffsgeschütze bereit standen, riefen auch die Vereinigten Staaten ihren Konsul aus Apia ab. Auch der Kommandant des amerikanischen Kriegsschiffs, von dem ein Teil der Besatzung in die Kämpfe verwickelt war, die den deutschen Seeleuten den Tod gebracht hatten, wurde von seinem Posten entbunden.

Nach diesen deeskalierenden Maßnahmen Deutschlands und der USA lud das Deutsche Reich Großbritannien und die Vereinigten Staaten von Amerika zu einer Konferenz nach Berlin zur endgültigen Klärung der ungelösten Samoa-Frage ein.

Etwa gleichzeitig begannen die drei Samoamächte zum Schutz ihrer Bürger auf der Inselgruppe und zur Durchsetzung ihrer Interessen weitere Kriegsschiffe in die samoanischen Gewässer zu entsenden.

Noch vor Beginn der Konferenz, dem 29. April 1889, bewirkte eine Katastrophe schier unvorstellbaren Ausmaßes einen Waffenstillstand in dem seit etwa vier Jahren auf Samoa wütenden Bürgerkrieg: Als ob sich die Natur über dieses Blutvergießen, in das außer den beiden verfeindeten Parteien der eingeborenen Bevölkerung Samoas das Deutsche Reich und die USA tief verstrickt waren, empören wollte,

155

wütete am 16. März 1889 ein Orkan mit nicht mehr zu messender Windstärke im Hafen von Apia.

Dort lagen Einheiten der deutschen und amerikanischen Kriegsmarine vor Anker. Drei deutsche Schiffe – die Kanonenboote „Adler", „Olga" und „Eber" – und drei Schiffe der „US-Navy" strandeten. Fünf der Schiffe, darunter die „Adler" und die „Eber", zerschellten an den scharfen Klippen, die die weite Hafeneinfahrt Apias säumen. Nur das Kanonenboot „Olga" war kein Totalverlust. Doch alle auf der Reede von Apia liegenden Handelsschiffe wurden ein Opfer des Orkans.

Von den durch die Naturgewalten vernichteten Schiffen der kaiserlichen Marine riss der entsetzliche Sturm fünf Offiziere und neunzig Besatzungsmitglieder für immer mit sich. Die Verluste der amerikanischen Marine waren noch deutlich höher: 117 Mann fanden den Seemannstod.

„Uneingeschränktes Lob verdiente bei dieser schrecklichen Katastrophe das Verhalten der Samoaner, die, alle Feindschaft vergessend, sich todesmutig an dem Rettungswerk beteiligten und als tollkühne Schwimmer furchtlos ihr Leben einsetzten, um ohne Unterschied Freund und Feind dem gierigen Orkan zu entreissen."[1]

Samoa-Akte von 1889

Das Schlussprotokoll der Samoa-Konferenz vom 14. Juni 1889, die sogenannte „Samoa-Akte", enthielt als wichtigsten Punkt: Der Samoa-Archipel wird zum unabhängigen und neutralen Gebiet erklärt – allerdings unter dem Schutz der drei Fremdmächte, die schon seit Jahrzehnten die Geschicke dieser Inselwelt bestimmten.

Der von Deutschland, England und den Vereinigten Staaten gewährte „Schutz" schloss letztlich nicht jegliche Oberaufsicht aus. Im Grunde genommen hatten die drei Vertragsmächte *gemeinsam* ein Protektorat über Samoa errichtet.

Auch die Frage, wer in Samoa König sein sollte, wurde durch die Samoa-Akte geregelt. Der von Deutschland im letzten Bürgerkrieg (1885–89) unterstützte und von seiner Partei zum König aus-

---

1   Hassert, Kurt, Dr., in: Die neuen DEUTSCHEN ERWERBUNGEN in der Südsee: Die Karolinen, Marianen und Samoa-Inseln, Leipzig 1903, S. 12

gerufene Tamasese wie auch der in diesem Krieg von den USA hochgehaltene Mataafa wurden abgesetzt. Der vom Deutschen Reich erst nach Kamerun und dann nach den Marshallinseln verbannte König Malietoa Laupepa gelangte wieder als rechtmäßiger König auf den Thron des Inselreiches. Malietoa Laupepa kehrte im August 1889 aus seiner Verbannung zurück und hisste am 10. Dezember desselben Jahres seine Flagge zu Apia. 1890 wurde er von den drei Vertragsmächten formell als König von Samoa anerkannt.

Abgesehen von der Regelung des politischen Status' der Samoagruppe, ihrer obersten politischen Führung und ihres Verhältnisses zu den vertragschließenden Mächten, regelte die Samoa-Akte z. B. noch folgende Punkte:

- Sie sicherte den verschiedenen Personenkreisen der drei Vertragsmächte gleiche Rechte zu und forderte die unverzügliche Wiederherstellung der öffentlichen Ordnung auf der Inselgruppe.

- Sie bestimmte, einen Obersten Gerichtshof einzurichten und seine Zuständigkeit zu klären, einen Oberrichter zu ernennen und einen Munizipalmagistrat mit Präsidentem für die lokale Verwaltung Apias und seines Distrikts durch die drei Vertragsmächte oder durch den König von Schweden einzusetzen. Gemeinschaftlich ersuchten Deutschland, Großbritannien und die USA den schwedischen König darum, in Samoa einen Oberrichter zu berufen. Dem Gesuch wurde stattgegeben und der schwedische Kammerherr v. Cedercrantz für dieses Amt ernannt. Ende 1890 traf er in Apia ein und richtete weisungsgemäß im Sinne der Samoa-Akte eine städtische Verwaltung für Apia und den dazugehörigen Distrikt ein. Der von dem schwedischen Oberrichter aufgestellte Munizipalmagistrat bestand aus sechs Stadträten und einem Vorsitzenden.

- Die Samoa-Akte beschränkte die eingeborene Bevölkerung in ihrem Recht, über ihre Ländereien nach Belieben zu verfügen und sorgte sich um die Untersuchung von

Landansprüchen und die Eintragung berechtigter Ansprüche in die Grundbücher.

- Auch wurden Fragen der Besteuerung geklärt und der Besitz, der Verkauf und der Gebrauch von Waffen sowie der Handel mit berauschenden Getränken eingeschränkt. Schließlich geht aus der Samoa-Akte hervor, dass die samoanische Regierung ihr zugestimmt habe.

Was bedeutete die Samoa-Akte für die Innenpolitik der Inselgruppe? Das Konferenz-Ergebnis von Berlin barg reichlich Zündstoff für ein weiteres, von Aggressionen nicht freies politisches Geschehen, das per se in gewisser Regelmäßigkeit das Intervenieren und Verwickeltwerden der Vertragsmächte nach sich ziehen musste.

Allein die Weisung zur unverzüglichen Wiederherstellung der öffentlichen Ordnung musste bei den Eingeborenen Unmut hervorrufen, standen sich doch zwei unterschiedliche Gruppierungen gegenüber. Folglich sah sich bei einem angeordneten Herstellen friedlicher Verhältnisse immer eine der zerstrittenen Parteien Samoas in ihren Ansichten beschnitten.

Die Beschränkung der Eingeborenen in der Verfügungsfreiheit über ihren Landbesitz, im bisher so gut wie freien Handel mit Waffen und in deren unbeanstandetem Besitz missfiel den meisten Samoanern. Auch dass der Zugang zu berauschenden Getränken erschwert wurde, stieß bei der Mehrheit der einheimischen Bevölkerung nicht auf Gegenliebe.

„Der Berliner Vertrag (die Samoa-Akte von 1889, d. Verf.) erwies sich mehr und mehr als eine verfehlte, der inneren Entwickelung der Inseln hinderliche Einrichtung. Seine Schöpfung, das Tridominat über Samoa, wurde zu einer Quelle beständiger Eifersucht zwischen den beteiligten Nationen und wenn dieselbe, entsprechend den Formen der Diplomatie, unter den diplomatischen Vertretern auf Samoa auch weniger in die Erscheinung trat, so gährte (sic) es doch an allen Ecken und Enden …"[1]

---

1   Marquardt, Carl, in: Der Kampf um und auf Samoa. Ausführlich dargestellt unter Benutzung amtlichen Materials, Berlin 1899, S. 4

158

Gewaltausübung der Samoamächte in den fortgesetzten Bürgerkriegswirren nach der Samoakonferenz von 1889

- Entschiedene Parteinahme der Fremdmächte in den innenpolitischen Wirren
- Brisanz deutscher und amerikanischer Samointeressen
- Militärischer Konflikt

Entschiedene Parteinahme der Fremdmächte in den innenpolitischen Wirren

Kurz nach der Wiedereinsetzung des aus der Verbannung nach den Marshallinseln zurückgeholten Malietoa Laupepas wählten die Parteigänger des abgesetzten, von Amerika unterstützten Gegenkönigs Mataafa diesen erneut zum Gegenkönig. Schon flammte 1893 der Bürgerkrieg zwischen ihm und dem rechtmäßigen Herrscher Malietoa Laupeepa wieder auf. Mit deutscher und englischer Hilfe besiegte Laupepa den Gegenkönig Mataafa auf der zwischen Savaii und Upolu liegenden Insel Manono. Auf Beschluss der drei Vertragsmächte widerfuhr Mataafa das gleiche Schicksal, wie seinem Widersacher Malietoa Laupepa 1887 zuteil geworden war: Als Gefangener wurde Mataafa 1893 auf den unter deutscher Herrschaft stehenden Marshallinseln im westlichen Pazifik interniert. (Allerdings blieb ihm erspart, wie Malietoa Laupepa erst nach Kamerun gebracht zu werden.)

Der neuerliche Bürgerkrieg setzte sich trotz Mataafas Verbannung fort. Im Sommer 1894 brachen weitere Unruhen aus. Die andere große Partei Samoas hatte nämlich nach dem Tode des ehemaligen Gegenkönigs Tamasese, der zusammen mit Mataafa durch die Samoa-Akte 1889 abgesetzt worden war, dessen Sohn, den jungen Tamasese, zum Gegenkönig des durch die Samoa-Akte wieder eingesetzten Malietoa Laupepa erhoben. Deutsche und englische Kriegsschiffe griffen in die Kämpfe ein, um die heftigen Bürgerkriegswirren zu beenden. Im Herbst desselben Jahres streckten die Rebellen die Waffen vor der geballten maritimen Kraft Englands und Deutschlands.

Am 22. August 1898 starb der regierende König Malietoa Laupepa. Als seine Nachfolger kamen nur der immer noch auf den Marshallinseln internierte, beim Volk sehr beliebte Mataafa und der erst sechzehnjährige Sohn *Tanu* des 1880 verstorbenen Königs Malietoa Talavu in Frage. Tanu stand unter dem Schutz der englischen Mission, deren Glaubensboten der „London Missionary Society" und der „Australasian Wesleyan Methodist Missionary Society (Sydney)" angehörten. Auch die Regierungen Großbritanniens und der Vereinigten Staaten von Amerika erblickten in Tanu ihren Schützling, der von den Anhängern seines verstorbenen Vaters als Anwärter auf den samoanischen Thron aufgestellt worden war. Tamasese dagegen diente Großbritannien und den Vereinigten Staaten nur als Ersatzmann für den favorisierten Thronkandidaten Tanu.

Ungeachtet der Tatsache, dass mit großer Mehrheit die Wahl der Samoaner auf Mataafa als König gefallen war, erklärte der Oberrichter Samoas, der Amerikaner Chambers, am 21. Dezember 1898, dass Tanu und nicht Mataafa gewählt sei und er der Wahl Tanus zustimme. Diesen ungewöhnlichen Schritt begründete Chambers damit: Das Schlussprotokoll der Berliner Samoakonferenz von 1889 schließe Mataafa von einer neuerlichen Regentschaft als König aus. Der deutsche Konsul Rose und der deutsche Munizipalrat von Apia, Dr. Raffel, erhoben unmittelbar Einspruch gegen diese oberrichterliche Entscheidung, denn ein Satz derartigen Inhalts ließ sich im Berliner Schlussprotokoll nicht finden. Doch beim amerikanischen Oberrichter Chambers blieb der Einspruch des Deutschen Reiches unbeachtet. Letztlich ließ sich Chambers bei seiner das Wahlergebnis auf den Kopf stellenden Entscheidung davon leiten: Bismarck hatte zwar beantragt, dem Schlussprotokoll einen Satz zuzufügen, der Mataafa den Zugang zum Thron verwehren würde. Doch de facto ist ein entsprechender Satz nicht in der Samoa-Akte von 1889 zu finden.

Da wurde bekannt, „dass der Oberrichter am 5. Oktober auf eine Anfrage eine schriftliche Erklärung abgegeben hatte, wonach kein Grund vorläge, Mataafa den Sitz des Königs vorzuenthalten, falls derselbe ordnungsmäßig zum Könige gewählt sein würde. Er hatte damit der Mataafa-Partei, die natürlich mit seiner abgegebenen Erklärung rechnete, die Gelegenheit genommen, einen anderen Kandidaten aufzustellen. Die Erbitterung in den Reihen der Mataafaleute war daher auch unbeschreiblich. Die weißen Ansiedler wussten, dass die Antwort auf den merkwürdigen Schiedsspruch nur der Krieg sein konnte."[1]

Nach der Entscheidung zugunsten Tanus brachen am 1. Januar 1899 die Bürgerkriegswirren wieder aus. Die Engländer und Amerikaner ergriffen auf Seiten Tanus, die Deutschen auf Seiten Mataafas Partei. Die Verluste unter den Eingeborenen waren hoch. Zahlreiche Opfer gab es auch unter amerikanischen und britischen Offizieren.

Der von Deutschland unterstützte Mataafa ging aus den sich über mehrere Monate hinziehenden Scharmützeln und Gefechten schließlich als Sieger hervor. Er bildete eine provisorische Regierung, die den Präsidenten der Stadtverwaltung von Apia, den Deutschen Dr. Raffel, an der Spitze sah und von den Konsuln Deutschlands, Englands und der Vereinigten Staaten anerkannt wurde.

Brisanz deutscher und amerikanischer Samoainteressen

Der amerikanische Oberrichter Chambers hatte mit seiner Entscheidung, den unter starkem englischem und amerikanischem Einfluss stehenden Tanu zum König zu erklären, sicherlich im global-strategischen Interesse der USA gehandelt: sich auch im südlichen Pazifik – besonders unter Berücksichtigung des schon begonnenen Baus des Panamakanals (1879) – ein strategisches Standbein zu schaffen, nachdem 1898 Hawaii und die Philippinen einschließlich der größten Marianeninsel (Guam) in amerikanischen Besitz übergegangen waren.

War das amerikanische Interesse am Stillen Ozean anfänglich wissenschaftlicher Art, beispielsweise zur Vermessung von Inselgruppen und Erstellung genauerer Seekarten wie auch wirtschaftlicher Natur, hauptsächlich Pottwalfang und Abbau von Guano, wandelte es sich im letzten Drittel des 19. Jahrhunderts zum

---

1 Marquardt, Carl, in: Der Kampf um und auf Samoa. Ausführlich dargestellt unter Benutzung amtlichen Materials, Berlin 1899, S. 8

machtpolitisch-strategischen Faktor. Dieser Wandel hatte seine Wurzeln, wie schon dargelegt, im technischen Fortschritt, der den Amerikanern durch die Eisenbahn die Pazifikküste und durch immer leistungsfähigere Dampfschiffe den ganzen Pazifik erschloss. Im Bunde mit dem noch fertigzustellenden Panamakanal bildete der Samoaarchipel, auf dem sich die USA bereits den besten Hafen gesichert hatten (Pago Pago auf Tutuila), einen idealen, zentralpazifisch gelegenen strategischen Stützpunkt.

Dagegen waren die deutschen Interessen an Samoa zunächst wirtschaftlicher Art. Wie schon bekannt, dominierte die Firma Godeffroy aus Hamburg über Jahrzehnte den Handel im mikronesisch-melanesisch-polynesischen Raum mit den Schwerpunkten Samoa, Tonga und Karolinen.

Allmählich durchsetzten sich aber die wirtschaftlichen Belange mit nationalem Gedankengut, und zwar in dem Maße, in dem das Deutsche Reich als Kolonialmacht in Afrika und in der pazifischen Welt Fuß fasste. Deutschland war zur Wende vom 19. zum 20. Jahrhundert nach dem Flächeninhalt der Kolonien zur drittgrößten Kolonialmacht der Erde nach Großbritannien und Frankreich aufgestiegen. Bald standen sich die Pazifikinteressen der Vereinigten Staaten von Amerika und die des Deutschen Reiches als brisante Fragen gegenüber.

Großbritannien:	28 615 600 qkm (ohne Indien)
Frankreich:	10 984 000 qkm
Deutschland:	2 596 600 qkm

Auch im Blick auf den Kolonialbesitz in Ozeanien stand das Deutsche Reich an dritter Stelle (243 819 qkm) nach den Niederlanden (397 204 qkm) und England (275 572 qkm).

Als sich 1899 Deutschland und die Vereinigten Staaten von Amerika wegen des Samoa-Archipels wieder konfliktvoll gegenüberstanden, war es im Deutschen Reich zu einer Frage der nationalen Ehre geworden, sich nicht aus Samoa zurückzuziehen.

Die wütenden Gefolgsleute Mataafas zwangen den amerikanischen Oberrichter Chambers, der Mataafa um den Wahlsieg gebracht hatte, zur Flucht. Darauf ließ der Chef der provisorischen Regierung Samoas, Dr. Raffel, das durch die Flucht Chambers' verwaiste Obergericht zu Apia schließen. Doch die Gegenpartei der von Deutschland geführten samoanischen Regierung sorgte dafür, dass das Obergericht am folgenden Tag durch Matrosen der „Royal Navy" (britische Kriegsmarine) gewaltsam wieder geöffnet wurde.

Unterdessen waren Einheiten der amerikanischen und englischen Kriegsmarine im Hafen von Apia vor Anker gegangen. Am 12. März 1899 verkündete der Kommandant der amerikanischen Schiffe, Admiral Kautz, in einer Proklamation die Absetzung der provisorischen, von Deutschen geleiteten Regierung. König Mataafa und seine Anhänger wurden unmissverständlich zur Räumung Apias aufgefordert.

„Reuters Bureau verbreitete hierüber folgende Depesche: ‚Apia vom 23. März (1899, d. Verf.): Admiral Kautz (Kommandant des amerikanischen Kriegsschiffs ‚Philadelphia'), hat eine Zusammenkunft der Konsuln und der ältesten Flottenoffiziere an Bord der ‚Philadelphia' veranstaltet, da Mataafa und die zu ihm haltenden Häuptlinge fortführen, im Widerspruch mit dem Berliner Vertrag zu handeln. Die Versammlung beschloss, die provisorische Regierung (von Samoa, d. Verf.) zu desavouieren. Infolgedessen erliess Admiral Kautz eine Proklamation, in der Mataafa und seine Häuptlinge aufgefordert werden, nach ihren Wohnplätzen zurückzukehren. Mataafa verliess darauf (den Ort, d. Verf.) Mulinuu und ging ins Innere (der Insel, d. Verf.). Der deutsche Konsul erliess seinerseits eine Gegenproklamation."[1]

Der Protest des deutschen Konsuls Rose blieb ebenso unbeachtet wie sein Einspruch gegen die vorangegangene Entscheidung des amerikanischen Oberrichters, Tanu und nicht den gewählten Mataafa zum König erklärt zu haben. Auch der Protest der von den

---

1   ebd. S. 45

drei Vertragsmächten anerkannten provisorischen Regierung Samoas mit dem Deutschen Dr. Raffel an der Spitze blieb unbeachtet. Zunächst zog sich Mataafa zurück und räumte Apia. Dann wurde unter den schützenden Schiffskanonen der vereinigten englischen und amerikanischen Kriegsschiffe Tanu, der Schützling der Amerikaner und Engländer, als „Malietoa Tanu" in das königliche Amt eingesetzt.

In dieser nach Ansicht der Engländer und Amerikaner für Mataafa schier ausweglosen Lage wagte dieser das Äußerste: Mataafa sammelte die größtmögliche Zahl seiner Getreuen um sich und griff die Anhänger Tanus derart wild und entschlossen an, dass sie aufs offene Meer hinausgedrängt wurden. In ihrer Not flüchteten sich Tanus Leute auf die Schiffe der „Royal Navy" und der „US-Navy".

Als Gegenreaktion eröffneten am 15. März 1899 die englischen und amerikanischen Schiffsgeschütze das Feuer auf die Dörfer an der Küste und die weiter landeinwärts liegenden Siedlungen – ein Feuer, das sich zu einem regelrechten Bombardement ausweitete.

Doch der vom Deutschen Reich gestützte Mataafa behielt schließlich mit seinen Gefolgsleuten die Oberhand über seine von Großbritannien und den Vereinigten Staaten von Amerika unterstützten politischen Gegner. Tanu wurde als König abgesetzt und Mataafa als der rechtmäßige König inthronisiert.

Deutsch-englisch-amerikanisches Abkommen von
1899 über die Aufteilung Samoas

In der zweiten Märzhälfte des Jahres 1899 kam es auf Antrag Deutschlands zur Einsetzung eines gemeinsamen Untersuchungsausschusses der samoanischen Vertragsmächte. Darin verständigten sich das Deutsche Reich, England und die USA, eine gemischte Kommission von Sonderbevollmächtigten nach Samoa zu entsenden, um die äußerst schwierige, fortwährend von Kriegshandlungen aufgeheizte politische Lage genauestens zu untersuchen.

Das Ergebnis dieses gemeinsamen Bemühens war erstens die Absetzung Mataafas als König und die abermalige Abschaffung des samoanischen Königtums, wodurch der Friede wiederhergestellt war.

Zweitens gingen die Befugnisse des aufgehobenen Königtums vorläufig auf die Konsuln der drei Samoamächte über.

Weitere Verhandlungen zwischen ihnen führten drittens zur endgültigen Einigung. Das Deutsche Reich und Großbritannien einigten sich im Londoner Protokoll vom 14. November 1899, während die Vereinigten Staaten von Amerika und Deutschland im Washingtoner Protokoll vom 2. Dezember 1899 zu einer Einigung kamen.

Zusammenfassend werden das Londoner und Washingtoner Protokoll „Deutsch-Englisch-Amerikanisches Abkommen vom 2. Dezember 1899" bezeichnet. Die äußerst komplizierte und ungemein heikle, ja explosive Lage, die die gemischte Kommission auf Samoa vorgefunden hatte, führte zur Aufhebung der Samoa-Akte von 1889 durch das Abkommen von 1899. Es teilte den Samoa-Archipel unter Deutschland und den Vereinigten Staaten von Amerika auf.

In dem zwischen Deutschland und den USA abgeschlossenen Washingtoner Protokoll („CONVENTION OF 1899") über die Festlegung der deutschen und amerikanischen Besitzverhältnisse auf den Samoa-Inseln heißt es hierzu: („Article II – Germany renounces in favor of the United States of America all her rights and claims over and in respect to the Islands of Tutuila and all other islands of the Samoan group east of Longitude 171 degrees west of Greenwich. …

Reciprocally, the United States of America renounces in favor of Germany all her rights and claims over and in respect to the Islands of Upolu and Savaii and all other Islands of the Samoan group west of Longitude 171 degrees west of Greenwich.")[1]

„Artikel II – Deutschland verzichtet zugunsten der Vereinigten Staaten von Amerika hinsichtlich der Insel Tutuila und aller anderen Inseln der Samoagruppe östlich von 171° westl. L. v. Gr. auf all seine Rechte und Ansprüche darauf. … Umgekehrt verzichten die Vereinigten Staaten von Amerika hinsichtlich der Inseln Upolu

---

1   United States of America, Ministry of Foreign Affairs, in: Treaties, Cessions and Federal Law: CONVENTION OF 1899, S. 5

und Savaii und aller anderen Inseln der Samoagruppe westlich von 171° westl. L. v. Gr. auf all ihre Rechte und Ansprüche darauf."

Aus der „CONVENTION OF 1899" geht hervor: Das Deutsche Reich erhielt die Inseln Savaii, Upolu und die übrigen westlich von 171° westl. v. Gr. gelegenen Inseln, wie z. B. Manono und Apolima. Den USA wurden die Insel Tutuila und die übrigen östlich der genannten Greenwicher Gradabweichung liegenden Inseln zugesprochen. Dem Deutschen Reich fiel der bei weitem größere Teil der Inselgruppe zu: Deutsch-Samoa 2 927 qkm, Amerikanisch-Samoa: 197 qkm (sic).

„Eine bald nach der Neuordnung der politischen Verhältnisse durchgeführte Volkszählung ergab 1900 für Deutsch-Samoa eine Gesamtzahl von 32 815 Eingeborenen, unter denen 16 894 männlichen und 15 921 weiblichen Geschlechts waren. Bei einer mittleren Volksdichte von 13 Einwohnern auf 1 km² verteilten sie sich über 101 Dörfer, und zwar entfielen auf Upolu 17 755 Seelen in 53 Ortschaften, auf Sawaii 14 022 in 42 Siedelungen, auf Apolima und Manono 1038 in 6 Niederlassungen. Zu den Samoanern kommen noch gegen 1000 melanesische Pflanzungsarbeiter und 400 Weisse, von denen 180 Deutsche sind. Die meisten stehen im Dienste der Deutschen Handels- und Plantagengesellschaft, die auch die überwiegende Mehrzahl der farbigen Arbeiter beschäftigt. Die amerikanischen Samoa-Inseln enthalten nur 215 km² Fläche mit rund 4000 Eingeborenen."[1]

Großbritannien verzichtete im „Deutsch-Englisch-Amerikanischen Abkommen von 1899" gänzlich auf samoanischen Inselbesitz. Als Entschädigung für diese die Lage auf Samoa entspannende Haltung bekam England von Deutschland die drei Salomon-Inseln „Choiseul", „Isabel" und „Shortland", die in dem zwischen den beiden Mächten am 17. Mai 1885 abgeschlossenen Abkommen über die Aufteilung der Salomon-Gruppe neben anderen Inseln an das Deutsche Reich gefallen waren. Außerdem hielt Deutschland seine Ansprüche auf den Tonga-Archipel, der neben der Samoagruppe und weiteren Inseln zum Amtsbezirk des deutschen Generalkonsulats zu Apia gehörte, zugunsten Großbritanniens nicht mehr aufrecht. Zusätzlich kam die östlich der Tongagruppe liegende kleine Insel „Niue" an England. Seit dem 16. März 1888 hatte sie unter deutschem Schutz gestanden.

---

1 Hassert, Kurt, in: Die neuen DEUTSCHEN ERWERBUNGEN in der Südsee: Die Karolinen, Marianen und Samoa-Inseln, Leipzig 1903, S. 89

Am 13. Februar 1900 nahm das deutsch-amerikanisch-englische Abkommen über die Aufteilung der Samoa-Inseln die Hürde des Reichstags. Vier Tage darauf, am 17. Februar, erfolgte die kaiserliche Schutzerklärung über diese Inselgruppe in Verbindung mit einer Verordnung, die die Rechtsverhältnisse in „Deutsch-Samoa" klärte. Der für das neue deutsche Schutzgebiet ernannte deutsche Gouverneur namens Solf trat am 1. März 1900 in Apia sein Amt an und nahm die dem Deutschen Reich vertragsmäßig zuerkannten Inseln als Schutzgebiet in Besitz.

In den Kriegswirren von 1899 war ein Großteil deutschen Eigentums vernichtet worden. Viele Plantagenbesitzer verloren beispielsweise ihre Existenz. Die Frage der Entschädigung war einer der Punkte des Washingtoner Protokolls vom 2. Dezember 1899. Es wurde verfügt, diese Frage einem Schiedsgericht unter dem Vorsitz des schwedischen Königs zu überantworten.

Großbritannien und die Vereinigten Staaten von Amerika wurden für die Schäden, die sie durch ihre militärischen Operationen den Deutschen auf Samoa zugefügt hatten, verantwortlich gemacht. Die Höhe der Entschädigungssumme belief sich auf 40 000 Dollar.

Zusammenfassung: Ein- und Absetzen von Königen und Gegenkönigen nach dem Fußfassen der Kolonialmächte

Die auf Samoa in rascher Folge über die Bühne gegangenen häufigen Ein- und Absetzungen von Königen unter dem starken Einfluss der in die zahlreichen Bürgerkriege tief verstrickten Kolonialmächte sind nicht immer leicht einzuordnen. Zum besseren Nachvollzug der häufigen Thronwechsel diene folgende Zusammenfassung.

–   Um 1860 gelangen Malietoa Laupepa und sein Onkel Pea (auch Talavu genannt) gemeinsam auf den samoanischen Thron. Talavu besaß damals noch nicht den Würdetitel "Malietoa".

– *1868*: Talavu wird zugunsten seines Neffen Malietoa Laupepa abgesetzt.

– *1868*: Die Insel Manono (zwischen Savaii und Upolu) ruft Talavu zum König aus und besiegt Malietoa Laupepa.

- *1873*: Durch den ersten gemeinsamen Samoa-Vertrag der drei Fremdmächte (1873) wird das Königtum abgeschafft und die Regierungsgewalt geht auf die beiden Häuptlingsversammlungen, auf die „Taimuna" und die „Faipule", über.

- *1875*: Der Amerikaner Steinberger hebt den abgesetzten Malietoa Laupepa als Scheinkönig auf den Thron. Zudem muss Malietoa Laupepa Steinberger als Premierminister neben sich dulden. Malietoa wird nach der Absetzung Steinbergers durch die „Taimuna" und „Faipule" des Throns enthoben.

- *1879*: Durch das gemeinsame Abkommen der drei Samoa-Mächte von 1879 wird Malietoa Laupepa als königlicher Regent akzeptiert und dessen Onkel Pea, dem inzwischen der Würdetitel „Malietoa" verliehen worden war, als König auf Lebenszeit in repräsentativer Funktion eingesetzt: Durch das Abkommen von 1879 wird das Königtum offiziell wieder eingeführt.

- *1880*: Nach dem Tod von Malietoa Talavu (8.11.1880) kommt dessen Neffe Malietoa Laupepa auf den Thron.

- *1886*: Eine dem König feindlich gesonnene Gruppe von Häuptlingen wählt Tamasese als Gegenkönig, da der König die nach seiner Inthronisierung einsetzenden bürgerkriegsähnlichen Wirren nicht in den Griff bekommt und 1885 in seiner Not England heimlich die Oberherrschaft über die Inselgruppe anbietet. Deutschland unterstützt Tamasese, da Malietoa Laupepa eigenmächtig gehandelt hat.

- *1887*: Malietoa Laupepa und Tamasese stehen sich als Anführer der beiden verfeindeten Gruppen von Samoa als Anführer in einem heftigen Kampf gegenüber. Nach Malietoas Gefangennahme durch deutsche Marinesoldaten wird er zunächst nach Afrika, in die deutsche Kolonie Kamerun, dann nach den unter deutscher Herrschaft stehenden Marshallinseln verbannt.

  Tamasese wird als König anerkannt.

  In dem wieder verstärkt aufflammenden Bürgerkrieg besiegt Mataafa Tamasese.

- *1888*: Die Anhänger des verbannten rechtmäßigen Königs Malietoa Laupepa rufen den unter amerikanischen Einfluss stehenden Mataafa als König aus.

  Mataafa schlägt Tamasese im offenen Kampf.

– *1889*: Die Samoa-Akte von 1889 führt zur Absetzung von Tamasese und Mataafa.
Der verbannte rechtmäßige König Malietoa Laupepa wird aus der Verbannung von den Marshallinseln heimgeholt.

– *1890*: Malietoa Laupepa wird von den drei Vertragsmächten der Samoa-Akte formell als König anerkannt.
Die Anhänger des von Amerika unterstützten Mataafa wählen diesen erneut zum Gegenkönig.

– *1893*: Der Bürgerkrieg zwischen dem rechtmäßigen König Malietoa Laupepa und dem Gegenkönig Mataafa flammt erneut auf.
Mit deutscher und englischer Unterstützung besiegt Malietoa Laupepa seinen Gegenkönig Mataafa auf der zwischen Savaii und Upolu liegenden Insel Manono.
Mataafa wird nach seiner Niederlage auf die Marshallinseln verbannt.

– *1894*: Der „junge Tamasese", der Sohn des 1889 durch die Samoa-Akte abgesetzten Tamasese, wird zum Gegenkönig von Malietoa Laupepa, der 1889 aufgrund der Samoa-Akte aus seiner zweiten Verbannung nach den Marshallinseln heimgeholt worden ist.

– *1898*: Am 22. August 1898 stirbt der regierende König Malietoa Laupepa.
Als Nachfolger kommen in Frage: der 1893 verbannte Mataafa und Tanu, der Sohn des 1880 verstorbenen Königs Malietoa Talavu.
Tanu wird von England und den USA, Mataafa von Deutschland gestützt. Der amerikanische Oberrichter über Samoa erklärt aber Tanu als gewählt, obwohl Mataafa die Wahl gewonnen hat.
Im folgenden Bürgerkrieg setzt sich Mataafa durch.

– *1899*: Tanu wird von England und den Vereinigten Staaten von Amerika formell als König eingesetzt.
Im darauf folgenden Entscheidungskampf zwischen Mataafa und Tanu setzt sich Mataafa durch. Mataafa wird vom Deutschen Reich unterstützt, Tanu hat die USA und Großbritannien auf seiner Seite.
Durch das sich anschließende „Deutsch-englisch-amerikanische Abkommen von 1899" kommt es zur Absetzung des siegreichen Mataafas und zur endgültigen Aufhebung des samoanischen Königtums.

Eines sei gleich am Anfang dieses Exkurses hervorgehoben:

Durch das deutsch-englisch-amerikanische Samoa-Abkommen von 1899 gehörte die Zeit der samoanischen Bürgerkriege der Vergangenheit an.
Das bewusste Abkommen hatte den Samoanern wieder die Selbstverwaltung eingeräumt. Sie trat schon am 14. August 1900 in Kraft. Durch die Abschaffung des Königtums hatte der letzte Herrscher, König Mataafa, zwar seinen Königstitel „Tupu" verloren, doch war ihm der Titel „Alii Sili" (hoher Häuptling) zuerkannt worden.
Kurz nach Ausbruch des Ersten Weltkriegs, am 29. August 1914, besetzten neuseeländische Truppen Deutsch-Samoa, wo – auch nachdem es deutsches Schutzgebiet geworden war – keine deutschen Truppen stationiert waren. Deutsch-Samoa kam kampflos in englische Hände. Der Friedensvertrag von Versailles ließ Deutsch-Samoa 1919 an den Völkerbund fallen. Schließlich wurde es am 11. Dezember 1920 der Verwaltung des britischen Dominions Neuseeland unterstellt.
Die von Neuseeland eingesetzte Regierung bestand aus einem gesetzgebenden Rat (maximal 12 Mitglieder) und einem Verwalter an der Spitze. Während neun der Mitglieder von Neuseeland eingesetzt wurden, waren die übrigen drei wählbar – allerdings nur von Weißen und nicht von der einheimischen Bevölkerung. Neben dem gesetzgebenden Rat existierte zwar ein Eingeborenenrat, der jedoch keinerlei beschließende Funktion besaß: Die Samoaner waren von der Verwaltung ausgeschlossen.
Die Einwohner Samoas, die unter deutscher Schutzherrschaft das Recht auf Selbstverwaltung hatten und ausübten, wünschten sich unter diesen Umständen die deutsche Verwaltung zurück. Seit Oktober 1926 war passiver Widerstand gegen die neuseeländische Regierung zu spüren; auch traten wiederholt kleine Unruhen auf. Im Frühjahr 1928 war es sogar nötig geworden, zur Stabilisierung der Lage zwei neuseeländische Kreuzer Kurs auf Samoa nehmen zu lassen und einen Verwalter zur Sondierung der innenpolitischen Lage einzusetzen.
Unter ihm entstand ein Bericht über die zur Besorgnis Anlass gebenden Verhältnisse, der von einer britischen Kommission dem Völkerbund überreicht wurde. Darin kam Folgendes zum Ausdruck: Was die Samoa-

ner aufgebracht hatte, waren hauptsächlich die von Neuseeland zum Nachteil der eingeborenen Bevölkerung geänderten Modalitäten des samoanischen Koprahandels (s. Teil I, S. 248). Nach korrigierenden Maßnahmen durch die neuseeländische Regierung stabilisierte sich die innenpolitische Lage wieder.

Als das vormalige „Deutsch-Samoa" nach dem Ersten Weltkrieg 1919 als Völkerbundsmandat an Neuseeland gefallen war, fiel es nach dem Zweiten Weltkrieg 1945 abermals Neuseeland zu – diesmal als Treuhandgebiet: also als ein Gebiet, das durch die Verwaltung Neuseelands zur Selbständigkeit geführt werden sollte.

Weitere innenpolitisch stabilisierende Schritte waren 1947 die Einführung einer Gesetzgebenden Versammlung und die am 28. Oktober 1960 wirksam gewordene Verfassung. Sie sieht vor, das Staatsoberhaupt alle fünf Jahre von der Gesetzgebenden Versammlung wählen zu lassen.

Da das Staatsoberhaupt zusammen mit der von ihm ernannten Regierung (acht Minister und ein Ministerpräsident) Träger der Exekutive ist, lässt sich das am 1. Januar 1962 als „West-Samoa" in die Unabhängigkeit entlassene Treuhandgebiet Neuseelands auch als „Häuptlingsdemokratie" bezeichnen; denn diese Form der Exekutive lehnt sich stark an das samoanische Königtum an, in dem der König als gewählter Häuptling die „Taiwana" (Versammlung der Bezirkshäuptlinge) neben sich hatte und gemeinsam mit ihr herrschte.

Abschließend noch einige Bemerkungen zu dem Teil Samoas, der durch das „Deutsch-englisch-amerikanische Abkommen von 1899" an die USA gefallen war! Bis zum heutigen Tag ist dieser Teil des Samoa-Archipels unter einem Gouverneur als „Amerikanisch-Samoa" Territorium der Vereinigten Staaten von Amerika. Nach dem Zweiten Weltkrieg wurde ein Repräsentantenhaus mit 18 und ein Senat von 15 Mitgliedern eingerichtet.

Die Stammeshäuptlinge, die dem Gouverneur beratend zur Seite stehen, sind im „House of Alii" (Alii = großer Häuptling) vereint.

Ein Vergleich der Regierungsformen beider samoanischer Staaten zeigt auf: Im Grunde genommen gibt es hier wie da eine Art „Häuptlingsdemokratie", wie sie die samoanische Tradition kennt; denn auch auf Amerikanisch-Samoa hat der dem Staatsoberhaupt von West-Samoa entsprechende Gouverneur ein Kontrollorgan neben sich, mit dem er gemeinsam die Exekutive ausübt. In dieser Form hat die tradierte samoanische Regierungsform im geteilten Samoa eine partiell zweifache Fortsetzung gefunden.

j. Inbesitznahme aus wirtschaftlichen und strategischen Gründen (Hawaii-Inseln)

Die über ein halbes Jahrhundert nicht nachlassende Zielstrebigkeit einer ehemaligen englischen Kolonie gegen alle Widerstände Hawaii in ihren Besitz zu bringen wie auch das Dahinwelken des hawaiischen Königtums bis zur Auslöschung unter europäischer und vor allem amerikanischer Einwirkung rechtfertigen einen längeren Exkurs über die bedeutendste Inselgruppe des nördlichen Stillen Ozeans.

- Lage
- Entdeckung
- Gründung des Königreichs Hawaii und Beginn seines Überseehandels
- Abschaffung der alten Religion und Beginn der Missionierung
- Über die alte Religion Hawaiis und im besonderen das dortige Tabuwesen
- Entwicklung des Handels nach Einsetzen der Mission
- Von den ersten Annexionsversuchen zur Bestätigung der Unabhängigkeit Hawaiis durch die Fremdmächte
- Politische Situation Hawaiis um die Mitte des 19. Jahrhunderts
- Erster amerikanischer Annexionsversuch
- Grundlegende Änderung des hawaiisch-amerikanischen Verhältnisses
- Auswirkungen der in Hawaii eingesetzten fremden Arbeitskräfte auf die Urbevölkerung
- Königlich-hawaiisches Streben nach der Vorherrschaft im Pazifik
- Widerstand des hawaiischen Königtums gegen die allumfassende Amerikanisierung
- Übergang Hawaiis in den Besitz der Vereinigten Staaten von Amerika

Lage

Die Hawaii-Inseln liegen im nördlichen Stillen Ozean etwa auf der Höhe von Mexiko-City in der Mitte zwischen Mittelamerika und der Südküste Chinas. Die acht größten Inseln des Archipels, von denen eine unbewohnt ist, liegen zwischen 18° 55' (Südspitze der Insel Hawaii: Kap Kalae) und 22° 14' nördl. Br. (Nordpunkt der Insel Kauai) und erstrecken sich in allgemeiner nordöstlicher Richtung zwischen 154° 50' und 160° 33' westl. L.v. Gr. Der Flächeninhalt beträgt 16 641 Quadratkilometer (= 6 425 sq mi).

„Karte des Hawaiarchipels."[1]

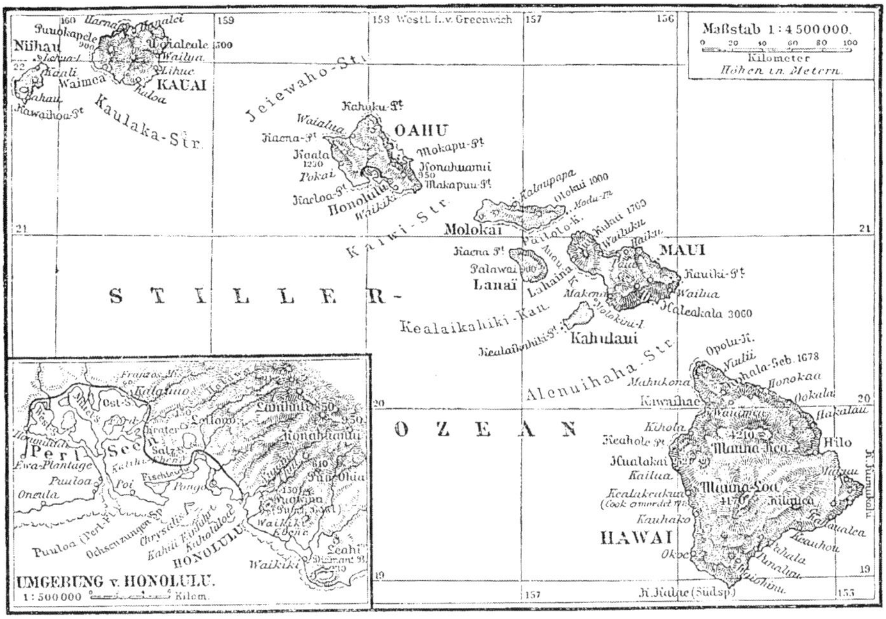

Fig. 15

Die Hawaii-Inseln sind Teil eines Inselbogens, der sich von der Insel Hawaii nach Westen etwa bis zur 180. Gradabweichung von Greenwich hinzieht.

---

1 Meyer, in: Hawaii (Sandwichinseln), Leipzig und Wien 1895, 5. Aufl., 8. Band, S. 481

Die Geschichte der Hawaii-Inseln vor ihrer Entdeckung durch James Cook (1778) liegt im Dunkeln. Allerdings deuten gewisse Spuren darauf hin, dass vor Cook wahrscheinlich Spanier die Inseln schon entdeckt hatten. Die Europäer und Amerikaner, die um die Wende vom 18. zum 19. Jahrhundert die Inselgruppe aufsuchten, stießen nämlich dort auf Reste spanischer Bräuche. Für die Wahrscheinlichkeit einer spanischen Entdeckung sprechen auch zwei Seekarten.

Auf einer englischen Karte von 1687 wird die korrekte geographische Breite Hawaiis verzeichnet, was sich sicher, da englische Seefahrer um diese Zeit noch nicht im nördlichen Pazifik kreuzten, auf eine spanische Karte stützt. Auf einer Karte der spanischen Marine aus dem Jahr 1743, auf die nachfolgend eingegangen wird, ist im nördlichen Stillen Ozean eine Inselgruppe verzeichnet, deren Länge von dem longitudinalen Wert Hawaiis nur um etwa 10° abweicht.

Die Theorie einer Entdeckung Hawaiis durch spanische Seefahrer ist auch unter folgendem Argument haltbar: Nach ihrem Fußfassen auf den Philippinen im ersten Drittel des 16. Jahrhunderts suchten die Spanier jahrzehntelang einen sicheren Rückweg von dort nach Mexiko. Erst 1565 entdeckte Andres de Urdaneta einen vom Wind begünstigten Rückweg, der von den japanischen Küstengewässern durch den nördlichen Pazifik südlich der hawaiischen Inseln in Richtung Südkalifornien führte (s. Teil I, S. 153). Unter diesem Gesichtspunkt drängt sich die Annahme auf, dass Spanien die Entdeckung Hawaiis geheimgehalten hat, um den Seeweg von den Philippinen nach Mittelamerika nicht durch andere europäische Seemächte gefährdet zu wissen. Sicherlich hätte das Wissen um die Entdeckung dieser Inselgruppe andere seefahrende Nationen dorthin gelockt.

Heute besteht darin Einigkeit, dass die Entdeckung Hawaiis entweder auf den Spanier Alvaro de Saavedra (1526) oder auf seinen Landsmann Juan Gaeten (1542 oder 1555) zurückgeht. Von de Saavedras kleiner Flotte ist bekannt, dass zwei seiner Schiffe vor Hawaii Schiffbruch erlitten. Der Kapitän eines dieser Schiffe überlebte mit seiner Schwester. Beide gingen Ehen mit Eingeborenen Hawaiis ein, was auf das Vorkommen spanisch anmutender Bräuche hindeuten könnte. Weiter verstärken die beiden o.a. Karten die vorangehend angeführte Annahme, die Entdeckung Hawaiis sei von den Spaniern geheimgehalten worden; denn auf diesen Karten sind Inseln verzeichnet, die den seefahrenden Nationen der damaligen Zeit mit Ausnahme Spaniens nicht bekannt waren.

Nach unveröffentlichten spanischen Archiven soll Juan Gaetano auf einer zweiten Reise von den Philippinen nach Mittelamerika eine Inselgruppe entdeckt haben, („which, on an ancient Spanish manuscript chart, preserved at Madrid, is laid down at a point near that where modern geographers place the Hawaiian Islands upon their maps. It is, therefore, believed, that in the year 1555 Juan Gaetano was the first true discoverer of the Islands. ... Gaetano apparently made no effort to reap any benefit from his discovery; and the natives remained in undisturbed possession of their country until the arrival of Captain Cook ...")[1] „welche auf einer alten, in Madrid aufbewahrten handschriftlichen Karte in der Nähe eines Punktes verzeichnet ist, wo moderne Geographen auf ihren Karten die Hawaiischen Inseln plazieren. Daher wird angenommen, dass im Jahre 1555 Juan Gaetano der erste war, der Hawaii wirklich entdeckt hat. ... Offensichtlich unternahm Gaetano keine Anstrengungen, irgendeinen Vorteil aus seiner Entdeckung zu ziehen und die Eingeborenen blieben ungestört im Besitz ihres Landes – bis zur Ankunft von Kapitän Cook."

Die Annahme einer spanischen Entdeckung Hawaiis bestätigt Carl E. Meinicke in seinem Grundlagenwerk über die Inseln des Pazifiks: „Wahrscheinlich haben bereits im sechzehnten Jahrhundert spanische Seefahrer die Inseln dieses Archipels entdeckt, denn die alten spanischen Karten zeichnen ungefähr da, wo sie liegen, eine grosse Insel *La Mesa*, ein Name, der auf Hawaii gut passt, und im NW (Nordwesten, d. Verf.) davon eine Gruppe Inseln, *Los Monjes.*"[2] In der dazugehörigen Fußnote heißt es sinnge-

---

1   Carpenter, Edmund Janes, in: America in Hawaii – A History of United States Influence in the Hawaiian Islands, Boston 1899, S. 2 f.
2   Meinicke, Carl E., Prof. Dr., in: Die Inseln des Stillen Ozeans, Leipzig 1876, Zweiter Theil, S. 271

mäß, dass dem entsprechenden Schiffstagebucheintrag von Saavedra nicht zu entnehmen ist, um welche Inseln es sich hier handelt.[1]

Das „Hydrographic Office" der „U.S. Navy" (Kriegsmarine der Vereinigten Staaten von Amerika) unterstützt, was Meinicke anführt. Damit sei vertieft, was vorangehend schon über die spanische Karte von 1743 dargelegt ist.

(„... it appears probable that they (the Hawaiin lslands, the author) were previously known to the Spaniards, as in some charts, taken by Anson from a Manila galleon, there is a group of islands called Los Magos, placed between latitude 18° and 22° N. and longitude 135° and 139° W., the different members of which are namend La Mesa, Les Desgraciada, Los Monges, etc.")[2]

"... es ist wahrscheinlich, dass sie (die hawaiischen Inseln, d. Verf.) den Spaniern schon vorher bekannt waren, da in einigen Seekarten, die Anson[3] 1743 von einer Galeone Manilas an sich genommen hatte, eine Inselgruppe, Los Magos genannt, die sich zwischen 18° und 22° nördlicher Breite und zwischen 135° und 139° westlicher Länge befindet, verzeichnet ist und deren verschiedene Glieder La Mesa, La Desgraciada, Los Monges usw. genannt werden."

Das englische Zitat setzt sich wie folgt fort: („The Spanish word Mesa, signifying table, probably refers to Hawaii, the summit of which, unlike those of most volcanic islands, appears flat, also the position as regards latitude would seem to point to the conclusion that the group is identical with what is now known as the Hawaiian Islands.") „Das spanische Wort Mesa, das Tisch bedeutet, bezieht sich wahrscheinlich auf die Inselgruppe Hawaii, deren Gipfel, im Gegensatz zu den meisten vulkanischen Inseln flach erscheint; auch würde die Lage im Blick auf

---

1   ebd. S. 435
2   Hydrographic Office, Department of the Navy, Bureau of Equipment (U.S. Navy), in: The Hawaiian Islands Washington 1899 (Government Printing Office), No. 115, S. 1
3   britischer Admiral, der nach Umschiffung von Kap Hoorn die spanischen Besitzungen im Westen Amerikas angegriffen hat und über die Philippinen und das Kap der Guten Hoffnung nach vierjährigem Einsatz wieder nach England zurückgekehrt ist. Am 20. Juni 1743 nahm Anson auf der Höhe von Cape Espiritu Santo die zwischen den Philippinen und Mexiko verkehrende Galeone „Nuestra Senora Covadonga" als Prise. Es war in diesem Schiff, dass Anson Seekarten, auf denen die Hawaiiinseln verzeichnet waren, gefunden hat.

176

die geographische Breite den Schluss zulassen, dass die Gruppe identisch mit derjenigen ist, die jetzt als Hawaiische Inseln bekannt ist."

Zurück zu James Cook! Nach Beendigung seiner zweiten Reise (1772–1775) bekam Cook Kenntnis einer englischen Parlamentsakte, die für die Entdeckung einer Nordwest-Passage aus dem Pazifik in den Atlantik eine Belohnung von 20 000 Pfund auswarf. Cook nahm die Herausforderung an, die nördliche Durchfahrt vom Stillen in den Atlantischen Ozean zu finden. Am 12. Juli 1776 stach er in Plymouth mit der „Discovery" und der „Resolution" in See, nahm um die Südspitze Afrikas über Tasmanien Kurs auf die Gesellschaftsinseln, entdeckte auf dem Weg von dort zur Beringstraße die nach ihm benannten, nordöstlich dieser Inselgruppe liegenden Cook-Inseln und dann, immer weiter nach Norden segelnd, („On the 18th January, 1778, Cook sighted Kauai Island, and on the 20th January he anchored in Waimea Bay, on the SW side of the island; he namend the group the Sandwich Islands in honor of the Earl of Sandwich, the first Lord of the admiralty.")[1] „sichtete Cook am 18. Januar 1778 die Kauai-Insel (die nördlichste Insel des Hawaiiarchipels, d. Verf., s. Fig. 15, S. 173), und am 20. Januar ging er in der Waimea-Bucht, an der Südwestküste der Insel, vor Anker. Zu Ehren (seines Gönners, d. Verf.) des Grafen von Sandwich, des ersten Lords der Admiralität, nannte er die Gruppe Sandwich-Inseln."

Cooks Aufenthalt in Hawaii war nicht von langer Dauer, denn schon am 7. März 1778 sahen die beiden Schiffe die Küste Nordwestamerikas auftauchen. „Nach dem Durchfahren der Beringstraße, von den Eismassen am weiteren Vordringen nach Norden gehindert, wurden durch Cook erstmals die Küsten der sich gegenüberliegenden amerikanischen und asiatischen Festlandsmassen genau aufgenommen."[2] Dann nahm Cook wieder Kurs auf die Sandwichinseln und ging in der Kealakeakua-Bucht von Hawaii, der größten Insel der Gruppe, mit seinen beiden Schiffen am 17.

---

1   Hydrographic Office, Department of the Navy, Bureau of Equipment (U.S. Navy), in: The Hawaiian Islands, Washington 1899 (Government Printing Office), No. 115, S. 1

2   Woreschk, H.-D., in: Geschichtliche Entwicklung der Datumsgrenze (Teil I: Die Historische Datumsgrenze), Heidelberg 2017, 1. Aufl., S. 323

177

Januar 1779 vor Anker. („People thought he was a god who had gone away many many years before, promising to return on a floating island filled with coconuts, dogs, and pigs.")[1] „Die Eingeborenen erblickten in Cook einen Gott, der vor vielen, vielen Jahren weggegangen war und versprochen hatte, auf einer schwimmenden Insel, gefüllt mit Kokosnüssen, Hunden und Schweinen, zurückzukehren."

Cook wurde in einem Tempel mit Opfergaben und Gebeten ein würdiger Empfang bereitet. Der König der Insel Hawaii, Tarakopu, zeichnete ihn durch die höchste Ehrung aus, die er erweisen konnte: Er tauschte mit Cook den Namen.

Nach einem Aufenthalt von wenigen Wochen ließ Cook die Anker lichten und die englische Expedition lief aus der Kealakeakua-Bucht aus. Doch ein orkanartiger Sturm, der einen Masten der „Resolution" beschädigt hatte, zwang Cook, wieder in die bewusste Bucht zurückzusegeln.

Inzwischen hatte der König diese Bucht, weil sie von einem „Gott" besucht worden war, diese Annahme drängt sich auf, mit einem heiligen Tabu belegt: Niemandem war es mehr erlaubt, sich ihr zu nähern oder sie gar zu betreten oder zu befahren. Das sollte sich für Cook und einige seiner Besatzungsmitglieder als verhängnisvoll erweisen. Ein paar seiner Leute hatten nämlich einige hawaiische Frauen überredet, sie zur bewussten Bucht zu begleiten. Da Cook nicht wusste, dass über sie ein Tabu verhängt worden war, ließ er seine beiden Schiffe in die Kealakeakua-Bucht einlaufen. Das entrüstete die Inselbewohner sehr. Der von Cook ausgeschickte Landungstrupp fand am nächsten Morgen das Boot, das Beiboot: das größte Boot der „Discovery", nicht mehr, das an der Küste der Bucht vertäut worden war: Es war gestohlen worden. Cook ging selbst an Land, begleitet von einigen bewaffneten Matrosen, um den König zu überreden, die Rückgabe des Bootes zu veranlassen. Die darauf folgenden Gespräche entwickelten sich, ohne dass es der König und Cook wollten, auf dem Strand der Bucht zu einer gewaltsamen Auseinandersetzung zwischen den königlichen Begleitern und Cooks Männern, wobei ein Häuptling

---

1   Freuchen, P., in: Book of the Seven Seas, New York 1957, S. 263

ums Leben kam. Zusammen mit vier Besatzungsmitgliedern fand James Cook am 14. Februar 1779 den Tod.

Acht Tage nach Cooks Tod, am 22. Februar, liefen die „Discovery" und die „Resolution" unter dem neuen Kommandanten der Expedition, unter Gore, aus der Kealakeakua-Bucht zur Untersuchung des Hawaiiarchipels aus. Am 15. März desselben Jahres wurde die Rückreise nach England angetreten, wo die beiden Schiffe 1780 wieder in Plymouth festmachten.

Cooks Leichnam wurde verbrannt. Da die Eingeborenen Cook über seinen Tod hinaus für einen Gott hielten, bewahrten hawaiische Priester seine Asche und seine Gebeine auf und fuhren fort, den großen Engländer bis zur Abschaffung der Götzenanbetung in den zwanziger Jahren des neunzehnten Jahrhunderts zu ehren.

Die rund fünfzig Jahre später auf Hawaii gelandeten christlichen Missionare suchten vergeblich nach Cooks Asche und seinen Gebeinen. Es ist anzunehmen, dass die sterblichen Überreste des kühnen Entdeckers wegen der Abschaffung der alten Religion von einheimischen Priestern unauffindbar versteckt worden sind.

An der Stelle der Kealakeakua-Bucht, wo Cook ein gewaltsames Ende fand, wurde ihm in der Folgezeit von den Engländern, die sich auf Hawaii niedergelassen hatten, ein Denkmal gesetzt. („It is an obelisk on a square foundation, about 26 feet high, in latitude 19° 29' 03" N., longitude 155° 55' 55" W.")[1] Es ist ein Obelisk auf einem quadratischen Fundament, ungefähr 26 Fuß (8m hoch, d. Verf.) unter 19° 29' 03" ndl. Br. und 155° 55' 55" westl. L."

Cooks Tod machte Hawaii mit der zivilisierten Welt bekannt. („His fate had such an effect on the outside world that no vessel touched at the group for more than seven years.")[2] „Sein Schicksal hatte eine solche Wirkung auf die Außenwelt, dass die Inselgruppe über sieben Jahre hinaus von keinem Schiff angelaufen wurde." Erst danach begannen europäische und nordamerikanische Seefahrer die Inselgruppe aufzusuchen. Die englischen Kapitäne Portlock mit der „George" und Dixon mit der „Queen Charlotte" ankerten am 26. Mai 1786

---

1   s. Fußnote 1, S. 177, ebd. S. 14
2   Owen, Jean A., in: THE STORY OF HAWAII, London und New York 1898, S. 103

als erste nach Cook in der Kealakeakua-Bucht. Im Juni verließen sie die Hawaiigruppe wieder, um gegen Ende des Jahres 1786 und 1787 wiederzukommen. Bei jedem Besuch waren sie von den Eingeborenen freundlich empfangen worden. Lapérouse, der auf der Suche nach der Nordwest-Passage war[1], besuchte zur selben Zeit wie Portlock und Dixon die Inselgruppe. Er warf vor der Insel Maui Anker und stach am 1. Juni 1786 wieder in See (s. Teil I, S. 277).

Die folgenden europäischen Besucher blieben länger auf den Sandwichinseln. 1787 landete Kapitän Meares auf der Gruppe, verbrachte dort einen Monat und berichtete Günstiges über Gesinnung und Gemütsart der eingeborenen Bevölkerung. 1788 und 1789 lief Meares zusammen mit Douglas die hawaiischen Inseln mit zwei Schiffen an. Während Meares bald wieder Segel setzte, hielt sich Douglas etwa vier Monate auf der von Cook entdeckten Inselgruppe auf.

Zwischen 1790 und 1795 besuchte Vancouver, der durch die erste Umschiffung der nach ihm benannten Vancouver-Insel Ruhm erlangt hatte, den Hawaii-Archipel dreimal. Vancouver verdanken die Hawaiier viel: die Einführung von Schafen und Rindern aus Kalifornien für Zuchtzwecke, die Kenntnis nützlicher Sämereien, wie beispielsweise des Orangenbaums und der Weinrebe, die erste Einweisung in den europäischen Schiffbau von der Kiellegung bis zur Bemastung und nicht zuletzt die Bemühungen Vancouvers, die Kriege zwischen der Insel Hawaii und den übrigen Inseln des Archipels zu beenden.

Die („visits of Vancouver are of great significance and importance. It was he who first imparted to Kamehameda [to Kamehameda I. 1795–1819, the author] some idea of civilized society and of the Christian religion.")[2] „Besuche Vancouvers sind von großer Bedeutung und Wichtigkeit. Es war er, der als erster Kamehameda (erster König von Hawaii nach der Entdeckung durch Cook: Kamehameda I.: 1795–1819, d. Verf.)

---

1   die Durchfahrt vom Pazifischen durch den Arktischen in den Atlantischen Ozean
2   Carpenter, Edmund Janes, in: America in Hawaii – A History of United States Influence in the Hawaiian Islands, Boston 1899, S. 16 f.

eine gewisse Vorstellung von zivilisierter Gesellschaft und christlicher Religion vermittelte."

Rasch entwickelten sich Beziehungen zwischen Hawaii und der europäischen und nordamerikanischen Welt. Vancouver, der Cook auf seiner dritten Reise (1776–1779/80) begleitet und dessen Tod auf Hawaii miterlebt hatte, untersuchte als erster eingehend die Inselgruppe und stellte gegenüber Cooks Zeiten schon deutliche Veränderungen fest. Die Eingeborenen waren allem Europäischen gegenüber aufgeschlossen und trugen 1792 zum Teil schon europäische Kleidung, die sie für ihre Handelsprodukte von Europäern und Nordamerikanern bekommen hatten. Ihre Religion zeigte bereits die ersten durch die Berührung mit der europäischen Zivilisation entstandenen Erosionsspuren. Auf keiner anderen Inselgruppe des Pazifischen Ozeans sollte die Europäisierung einen so hohen Grad wie auf der Hawaiigruppe erreichen.

Gründung des Königreichs Hawaii und
Beginn seines Überseehandels

Nach der Entdeckung und Wiederentdeckung Hawaiis sei das Königtum dieses Archipels ins Auge gefasst! Der König der Insel Hawaii, der mit Cook den Namen tauschte, muss kurz nach Cooks Tod gestorben sein; denn schon 1781 wurde Kamehameda, ein Verwandter des Königssohns, der seinem Vater auf dem Thron nachgefolgt war, Alleinherrscher über die Insel Hawaii.

Als Cook auf Hawaii landete (1778), fand er dort drei Königreiche vor, die sich in den Besitz des Archipels teilten: Hawaii, Maui und Oahu mit Kauai und Niihau.

Der innere Frieden aller Inselreiche war durch ständige Fehden zerstört, zudem lagen sie untereinander meist im Streit. Der neue König der Insel Hawaii, Kamehameda, begann im Jahr seiner Thronbesteigung, 1781, mit der Eroberung der übrigen Inselstaaten, nachdem er zuvor den Kampfgeist seiner vom 16. bis zum 60. Lebensjahr kriegspflichtigen Untertanen geweckt hatte. Gestützt auf „Flinten und Kanonen ... die er von den seine Insel besuchenden (europäischen und amerikanischen, d. Verf.) Schiffen erhalten hatte"[1] und auf „eine von herbeigezogenen Europäern geschulte Streitkraft"[2] begann Kamehameda den hawaiischen Archipel zu erobern. „Sein Zeughaus enthielt (zu Beginn des Eroberungskampfes, d. Verf.) 600 Flinten, 14 Kanonen, 6 Mörser und 40 Steinböller."[3]

Nach Unterdrückung jeglichen Widerstands in seinem eigenen Reich auf der Insel Hawaii gewann Kamehameda die Insel Maui und errichtete dann auch auf der Insel Oahu seine Herrschaft. Dort ließ er sich zum Alleinherrscher über den ganzen Archipel als Kamehameda I. (1795–1819) ausrufen. Darauf folgte bis 1795 die freiwillige Unterwerfung der übrigen, bisher selbständigen Königreiche.

Als Kamehameda sein die ganze hawaiische Inselgruppe umfassendes Königreich auf der Grundlage eines dem europäischen ähnlichen Feudalsystems errichtet hatte, brach nach den überwiegend blutigen Einigungskämpfen, bei denen er z. B. allein bei der Eroberung von Oahu 16 000 Mann aufgeboten haben soll, eine friedliche Zeit an. In der erfolgte der innere Ausbau des neuen Staats durch die in immer größerer Zahl ins Land strömenden Europäer und Amerikaner.

Großen Anteil daran hatten zwei amerikanische Seeleute, John Young und Isaac Davis, die 1789 unter Kapitän Metcalf die Insel Hawaii besucht hatten. Sie zeigten den immer aufgeschlossener und wissbegieriger werdenden Eingeborenen, wie in Europa Häuser gebaut werden. Bald bestimmten Holzhäuser nach europäischem Verständnis zusehends das Bild der Siedlungen und des Hafens Honolulu. Auch waren sie ihnen beim Schiffbau nach europäischer Art behilflich, in den sie erstmals von Vancouver eingewie-

---

1   Meyer, in: Sandwichinseln, Hildburghausen und New York 1860, 2. Auflage, 13. Bd., S. 926
2   Die Geschichte der Ozeanier nach ihrer Berührung mit den Europäern (Hawaii), in: Helmolt Weltgeschichte, Leipzig 1922, 9. Bd., S. 372
3   Meyer, in: Sandwichinseln, Hildburghausen und New York 1860, 2. Auflage, 13. Bd., S. 926

sen worden waren. Schon 1804 besaß der König 21 Segelschiffe, wie sie in der Alten und Neuen Welt üblich waren.

Davon profitierte der Binnenhandel der Inselgruppe. Zudem kam es zur Verbreitung der von Vancouver eingeführten Zuchtrinder und -schafe und der von dem englischen Kapitän R. J. Cleveland 1803 auf Hawaii zurückgelassenen Pferde unter den einzelnen Inseln des neuen Königreiches. Ziegen kamen dazu und zusammen mit polynesischen und amerikanischen Schweinen wurde auch Wild auf der Inselgruppe eingeführt.

Mit Hilfe des nicht nachlassenden Zustroms von Weißen wurden die Grundlagen einer modernen Staatsverwaltung geschaffen, Ministerien errichtet und der Überseehandel entwickelt: Die Europäisierung hatte begonnen, das gesamte Staats- und Wirtschaftswesen zu erfassen und zu durchdringen.

Im Hafen von Honolulu, wo ständig Schiffe aus aller Herren Länder die Anker warfen und lichteten, hatte sich der größte Teil der Kaufleute und Händler niedergelassen, während die Siedler und Pflanzer begannen, sich auf Hawaii und anderen hawaiischen Inseln die besten Plätze für ihre Plantagen auszusuchen.

Wegen seiner geographischen Lage in der Mitte des nördlichen Pazifiks wurde Hawaii nach seiner Wiederentdeckung durch Cook ein wichtiger Stützpunkt für den Transithandel zwischen Nordamerika, Asien und Australien.

Amerikaner und Engländer vermittelten überwiegend den Handel mit den hawaiischen Erzeugnissen, deren wichtigste waren: Sandelholz und andere feine Holzarten, Nuss- und Palmöl, Schiffsbauholz, Pfeilwurz, Büffel- und Ziegenhäute, Salz und Zucker.

Die ersten, die diesen erdteilverbindenden Zwischenhandel betrieben, waren Pelzhändler aus Nordamerika, die schon in den letzten beiden Jahrzehnten des achtzehnten Jahrhunderts als Zwischenhändler ihrer Produkte in Hawaii auftraten. Der innerhawaiische Handel lag zunächst in den Händen der Hawaiier, da das Inselreich über eine eigene kleine Handelsflotte aus selbstgebauten Schiffen verfügte.

Doch auch der Binnenhandel geriet zusehends in europäische und – vor allem – in amerikanische Hände, sodass der Innen- und

Außenhandel in immer höherem Maße von Amerika bestimmt wurde.

Den amerikanischen Pelzhändlern folgten ab 1791 die Pottwalfänger aus den Neu-England-Staaten (s. Teil I, S. 237 f.). Im Zuge des Aufschwungs der nordamerikanischen Walindustrie, der größten der Erde, liefen in immer größerer Zahl Walfänger von der amerikanischen Atlantikküste die Hawaii-Inseln zur Ergänzung ihrer Vorräte und auch zur Überholung und Reparatur ihrer Schiffe an.

(„As early as the year 1823 it was not uncommon to find from forty to sixty American whale-ships at anchor at one time in the harbor of Honolulu. From January 1, 1836, to the end of 1841 ... no fewer than three hundred and fifty-eight vessels hailing from American ports touched at this port. Of this number, fully four-fiths were whale-ships, the average expenditure of which on shore is said to have been not far from seven hundred dollars each. ... At Lahaina, Maui, the average number of American whale-ships annually in the same period was from thirty to fifty; and at other island ports, from twelve to twenty.")[1]

„Schon im Jahr 1823 war es nicht unüblich, dass im Hafen von Honolulu zur selben Zeit zwischen vierzig und sechzig amerikanische Walfangschiffe vor Anker lagen. Vom 1. Januar 1836 bis zum Ende des Jahres 1841 ... kamen nicht weniger als dreihundertachtundfünfzig Schiffe aus amerikanischen Häfen, die in diesem Hafen landeten. Von dieser Zahl waren gut vier Fünftel Walfänger, deren durchschnittliche Ausgabe an Land je Schiff fast siebenhundert Dollar betragen haben soll. ... In Lahaina, Maui (Hafenstadt der nördlich der Insel Hawaii liegenden Insel Maui, d. Verf.), lag die durchschnittliche Zahl amerikanischer Walfänger in derselben Periode zwischen dreißig und fünfzig und in anderen Inselhäfen zwischen zwölf und zwanzig."

Die Walfänger aus den Vereinigten Staaten belebten in hohem Maße den Zwischenhandel Hawaiis mit Europa, Nordamerika, Japan und der chinesischen Küste. Als Gegenleistung für ihre Ausfuhrprodukte erhielten die hawaiischen Geschäftspartner anfangs spanische Dollars und Kleidungsstücke europäischen Zuschnitts.

---

1   Carpenter, Edmund Janes, in: America in Hawaii – A History of United States Influence in the Hawaiian Islands, Boston 1899, S. 35 f.

Der Hafen von Honolulu[1]

Fig. 16

Die Erträge aus dem Sandelholzhandel, dem wertvollsten Exportgut Hawaiis der damaligen Zeit, und die Aufrechterhaltung des überlieferten Feudalsystems stützten den König innenpolitisch. In noch höherem Maße wurde seine Macht durch das entschiedene Festhalten am Heidentum gestärkt, wodurch sich in seiner Person die Würde des Königs und eines gottgleichen Herrschers vereinigte.

Getragen von innenpolitisch gesicherter Grundlage und wirtschaftlicher Stärke, entwickelte sich das Königreich Hawaii zur ersten stabilen Macht in den pazifischen Inselfluren: Das Interesse der Europäer und Nordamerikaner an Hawaii hielt an, ja verstärkte sich noch. Zahlreiche Expeditionen nahmen sich Hawaii zum Ziel, wie z. B. aus England, Frankreich, Deutschland, Nordamerika und

---

1   Hopkins, Manley, in: HAWAII: THE PAST, PRESENT, AND FUTURE OF ITS ISLAND-KINGDOM, London 1866, S. 47

Russland. Der Versuch Russlands, auf Hawaii festen Fuß zu fassen, schlug allerdings fehl, wie der folgende Exkurs aufzeigt.

Die mit Europa und Nordamerika geknüpften Bande verdichteten sich weiter. Die Weißen zogen in die gesamte Staatsverwaltung ein und gaben dem jungen Staat eine Verfassung und ein Gerichtswesen. Zudem lag, wie schon bekannt, der Überseehandel ausschließlich in ihrer Hand.

1809 fasste der Gouverneur von „Russisch-Amerika" (Alaska) den Plan, eine Kolonie auf den Hawaiischen Inseln zu gründen. In seinem Auftrag besuchte in diesem Jahr ein schottischer Kapitän, Archibald Campbell mit der „Neva", die Inselgruppe. 1815 entsandten die Russen die „Myrtle" von Alaska nach Honolulu. Unmittelbar nach der Landung errichteten die Russen ein Blockhaus, brachten ein paar Kanonen in Stellung und heißten ihre Flagge. Kamehameda I. ließ die Eindringlinge von einer starken Gruppe beobachten, um ihr notfalls bewaffnet gegenüberzutreten. In der zweiten Nacht nach ihrer Landung auf Hawaii segelte die „Myrtle" zusammen mit einer russischen Brigg, die wegen Reparaturarbeiten zuvor Honolulu angelaufen hatte, nach der Insel Kauai (s. Fig. 15, S. 173) aus. Die Besatzungen beider Schiffe blieben einige Zeit im Hafenort Hanalei, errichteten dort eine Brustwehr und brachten aufs neue einige Kanonen in Stellung.

Der von Kamehameda I. unterworfene König von Kauai, der sein Königreich immer noch als Lehen hielt, hatte im zurückliegenden Jahr einen Abgesandten des russischen Gouverneurs von Alaska, M. Baranoff, empfangen – einen gewissen Dr. Scheffer. Dieser hatte den König von Kauai dahingebracht, den Russen ein schönes und fruchtbares Tal zu überlassen. Das dazugehörige Gebäude hatte Dr. Scheffer verwaltet. Mit der Ankunft der Russen wurde die Flagge des Zarenreiches aufgezogen. Nachdem Kamehameda I. Befehl zur Vertreibung der Russen von Kauai gegeben hatte, begab sich Dr. Scheffer an Bord der russischen Brigg, die nach Honolulu zurücksegelte. Die „Myrtle" war zwar auch aufgefordert worden, Kauai zu verlassen, doch sie erwies sich als nicht mehr seetüchtig: Kurz nach dem Ankerlichten ging sie noch im Hafen von Hanalei unter. Mit dem Auftauchen einer russischen Korvette im Jahr des Rückzugs der Russen von Hawaii, 1815, und dem 1816 erfolgten Besuch des in russischen Diensten stehenden Otto von Kotzebue im Rahmen seiner Weltumsegelung von 1815–1818 (s. Teil I.S. 232 ff.) klang die russische Unternehmung „Fußfassen auf Hawaii" friedlich aus.

Der Besuch der Hawaiischen Inseln durch russische Kriegsschiffe löste das Streben des hawaiischen Königtums aus, sich England und den Vereinigten Staaten zu nähern, um vor einem Ausgriff des Zarenreiches nach Hawaii sicherer zu sein.

Abschaffung der alten Religion und Beginn der Missionierung

Nach dem Tod Kamehamedas I. blieb die Inselgruppe bis zum Ende des Königtums auf Hawaii im Jahre 1893 politisch vereint. Die starke Beachtung, die das nordpazifische Königreich in der zivilisierten Welt hervorgerufen hatte, setzte sich unter den Nachfolgern seines Gründers fort. Durch die ungehemmt fortschreitende Europäisierung kam es schon unter Kamehameda II. (1819–1824), dem ersten Sohn Kamehamedas I., zu einer großen Veränderung: Die alte hawaiische Religion samt ihrem Tabuwesen wurde noch im Jahr seines Regierungsantritts abgeschafft, da sie sich nicht mit der sich zusehends europäisierenden Lebensweise der Urbevölkerung, besonders der führenden Kreise, vereinbaren ließ.

Der Adel des Inselkönigtums befürwortete mit großer Mehrheit die durch den zunehmenden Einfluss Europas und Nordamerikas immer lästiger werdenden Tabus abzuschaffen. Der König verschloss sich diesem Streben nicht, wurde er doch darin hauptsächlich von seiner Mitregentin, der Lieblingsfrau des verstorbenen Königs beeinflusst. Er ließ alles beseitigen, was an die alte Religion erinnerte: Die Tempel wurden zerstört, die Götzenbilder verbrannt und die heiligen Tabus ausgerottet. Der König bestimmte beispielsweise die Teilnahme von Frauen an einem öffentlichen Mahl, bei dem sie zum Verzehr von Schweinefleisch gezwungen wurden, was ihnen bisher streng verboten war. Während der größte Teil der eingeborenen Bevölkerung die Beseitigung des Heidentums mittrug, entbrannte durch eine Minderheit um die Beibehaltung der alten religiösen Sitten und Bräuche ein blutiger Kampf, den der neue Herrscher für sich entschied.

Noch in dem Jahr, in dem Kamehameda II. die alte hawaiische Religion aufgehoben hatte, verhalf er einer anderen Religion zum Einzug in sein Inselreich; denn ein religionsloser Zustand konnte auf Dauer nicht hingenommen werden, hatte doch der bisherige Götzendienst einen größeren Teil des Tages ausgefüllt. Nach mehreren Monaten der Kultuslosigkeit ließ sich der König zusammen mit seinem Bruder durch einen christlichen Geistlichen, der mit dem französischen Seefahrer Freycinet 1819 auf Hawaii gelandet war, taufen.[1]

Etwa parallel zur Ausrottung der alten Religion setzte auf Hawaii die christliche Mission durch Missionare des „American Board of Commissioners for Foreign Mission" ein. Am 31. März 1820 landeten in Honolulu zwei Priester, zwei Lehrer, ein Arzt, ein Bauer und ein Drucker – begleitet jeweils von ihren Frauen. Drei in Cornwall (Connecticut) in der „Foreign Missionary School" zu Missionaren ausgebildete Hawaiier verstärkten die kleine Gruppe.

Die Europäer, vor allem die Kaufleute unter ihnen, die sich seit der Entdeckung Hawaiis schon in großer Zahl auf der Inselgruppe niedergelassen hatten, standen anfangs den nach ihnen gekommenen amerikanischen Missionaren feindlich gegenüber. Doch mit königlicher Erlaubnis begann die Christianisierung der hawaiischen Inseln, um das durch die Abschaffung des Götzenkults entstandene religiöse Vakuum zu füllen.

1824 lief im Hafen von Honolulu der Schoner „Prince Regent", ein Geschenk des englischen Königs George IV. an Kamehameda II., ein. Der König von Hawaii nahm das eigentlich für seinen inzwischen verstorbenen Vater, Kamehameda I., bestimmte Geschenk an, das diesem Vancouver in Aussicht gestellt hatte. In sei-

---

1 Louis Claude Desaulses de Freycinet hatte 1817 von der französischen Regierung den Auftrag erhalten, in der Südsee auf Entdeckungsfahrt zu gehen. Außerdem war ihm aufgetragen worden, die Gestalt der Erde und deren Magnetismus näher zu erforschen. Während seines Aufenthalts auf dem Hawaii-Archipel erforschte Freycinet gründlich die Religion dieser Inselgruppe.

nem Dankschreiben drückte der König zwei wesentliche Punkte aus: („… he begged to place them [all the islands of his kingdom, the author] under the protection of His Majesty.")[1] „… er ersuchte darum, sie (die Inseln seines Königreichs, d. Verf.) unter den Schutz Ihrer Majestät zu stellen." Weiter drückte der König aus: („We wish the Protestant religion of your Majesty's dominions to be practised here.")[2] „Wir wünschen, dass die protestantische Religion Ihrer Majestät Dominions hier praktiziert werde."

Diese Gelegenheit nützte die englische Mission zum Fußfassen auf Hawaii: Mr William Ellis von der „London Missionary Society" (s. Teil I, S. 292) kam mit einer Gruppe in der christlichen Lehre ausgebildeter Eingeborener von den Gesellschaftsinseln nach Honolulu. Mr Ellis, der sieben Jahre auf diesem Archipel zugebracht hatte, fiel die Ähnlichkeit zwischen den Sprachen der beiden Inselgruppen auf. Dadurch konnte er den amerikanischen Missionaren bei deren Bemühungen, die Sprache Hawaiis schriftlich zu fixieren, behilflich sein. Bereits 1825 wurden die Zehn Gebote vom König als Basis eines zu schaffenden Gesetzbuchs anerkannt. Die Missionierung selbst machte erst nach der Taufe der Königinmutter im Jahre 1823 große Fortschritte. Der bekannte amerikanische Missionar Titus Coan (1801–1882) taufte z. B. an einem einzigen Sonntag in Hilo, auf der Insel Hawaii, mehr als 1 700 Eingeborene.

In dem Jahr, in dem sich die Mutter des Königs hatte taufen lassen, reiste Kamehameda II. mit seiner Gemahlin auf einem nordamerikanischen Schiff nach London, um dort mit dem englischen König Georg IV. die Beziehungen zwischen dem Königreich Hawaii und Großbritannien unter dem Gesichtspunkt des Schutzes Hawaiis vor russischen Interessen zu erörtern. Das hawaiische Königspaar wurde ehrenvoll von der britischen Regierung empfangen. Doch bevor es zu klärenden Gesprächen mit Georg IV. kam („… a sudden and severe attack of measles seized both king and queen, and in July of the same year the deaths of both occurred.")[3], „erlitten sowohl der König als auch die Königin einen plötzlichen und heftigen Masernan-

---

1 Hopkins, Manley, in: HAWAII: THE PAST, PRESENT, AND FUTURE OF ITS ISLAND-KINGDOM, London 1866, S. 203
2 ebd.

189

fall und im Juli des selben Jahres trat der Tod beider ein." Der geplante Amerikabesuch des Königs konnte nicht mehr stattfinden. Auch dort hatte er die angenommene Gefährdung seines Inselreiches durch Russland erörtern wollen.

Dem verstorbenen Kamehameda II. folgte sein Bruder, der zweite Sohn Kamehamedas I., als Kamehameda III. (1852–54) nach. Seine Gemahlin war eine derart überzeugte Christin, dass durch ihren Einfluss die königliche Familie zum Spielball der nordamerikanischen Missionare wurde, die zu den eigentlichen Herren Hawaiis aufstiegen. Das schlechte Verhältnis zwischen den Glaubensboten aus Amerika und den europäischen Kaufleuten, insbesondere den englischen, setzte sich fort, da die Missionare die Einfuhr alkoholischer Getränke und deren Verkauf an die Eingeborenen scharf missbilligten.

Unter Kamehameda III. erblühten Missionierung und Bildungswesen, war die wirtschaftliche Lage weiterhin erfreulich, besserte sich das Verhältnis zwischen Souverän und Volk[1] und die Einführung eines Gesundheitsministeriums samt öffentlichen Krankenhäusern, den ersten auf pazifischen Inseln, und die Bekämpfung der von fremden Arbeitern eingeführten Krankheiten erfolgte. Unter seiner Herrschaft begann aber auch zum erstenmal auf unangenehme Weise die Einmischung fremder Mächte, namentlich durch Frankreich und Großbritannien.

1827 landeten die ersten katholischen Missionare aus Frankreich auf Hawaii. Schon im nächsten Jahr, 1828, wurde auf Honolulu in einer kleinen Kapelle die erste Messe gelesen. Zwischen der protestantischen und katholischen Mission entbrannte der Kampf um die Vorherrschaft. Die französischen Glaubensboten und die von ihnen Bekehrten wurden von der Bevölkerung abgelehnt. Oft

---

3 Carpenter, Edmund James, in: America in Hawaii – A History of United States Influence in the Hawaiian Islands, Boston 1899, S. 54
1 Wichtigste Schritte:
   1839 erster Gesetzentwurf (Bill of Rights)
   1840 erste geschriebene Verfassung, ausgearbeitet von dem Amerikaner Richards
   1848 Aufhebung des überlieferten Feudalsystems
   1852 Einführung des allgemeinen Wahlrechts

kam es vor, dass die Anhänger der katholischen Lehre so lange zu schwerer Arbeit verurteilt wurden, bis sie ihrem neuen Glauben wieder abschworen. Die Eingeborenen wurden zum Verzicht auf ihre Kruzifixe gezwungen und mit schweren Strafen bedroht, falls sie sie nicht aufgäben. Einige der katholisch gewordenen Inselbewohner wurden auf königliche Anordnung in Ketten gelegt, da sie Anordnungen, die im Widerspruch zu ihrer neuen Religion standen, nicht befolgt hatten.

1831 wurden die französischen Missionare sogar von den Hawaiiinseln verbannt. Die Regierung Frankreichs sah sich verständlicherweise in ihrer Ehre gekränkt und erzwang gewaltsam, da die protestantische Mission unter dem Schutz der Vereinigten Staaten und Englands und die katholische unter dem Frankreichs stand, die Wiederzulassung ihrer Missionare.

1837 erschwerte Kamehameda II. die Lage der katholisch gewordenen Eingeborenen, indem er durch eine Verordnung die katholische Lehre ächtete. („I have no desire that the service of the missionaries who follow the Pope should be performed in my kingdom, not at all.

Wherefore, all who shall be encouraging the Papal missionaries I shall regard as enemies to me, to my counsellors, to my chiefs, to my people, and to my kingdom. KAMEHAMEDA III.")[1] „Ich habe überhaupt nicht den Wunsch, dass der Gottesdienst der sich zum Papst bekennenden Missionare in meinem Königreich abgehalten werden sollte. Weshalb ich alle, die die päpstlichen Missionare unterstützen werden, als meine Feinde, als die meiner Berater, als die meiner Häuptlinge, als die meines Volkes und als die meines Königtums ansehen werde. KAMEHAMEDA III."

Im selben Jahr verschafften Schiffe der „Marine Française" nach wiederholten Drohungen unter Admiral Dupetit-Thouars (s. S. 91 ff.) den des Landes verwiesenen Missionaren wieder Zugang auf Hawaii. Der König wurde durch folgenden Vertrag gezwungen, die katholische Missionierung und die ungestörte Ausübung des katholischen Gottesdienstes zuzulassen.

---

1 Hopkins, Manley, in: HAWAII: THE PAST, PRESENT, AND FUTURE OF ITS ISLAND-KINGDOM, London 1866, S. 241

(„Honolulu, Sandwich Isles, July 24, 1837. – There shall be perpetual peace and amity between the French and the inhabitants of the Sandwich Isles. The French shall go and come freely in all the states which compose the government of the Sandwich Isles. They shall be received and protected there, and shall enjoy the same advantages which the subjects of the most favoured nations enjoy. Subjects of the King of the Sandwich Isles shall equally come into France, and shall be received and protected there as the most favoured foreigners. (Signed) KAMEHAMEDA III. A. Du PETIT THOUARDS, Commander of the French frigate 'La Vénus'.")[1]

> „Honolulu, Sandwichinseln, 24. Juli 1837 – Zwischen den Franzosen und den Bewohnern der Sandwichinseln soll ewiger Frieden und ewige Freundschaft sein. Die Franzosen sollen ungehindert alle Staaten, die der Regierung der Sandwichinseln unterstehen, betreten und verlassen dürfen. Sie sollen dort empfangen und geschützt werden und sollen dieselben Vorteile wie die Untertanen der am meisten begünstigten Nationen genießen. Die Untertanen des Königs der Sandwichinseln sollen gleicherweise nach Frankreich kommen und werden dort empfangen und geschützt wie die am meisten begünstigten Fremden. (Unterschrift) KAMEHAMEDA III. A. DU PETIT THOUARS, Kommandant der französischen Fregatte ‚La Vénus'.“

Auch wurde durch Dupetit-Thouars die freie Einfuhr von französischem Branntwein und Rum nach Hawaii vertraglich festgelegt.

Trotz dieser Zugeständnisse durch die Regierung von Hawaii begannen die Auseinandersetzungen zwischen den Protestanten und Katholiken erneut. Erst durch die von Frankreich – nach dem vorangehenden Besuch des Kriegsschiffs „Artemise" – erzwungene Religionsfreiheit („Toleranzedikt von 1839") endeten die oft heftigen Verfolgungen katholischer Christen im hawaiischen Königreich.

---

1   ebd. S. 243

Bis zum Jahr 1840 hatte sich Hawaii durch die Mission, vor allem durch die amerikanische, in eine christliche Nation verwandelt. Auch hatten die Missionare aus den Vereinigten Staaten ein vom hawaiischen Staat getragenes Elementarschulsystem aufgebaut.

(„In 1822 the first printing-press was set up and used. … The King … and many of his chiefs, became diligent scholars; and, their example being followed by many others, the schools increased and flourished.")[1] „1822 wurde die erste Druckerpresse aufgestellt und in Betrieb genommen. Der König … und viele seiner Häuptlinge wurden fleißige Schüler. Indem viele andere ihrem Beispiel folgten, vermehrten sich die Schulen und gediehen."

Um die Mitte des 19. Jahrhunderts gab es auf den Hawaii-Inseln „535 Volksschulen, wovon 431 protestantische und 104 römisch-katholische, die von 15 882 Kindern besucht wurden."[2] Etwa um diese Zeit konnten die meisten Hawaiier, die bis zum Einsetzen der Mission keine Schrift kannten, dank der christlichen Missionare beider Konfessionen lesen und schreiben.

Nachdem 1833 die erste Zeitung in englischer Sprache erschienen war, „The Sandwich Island Gazette"[3], erschien nur ein Jahr später, 1834, schon das erste Blatt in hawaiischer Sprache unter dem Namen „Ka Lama Hawaii". 1856 folgten weitere Blätter in englischer Sprache: der „Honolulu Advertiser" und das „Star-Bulletin" – beide Zeitungen erscheinen noch heute.

Ebenso erfolgreich wie im Bildungs- und Zeitungswesen waren die Missionare darin, in Zusammenarbeit mit dem hawaiischen Staat auf dem Gesetzesweg die Alkoholsucht, die sich unter dem Einfluss der Weißen immer weiter ausbreitete, zu bekämpfen. Nicht minder erfolgreich waren die Abgesandten der Missionsgesellschaften darin, dass die meisten Kirchenmitglieder nicht mehr rauchten.

---

1 ebd. S. 202 f.
2 Meyer, in: Sandwichinseln, Hildburghausen und New York 1860, 2. Auflage, 13. Bd., S. 928
3 Owen, Jean A., in: THE STORY OF HAWAII, London und New York 1898, S. 154

Über die alte Religion Hawaiis und im
besonderen das dortige Tabuwesen

Bis zur Zeit Kamehamedas II. (1819–1824) waren die Hawaiier dem aus christlicher Sicht entsetzlichen Tabu-Aberglauben unterworfen. Durch Einhaltung vieler Auflagen und der damit verbundenen Einengung der persönlichen Handlungsfreiheit verlangte das Befolgen der Tabus den Inselbewohnern Entbehrung um Entbehrung ab. Doch nicht nur dies: Die unerbittliche Bestrafung des Tabubruchs kostete Tausende von Hawaiiern das Leben, denn auf Tabubruch stand in der Regel die Todesstrafe.

Tabuanwendung und Tabubruch sicherten dem König- und Priestertum Macht und Einkommen. Das Tabu („was a consecration of any object, or person, or period of time, for some exclusive purpose; ... There were permanent tabus, as of the king's fish-ponds and bathing places; there were long-continued tabus, not taken off, in some cases, for many years; and there were shorter tabus, existing a week, or a single day. Sometimes a whole district, or an entire island, was placed under tabu, ... no canoe or person being allowed to approach it. In the tabu season, if it were strict – for there was a lighter and a more stringend kind – every light and fire was to be extinguished; all avocations were suspended; ... No one might be seen out of doors; and as the purpose of the tabu would be frustrated by any sound emitted by animal or bird, to prevent such a catastrophe, the mouths of dogs and pigs were tied up; and as for the poor garrulous fowls, after having had their eyes bandaged, they were, by way of further precaution, put under a calabash ... Such a tabu was a living death. Nothing that the church of Rome has effected by her severest ban approached its completeness ...")[1] „weihte jeden beliebigen Gegenstand oder jede beliebige Person oder Zeitspanne einem exklusiven Zweck und es wurde durch blutige Strafen erzwungen. Es gab ständige Tabus, wie z. B. die königlichen Fischteiche und Badeplätze. Es gab langanhaltende Tabus, die in manchen Fällen für viele Jahre nicht aufgehoben wurden; und es gab kürzere Tabus, die eine Woche oder nur einen einzigen Tag Geltung hatten. Manchmal wurde ein ganzer Distrikt , oder eine ganze Insel unter Tabu gestellt, ... was keinem Kanu und keiner Person erlaubte, sich zu nähern. In der Tabuzeit, wenn das Tabu ein strenges war – denn es gab eine leichtere und eine schärfere Art –, musste jedes Licht und Feuer gelöscht werden. Alle Beschäftigungen wurden zeitweilig aufgehoben ... Niemand hätte im Freien gesehen werden dürfen. Und

---

1   Hopkins, Manley, in: HAWAII: THE PAST, PRESENT, AND FUTURE OF ITS ISLAND-KINGDOM, London 1866, S. 95f.

194

da der Zweck des Tabus durch jeden von einem Tier oder einem Vogel ausgestoßenen Laut hätte vereitelt werden können, wurden zur Verhinderung einer solchen Katastrophe die Mäuler von Hunden und Schweinen zugebunden. Was das geschwätzige Federvieh anbetrifft, wurde es, nachdem ihm die Augen verbunden worden waren, als weitere Vorsichtsmaßnahme unter eine Kalebasse gesteckt … Solch ein Tabu war ein Tod bei lebendigem Leib. Nichts, was die katholische Kirche durch ihren strengsten Bann bewirkt hat, kam seiner Vollständigkeit (in der Bestrafung nicht beachteter Regeln und Gesetze, d. Verf.) nahe."

In ganz Polynesien, einschließlich der Osterinsel, war das Tabuwesen im wesentlichen gleich. Nur die Hawaiiinseln bildeten eine Ausnahme: („The tabu system is said to have been more perfected in Hawaii than in any other island of Polynesia.")[1] „Das Tabusystem von Hawaii soll ausgeprägter als auf jeder anderen polynesischen Inselgruppe gewesen sein."

Die Ursache hierfür lag darin: Die ganze Inselgruppe, vulkanisch entstanden, hatte früher eine große Zahl tätiger Vulkane. Zusätzlich zum weitgefächerten und das ganze Leben ohnehin schon durchdringenden Götzendienst mussten die Bewohner der Hawaiigruppe noch die Götter in ihren Kult integrieren, die die Götter, die sie schon hatten, bei weitem an Gefährlichkeit übertrafen: Die vulkanischen Götter, die die unterirdischen Feuer, das Zittern, Schwanken und dumpfe Grollen der Erde und das Schlimmste: die alles vernichtenden Vulkanausbrüche auslösten. Diese Gottheiten flößten den Hawaiiern furchtbare Angst ein: Sie mussten beschwichtigt werden. Daraus folgte ein übersteigertes Tabuwesen und die gängige Praxis, während der Vulkanausbrüche Menschenleben in größerer Zahl zu opfern wie auch während des ganzen Jahres zu bestimmten Feierlichkeiten zur Verhinderung weiterer Ausbrüche.

Wie in der ganzen Südsee glaubte man auch auf den Hawaii-Inseln vor der Berührung mit den Europäern, dass belebte und unbelebte Dinge mehr oder weniger von „Mana", durch Götter verliehene übernatürliche Kräfte, durchdrungen seien, die durch verschiedene menschliche Handlungen, z. B. durch Berührung oder Betreten verletzt oder gar aufgehoben werden konnten. Sachen, bestimmte Orte oder Lebewesen von hohem Mana waren „Tabu": Sie galten als unverletzlich (so die Bedeutung des aus einer Südseesprache herrührenden Wortes) und heilig.

Manche Dinge waren an sich Tabu, wie beispielsweise Grabstätten oder Tempelbezirke. Unter den Menschen wurde der höchste Häuptling,

---

1   Owen, Jean A., in: THE STORY OF HAWAII, London und New York 1898, S. 73

der König in seiner Gottähnlichkeit als Tabu angesehen. Das königliche Tabu übertrug sich auf alles, was der König berührte. Beispielsweise betrat er außer seinem Haus kein anderes, da es sonst von anderen nicht mehr hätte betreten werden können. Wenn ein vom König auferlegtes Tabu nicht beachtet wurde, untergrub dies nicht nur seine Autorität. Man glaubte, der König könnte großen Schaden erleiden, wenn der Tabubrecher ungestraft bliebe.

Neben dem König waren auch diejenigen Tabu, die mit den Göttern auf Grund ihrer Stellung verkehrten: die Priester. Während das königliche Tabu durch Berühren seitens des Königs wirksam wurde, sprachen die Priester das Tabu aus, und zwar über Orte (bestimmte Plätze oder Grundstücke, Flussufer, Wege u. a.), Gegenstände (Bäume, Höhlen u. a.) und über gewisse Speisen (z. B. Schweinefleisch). Zur allgemeinen Kenntnis wurde das Tabuisierte von den Priestern markiert. Das geschah auf unterschiedliche Weise: z. B. durch Stangen, die mit weißem Stoff umwickelt oder mit einem Kreuz darauf bezeichnet waren; durch Aufhängung eines Fadens, in den unter Abfolge bestimmter religiöser Zeremonien Knoten oder vom Tabuzauber vorgeschriebene Fetische geknüpft wurden; durch Bündel von Blättern oder Ästen mit vorgeschriebener Farbmarkierung u. a. m.

(„Le t. (tabou, l'auteur) n'est pas seulement une interdiction prononcée par les prêtres en ce qui concerne les choses religieuses; les chefs y ont recours chaque fois qu'ils veulent donner à leurs ordres une sanction qui en assure l'accomplissement. Ainsi, pour faire respecter les propriétés particulières, pour empêcher la pêche dans certaines baies, pour se reserver les animaux les plus delicats, on les declare Tabou, c.-a.-d. sacrés.")[1] „Das Tabu ist nicht nur ein von den Priestern ausgesprochenes Verbot, was die religiösen Dinge betrifft. Die Häuptlinge griffen jedesmal darauf zurück, wenn sie ihre Anordnungen mit einer Strafandrohung versehen wollten, die die Durchführung sicherte. Um privaten Landbesitz respektiert zu wissen, den Fischfang in bestimmten Buchten zu verhindern und um sich die wohlschmeckendsten Tiere zu reservieren, sprachen sie sodass Tabu über diese Dinge aus, d. h. machten sie unverletzlich und heilig."

„Das Tapu (sic) … durchdrang auch bei den Hawaiiern alle Lebensverhältnisse."[2] So ist nachzuvollziehen, dass jeder einzelne das Tabu

---

1 Vorepièrre, B. – Dupiney, de (dirigé par), in Dictionnaire Français Illustré- et encyclopédie universelle, Paris 1864, Tome second, S. 1163
2 Meinicke, Carl E., in: Die Inseln des Stillen Oceans, Leipzig 1876, Zweiter Teil, S. 300

auch gegen sich selbst verhängen musste, wenn er die schrecklichsten Strafen vermeiden wollte. Da die Götter Tabu waren und man schon durch Unachtsamkeit oder ganz einfach durch unglückliche Umstände Gefahr lief, gegen den in der Religion offenbarten göttlichen Willen zu verstoßen, konnte „ein Wort des Priesters, ein Traum oder sonst ein dunkles Gefühl … einem solchen Insulaner den Gedanken einflößen, dass er die Gottheit beleidigt habe und sogleich belegte er sein Haus, seine Felder, seine Piroque (sic) u. a. mit dem T. (Tabu, d. Verf.), d. h. er beraubte sich freiwillig des Gebrauchs aller dieser Gegenstände und unterzog sich allen Unannehmlichkeiten, die aus einer solchen Entbehrung für ihn erfolgten.“[1]

Die Sitte, das Eigentum durch Tabuisierung zu schützen, war allgemein in Polynesien verbreitet. Hierzu zwei Beispiele aus dem Bismarck-Archipel: „Wenn man an einer Kokospalme den Stamm mit Palmenblättern umflochten sieht, oder wenn Nüsse an hervorspringenden Zweigen aufgehängt sind, so ist der betreffende Baum Tabu.“[2] Vor großen Festen „werden die Lebensmittel einer Dorfschaft durch Tabuieren vor leichtfertigem Gebrauch geschützt, damit nachher für die großen Festschmäuse Stoff vorhanden ist.“[3]

Nach diesem kurzen Abstecher wieder zum hawaiischen Tabuwesen!

Tabubruch, Berühren einer Sache oder einer Person, die Tabu war, verletzte die in der Sache oder Person befindlichen von den Göttern verliehenen übernatürlichen Kräfte. Daher musste Tabubruch strengstens bestraft werden: wie schon aufgezeigt, mit dem Tod. Auf diese Weise wurde die Verletzung des heiligen „Mana“, die unter Tabuschutz stehenden übernatürlichen Kräfte, wieder aufgehoben.

Berührte man beispielsweise den Schatten des Königs, wodurch der von hohem Mana erfüllte königliche Schatten in seiner Heiligkeit verletzt wurde, zog dies unweigerlich die Todesstrafe nach sich. In leichteren Fällen wurden die Götter beschworen, den Tabubrecher mit einer schlimmen Krankheit oder einem grässlichen Unfall zu bestrafen. Auch der König konnte bei leichtem Tabubruch mildernd einwirken, z. B. durch Anordnung einer zeremoniellen Beraubung des Tabubrechers oder – in ganz leichten Fällen – durch eine dem Sünder auferlegte Buße unterschiedlicher Art, wie beispielsweise durch eine Besitzabgabe.

---

1   Meyer, in: Tabu (Tabou), Hildburghausen und New York 1860, 2. Aufl., 14. Bd., S. 860
2   Wegener, Georg, in: Deutschland im Stillen Ozean, Bielefeld und Leipzig 1903, S. 140
3   ebd.

Auf die Tabuisierung der führenden Häuptlinge gehen heute noch in Polynesien praktizierte Verhaltensweisen zurück. Es wird z. B. als schlechtes Benehmen angesehen, so zu stehen, dass man mit dem Kopf den einer höhergestellten Persönlichkeit überragt oder einem anderen mit der Hand über den Kopf streicht.

Tabubruch wurde auch, wie man fest glaubte, unmittelbar bestraft, und zwar durch die verletzte Sache selbst – also ohne Mittler, wie bei der Bestrafung durch König oder Priester. Beispiele: Wie vorangehend erwähnt, waren Grabstätten an sich Tabu. Ging jemand daran vorbei und sein Schatten fiel darauf, war das Tabu gebrochen und er verlor seine Seele. Wer ein mit einem Tabu belegtes Tier aß, erlitt den Ausbruch wunder Stellen oder das Tier wuchs in ihm wieder heran und verschlang seine Eingeweide. Die dem Tabubruch folgenden indirekten Sanktionen konnten auch weibliche Verwandte des Tabubrechers befallen, indem sie keine Kinder, sondern Tiere gebaren.

Zum Verhältnis von Mann und Frau: „Frauen in Hawaii schlossen sich einem begüterten Mann an, der sie zu ernähren vermochte, und der Mann hatte deshalb die Pflicht, die Frau zu unterhalten und für dieselbe zu kochen. Das Tabu verbot das Zusammenessen, und da auch die Kochplätze verschieden sein mussten, hatte der Mann zuerst den Ofen der Frau und dann den eigenen zu besorgen."[1] Der Verzehr bestimmter Speisen war Frauen verboten, wie z. B. Schweinefleisch, gewisse Fische, Schildkröten, Bananen oder aus der Frucht der Kokospalme gewonnene Speisen und Getränke. Wie vorangehend erwähnt, durften Frauen nicht zusammen mit Männern essen, was die Errichtung sogenannter „Esshäuser" für Frauen nach sich zog. Weiter war es u. a. Frauen untersagt, einen an einem Fest teilnehmenden Mann zu berühren. Unter normalen Umständen war es Frauen auch verboten, sich in ein Kanu zu setzen, weil geglaubt wurde, allein ihre Gegenwart könnte die in dem Kanu wirkenden übernatürlichen Kräfte verunreinigen und dadurch die nächsten, die es benutzen würden, in Gefahr bringen.

Männer dagegen, die bei weitem nicht unter so ausgeprägtem Tabuzwang wie Frauen standen, mussten beispielsweise beachten, bei Kriegsvorbereitungen die Gesellschaft von Frauen zu meiden, nur bestimmte Speisen zu essen und sich in die Abgeschiedenheit zurückzuziehen. So sollten ihre für den bevorstehenden Kampf benötigten körperlichen und geistigen Kräfte nicht durch Verunreinigung ihrer durch das göttliche Mana verliehenen übernatürlichen Kräfte geschwächt werden.

---

1   Bastian, A.: Inselgruppen in Oceanien, Berlin 1883, S. 248

Unter dem Eindruck der seit der Entdeckung ständig wachsenden Zahl von Europäern und Nordamerikanern, die Hawaii frequentierten oder dort blieben und der sie begleitenden christlichen Mission wurden schon sehr früh, um 1820, die das menschliche Zusammenleben knebelnden Tabuvorschriften völlig beseitigt, und zwar unter Kamehameda II. (1819–1824). Von der Königin in aller Entschiedenheit darin unterstützt, musste er blutige Fehden gegen Häuptlinge bestehen, die sich anfangs der Abschaffung der Tabus widersetzten. Zusammen mit der Aufhebung der Tabus wurde die alte Religion vollständig aufgehoben und das Christentum angenommen. Dieser Vorgang erfolgte von allen Inselgruppen des Stillen Ozeans zuerst auf Hawaii.

Nach den Darlegungen über das Tabuwesen, das auf Hawaii, wie schon aufgezeigt, von allen Südseearchipelen zur schrecklichsten Ausprägung gekommen war, seien noch kurz weitere Aspekte der alten hawaiischen Religion aufgezeigt: Götter, Priester, der Umgang mit Verstorbenen sowie der Kult der Menschenopfer.

Bei den Göttern wurden zwei große Gruppen unterschieden. Zu der einen Gruppe zählten allgemein anerkannte Götter (Akaua), die es schon immer gab und die das Himmelsgewölbe erfüllten. Zu ihnen zählte auch der Gott Lono, der angeblich den Hawaii-Archipel verlassen hatte. In Cook glaubten die Inselbewohner, wie schon dargelegt, den zurückgekehrten Lono zu erkennen.

Die andere Göttergruppe (Aumakua) – was im strengen Wortsinn „Greise" bedeutet – hatte sich aus den Seelen Verstorbener von hohem Ansehen gebildet, also aus heimgegangenen Königen, Priestern oder großen Kriegshelden.

In der streng hierarchisch gegliederten Götterwelt beider Gruppen kam jedem Gott bzw. jeder Göttin eine andere Aufgabe zu. Gottheiten standen z. B. den Jahreszeiten, den Himmels- und Naturerscheinungen und den verschiedenen Tätigkeiten der Inselbewohner vor, wie z. B. dem Fischfang, dem Land- und Kanubau oder den zu bestimmter Zeit abgehaltenen Spielen und Feierlichkeiten. Da gab es z. B. den Gott des Meeres, der Wellen, des Windes oder die Götter, denen die Vulkanausbrüche oblagen. Unter diesen war die Göttin Pele, die den Vulkan Kilauea auf der Insel Hawaii bewohnte, die bedeutendste. Der Gott der Meereswellen war so bedeutend, dass er von den Seeleuten durch einen eigenen Kult innerhalb des allgemeinen Götterkults verehrt wurde. Weiter gab es Götter zur Regelung der Beziehungen zwischen den Bewohnern der verschiedenen hawaiischen Inseln und für das Verhältnis zwischen dem ganzen Archipel zu anderen Inselgruppen.

Auch glaubten die Hawaiier der vormissionarischen Zeit, dass die Götter nicht nur die Himmelsweiten mit ihrer Gegenwart durchdringen und aus den Seelen verstorbener Großer nachwachsen, sondern auch, dass sie zuweilen auch in menschlicher, pflanzlicher oder tierischer Gestalt auftraten. Die tierische Inkarnation von Gottheiten bezog sich hauptsächlich auf den Haifisch, der somit im Tierreich Hawaiis eine herausragende Stellung einnahm. Indem totgeborene Kinder zusammen mit anderen Opfergaben zur Fütterung der Haifische ins Meer geworfen wurden, hoffte man, dass die Seelen der verstorbenen Kinder mit der Seele des Haifischs verschmelze und daraus ein starker Beschützer der betreffenden Familie erwachse. Auch wurden im Boden liegende, behauene Steine als schützende Gottheiten für ausgewählte Landschaftsteile angesehen. Schließlich wurde die lange Reihe der unterschiedlichsten Gottheiten noch durch die verschiedensten Götter in den Haushalten der Inselbewohner erweitert.

Die zahlreichen Abbildungen von Göttern kamen als Bilder und als Figuren vor. Die meist sehr großen, Kleider tragenden Götterskulpturen waren von fratzenähnlichem entstelltem Aussehen.

Das erbliche Priesteramt stand Männern und Frauen offen. Die Priesterkaste zerfiel in drei Gruppen mit deutlich voneinander abgegrenzten Aufgaben. Die erste Gruppe leitete alle religiösen Zeremonien. Der zweiten Gruppe fiel es zu, durch Erleuchtung und Eingebung den Gläubigen den göttlichen Willen zu offenbaren. Die dritte Gruppe umfasste die Zauberer, die sich je nach der Art des von ihnen verübten Zaubers in unterschiedliche Klassen gliederte.

Die Tempel der Hawaiier waren höher liegende viereckige Plätze, umschlossen von Steinmauern niedriger Höhe oder Holzzäunen. Die Böden waren meist gepflastert, der Zugang erfolgte auf einer offenen Seite, zu der Stufen hinaufführten. Im Inneren des Platzes fanden sich mehrere Häuser, dazwischen standen Palmen. In den kleineren Häusern wohnten die Priester, im größten Haus, reichlich mit Götterbildern ausgestattet, lebten während der großen Feste die Edlen, die z. B. auch hier nach ihrem Heimgang mit ihrer Grablegung rechnen konnten. Die tischartigen, von Holzpfosten getragenen Altäre standen inmitten einer hohen Gruppe pyramidenartig wirkender, geflochtener Sträucher.

Außer den allgemeinen Tempelplätzen gab es auf Hawaii seit undenklichen Zeiten eine barmherzige Einrichtung, die es sonst nur noch auf Tonga gegeben hat: heilige, umfriedete Schutzeinrichtungen. Das waren gesonderte, große Plätze mit Steinumwallung und breiten, offenen Zugängen. Hier konnten schuldig und unschuldig Verfolgte Zuflucht in eigens dafür errichteten Häusern nehmen, wo sie unter dem Schutz der in benachbarten Häusern lebenden Priester standen. Die beispielsweise vor Kriegsfeinden Geflüchteten konnten hier so lange bleiben, bis die Kriegsgefahr gebannt war. Wenn es einem verfolgten Verbrecher gelungen war, einen dieser Schutzplätze zu erreichen, genügte schon ein Aufenthalt von wenigen Tagen, dass er vor jeglicher Bestrafung geschützt war. Die Heiligkeit dieser Zufluchtsorte zu brechen wurde als eines der schlimmsten Verbrechen angesehen und immer mit dem Tode bestraft.

Zu den Begräbnisbräuchen! Gewöhnliche Menschen wurden in sitzender Stellung begraben – mit dem Kopf auf den Knien und unter den Beinen festgebundenen Händen. Außer der Beisetzung in eigens eingerichteten Grabstätten für einzelne Familien oder ganze Dörfer war es auch üblich, die Verstorbenen in Wohnhäusern zur letzten Ruhe zu betten.

Beim Begräbnis des Königs kam es bei den ausgedehnten Trauerfeierlichkeiten zu den zügellosesten Auschweifungen. Da er höchster Häuptling, König, Priester und oberster Kriegsherr in Personalunion gewesen war, schien jedes Gesetz, schienen alle Beschränkungen, die vor seinem Tod strengstens zu befolgen waren, für eine kurze Zeitspanne durch seinen Eingang in das ewige Reich der Götter wie aufgehoben zu sein. Der Leichnam des Königs, wie der anderer hoher Verstorbener, wurde selbstredend anders behandelt als der eines gewöhnlichen Inselbewohners.

Vom Körper des Königs wurde das Fleisch entfernt und ins Feuer oder ins Meer geworfen. Zum Schutz vor Entweihung der königlichen Knochen wurden diese gereinigt und zur Aufbewahrung an Vornehme verteilt. Neben der partiellen Knochenverteilung wurden Hochgestellte unter Anwendung wohlriechender Kräuter und Essenzen auch einbalsamiert. Nach der Schmückung der Leiche wurde sie im Wohnhaus des Toten untergebracht und anschließend – meist – in einer Höhle zur ewigen Ruhe gelegt oder zu diesem Zweck in einen der vielen vulkanischen Krater zur Besänftigung der gefährlichsten hawaiischen Götter geworfen. Für alle Toten der höheren und höchsten Schichten hatte Folgendes Geltung: Vom Fleisch des Toten musste der Diener, der ihm am treusten gedient hatte, ein gewisses Quantum zu sich nehmen.

Im Blick auf den Ausdruck der Trauer und deren Grad sei Carl E. Meinicke, dem großen deutschen Erforscher der Inselwelt des Pazifiks, das Wort erteilt! „Die Trauerbezeigungen bestanden in Klagen und Weinen, heftigen Verletzungen der Haut, Brandmalen besonders bei Frauen auf Wange und Brust, Ausschlagen der Vorderzähne und Aufschlitzen der Ohrlappen, Abschneiden des Haares, auch in einer Tättowirung (sic) der

Zunge. Bei dem Tode des Königs steigerten sie sich bis zu einer förmlichen Verzweiflung über den Verlust, die sich in einer gänzlichen Auflösung aller bestehenden Ordnung zu erkennen gab und zu Zeiten zu allen möglichen Gewaltthaten (sic) und Schändlichkeiten führte; auch wurden Menschen geopfert, um mit dem Toten begraben zu werden."[1]

Einen zentralen Punkt des von Priestern mit der Unterstützung von Zauberern und Wahrsagern geleiteten Kultus bildeten Menschenopfer, was nicht selten vorkam. Zu den Rechten der königlichen Familie zählte auch die Forderung nach dieser grausamen Art der Götterbeeinflussung und -besänftigung. Wurden Menschen ohne königliche Weisung geopfert, drückte dies eine Auflehnung, ja Empörung gegenüber dem Herrscher aus.

Die häufigsten Anlässe der Menschenopferung waren die Einweihung eines Tempels, die Erkrankung des Königs oder eines anderen hohen Vornehmen, die Besänftigung der Vulkangötter zur Verhinderung oder Beendigung eines Vulkanausbruchs oder Kriegsgefahr.

Wenn ein Krieg drohte, versammelten sich die höchsten Würdenträger des Priesterstandes – begleitet von hohen Zauberern und Wahrsagern – und das Kriegsvolk in einem Tempel. Um die Geneigtheit der Götter zu erlangen, genügten die üblicherweise geopferten Schweine und Hühner nicht, wenn es darum ging, sich mit anderen Inselvölkern im Kampf zu messen. Da mussten Menschen ihr Leben lassen, die in der Regel Gefangene oder Verbrecher waren. Die Zahl der Geopferten variierte. Sie hing von der Schwere des zu erwartenden Kampfes ab und lag zwischen zehn und zwanzig rituell Getöteten. Nach der Bauchöffnung ergründeten die Priester aus den noch krampfartig zuckenden Eingeweiden der Leichname den göttlichen Willen, der sie ihr Orakel finden ließ, wovon abhing, ob der Krieg aufgeschoben oder geführt wurde.

Entwicklung des Handels nach Einsetzen der Mission

Zur wirtschaftlichen Lage Hawaiis unter Kamehameda III.! Obwohl um 1830 die Sandelholzbestände des Inselreichs erschöpft waren und der unter Kamehameda I. begründete Pelzhandel mit der Nordwestküste Amerikas zum Erliegen gekommen war, erlahmte die Wirtschaft des Landes nicht. Die Verproviantierung

---

1 Meinicke, Carl, E., in: Die Inseln des Stillen Oceans, Leipzig 1876, Zweiter Teil, S. 301

der riesigen amerikanischen Walfangflotte (s. Teil I, S. 237) hatte zum Anbau weiterer Nutzpflanzen für den Speisezettel der Schiffsbesatzungen, deren Reisen meist drei Jahre dauerten, geführt. Die Bereitstellung von Gütern aller Art für die Walfänger Amerikas wurde zu einem Haupterwerbszweig des Inselstaats. Außerdem setzte sich der Handelsverkehr mit den übrigen Produkten Hawaiis fort. Hinzu kommt, dass ab 1834 die ersten amerikanischen Zuckerplantagen angelegt, im selben Jahr die Seidenraupenzucht und in der Folgezeit der Baumwollanbau eingeführt wurden. Dadurch erhielt die wirtschaftliche Lage des Königreichs neue, belebende Impulse.

Eine Stimme aus der damaligen Zeit führt einige Zahlen zum wachsenden Handel der hawaiischen Inseln unter Kamehameda III. an: „In dem ersten Viertel des Jahres 1849 liefen in den Hafen von Honolulu 31 Kauffahrteischiffe und 17 Walfischfänger mit 10 312 Tonnen ein, in derselben Zeit 1850 schon 75 Kauffahrer und 15 Walfischfänger mit 23 610 Tonnen."[1]

Von den ersten Annexionsversuchen zur Bestätigung der Unabhängigkeit Hawaiis durch die Fremdmächte

Das erfreuliche Bild, das die ökonomische Situation des Inselstaates um diese Zeit vermittelte, wurde aber durch Folgendes getrübt: England (1836) und Frankreich (1839) zwangen die Regierung Hawaiis zum Abschluss von Verträgen, die den beiden Ländern wirtschaftliche Vorteile und andere Privilegien auf Kosten des nordpazifischen Königreichs einräumten.

Der Erzwingung von Handelsvorteilen schlossen sich die ersten Annexionsversuche durch die vorangehend genannten Länder an. Trotz der von Frankreich 1839 erzwungenen Religionsfreiheit („under the guns of the French frigate 'Artemise', commanded by Captain Laplace")[2] „unter den Kanonen der französischen Fregatte ‚Artemi-

---

1   s. Fußnote 2, S. 193: ebd. S. 926
2   Carpenter, Edmund Janes, in: America in Hawaii – A History of United States Influence in the Hawaiian Islands, Boston 1899, S. 68

se', kommandiert von Kapitän Laplace", kollidierten die Interessen der protestantischen und katholischen Geistlichkeit, hinter denen die jeweiligen Regierungen standen, weiter. Der französische Konsul benutzte diese Differenzen mehrmals dazu, zum Vorteil der katholischen Missionierung die Regierung Hawaiis unter Druck zu setzen. Auch französische Offiziere erhöhten im politischen und religiösen Bereich die Spannungen. („On one occasion … French officers abrogated the laws particularly against the importation of liquor, dictated treaties, extorted $20 000 and by force of arms procured privileges for Roman Catholic priests in the country; …")[1] „Bei einer Gelegenheit … schafften französische Offiziere die Gesetze ab, im besonderen die sich gegen den Import geistiger Getränke richtenden, diktierten Verträge, erpressten 20 000 Pfund Sterling und verschafften mit Waffengewalt römisch-katholischen Priestern in Hawaii Vorteile; …"

Als Folge des Zwangs, den Frankreich ständig auf das Königreich Hawaii ausübte, kam es dazu, dass Kamehameda II. seine Ratgeber beauftragte, das seit der Entdeckung bestehende Verhältnis zwischen England und Hawaii eingehend zu untersuchen. Folgendes stellte sich dabei heraus: Der hawaiische Staat hatte zwar bisher in zwei Verträgen seine Untertanenschaft gegenüber Großbritannien erklärt, doch war sie weder von Hawaii praktiziert noch von England eingefordert worden. Daher erklärten sich die Hawaii-Inseln auf der Grundlage der Verfassung von 1840 für unabhängig.

Durch die Verfassung von 1840 ist die von Kamehameda I. begründete absolute Monarchie in eine monarchische Regierungsform konstitutionellen Gepräges nach europäischem Verständnis zugeschnitten worden. Seitdem war der entscheidende politische Einfluss auf die in immer größerer Zahl auf Hawaii auftretenden ausländischen Pflanzer und Kaufleute übergegangen, die zum größten Teil Nordamerikaner und Engländer waren.

---

1 The Encyclopaedia Britannica, in: Hawaii (History), New York 1910, eleventh edition, Vol. XIII, S. 91

1842 besuchte der französische Admiral Dupetit-Thouars erneut die Hawaii-Gruppe. Er stellte weitere Forderungen zur Begünstigung der Katholiken, und zwar in einer Art und Weise, dass der König um seine erst vor kurzem verkündete Unabhängigkeit fürchtete. In dieser schwierigen innenpolitischen Lage entsandte Kamehameda II. zwei Boten, den Nordamerikaner Richard, der die Verfassung von 1840 ausgearbeitet hatte, und einen Eingeborenen namens Timioleo Hoalililo in die Hauptstädte der Mächte, deren Einfluss Hawaii am stärksten ausgesetzt war: nach Paris, London und Washington. Die beiden Gesandten hatten den Auftrag, bei den betreffenden Regierungen die Anerkennung der hawaiischen Unabhängigkeit zu erwirken. Bei den Amerikanern und Engländern stießen die Abgesandten aus Hawaii auf Verständnis, bei den Franzosen, die sie zurückwiesen, nicht.

Unterdessen, im Februar 1843, hatte auf Hawaii eine Entwicklung eingesetzt, an deren Ende das Inselreich seine Unabhängigkeit wieder verlor; denn etwa „gleichzeitig tat der englische Konsul (auf Hawaii, d. Verf.) Schritte, die auf eine Einverleibung durch Großbritannien hindeuteten."[1] Er hatte nämlich, unterstützt von den englischen Händlern und Siedlern, mit Kamehameda III. große Meinungsverschiedenheiten bekommen, weil ihm der König einen Teil seines Eigentums hatte wegnehmen lassen.

Da der englische Konsul von der hawaiischen Justiz angeklagt wurde, lief in der Folgezeit Lord Paulet von der britischen Kriegsmarine mit „H.M.S. Carysfort" im Hafen von Honolulu ein und konfrontierte die Regierung von Hawaii mit derart hohen Forderungen, dass es der König vorzog, sich zum englischen Untertanen zu erklären. („... Captain Paulet of the 'Carysfort', went so far as to take possession of Oahu and establish a commission for its government.")[2] „... Kapitan Paulet von der ‚Carysfort' (einer Fregatte, d. Verf.) ging so weit, die Insel Oahu (auf der Honolulu – der Sitz der hawaiischen Regierung – liegt, d. Verf.) in Besitz zu nehmen und eine Kommis-

---

1 Die Geschichte der Ozeanier nach ihrer Berührung mit den Europäern (Hawaii), in: Helmolts Weltgeschichte, Leipzig 1922, 9. Bd., S. 374
2 The Encyclopaedia Britannica, in: Hawaii (History), New York 1910, eleventh edition, Vol. XIII, S. 91

sion zur Ausübung der Regierungsgewalt auf dieser Insel einzusetzen."

Die von Lord Paulet eigenmächtig verkündete Besitzergreifung der Insel Oahu, was für ihn gleichbedeutend mit dem Aufrichten der Herrschaft Englands über den Hawaii-Archipel war, wurde sofort nach Bekanntwerden von seinen Vorgesetzten und der britischen Regierung widerrufen. Im Juli 1843 zogen sich die Engländer wieder von Hawaii zurück[1], nachdem Konteradmiral Thomas im Namen der britischen Regierung Hawaii seine Unabhängigkeit bestätigt und dem König seine Souveränität zurückgegeben hatte. In Zukunft blieb sie durch England unangetastet.

Im Gegensatz zu Frankreich und Großbritannien drückten die Vereinigten Staaten ihr auf den Inselstaat gerichtetes Interesse, das mit dem Vordringen des amerikanischen Territoriums zur Pazifikküste gewachsen war (1847 wurde die kalifornische Küste erreicht, 1850 Aufnahme Kaliforniens als 31. Bundesstaat in die Union), zurückhaltender aus. Etwa in der Zeit, in der England und Frankreich hohen Annexionsdruck auf Hawaii ausgeübt hatten – 1842 Dupetit-Thouars, 1843 Lord Paulet – und die Abgesandten Kamehamedas III. zur Anerkennung der Unabhängigkeit seines Reiches unterwegs waren, hatte nämlich der amerikanische Außenminister Daniel Webster 1842 einen Brief an seine hawaiischen Geschäftsträger in Washington geschickt.

Das Wichtigste in Websters Brief war der Vorschlag, dass keine Nation Privilegien auf Hawaii erstrebe oder sich dort kolonialistisch betätige. Dieser Schritt der nordamerikanischen Union wird allgemein als formelle Anerkennung der Unabhängigkeit des hawaiischen Königreiches gesehen. Zudem erklärten die Regierungen Frankreichs und Englands noch im selben Jahr, niemals die Inselgruppe in Besitz bringen zu wollen. Dadurch hatten auch diese beiden Länder die Unabhängigkeit des nordpazifischen Inselstaates anerkannt.

---

1 Ob Lord Paulet im Auftrag Londons gehandelt hat, ist nicht bekannt. Das gegen ihn von englischer Seite eingeleitete Verfahren wurde eingestellt.

Das Wesentliche der entsprechenden Deklaration vom 28. November 1843 lautet: („Her Majesty the Queen of the United Kingdom of Great Britain and Ireland, and His Majesty the King of the French, … have thought it right to engage reciprocally to consider the Sandwich Islands as an independent State, and never to take possession either directly or under the title of a Protectorate, or under any other form, of any part of the territory of which they are composed …“)[1] „Ihre Majestät, die Königin des Vereinigten Königreichs von Großbritannien und Irland und Ihre Majestät, der König der Franzosen … halten es für richtig, sich gegenseitig zu verpflichten, die Sandwich-Inseln als einen unabhängigen Staat anzusehen und niemals entweder direkt oder unter dem Anspruch auf ein Protektorat oder unter irgend einer anderen Form von irgend einem Teil des Territoriums, aus dem sie sich zusammensetzen, Besitz zu ergreifen.“

Politische Situation Hawaiis um die Mitte des 19. Jahrhunderts

Trotz der dreifach erklärten Unabhängigkeit Hawaiis durch die drei am stärksten dort vertretenen Fremdmächte setzte sich deren Einmischung in die inneren Angelegenheiten des Königtums fort. 1846 war es den Engländern gelungen, mit Hawaii einen Freundschaftsvertrag abzuschließen, in dem sich Kamehameda III. formell zum englischen Untertanen erklärte. 1849 schlossen die USA mit Hawaii einen formalen Vertrag ab, der die Basis für die offiziellen amerikanischen Beziehungen zwischen den beiden Ländern bis zur Annexion durch die Vereinigten Staaten darstellte. Dieser Vertrag begründete den immer ausgeprägter werdenden Einfluss Nordamerikas auf Hawaii und wies zugleich den europäischen Einfluss, vornehmlich den englischen und französischen, in die Schranken. 1851 folgte Großbritannien diesem Schritt, die Beziehungen zu dem Inselstaat in einem Grundlagenvertrag zu regeln.

Während Hawaii um die Mitte des 19. Jahrhunderts auf der Basis der vorerwähnten Verträge ein gutes Verhältnis zu den Vereinig-

---

1   Owen, Jean A., in: THE STORY OF HAWAII, London und New York 1898, S. 170

ten Staaten und zu Großbritannien hatte, war dies mit Frankreich, mit dem der König gleichfalls gute Beziehungen anstrebte, anders.

Frankreich fuhr fort, der Monarchie von Hawaii mit nicht hinzunehmenden Ansprüchen gegenüberzutreten. Obwohl der französische Staat 1846 mit dem von ihm 1843 als unabhängig anerkannten Königreich Hawaii einen Handelsvertrag eingegangen war, geriet Frankreich erneut mit der Inselgruppe in Streit – hauptsächlich über Punkte, die eine grobe Einmischung in die Souveränität Hawaiis bedeuteten: Nach den Vorstellungen des französischen Konsuls auf Hawaii, Dillon, der sich durch zwei im Hafen von Honolulu liegende Kriegsschiffe seines Landes in einer starken Position wähnte, sollten die Ein- und Ausfuhrzölle gesenkt, die französischen Missionare gleichberechtigt und die französische Sprache wie das Englische in den auswärtigen Beziehungen Hawaiis als Amtssprache zugelassen werden.

Nach der Ablehnung dieser Forderungen landeten französische Truppen im Hafengebiet. Sie besetzten wichtige strategische Punkte, vernagelten die Geschütze und beschlagnahmten die im Hafen vor Anker gegangenen hawaiischen Schiffe. Der sofortige Protest der Konsuln aus London und Washington veranlasste jedoch die französischen Soldaten, sich nach drei Tagen wieder zurückzuziehen. Aber es war kein endgültiger Rückzug: Die Forderungen und Drohungen aus Frankreich hielten noch jahrelang an. 1851 drohten die Franzosen, den Hafen von Honolulu zu blockieren, wenn ihre Forderungen nicht erfüllt werden würden. Die Regierung von Hawaii verkündete daraufhin, den Schutz der Vereinigten Staaten anzurufen.

Da deren Einfluss durch den 1849 zustande gekommenen hawaiisch-amerikanischen Vertrag ständig gestiegen war, unterblieb die Blockade des Hafens von Honolulu. Es ist nämlich nicht anzunehmen, dass Frankreich an einer Auseinandersetzung ernsteren Grades mit den Amerikanern gelegen war. Zu deutlich machte sich schon das gestiegene Interesse der unaufhaltsam auf die Pazifikküste zustrebenden nordamerikanischen Union an der unter strategischen und wirtschaftlichen Gesichtspunkten günstig gelegenen hawaiischen Inselgruppe bemerkbar.

Die stetig wachsende Zahl von Nordamerikanern auf Hawaii im Landbau, im Handel, in der Wirtschaft allgemein, im Schiffsverkehr, in der Verwaltung und in den Ministerien (so wurde z. B. 1844 der amerikanische Jurist John Ricord der erste Außenminister des Inselstaates) führte etwa von 1852 bis 1854 zu amerikanischen Bestrebungen, die Monarchie auf Hawaii zu beseitigen, republikanische Strukturen und Institutionen einzuführen und das Inselreich den Vereinigten Staaten anzugliedern.

Die amerikanische und französische Mission widersetzten sich diesem Vorhaben mit dem Einwand, ein solcher Schritt sei für die eingeborene Bevölkerung von Nachteil.

Es war sogar erwogen worden, sollte dieses Ziel nicht durch Forderungen erreichbar sein, notfalls durch einen von Freibeutern aus Kalifornien unterstützten Aufstand das Reich Kamehamedas III. in amerikanischen Besitz zu bringen. Angesichts dieser für den Fortbestand der Monarchie bedrohlichen Entwicklung lenkte der König durch freiwillige Beschränkung seiner Privilegien und anderer monarchischer Vorrechte ein. Nunmehr befürwortete er die Bestrebungen, Hawaii den Vereinigten Staaten anzugliedern. Er war nämlich der Forderungen leid, die von den fremden Mächten und zum Teil auch aus seinem Umfeld erhoben wurden. Dies und der große Bevölkerungsschwund unter dem Einfluss der von außen kommenden Einwirkungen sowie die Zahl der von ihm abgefallenen Häuptlinge und noch andere ihm unangenehme Erscheinungen, die seit der Ankunft der Fremden im Königreich Hawaii zu beobachten waren, schienen den im Volk beliebten König Kamehameda III. verunsichert zu haben.

Auch kam es durch den Druck der auf Hawaii ansässigen Amerikaner 1852 zu ersten Änderung der 1840 eingeführten Verfassung. Damit wurde durch die fortschreitende Amerikanisierung Hawaiis ein Vorgang eingeleitet, der in zwei weiteren Schritten (1854 und 1887) die Verfassung des Königreichs Hawaii den in Europa und Nordamerika üblichen Konstitutionen immer ähnlicher werden ließ, „... besonders nachdem 1864 die alte Einrichtung der Kuhina nui, der zweiten Regentin, abgeschafft worden war."[1]

Auf amerikanischen Einfluss hin wurden jetzt die ersten regelmäßigen Schifffahrtsverbindungen von Hawaii nach San Francisco und zur chinesischen Küste hergestellt: Das nordpazifische Inselreich war an das im Entstehen begriffene Weltverkehrsnetz der Dampfschifffahrt angeschlossen.

Aus dieser durch indirekten und auch direkten amerikanischen Annexionszwang erfolgten Hinwendung an Nordamerika resultierten Verhandlungen über die Annexion des Hawaii-Archipels durch die Vereinigten Staaten. Das war nicht im Sinne der hawaiischen Regierung. Zur Verhinderung dieses Schrittes arbeiteten die Berater des Königs noch vor dessen Tod einen Vertrag über die Aufnahme Hawaiis als Staat in die nordamerikanische Union aus. Mit Absicht war dieser Entwurf aber so gestaltet, dass er für den US-Präsidenten Franklin Pierce nicht annehmbar war und zugleich den Amerikanern auf Hawaii bezüglich der erwarteten Annexion nicht die Hoffnung nahm. So wurde die Unabhängigkeit Hawaiis bewahrt, denn Kamehameda III. wollte Souverän des eigenen Volkes und der aller Fremden in seinem Land sein.

Als Kamehameda III. im Dezember 1854 starb, folgte ihm sein Sohn als Kamehameda IV. (1854–1863), der von protestantischen Missionaren erzogen worden war, auf dem Thron nach. Er vermählte sich mit einer Engländerin – mit Emma Rooke, seiner Mitregentin. Der neue König regierte umsichtig und erwarb sich Achtung im In- und Ausland, vor allem in England. Ihm war daran gelegen, das Verhältnis Hawaiis zu den Europäern, hauptsächlich zu Frankreich, zu verbessern und die Wirtschaftsbeziehungen zwischen Nordamerika und dem Königreich Hawaii zum beiderseitigen Verteil über das schon erreichte hohe Maß noch weiter zu beleben. Dem immer noch unerfreulichen Verhältnis zu Frankreich setzte Kamehameda IV. 1858 durch einen Friedensvertrag zwischen Hawaii und dem französischen Staat ein Ende.

---

1 Die Geschichte der Ozeanier nach ihrer Berührung mit den Europäern (Hawaii), in Helmolt Weltgeschichte, Leipzig 1922, 9. Bd., S. 374

Grundlegende Änderung des hawaiisch-amerikanischen Verhältnisses

- Beginn der Handelsreziprozität
- König Kalakauas Wirtschaftspolitik auf der Grundlage des Reziprozitätsvertrags

Beginn der Handelsreziprozität

Das hawaiisch-amerikanische Verhältnis wandelte sich unter Kamehameda IV. grundlegend: Die Beziehungen zwischen dem Königreich Hawaii und den Vereinigten Staaten wurden hinfort vom Gedanken der Handelsreziprozität, des wechselseitigen Handels, getragen und nicht mehr durch eine von Annexionsabsichten bestimmte Politik der Amerikaner. Der hierfür von der nordamerikanischen Union angestrebte Reziprozitätsvertrag scheiterte zweimal an der Ratifizierung durch den amerikanischen Senat (1855 und 1867).

Auf Kamehameda IV., der im November 1863 starb, folgte sein Bruder als Kamehameda V. (1863–1872). Aus seiner Regierungszeit ragen zwei Punkte heraus. Zum einen erfolgte schon wenige Monate nach seiner Thronbesteigung durch bloße königliche Proklamation die vorangehend bereits angeführte Verfassungsänderung von 1864. Sie wirkte sich auf die konstitutionelle Entwicklung Hawaiis im reaktionären Sinne aus – führte also zum Wiedererstarken der durch die Änderung von 1852 geschwächten Königsmacht.

Nach der Verfassungsänderung von 1852 steht dem Herrscher ein Geheimer Rat aus den Ministern und weiteren vom König bestimmten Mitgliedern zur Seite. Das Parlament setzt sich aus dem Herrenhaus (House of Nobles), zwanzig Mitgliedern auf Lebenszeit und dem Abgeordnetenhaus zusammen. Dessen Mitglieder (wenigstens 24, höchstens 40) werden alle zwei Jahre neu gewählt. Parlamentssprachen sind Hawaiisch und Englisch.

Zum anderen setzten sich unter Kamehameda V. die Bemühungen um den Abschluss eines Reziprozitätsvertrags zur Belebung des Handels zwischen Hawaii und den USA zwar fort, doch es wurde unter seiner Regentschaft kein Durchbruch erzielt.

Mit dem frühen Tod von Kamehameda V. am 11. Dezember 1872 erlosch das Königsgeschlecht der Kamehamedas, das 1795 begründet worden war. Über achtzig Jahre lang hatte diese Dynastie überwiegend nach englischem Vorbild über die Hawaii-Inseln geherrscht.

Der Tod Kamehamedas V. löste Spekulationen über eine mögliche Annexion der Hawaii-Gruppe durch eine fremde Seemacht aus – Spekulationen, die nicht unbegründet waren. Auf Hawaii und in den Vereinigten Staaten waren wieder Stimmen laut geworden, wie unter Kamehameda III., die die Angliederung des nordpazifischen Inselreiches an die nordamerikanische Union befürworteten und forderten. Die amerikanische Presse hob hervor, wie wichtig Hawaii für die USA sei: als Kohlestation ihrer Handels- und Kriegsschiffe und als Umschlagplatz für den Handel mit der asiatischen Küste, vor allem mit China. Die US-Regierung entsandte unter dem Kommando des Befehlshabers der Pazifiktruppen der Union, Shofield, von San Francisco das Kriegsschiff „U.S. California" mit dem Auftrag nach Honolulu, dass Shofield im Benehmen mit dem dortigen amerikanischen Gesandten Pierce „amerikafeindlichen Einflüssen entgegentrete".[1] Um den Amerikanern in ihrem wiedererwachten Annexionsbestreben nicht allein das Feld zu überlassen, ließ auch die britische Regierung ein Kriegsschiff, die „H.M.S. Sparrow Hail", nach Honolulu auslaufen.

War der erste Annexionsversuch der Amerikaner durch den Tod Kamehamedas III. (1854) und der sich anschließenden Aufkündigung der Annexionsverhandlungen durch Kamehameda IV. gescheitert, verhinderte diesmal das hawaiische Volk, genauer: seine gesetzgebende Versammlung alle ausländischen, auf Annexion ausgerichteten Bemühungen: Die Legislative Hawaiis wählte William Charles Lunalilo, den Enkel Kamehamedas I., zum König, der vier Tage nach dem Tod seines Vorgängers, am 16. Dezember 1872, auf den Thron gelangte.

---

1 Meyer, in: Sandwichinseln, Hildburghausen 1873, 2. Aufl. 17. Bd. (Special-Supplement), S. 586

An dieser Entwicklung hatte das vom verstorbenen König Kameha-meda V. hinterlassene vierköpfige Kabinett großen Anteil. Dem Finanz-ministerium stand, mit Genehmigung Napoleons III., der Franzose Cros-nier de Varigny vor; Außenminister war der Schotte Wylie, Innenminister der Engländer Hopkins. Das Justizministerium stand unter der Leitung des Amerikaners Harris und die Staatskanzlei unter der seines Lands-manns Allen.

Unter König Lunalilo wurden die an der Südküste von Oahu, west-lich von Honolulu gelegenen Perl-Seen als „Pearl Harbor" (Perlhafen) an die Marine der Vereinigten Staaten verpachtet. Dieser ideale Naturhafen, gebildet aus drei durch Halbinseln voneinander getrennten Seen, hat auf einer Fläche von etwa 4 000 Hektar 26 Quadratkilometer schiffbaren Wassers und Hunderte von Ankerplätzen (s. Fig. 15 S. 173: Umgebung von Honolulu).

Lt. Charles Wilkes hatte schon 1840 im Auftrag des „Hydrographic Office" (Seekartenabteilung) der jungen amerikanischen Kriegsmarine „Pearl Harbor" als erster geodätisch aufgenommen und mit Nachdruck angeraten, die etwa fünf Kilometer lange Zufahrt an ihrer engsten Stelle auszubaggern.

Dies und der bereits 1839 von Wilkes mit Samoa abgeschlossene Handelsvertrag zeigt auf, dass bereits vor Abschluss des Grundlagenver-trags zwischen Hawaii und den Vereinigten Staaten, 1849, die US-Navy begonnen hatte, ihr Visier auf den Pazifischen Ozean zu richten.

(„1873 the United States steamship 'California' paid a visit to the Is-lands, conveying thither a military commission, consisting of Major-gen-eral J.M. Schofield and ... Brigadier-general B.S. Alexander, a lieutenant colonel of United States Engineers. This commission proceeded, under secret instructions from the Secretary of War, to examine the different ports of the Hawaiian Islands with reference to their defensive capabilit-ies and their commercial facilities ... The commission found in the un-used Pearl Harbor ... all that is essential for the desired purpose.")[1] 1873 besuchte das amerikanische Dampfschiff ‚California' die Inseln und brachte eine militärische Kommission, bestehend aus Generalmajor J. M. Schofield und Brigadegeneral B. S. Alexander, Oberstleutnant der ameri-kanischen Pioniertruppen, dorthin. Die Kommission machte sich daran, geheimen Anweisungen des Kriegsministers folgend, die verschiedenen Häfen der Hawaiischen Inseln bezüglich ihrer Verteidigungsmöglichkei-

---

1   Carpenter, Edmund Janes, in: America in Hawaii – A History of United States Influence in the Hawaiian Islands, Boston 1899, S. 148

ten und ihrer Einrichtungen für die Handelsschifffahrt zu untersuchen. ...
Die Kommission fand in dem ungenützten Perlhafen ... alles Wesentliche
für den gewünschten Zweck."

("The provisional cession by the Hawaiian government to the United
States of Pearl Harbor, by the convention of 1887, was the first step
which gave to the latter any rights territorial in the Islands.")[1] „Die provisorische Überlassung des Perlhafens durch die Regierung von Hawaii an
die Vereinigten Staaten mittels der Konvention von 1887 war der erste
Schritt, der dem letztgenannten irgendwelche territoriale Ansprüche auf
den Inseln zuerkannte."

Lunalilo war nicht lange König von Hawaii. Er starb bereits am
3. Februar 1874 – nur dreizehn Monate nach seiner Thronbesteigung. In dieser kurzen Zeitspanne war es ihm nicht möglich gewesen, dem durch die Verfassungsänderung von 1864 erfolgten Wiedererstarken alter monarchischer Strukturen durch die Einführung
einer liberaleren Regierung entgegenzutreten. Die Verfassung von
1864 blieb in Kraft und bahnte den Weg für die Exzesse von David
Kalakauas, des nächsten Königs.

König Kalakaus Wirtschaftspolitik auf der Grundlage
des Reziprozitätsvertrags

Mit amerikanischer Unterstützung wählte das Parlament von
Hawaii den am 17. November 1836 geborenen Oberst David Kalakaua der hawaiischen Armee, den Sohn des Häuptlings Kapaakea
und der Nichte Kekaunohi des Königs Kamehameda I., zum König
und nicht die Königin Emma, Mitregentin des verstorbenen Königs
Kamehamedas IV., die Kandidatin der britischen Kreise auf Hawaii. Kalakaua hatte die amerikanische Missionsschule von Honolulu besucht und wurde 1852 als Offizier in die königliche Leibwa-
che aufgenommen. Mit der Inthronisation Kamehamedas V. stieg

---

1   ebd. S. 146

Kalakaua zum Oberst und Chef des Stabes wie auch zum Mitglied des hawaiischen Staatsrats auf.

(„During the reign of Kalakaua the relations of the United States to the Islands grew rapidly closer.")[1] „Während der Regierungszeit Kalakauas (1874–1891, d. Verf.) verdichteten sich sehr rasch die Beziehungen zwischen den Vereinigten Staaten und den Inseln."

Die Amerikanisierung des hawaiischen Königreichs in Handel und Politik setzte sich in noch stärkerem Maße fort. 1874 hatte Kalakaua durch seine Reise in die Vereinigten Staaten die Handelsbeziehungen zwischen den beiden Ländern zu Gunsten Hawaiis verbessert.

Zwei Jahre nach seiner Wahl nahm der schon zweimal gescheiterte (1855 und 1867) Reziprozitätsvertrag die Hürden des amerikanischen Senats.

Dieser, wie der Name verrät, sich auf Wechselseitigkeit gründende Handelsvertrag öffnete ohne Einfuhrzölle Hawaii den nordamerikanischen und den Vereinigten Staaten den hawaiischen Markt.

Die folgenden Stimmen aus der Zeit vor und nach Abschluss des Reziprozitätsvertrags belegen den wachsenden Waren- und Schiffsverkehr zwischen beiden Staaten auf der Grundlage dieses Abkommens.

„Die Ausfuhr hatte 1875 einen Werth von 1 839 000 Dollar … Handelsschiffe liefen 1874 ein: 115 mit 69 664 Tonnen Gehalt, außerdem 43 Walfänger. Als wichtigste Produkte der Ausfuhr sind zu nennen: Zucker (1874: 24,58 Mill. Pfd.), Reis (1,12 Mill. Pfd.), Kaffee (75 000 Pfd.), Pulu (elastische Pflanzenfasern: 418 000 Pfd.), Wolle (400 000 Pfd.), Talg u. Häute."[2]

„Eingelaufen waren in den Hafen von Honolulu (nahezu die gesamte Ein- und Ausfuhr wickelte sich über Honolulu ab, d. Verf.) im J. 1884: 239 Schiffe zu 186 871 t, von denen 191 nordamerikanische, 29 engli-

---

1   Carpenter, Edmund Janes, in: America in Hawaii – A History of United States Influence in the Hawaiian Islands, Boston 1899, S. 140
2   Meyer, in: Hawaii, Leipzig 1876, 3. Aufl., 8. Bd., S. 661/662

sche, 4 französische, 4 deutsche und 11 hawaiische. Die Handelsflotte (Hawaiis, d. Verf.) zählt (1884) 53 registrierte Fahrzeuge von 9826 t, darunter 12 Dampfer. Die Einnahmen (d. h. die Einfuhr, d. Verf.) betrugen in der Periode 1. April 1882 bis 31. März 1884 im ganzen 3 218 626 Doll., Die Ausgaben (d. h. die Ausfuhr, d. Verf.) 3 216 406 Doll."[1]

„Der Handel richtet sich vorwiegend nach den Vereinigten Staaten von Nordamerika, mit denen 1876 ein Reziprozitätsvertrag abgeschlossen wurde, wonach die Einfuhr zollfrei ist.

Dieselbe betrug 1885: 3,830,544 Doll. (davon drei Viertel aus Nordamerika) und bestand in Manufakturen, Eßwaren, Bauholz, Maschinen, Tabak, Eisenwaren, Spirituosen u. a.; die Ausfuhr wertete 9,069,318 Doll., sie bestand in Zucker, Reis, Häuten und Fellen, Wolle, Talg, Kaffee, Bananen u. a. Fast der ganze Handel geht über Honolulu, andere Ein- und Ausfuhrhäfen sind: Kahului, Hilo, Mahukona, Kawaihai. Von dem Gesamtverkehr (1885 liefen 253 Handelsschiffe von 190,138 T. ein) entfallen auf Honolulu 95 Proz; dort legen die Dampfer der Union Steamship Company (Honolulu = Auckland = Sydney) jeden Monat an, von dort macht die Oceanic Steamship Company zweimal im Monat Fahrten nach San Francisco."[2]

„Der Handel richtet sich vorwiegend nach den Vereinigten Staaten von Nordamerika (80,6 Proz. der Einfuhr, 91,4 Proz. der Ausfuhr): … Einfuhr : … 1893: 5,346,809 (1892: 4,684,207) Doll. und besteht in Manufakturen, Eßwaren, Bauholz Maschinen, Tabak, Metallwaren, Spirituosen u. a.; die Ausfuhrwerte 10,818,158 (1892: 8,181,687) Doll. u. bestand in Zucker (10,200,958 Doll.), Reis 317,483 Doll., Bananen (105,096 Doll.), Häuten und Fellen, Wolle, Ananas u. a. …Von dem Gesamtverkehr (1893 liefen 315 [219 nordamerikanische] Handelsschiffe von 323,685 T. ein) entfallen auf Honolulu 95 Proz; …"[3]

Aus dem vorangehenden Exkurs zum Außenhandel Hawaiis aus dem 19. Jahrhundert ergibt sich die folgende tabellarische Übersicht.

---

1 Brockhaus, in: Sandwichinseln oder Hawaii-Inseln, Leipzig 1886, 13. Auflage, Bd. 14, S. 195
2 Meyer, in: Hawaii (Sandwichinseln), Leipzig 1888, 4. Aufl., 8. Bd., S. 244
3 Meyer, in: Hawaii (Sandwichinseln), Leipz. u. Wien 1895, 5. Aufl., 8. Bd., S. 483

Wachsen des hawaiisch-nordamerikanischen Waren- und Schiffsverkehrs vor
und nach dem Abschluss des Reziprozitätsvertrags von 1876
(Erneuerung 1887)

	Einfuhr in Dollar	Ausfuhr in Dollar	In Hawaii einlaufende Handelsschiffe
1874	1 839 000	1 3100 000	115 mit 69 664 Ton., außerdem 43 Walfänger
1882 bis 1884	3 218 626	3 216 406	*1884*: 239 Schiffe mit 186 871t (darunter 191 nordamerikanische)
1885	3 830 544	9 069 318	253 Handelsschiffe mit 190 138 Ton.
1892	4 684 207	8 181 687	– – –
1893	5 346 809	10 818 158	315 (darunter 219 nordamerikanische) Handelsschiffe mit 323 685 Ton.

Der sich durch den Reziprozitätsvertrag hebende Wohlstand kam im wesentlichen nur den weißen Siedlern, Pflanzern, Geschäftsleuten und den akkreditierten Vertretern der ausländischen Mächte zugute. Der Vertrag war so gestaltet, dass insbesondere die amerikanische Erzeugung der wichtigsten Ausfuhrgüter, Zucker und Reis, begünstigt wurde. Aus dem vorangehenden Exkurs geht u. a. Folgendes hervor:

Im Jahr 1893 hatte die Zuckerausfuhr mit 10 200 958 Dollar bei einer Gesamtausfuhr von 10 818 158 Dollar einen Anteil von 94,3%. Bei einem nordamerikanischen Anteil von 91,4% am Gesamtausfuhrvolumen von Zucker entfallen auf die USA 9 323 675 Dollar (91,4%) und auf Hawaii 877 282 Dollar (8,6%). Der gewaltige Aufschwung der amerikanischen Zuckerindustrie lockte zahlreiche Investoren aus den Staaten dorthin.

Bei der Erneuerung des Reziprozitätsvertrags (1887) wurde eine Klausel wirksam, die den bereits im Winter 1873/74 durch König Lunalilo an die Amerikaner verpachteten Hafen von Pearl Harbor der Marine der Vereinigten Staaten auf Dauer überließ.

Der Anspruch auf eine zeitlich unbegrenzte Nutzung von Pearl Harbor war aus amerikanischer Sicht nur zu verständlich, da die territoriale Ausdehnung der USA die Pazifikküste erreicht hatte. Die amerikanische Pazifikpolitik erblickte in Hawaii wegen seiner Mittellage im Großen Ozean einen wichtigen strategischen und handelspolitischen Punkt ihrer auf Asien, im besonderen auf China, gerichteten Interessen.

Außerdem verlangten die Amerikaner bei der Erneuerung des bewussten Vertrags, dass Hawaii nur mit ihrer Zustimmung Verträge mit anderen Staaten abschließen dürfe. Hinzu kam noch Folgendes: Die Amerikaner beanspruchten das Recht, zu jeder Zeit Truppen in beliebiger Stärke auf Hawaii anzulanden.

Diese beiden Forderungen fanden die Regierungen von Hawaii und Großbritannien unangemessen. England beeinflusste den Inselstaat dahingehend, auf die weit überzogenen Ansprüche Amerikas nicht einzugehen.

Auswirkungen der auf Hawaii eingesetzten fremden Arbeitskräfte auf die Urbevölkerung

Die anhaltende Wirtschaftskonjunktur zugunsten der Amerikaner verursachte einen großen Mangel an Arbeitskräften auf deren zahlreichen Plantagen, sodass bald in immer größerer Zahl Fremdarbeiter nach Hawaii geholt wurden, wie z. B. von den Gilbertinseln (s. Teil I, S. 245/46), von anderen pazifischen Eilanden oder von der asiatischen Küste und deren vorliegenden Inseln.

Durch den Kontakt mit den vielen Fremden aus unterschiedlichen Weltgegenden[1] lockerten sich die Sitten der Urbevölkerung Hawaiis, die schon durch die Europäer zum Genuss alkoholischer Getränke verleitet worden war, weiter. Auch wurden die Hawaiier durch den Kontakt mit den auf allen großen Inseln Hawaiis allgegenwärtigen fremden Arbeitern von Krankheiten angesteckt, gegen die sie keine Abwehrkräfte hatten.

---

1   die wichtigsten Herkunftsgebiete der Fremdarbeiter auf den Plantagen Hawaiis: die Philippinen, China, Japan, Korea, mittpazifische Inselgruppen, die Azoren

Unter der Gesamtwirkung der fremden Einflüsse sank die Zahl der eingeborenen Bevölkerung in nicht geringem Maße.

„Die Zahl der Eingeborenen ist verhältnismässig nicht bedeutend und
ihre schnelle Abnahme in hohem Grade beklagenswerth. Diese geht,
wenn man auch von den übertriebenen Schätzungen früherer Reisender
absieht, (Cook nahm 1778 400000, Rives 1824 gar noch 490000 an), aus
den späteren Zählungen hervor, selbst wenn diese kein volles Vertrauen
verdienen sollten; sie ergaben 1832 130313 Einwohner, 1836 108579,
1850 84165, (unter denen 1962 Fremde waren), 1853 71138, (2119
Fremde), 1860 69800 (2716 Fremde), 1866 62959, (4194 Fremde), 1872
56897, (5266 Fremde).“[1]

Die Gründe der sinkenden Bevölkerungszahl sind aber nicht nur auf
die Europäer und die aus dem pazifischen Raum nach Hawaii gekommenen Arbeitskräfte zurückzuführen – nach Meinicke, der sich auf die Berichte der in Hawaii tätigen Missionare stützt, auch auf die allgemein
verbreiteten lockeren Sitten, in hohem Maße verursacht durch die Folgen
der von Europäern eingeführten alkoholischen Getränke und die hohe
Säuglings- und Kleinkindersterblichkeit.

Königlich-hawaiisches Streben nach der Vorherrschaft im Pazifik

Nach den Schwerpunkten seiner Wirtschaftspolitik sei das Wesentliche der Außenpolitik Kalakauas dargelegt! Bis zu seinem Regierungsantritt waren die auswärtigen Beziehungen des Königreichs Hawaii von den Mächten bestimmt worden, die an dem Inselstaat großes Interesse zeigten: von Frankreich, England und
– vor allem – den Vereinigten Staaten. Die Strukturen dieser Beziehungen ähnelten sich: Die Fremdmacht agierte, Hawaii reagierte.
Kalakaua war nicht mächtig genug, um diese besondere
Beziehungsstruktur der auf Hawaii einwirkenden Europäer und
Nordamerikaner zu durchbrechen. Trotzdem konnte er sich ein
anderes Betätigungsfeld seiner auswärtigen Beziehungen suchen
und damit als erster hawaiischer Herrscher eine eigenständige
Außenpolitik betreiben.

---

1   Meinicke, Carl E., in: Die Inseln das Stillen Ozeans (Polynesien und Mi-
    kronesien), Leipzig 1876, Zweiter Teil, S. 291

Nach seiner Krönung leitete Kalakaua eine neue Phase der Außenpolitik Hawaiis ein. Sie begrenzte sich nicht mehr auf die hawaiisch-amerikanischen Beziehungen – sie fasste vielmehr den ganzen Pazifik als potentielles Herrschaftsgebiet ins Auge. Kalakaua erstrebte nichts weniger als („the Primacy on the Pacific")[1] „die Vorherrschaft über den Pazifik." Den wichtigsten Inselfluren Ozeaniens räumte der König von Hawaii den Vorrang vor den Kolonialmächten ein, die an seinem Reich interessiert waren. In diesem Streben wurde er von seinem ungewöhnlichen Premierminister W. M. Gibson unterstützt und zu weiteren ausgefallenen Schritten angeregt. Es ist anzunehmen, dass die Krönung Kalakauas auf seinen Ratschlag hin erfolgte. Vermutlich ließ er sich wegen der durch die Öffentlichkeit erzwungenen Entlassung seines Doppelministers Moreno zum König krönen, da er bisher nur ein gewählter König gewesen war.

1887 entließ Kalakaua seinen bisherigen aus San Francisco stammenden Berater Claus Spreckel und ließ seinem Premierminister Gibson freie Hand – auch in der Außenpolitik.

Gibson, ein Abenteurer mit Visionen und kühnen Plänen, war in der Südsee weit herumgekommen. Beispielsweise hatten ihn die Holländer 1852 in Batavia mit der Anklage vor Gericht gestellt, einen Aufruhr in Sumatra angestiftet zu haben. Als er, um ein weiteres Beispiel für seinen Ideenreichtum zu nennen, in Honolulu 1861 ankam, trug er sich mit dem Gedanken, eine Gruppe von Mormonen, die es seit 1856 auf Hawaii gab, im Ostindischen Archipel anzusiedeln (was nicht zur Ausführung kam).

In Übereinstimmung mit einer Außenpolitik, die dem Pazifik den Primat einräumte, schickte Gibson eine Protestnote an die mit Hawaii in Beziehung stehenden Kolonialmächte. Für Hawaii und die anderen unter dem Einfluss von Kolonialmächten stehenden Inseln und Inselgruppen beanspruchte Gibson für seine Regierung das Recht, bei der Verbesserung der sozialen und politischen Bedingungen zu helfen. In Verfolgung dieser Politik entsandte Kalakaua 1883 zwei Bevollmächtigte zu den Gilbertinseln, die unter

---

1 The Encyclopaedia Britannica, in: Hawaii (History), New York 1910, 11th edit., vol. XVIII, S. 91

starkem amerikanischem Einfluss standen (s. Teil I, S. 237ff.), um dort die Vorbereitungen für ein hawaiisches Protektorat über diese Gruppe zu treffen. Im Dezember 1886 setzte die Regierung von Hawaii J. E. Bush als generalbevollmächtigten Minister zur Aufnahme von Gesprächen mit den Königreichen Tonga und Samoa und anderen noch unabhängigen Reichen polynesischer Inselwelten ein.

Die folgenden Betrachtungen über diesen Schritt von Kalakaua und Gibson seien auf Samoa eingeengt! Anfang Januar 1887 traf Bush in Apia ein und blieb sechs Monate. Während dieser Zeit schloss Bush mit dem samoanischen König Malietoa Laupepa, der seit 1880 schon zum drittenmal auf den königlichen Thron gelangt war (als Folge von fortwährenden Bürgerkriegswirren, in die Deutschland, England und die Vereinigten Staaten mal weniger, mal mehr verwickelt waren) einen Bündnisvertrag ab, der von der königlichen Regierung Samoas ratifiziert wurde. Man war z. B. übereingekommen, dass Hawaii den Grundstein für eine eigene kleine Kriegsmarine lege. Ein kleiner, bisher im Koprahandel eingesetzter Dampfer von 170 Tonnen wurde für 20 000 Dollar gekauft, zum Kriegsschiff umgerüstet, in „Kaimiloa" umbenannt und im Mai 1887 nach Apia zur Stärkung der dort eingerichteten Botschaft Hawaiis entsandt.

Auf Samoa hatte sich inzwischen die Lage des offen von den Vereinigten Staaten unterstützten Königs Malietoa Laupepa weiter verschlechtert. Seit der Wahl seines Gegenkönigs Tamasese, dem das Deutsche Reich zur Seite stand, führte Malietoa Laupepa mit Tamasese einen immer schlimmere Formen annehmenden Bürgerkrieg, bis Malietoa schließlich im August 1887 durch ein deutsches Kriegsschiff verbannt wurde – zunächst nach der deutschen Kolonie Kamerun in Westafrika, dann auf die auch unter deutscher Herrschaft stehenden Marshallinseln im Stillen Ozean.

Die rapide Verschlechterung der militärischen Situation des samoanischen Königs trug sicher auch dazu bei, dass sich die Besatzung der „Kaimiloa" nicht rühmlich in Apia aufführte. Ausschweifungen und Meuterei waren an der Tagesordnung. Dies und gegen Deutsche auf Samoa gerichtete Intrigen der hawaiischen Botschaft in Apia zogen Beschwerden der deutschen Regierung nach sich.

Unter diesen Umständen erschien es Hawaii ratsam, seinem einzigen Kriegsschiff den Auslaufbefehl nach Honolulu zu geben: Der Traum Kalakauas, ein pazifisches Reich unter hawaiischer Führung zu errichten, war beendet.

Widerstand des hawaiischen Königtums gegen die allumfassende Amerikanisierung

Kalakauas Innenpolitik war aus europäischer Sicht nicht frei von Exzessen. Er verfolgte den Plan, das abgeschaffte Feudalsystem wieder einzuführen, um auf diese Weise die Kontrolle über die öffentlichen Geldmittel zu erlangen. König Kalakaua hoffte, dadurch die von der Verfassung vorgegebene, seinen Zielen entgegen wirkende republikanische Staatsform besser bekämpfen zu können.

Hatte die Verfassungsreform von 1864 unter Kamehameda IV. schon zum Wiedererstarken des Königtums geführt, setzte sich unter Kalakaua dieser Trend in exzessiver Weise fort, indem der König die Parlamentssitze und Regierungsposten an Leute vergab, die ihm genehm waren. Drei aufeinanderfolgende Legislaturperioden war z. B. die Mehrheit der gesetzgebenden Versammlung aus Beamten zusammengesetzt, die von der Gunst des Königs abhängig waren. Geschickte Berater schmeichelten dem König und berieten ihn dahingehend, wie er seine ständigen Verfassungsbrüche zur Durchsetzung seiner feudalistisch-autokratischen Ziele, ohne gegen geltendes Recht zu verstoßen, durchführen konnte.

Der König ging so weit, zweimal das Parlament ohne Angabe von Gründen aufzulösen. Nach der 1880 erfolgten grundlosen Auflösung des Parlaments setzte er den vorerwähnten C. C. Moreno, der als Handelsagent einer chinesischen Dampfschifffahrtsgesellschaft nach Honolulu gekommen war, als Premier- und Außenminister ein. Das rief sofort den Widerstand der amerikanischen, englischen und französischen Repräsentanten auf Hawaii hervor – einen Widerstand, der von den Besserverdienenden der eingeborenen Bevölkerung mitgetragen wurde. Nach vier Tagen öffentlicher Erregung sah sich Kalakaua gezwungen, den von seinen Widersachern gehassten Doppelminister Moreno zu entlassen.

Nachfolger Morenos wurde der gleichfalls schon angeführte Amerikaner W. M. Gibson (1882–87). Er zeichnete sich im negativen Sinn aus. Er war auf persönliche Bereicherung aus und korrumpierte die Staatsverwaltung mit Einverständnis des Königs zu dessen Vorteil weiter. Beide, Kalakaua und Gibson, betrachteten alle Europäer und Amerikaner im Inselreich Hawaii als Eindringlinge. Da der immer stärker werdende amerikanische Einfluss bei weitem den der Europäer übertraf, richtete sich Kalakauas von unablässigen Verfassungsbrüchen getragene Innenpolitik hauptsächlich gegen die Amerikaner im Land. („His regime became increasingly arbitrary, corrupt, and extravagant and assumed a strong nationalist, anti-American tone.")[1] „Seine Regierung wurde zunehmend willkürlich, korrupt und ausschweifend und nahm starke nationalistische, antiamerikanische Züge an."

Die Innenpolitik Kalakauas stand in krassem Gegensatz zu den Interessen der europäischen und vor allem der amerikanischen Geschäftsleute und Politiker. Bald führten diese Kreise eine Gruppe von Reformern an, die in ständigen Widerstreit mit der königstreuen Nationalpartei geriet. Diese Gegensätzlichkeit ließ die Anhänger beider Gruppen beispielsweise aneinander geraten, als der König die Aufhebung des Verkaufsverbots von alkoholischen Getränken an die hawaiische Bevölkerung, die Verkaufserlaubnis für Opium und eine Zehn-Millionen-Dollar-Anleihe, hauptsächlich für militärische Zwecke, durchsetzen wollte. Die Aufhebung des Alkoholverbots nahm 1882 die Hürden des Parlaments, die Verkaufserlaubnis für Opium 1886. Im selben Jahr wurde auf königliches Bestreben ein Gesetz zur Aufnahme von Krediten (Loan Act) verabschiedet, wodurch von London ein Kredit von einer Million Dollar für das Königreich Hawaii bewilligt wurde.

Kalakaua sah sich durch die entschlossene amerikanische Zielsetzung, in seinem Königreich eine durch und durch parlamentari-

---

1 Hunter, Charles H. and Joerger, Pauline King, in: „Hawaii: The Kingdom.": Coller's Encyclopedia (LIBRARY OF CONGRESS CATALOG CARD NUMBER 77–168799), ohne Ortsangabe (Kanadische Ausgabe), 1972, vol. 11, S. 714

sche Regierung mit der damit einhergehenden Amerikanisierung des ganzen wirtschaftlichen und politischen Lebens etablieren zu wollen, in seinem großen Ziel stark behindert, das alte hawaiische Königtum wieder einzuführen: der König als unumschränkter, gottähnlicher Herrscher in einem streng feudalistischen Staat, gestützt von den Säulen des Götzen- und Medizinmannkults. Letzten Endes erblickte Kalakaua in dem amerikanischen Vorgehen, ihn „sklavisch" an eine republikanische Verfassung nach dem Vorbild der Vereinigten Staaten binden zu wollen, eine Umwandlung der Verfassungsfrage in eine „Besitzfrage": Wem gehört Hawaii? Folglich führte der König bewusst seine Kampagne gegen die Reformpartei unter dem Slogan „Hawaii for Hawaiians!" (Hawaii den Hawaiiern!). (Ob es Kalakau dabei wirklich um sein Volk oder nur um seine persönliche Machtstellung ging, sei dahingestellt.)

Auch war Kalakaua daran gelegen, die alten Sitten und Bräuche, die vor der Entdeckung Hawaiis dort ausgeübt worden waren, wieder einzuführen. Der König bemühte sich z. B. durch die Gründung der „Hale Nua Society" die Götzen- und Königsanbetung wiederzubeleben und die nach amerikanischer Auffassung lasterhaften Praktiken der alten hawaiischen Medizinmänner durch einen „Board of Health" zu legitimieren.

Als bekannt wurde, dass der König hohe Bestechungsgelder angenommen hatte, darunter eine Summe von 80 000 Dollar zur Erteilung einer Rauschgifthandelslizenz, wurde durch die von Amerikanern getragene Reformpartei die unblutige Revolution von 1887 ausgelöst. Die Drohung der Reformer, gestützt auf eine paramilitärische Gruppe („Honolulu Rifles"), notfalls mit Waffengewalt gegen den König vorzugehen, zwang ihn, auf eine Wiedereinführung des Feudalsystems mit unumschränkter Herrschergewalt zu verzichten und statt dessen eine neue Regierung einzusetzen und eine neue, den Amerikanern im Land genehme Verfassung zu verkünden.

Unter dem Druck der Aufständischen entsagte der König der Verfassung von 1864, beendete dadurch seine Alleinherrschaft, berief unter W. Greene ein neues Ministerium ein und erließ am 7. Juli 1887 eine sich auf ministerielle Verantwortung gründende Konstitution nordamerikanischen Gepräges.

Deren wichtigste Punkte waren folgende: Jeder männliche Einwohner, ob Bürger Hawaiis oder Ausländer, erhielt nach einjährigem Aufenthalt auf den hawaiischen Inseln das Wahlrecht. Beamte waren für Parlamentssitze nicht mehr wählbar und kein Mitglied des Parlaments durfte mehr während seiner Parlamentszugehörigkeit ein öffentliches Amt wahrnehmen. Die Mitglieder des Herrenhauses wurden nicht mehr vom König eingesetzt, schon gar nicht mehr auf Lebenszeit, wie es bisher der Fall gewesen war. Statt dessen erfolgte ihre Wahl nur noch auf sechs Jahre; zudem mussten sie fachlich für das Amt geeignet sein.

Während sich nach der Verfassungsreform von 1887 die wirtschaftliche und politische Amerikanisierung stetig fortsetzte, versuchte der entmachtete Kalakaua immer wieder aufs neue, mit Intrigen und Verschwörungen die autokratischen Zustände wieder herzustellen. Nur einer dieser Versuche war bis zur Durchführung fortgeschritten. Der von R. W. Wilcox, einem Freund des Königs und seiner Schwester Liliuokanini, versuchte Coup („Wilcox Rebellion") wurde im Keim erstickt. Sieben Rebellen kamen ums Leben, zahlreiche wurden verwundet.

Übergang Hawaiis in den Besitz der Vereinigten Staaten von Amerika

König Kalakaua starb am 20. Januar 1891 in San Francisco, wohin ihn ein amerikanischer Kreuzer, die „U.S. Charleston", im November 1890 zur Wiederherstellung seiner angeschlagenen Gesundheit gebracht hatte. Nur wenige Tage nach seinem Tod folgte dem kinderlosen König seine Schwester Liliuokanini (1891–1893) auf dem Throne nach.

Die Königin versuchte ohne Erfolg, den immer stärker werdenden amerikanischen Einfluss einzudämmen. Die wirtschaftlichen Rahmenbedingungen, die sich unter Kalakaua wegen dessen Ablehnung der amerikanischen Forderungen im Zusammenhang mit der Erneuerung des „Reziprozitätsvertrags von 1887" verschlechtert hatten, schwächten zusehends direkt die Wirtschaft Hawaiis und indirekt den ganzen Inselstaat. Beispielsweise begünstigten neue, von den Amerikanern erlassene Gesetze die amerikanischen Zuckerplantagen auf Hawaii in hohem Maße, sodass Hawaii, dessen wichtigstes Ausfuhrprodukt der Zucker war, auf dem Weltmarkt nicht mehr konkurrieren konnte. Eine geänderte Tarifgesetzgebung ließ das Durchschnittseinkommen der Bevölkerung so tief sinken, dass die ansässig gewordenen hawaiischen Händler, Pflanzer, Siedler und Landarbeiter – diese Gruppe bildete gegenüber der stark zurückgegangenen Urbevölkerung ein Übergewicht – immer lauter die politische und wirtschaftliche Inkorporation durch die Vereinigten Staaten von Amerika forderten.

In dieser Situation wollte die Königin ihre Macht stärken, indem sie 1893 versuchte, die von den Amerikanern 1887 eingeführte Verfassung erheblich zu ändern und statt dessen eine Verfassung zu verkünden, die der von 1864 (s. S. 211) ähnelte. Als Reaktion auf die diesbezüglichen Pläne Liliuokaninis gründete sich unter den Amerikanern Hawaiis ein „Committee of Safety", das vorgab, die Arbeit der Regierung zu unterstützen, in Wirklichkeit aber ein heimlicher „Annexation Club" war, der die Ablösung der Monarchie einleitete. Die von dem amerikanischen Kriegsschiff „U.S. Boston" in Honolulu an Land gesetzten Marinesoldaten sollten US-Bürger und deren Eigentum schützen, einem Aufruhr unter den königlichen Anhängern entgegenwirken und die Königin einschüchtern. Währenddessen besetzten Mitglieder des „Committee of Safety" das Regierungsgebäude und erklärten die Monarchie für abgeschafft. Unter Sanford B. Dole wurde eine provisorische Regierung gebildet und eine Kommission nach Washington zur Vorbereitung der Annexion Hawaiis entsandt.

Angesichts der gelandeten Soldaten der Union und der Hilfstruppen des „Committee of Safety", die inzwischen den Regierungsbezirk besetzt hatten, trat die Königin auf den Ratschlag ihrer Minister hin von ihrem Amt zurück, um Blutvergießen zu vermeiden. Das war das Ende des rund einhundertjährigen, unter Kamehameda I. begründeten hawaiischen Königtums.[1]

---

1   Könige Hawaiis: Kamehameda I. (1795–1819, Kamehameda II. (1819–
    1824), Kamehameda III. (1824–1854), Regent bis zur Volljährigkeit des
    Königs: Kaahumanu   (1824–1832),   Kamehameda IV.   (1855–1863),
    Kamehameda V. (1863–1872), Lunalilo (1873–1874), Kalakaua (1874–
    1891), Liliuokalani (1891–1893)

Während Präsident Benjamin Harrison im März 1893 die Einverleibung Hawaiis befürwortete, war Grover Cleveland, der ihm im Dezember 1893 nachfolgte, mit diesem Schritt nicht einverstanden. Am Unabhängigkeitstag des Jahres 1894 erfolgte die Ausrufung der „Republic of Hawaii". Damit wollten sich die amerikanischen Zuckerpflanzer auf Hawaii nicht abfinden. Ihre Agitationen gegen die Republik rissen nicht ab. Die Inselgruppe sollte an Amerika fallen! Am 16.6.1897 wurde in Washington der Annexionsvertrag unterzeichnet. Die nationale Erregung, die die Vereinigten Staaten wegen des glücklichen Verlaufs des spanisch-amerikanischen Krieges von 1898 erfasst hatte, drängte auf baldige Ratifizierung, was durch einen einfachen Mehrheitsbeschluss in beiden Kammern des Kongresses[1] erfolgte. Am 7. Juli 1898 unterzeichnete Präsident William Mc Kinley die entsprechende Resolution, die „Newlands joint resolution". Deren beide Hauptpunkte waren die Abtretung sämtlicher Souveränitätsrechte der Regierung von Hawaii über ihr Staatsgebiet und der Übergang des gesamten Eigentums der Regierung und der Öffentlichkeit – einschließlich des königlichen Landbesitzes – an die Vereinigten Staaten von Amerika. Ohne politische Unruhen kam es am 12. August 1898 zur formellen Annexion Hawaiis.

Der Sieg im spanisch-amerikanischen Krieg von 1898, durch den die Philippinen und die größte Marianeninsel, Guam, der Union zufielen, die Aufteilung Samoas unter den USA und Deutschland (1899) und der Besitz Hawaiis ließen die Vereinigten Staaten zur stärksten Pazifikmacht aufsteigen: amerikanische Interventionsmöglichkeiten durch Alaska im nördlichen, durch die Westküste der Staaten im östlichen, durch Samoa im südlichen, durch die Philippinen und Guam im westlichen Pazifik und durch Hawaii an *allen* Küsten des Pazifischen Ozeans. Die bevorstehende Eröffnung des Panamakanals[2] sollte die von den USA im Pazifik ausgeübte Machtposition weiter stärken.

---

1 Senat: 42 Ja- und 21 Neinstimmen, Repräsentantenhaus: 209 Ja- und 91 Neinstimmen
2 Ursprünglich festgelegtes Einweihungsdatum: 3. Februar 1890
  Tatsächliches Einweihungsdatum: 15. August 1914

Unter diesen Aspekten und, da China und Japan bereits in die Visier-
linie amerikanischer Pazifikpolitik gerückt waren, wurde Hawaii am 30.
April 1900 staatsrechtlich ein Territorium der USA: („an 'incorporated'
territory [an integral part] ")[1] „ein 'einverleibtes' Territorium (ein zum
Ganzen gehöriger, unveräußerlicher Teil)." Der Anschluss Hawaiis an die
Vereinigten Staaten von Amerika war nicht im Sinne Chinas, Japans und
Großbritanniens; denn auch in den pazifischen Ambitionen dieser Länder
hatte der Besitz Hawaiis eine große Rolle gespielt.

Eine von der Bevölkerung Hawaiis gewählte und vom amerikanischen Kongress genehmigte Regierung des Territoriums stützte sich auf
den „Hawaiian Organic Act", der im Jahr der staatsrechtlichen Inkorporation, 1900, verabschiedet wurde. Die auf der Grundlage des „Hawaiian
Organic Act" gewählte Volksvertretung besteht „aus einem Senate von 15
Mitgliedern und einem Repräsentantenhaus von 30 Mitgliedern ... Der
Gouverneur, ein Sekretär und die drei Richter des obersten Gerichtshofes
werden vom Präsidenten der Vereinigten Staaten ernannt, die übrigen Beamten vom Gouverneur."[2] Erst am 4. Juli 1959 trat das Territorium Hawaii als 50. Bundesstaat den Vereinigten Staaten bei.

5. Entwicklung des Welthandels

Die durch die Erfindung des Dampfschiffs revolutionierte
Hochseeschifffahrt führte in der Endphase des Kolonialismus, als
in der zweiten Hälfte des 19. Jahrhunderts die letzten noch freien
Territorien im Pazifik dem Imperialismus zum Opfer fielen, zu ei-
nem bisher nicht gekannten Aufschwung des Welthandels. Seine
Entstehung und Entwicklung sei in aller Kürze gestreift!

---

1   Hunter, Charles H. und Joerger, Pauline King, in: „Hawaii: The Territory:
    Collier's Encyclopedia (LIBRARY OF CONGRESS CATALOG CARD
    NUMBER 77-168799), ohne Ortsangabe (Kanadische Ausgabe), 1972,
    vol. 11, S. 715
2   Die Geschichte der Ozeanier nach ihrer Berührung mit den Europäern:
    Hawaii, in: Helmolts Weltgeschichte, Leipzig 1922, 9. Bd., S. 35

„Vier Jahrtausende hindurch drehten sich die Geschicke der Menschheit um das Becken des mittelländischen Meeres. Die beiden einschneidenden Wendepunkte: einmal dessen Eroberung durch die Römer, sodann ein Jahrtausend später die gleichzeitige Erweiterung des Seeverkehrs nach Osten und Westen (am Ausgang des Mittelalters) bezeichnen je den Eintritt eines neuen Zeitalters.“[1]

Durch die „am Ausgang des Mittelalters" einsetzenden Entdeckungsfahrten griff der Handel der Alten Welt, der eigentlich ein riesiger Binnenmarkt war, auf die Weltmeere über, namentlich auf den Indischen Ozean mit den Schwerpunkten Ostindische Inselwelt und Indien selbst. Zum erstenmal konnte dem Wortsinn nach von „Welthandel" gesprochen werden – von einem Handel, der durch den Übergang von der Küstenschifffahrt des Mittelalters zur Hochseeschifffahrt der Neuzeit begonnen hatte, den ganzen Erdball nach neuen Märkten abzusuchen.

Von allen Meeren nahm der Indische Ozean rund 300 Jahre lang in dem durch die Entdeckungsfahrten eingeleiteten Zeitalter des Welthandels den ersten Rang ein, und zwar durch die Versorgung der Alten Welt mit den begehrten Erzeugnissen des Indischen Archipels (s. Teil I „Abhängigkeit des Abendlandes von Gewürzen", S. 15/16).

Ein neuer Abschnitt des Welthandels wurde im 18. Jahrhundert durch die Unabhängigkeitserklärung der Vereinigten Staaten von Amerika (1776) eröffnet. Durch „die Losreißung der englischen Kolonien in Nordamerika von dem Mutterlande ... tritt Amerika selbständig in den Welthandel ein, gewinnt die Kraft zur inneren Entfaltung und schwingt sich in kurzer Zeit zu einem der wichtigsten Faktoren des Welthandels auf.“[2]

In der Folgezeit löste der Atlantik den Indischen Ozean als Haupthandelsmeer ab. Der infrastrukturelle Ausbau der jungen nordamerikanischen Union, deren weitere bis zum Pazifik ins Auge gefasste Ausdehnung, der Aufbau einer eigenen Industrie und die in immer größerer Zahl hauptsächlich aus Europa ins Land

---

1 Huber, F.C., Prof. Dr., in: Die geschichtliche Entwickelung des modernen Verkehrs, Tübingen 1893, S. 25
2 Engelmann, J., Dr., in: Geschichte des Handels und Weltverkehrs, Leipzig 1873, 3. Aufl., S. 197

kommenden Einwanderer und deren wirtschaftlichen Bedürfnisse hatten einen ständig wachsenden Strom europäischer Güter nach Amerika erzeugt.

Etwa gleichzeitig setzte, anfangs vor allem in England und in den Vereinigten Staaten, eine Reihe epochemachender Erfindungen ein – wie z. B. 1765 die Dampfmaschine von James Watt, 1785 der mechanische Webstuhl von Edmund Cartwright –, deren ungebrochene Fortsetzung zu Industrialisierung, Massenproduktion und Revolutionierung des Verkehrswesens auf der Grundlage der Dampfkraft führte. Zwei neue Verkehrsmittel sollten es grundlegend verändern. Das eine, das Dampfschiff, zog als erstes in den Welthandel ein.

Als sich die Dampfschifffahrt nach dem Atlantik und dem Indischen Ozean auch den Pazifik erschlossen hatte, war die ganze Erde *ein* Handelsraum geworden. Erst jetzt konnte, streng genommen, von „Welthandel" gesprochen werden.

Die durch die amerikanische Unabhängigkeitserklärung eingeleitete globale wirtschaftliche Entwicklung fortsetzend, nahm der Welthandel auf der Grundlage der, wie es schien, zu keinem Ende kommenden Folge bedeutender Erfindungen und Neuerungen einen Aufschwung, wie ihn die Menschheit bisher noch nicht kennengelernt hatte.

Dem Dampfschiff, das den Segler immer weiter zurückdrängte (s. S. 32 f.), fiel dabei eine entscheidende Rolle zu. Da es, wie schon aufgezeigt, in der gleichen Zeit dreimal so viele Reisen wie ein Segler machen kann, übertrifft die Frachtmenge eines dampfbetriebenen Schiffes die eines Segelschiffes von gleichem Transportvolumen um das Dreifache. Zieht man die allgemein höhere Ladekapazität eines Dampfers noch in Betracht, so steigt dessen Transportleistung gegenüber dem Segler um das Vierfache. Bedenkt man weiter die schon erwähnte Berechenbarkeit der Fahrzeit und die daraus resultierende Regelmäßigkeit wie auch das deutlich geringere Schiffsbruchrisiko eines Dampfschiffs, steigt das Transportvermögen des Dampfers gegenüber dem Segler um das Fünffache an.

Daraus ergibt sich folgende Tabelle.

„Entwicklung der Handelsmarine der Erde seit 1820

Jahr	Tausende von Register-Tonnen			Effektive Tragfähigkeit[1]	Effekt. Tragfähigkeit der Dampfer in Prozenten
	Segler	Dampfer	Zusammen		
1820	3 140	6	3 146	3 170	1
1830	3 022	28	3 050	3 162	4
1840	4 560	116	4 676	5 140	11
1850	6 513	392	6 905	8 473	23
1860	9 586	820	10 406	13 686	30
1870	13 868	1 918	15 786	23 458	41
1881	15 002	5 644	20 646	43 222	66
1885	11 216	6 693	17 909	44 681	75

„[2]

Die Tabelle zeigt auf: Die effektive Welthandelstonnage ist kontinuierlich gewachsen. Sie hat sich von 1820 bis 1885 um das Vierzehnfache erhöht.

Zusammen mit der völligen Umgestaltung des Schifffahrtswesens durch das Dampfschiff kam es auch an Land zur Revolutionierung des Verkehrs. Der Engländer George Stephenson ließ 1814 auf den Schienen der Kohlenbahnen bei Newcastle erstmals Dampfmaschinen mit glatten Rädern laufen, 1829 stellte er die Dampflokomotive vor: Die Eisenbahn war erfunden. Durch ihre Schienenstränge wurden in Europa und Nordamerika in immer kürzeren Zeitabständen immer mehr Orte verbunden. Die folgende Tabelle verdeutlicht diesen Vorgang.

---

1   Wird der Registertonnengehalt der Dampfer mit 5 multipliziert und zum Produkt der Tonnengehalt der Segler addiert, ergibt sich die effektive Tragfähigkeit (Gesamttragfähigkeit).

2   Geistbeck, Michael, Dr., in: Der Weltverkehr. Telegraphie und Post, Eisenbahnen und Schiffahrt in ihrer Entwickelung dargestellt, Freiburg i. Br. 1887, S. 307 (nach Mulhall: Dictionary of Statistics [Routledge and Sons], London 1885, S. 406)

„Entwicklung des Eisenbahnnetzes der Erde 1840–1891
(in Kilometern, d. Verf.)"[1]

Erdteil	1840	1850	1860	1870	1880	1891
Europa	2 925	23 504	51 862	104 914	168 983	227 995
Amerika*	4 754	15 064	53 935	93 139	174 666	341 393
Asien	–	–	1 393	8 185	16 287	35 396
Afrika	–	–	455	1 786	4 646	10 496
Australien	–	–	367	1 765	7 847	19 743
Gesamt	7 679	38 568	108 012	209 789	372 429	635 023

* Nord-, Mittel- und Südamerika

Die sich wie die Dampfschifffahrt stürmisch ausbreitende Eisenbahn arbeitete mit dieser Hand in Hand: Die Eisenbahn setzte den auf See beschleunigten Warenverkehr an Land fort. Auf diese Weise diente die Energie des Dampfes zur Herstellung der Güter *und* zu deren Transport.

Entwicklung des Welttonnengehalts von Dampfschiffen und
Eisenbahnlinien der Erde von 1831–1883

„Jahr	Eisenbahnen in Kilometern	Dampfschiffe: Tonnen	Jahr	Eisenbahnen in Kilometern	Dampfschiffe: Tonnen
1831	332	32 000	1861	106 886	803 003
1841	8 591	105 121	1866	145 114	1 423 232
1846	17 424	139 973	1871	235 375	1 939 089
1851	38 022	263 679	1876	309 641	3 293 072
1856	68 148	575 928	1883	443 441	5 992 292"[2]

---

1   Meyer, in: Eisenbahn, Leipzig und Wien 1895, 5. Aufl., 5. Bd., Beilage n. S. 516 (Tabelle durch Verf. gekürzt)
2   Meyer, in: Dampfschifffahrt, Leipz. 1886, 4. Aufl., 4. Bd., S. 493

Die ersten statistischen Angaben über den Welthandel liegen für das Jahr 1860 vor. Die folgende Tabelle zeigt seine Weiterentwicklung unter dem Einfluss des Dampfschiff- und Eisenbahnverkehrs bis 1900. Da jede Ausfuhr in einem anderen Land als Einfuhr erscheint, müssen die Zahlenwerte halbiert werden.

Entwicklung des Welthandels in Mill. Mk.[1]

Jahr	Gesamter Außenhandel (Ein- und Ausfuhr)
1860	30 000
1866	36 000
1870	49 440
1880	65 622
1890	70 599
1900	90 926

Bezogen auf das Ausgangsjahr der tabellarischen Übersicht, hatte sich der Welthandel nach 20 Jahren mehr als verdoppelt, nach 40 Jahren verdreifacht. Nach Warenmengen war er noch viel stärker gewachsen, als es der Tabelle entnommen werden kann. Die wichtigsten Gründe hierfür seien genannt.

Erstens hatte sich das Transportvolumen durch Dampfschiff und Eisenbahn erhöht. Zweitens war die Schnelligkeit der Beförderung von Gütern zur See um das Dreifache, an Land um einen noch viel größeren Faktor gestiegen. Drittens waren die wichtigs-

---

1 Meyer, in: Welthandel und Weltverkehr, Leipz. u. Wien 1908, 6. Aufl., 20. Bd., n. S. 524 (Die Zahlen für 1860 und 1866 richten sich nach den älteren Zusammenstellungen von Kolb, die übrigen Zahlen nach Neumann-Spallart und Juraschek, d. Verf.). Aus der Zeit, in der die Dampfschifffahrt noch nicht am weltweiten Warenverkehr beteiligt war, liegen keine Zahlen vor.

ten Massengüter, wie z. B. Baumwolle, Getreide, Kohle, Eisen und Petroleum im Laufe des 19. Jahrhunderts bis zu 50% oder darüber billiger geworden, was zu einer weiteren Erhöhung des Transportvolumens durch die größeren Mengen, die der niedrigere Preis zuließ, führte. Viertens ließ die sich stetig verbessernde Massenproduktion die Preise sinken.

Schließlich – und fünftens – erhöhte sich die Zahl der Verbraucher durch die sich allmählich anbahnende Gesundheitsfürsorge wie auch durch den sacht steigenden Lebensstandard für immer weitere Bevölkerungsschichten. Dadurch wurden dem Markt neue Verbraucher zugeführt und die, die schon Konsumenten waren, zu zusätzlichen Käufen angeregt.

Wie vorangehend aufgezeigt, war der Stille Ozean als Folge des in der zweiten Hälfte des 19. Jahrhunderts erfolgten Übergangs der noch „herrenlosen" pazifischen Inselflur in europäischen und nordamerikanischen Besitz in den Welthandel integriert worden.

Durch die vier transamerikanischen Eisenbahnlinien, deren erste ab 1869 den Atlantik mit dem Pazifik verband, war nicht nur die Ostküste, sondern das ganze Territorium der Vereinigten Staaten an den Großen Ozean „angeschlossen".

Europäische Handelsschiffe erreichten unter Ostkurs den Pazifik. Schiffen von der amerikanischen Ost- und Südküste war der Westweg in den Pazifik verwehrt, wurde doch der Panamakanal erst 1914 eingeweiht. Die Passage durch die Magellanstraße schied wegen ihrer Gefährlichkeit und der etwa 11 000 km längeren Route ebenfalls aus.

Zum Anteil Ozeaniens am Welthandel in dieser Zeit! Im Jahr 1884 betrug der Beitrag Australiens und der am stärksten daran beteiligten Inselgruppen 3,78%, 1900 3,96%. Im einzelnen beliefen sich die Handelsziffern des Welthandels einerseits und Australiens mit Ozeanien andererseits in den angegebenen Jahren auf folgende Werte:

Welthandel
Gesamtumsatz (Ein- und Ausfuhr)
in Mill. Mk.[1]

		1884	*1900*
Europa	:	44 146,3 = 67,95 %	58 904,3 = 64,78 %
Amerika	:	11 325,6 = 17,43 %	16 518,9 = 18,17 %
Asien	:	5 657,1 = 8,71 %	8 582,6 = 9,44 %
Afrika	:	1 383,8 = 2,13 %	3 319,3 = 3,65 %
Australien			
u. Ozeanien	:	2 459,5 = 3,78 %	3 601,3 = 3,96 %
		64 972,6[1]	90 926,4[2]

Anteil Australiens und Ozeaniens am
Welthandel in Mill. Mk.

1884		*1900*	
Neusüdwales	821,5	*Britische Besitzungen:*	
Victoria	705,0	Australien	2 907,2
Neuseeland	295,1	Neuseeland	488,1
Südaustralien	247,5	Andere	22,9
Queensland	221,1		
Tasmania	62,6	*Amerikanische Besitzungen:*	
Hawaii	53,9	Hawaii	157,2
Westaustralien	18,5		
Fidschiinseln	15,6		
Neukaledonien (1883)	10,1	*Französische Besitzungen:*	21,8
Tahiti	6,3		
Samoainseln	2,3	*Deutsche Besitzungen:*	8,6
	2 459,5[1]		3 601,3[2]

Beide Tabellen spiegeln den zunehmenden Handel im Pazifik nur un-vollkommen wider, da nur wenige Inselgruppen erfasst sind. Es fehlen z. B. die sich auf 1884 beziehenden Zahlen der Inselfluren, die zum größ-ten Handelsimperium der Südsee in damaliger Zeit zählten: zum deut-schen Handelshaus Godeffroy und seine Nachfolgefirmen.

---

1 Meyer, in: Welthandel im Jahr 1884, Leipz. 1888, 4. Aufl., 8. Bd., S. 74 (Tabellenanordnung geändert, d. Verf.)
2 Brockhaus, in: Handel, Leipz. 1908, 14. Aufl., 8. Bd., n. S. 702 (Anord-nung der Tabelle geändert, d. Verf.)

Zwischen den Palau-Inseln, den Karolinen und den Marshall-Inseln im Nordwesten und den Tonga- und Samoa-Inseln im Südosten stützte sich der deutsche Südseehandel, wie schon dargelegt, auf 45 Niederlassungen und Agenturen und auf nicht weniger als 32 Dampfer, die regelmäßig zwischen den Inselgruppen und zwischen ihnen und der Außenwelt verkehrten.

In Ermangelung der vollständigen Handelsziffern des deutschen Südseehandels muss der pazifische Anteil am Welthandel höher als vorangehend angegeben angesetzt werden.

6. Revolutionierung des Nachrichtenwesens

Neben der Dampfschifffahrt und der erst durch sie möglich gewordenen Einbindung des Großen Ozeans in den Welthandel wirkte noch ein weiteres neues Verkehrsmittel auf den Welthandel und in die Umgestaltung der pazifischen Verhältnisse ein, allerdings nur auf indirekte Weise und bei weitem nicht so tiefgreifend wie das Dampfschiff: der elektrische Telegraph.

Er war zwar der Entwicklung des Eisenbahnwesens und der Dampfschifffahrt etwa dreißig Jahre später gefolgt, doch das hinderte die telegraphische Nachrichtenübermittlung nicht, in wenigen Jahrzehnten die ganze Erde mit ihren Drähten einzuspinnen. 1833 erst erfunden, hatte sich die Telegraphie schon in den vierziger Jahren des 19. Jahrhunderts allgemein eingebürgert.

1851 wurde das erste unterseeische Kabel im Ärmelkanal gelegt, 1858 verband bereits das erste Atlantikkabel die Alte und die Neue Welt. Bald durchschnitten die Drähte jener revolutionären Erfindung, die erstmals Nachrichten mit der ungeheuren Geschwindigkeit des Lichts übermittelte, die meisten Länder der Erde.

1871 legten sich die Telegraphendrähte durch Australien, wenige Jahre später war Neuseeland telegraphisch zu erreichen: Der südliche westpazifische Raum war an das asiatisch-europäische und an das entstehende afrikanische Küstennetz der Telegraphie angeschlossen.

Einige Aspekte des Welttelegraphennetzes seien aufgezeigt!

„Telegraphennetz der Erde (Ende 1884)

Nach Habenicht war der Stand des Telegraphennetzes in den verschiedenen Kontinenten Ende 1884 folgender:

Europa 577 000	km	Linien	mit	1 753 000	Drähten
Amerika 430 000	"	"	"	1 050 000	"
Asien 65 000	"	"	"	160 000	"
Australien 51 000	"	"	"	92 000	"
Afrika 25 000	"	"	"	45 000	"
Zusammen 1 148 000	km	Linien	mit	3 100 000	Leitungen."[1]

Im Jahr 1884 wurde „… die Zahl der beförderten Telegramme auf jährlich mehr als 150 Millionen veranschlagt." Mit welchem Tempo die Telegraphendrähte die Erde immer dichter umspannten, lassen die Zahlen erahnen, die nur zehn Jahre darauf, 1894, vorlagen: „Die … Telegraphenlinien auf der Erde … haben eine Ausdehnung von über 5 Mill. km … 1894 wurden auf der ganzen Erde über 351 Mill. Telegramme befördert."[2]

Trotz der unglaublichen Länge, die das Telegraphennetz schon vor der Wende vom 19. zum 20. Jahrhundert erreicht hatte, klaffte noch immer eine gewaltige Lücke im geplanten Telegraphengürtel der Erde: im Großen Ozean. Zwar waren seine Küsten zum großen Teil schon von den Drähten des neuartigen Nachrichtenmittels eingesäumt, doch die Verbindung quer durch das größte aller Meere zwischen Amerika und Asien bzw. Australien war noch nicht geschaffen.

Hierzu sei eine Stimme aus jener Zeit angeführt: „Mit der Legung des … geplanten Kabels von Nordamerika nach Japan, der noch fehlenden direkten Verbindung Westamerikas und Ostasiens,

---

1 Geistbeck, Michael, Dr., in: Der Weltverkehr. Telegraphie und Post, Eisenbahnen und Schiffahrt in ihrer Entwickelung dargestellt, Freiburg i. Br. 1887, S. 483
2 Brockhaus, in: Telegraphenverkehr, Leipz. 1908, 14. Aufl., 15. Bd., n. S. 664

will die 1886 in London gegründete 'International Cable Company' mit britischer Regierungshilfe alsbald vorgehen. Damit wird der Telegraphengürtel um die Erde geschlossen sein."[1]

Mehrere Gründe wirkten zusammen, die das Legen eines transpazifischen Kabels erst zu Beginn des zwanzigsten Jahrhunderts ermöglichten: die immense Ausdehnung des Stillen Ozeans; die im Vergleich mit anderen Meeren noch langwierigeren und umfangreicheren Tiefenmessungen zur Erstellung der Profile des Meeresbodens; die Notwendigkeit, die Kabel bis zur absoluten „Seetüchtigkeit", d. h. insbesondere ihre Isolierung noch weiter zu verbessern sowie das unabdingbare Erfordernis, zur Einrichtung von Kabelstationen gewisse Inseln zu erwerben, die in der allgemeinen Fluchtlinie der geplanten Kabeltrasse zu liegen kamen.

Die Einwirkung von Dampfschifffahrt, Handel und Telegraphie auf den pazifischen Raum wurde durch die 1868 erfolgte Gründung des Welttelegraphenvereins und die 1875 vorgenommene Etablierung des Weltpostvereins noch intensiviert. Dieser hatte das Ziel, den gesamten Telegraphenbetrieb frühzeitig international auf gleicher Grundlage aufzubauen. Die europäischen und asiatischen Telegraphenverwaltungen vereinigten sich und erstellten gemeinsame Richtlinien. 1871 wurde das australisch-neuseeländische Netz dem Welttelegraphenverein angeschlossen.

Durch den Weltpostverein schickte sich die Erde an, zu *einem* postalischen Gebiet umgestaltet zu werden, worin sich Dampfschiff, Eisenbahn und Telegraph nahezu ungehindert durch nationale Grenzen und einzelstaatliche Vorschriften entfalten konnten: Güter und Nachrichten ließen sich nunmehr mit bisher nicht gekannter Schnelligkeit und Zuverlässigkeit in die entferntesten Weltgegenden schicken.

---

1 Brockhaus, in: Telegraphie als Verkehrsmittel, Leipzig 1886, 13. Aufl., 15. Bd., S. 536

B.

Herausbildung

der

politisch-wirtschaftlichen Linie

des Datumswechsels

1. Grauzone des Datumswechsels

a. Entstehung und Geltungsbereich

Wie eingangs dargelegt, war 1845 auf den Philippinen und den davon abhängigen mikronesischen Inselgruppen durch den Austausch der westlichen gegen die östliche Datumszählung die historische Datumsgrenze zusammengebrochen. Dies war eine direkte Folge des Niedergangs der spanischen Herrschaft in Mittel- und Südamerika (s. Teil I, S. 345–51: Zusammenbruch der historischen Datumslinie).

Das Schwinden des spanischen Einflusses im pazifischen Raum führte nach Auffassung einer deutschen Quelle aus dem Jahr 1974 dort zu einem Zustand, den es nie gegeben hat: „Mit dem Zerfall der span. Vorherrschaft im pazif. Raum *einigten sich die Seemächte 1844 auf die jetzige* D. (Datumsgrenze; Hervorhebung durch den Verf.)"[1] In der Geschichte der Datumsgrenze hat es aber niemals irgendeine Konvention von Seemächten über den Kurs der Datumslinie gegeben. Danach hätte sich die Datumsgrenze, wie sie von den 1920er Jahren bis 1995 Bestand hatte (s. Fig. 35, S. 374), als Folge des Datumswechsels auf den Philippinen bereits 1844 gebildet, wodurch es keine weitere Entwicklung der Datum und Wochentag trennenden Linie nach 1844 mehr gegeben hätte.

Die Aussage dieser Quelle entspricht nicht den weiteren Änderungen der Datumsgrenze. Auch ist die dieser Quelle beigefügte Karte zu deren Verlauf falsch. Sie enthält im nördlichen und südlichen Teilbereich grobe Fehler, wie ein Vergleich mit der tatsächlichen Bahn der Datumsgrenze von 1974 aufzeigt. Der Irrtum, dass 1844 oder 1845 die Datumslinie festgelegt worden sei, findet sich in den Enzyklopädien Deutschlands[2] von der Mitte des 20. Jahrhunderts bis heute (!). In der Zeit davor war dies nicht der Fall.

---

1 Knaurs Lexikon in 20 Bänden, München 1974, 4. Bd., S. 1139
2 Drei weitere Beispiele seien genannt: Der Brockhaus, in: Datum, Leipzig – Wien 2009, 13. Aufl., S. 172; Wikipedia, in: Datumsgrenze vom 24.10.2008; Brockh. Enzykl., in Datumsgrenze, Wiesbaden 1968, 17. Aufl., 4. Bd., S. 337

Zurück zu den tatsächlichen Gegebenheiten der Datumslinie um die Mitte des 19. Jahrhunderts! Das Fehlen ihres Mittelstücks, der extrem weit nach Westen bis 116° östl. L. v. Gr. gedehnte „Philippinenbogen", ließ bekanntlich im Pazifik ein riesiges Gebiet mit ungeklärter Datumszählung entstehen. Im Blick auf die ab der Mitte des 19. Jahrhunderts im Pazifischen Ozean *gleichzeitig* auftretenden Europäer und Nordamerikaner sei auf eine wichtige Unterscheidung hingewiesen: „Während eine immer größere Zahl von Kapitänen der den Pazifik nur durchquerenden Schiffe 180° v. Gr. als Datumslinie akzeptierte …, war dies bei den in der Grauzone des Datumswechsels Handel treibenden Schiffen aus Europa und Nordamerika nicht der Fall. Deren Kapitäne handhaben die Datumszählung nach eigenem Ermessen, …"[1]

Es war zur üblichen Praxis geworden, dass die immer zahlreicher in Ozeanien Handel treibenden europäischen und nordamerikanischen Schiffe die auf ihrer Route liegenden Inseln alle unter „ihrer" Datumszählung anliefen, um nicht durch zweierlei Art der Datierung den Handelsverkehr zu erschweren.

Die nach Beliebigkeit gebrauchten beiden Varianten der Datumszählung, die niedrigere amerikanische und die höhere europäische begannen sich mit dieser Folge zu überlagern: Der im Pazifik vorherrschende Zustand der ungeklärten Datumszählung verschlimmerte und verfestigte sich.

Der vormalige mittlere Teil der historischen *Linie* des Datumswechsels verwandelte sich in eine *Fläche* mit ungeklärter Datumszählung, die „Grauzone des Datumswechsels" genannt sei. Sie erstreckte sich etwa zwischen Hawaii im Norden und den Gewässern zwischen den Tonga- und Kermadecinseln im Süden, der asiatischen Küste zwischen Japan und Borneo samt der Philippinen im Westen und den Tuamotuinseln im Osten einschließlich der nördlich und südlich dieser Inselgruppe liegenden Inseln. Da die Änderung der Zählung von Wochentag und Datum auf dem philippinischen Archipel und den davon abhängigen Inselgruppen, deren größte die Marianen und Karolinen sind, ca. ein halbes Jahrhundert

---

1 Woreschk, H.-D., in: „Geschichtliche Entwicklung der Datumsgrenze": Teil I: Die Historische Datumsgrenze, Heidelberg 2017, 1. Aufl., S. 360

so gut wie nicht zur Kenntnis der Außenwelt gelangte, fallen die philippinischen Gewässer auch in die Grauzone des Datumswechsels.

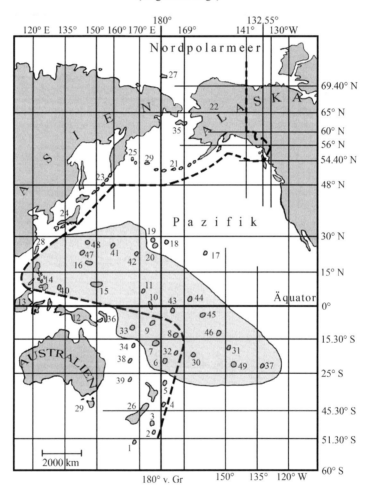

„Grauzone des Datumswechsels"
(Ungefähre Lage)

Fig. 17

Historische Datumsgrenze zwischen dem Abschluss der „Alaska-Konventionen von 1824/25" und der Änderung der Datumszählung auf den Philippinen 1845 (s. Teil I, S. 208ff. und S. 348ff.)

Grauzone des Datumswechsels, die sich nach dem auf den Philippinen erfolgten Austausch der amerikanischen gegen die asiatisch-australische Zählung im mittleren Pazifik gebildet hatte

I. = Insel   Ins. = Inseln

1 = Campbell-I.	2 = Antipoden-Ins.	3 = Bounty-Ins.
4 = Chatham-Ins.	5 = Kermadec-Ins.	6 = Tonga-Ins.
7 = Fidschi-Ins.	8 = Samoa-Ins.	9 = Ellice-Ins.
10 = Gilbert-Ins.	11 = Marshall-Ins.	12 = Neuguinea
13 = Borneo	14 = Philippinen	15 = Karolinen
16 = Marianen	17 = Hawaii-Ins.	18 = Midway-Ins.
19* = Morrell-I.	20* = Byers-I.	21 = Aleuten
22 = Alaska	23 = Kurilen	24 = Japan
25 = Kommandeur-Ins.	26 = Neuseeland	27 = Wrangel-I.
28 = Taiwan	29 = Attu	30 = Rarotonga
31 = Tahiti	32 = Niue	33 = Santa Cruz-Ins.
34 = Neue Hebriden	35 = St. Lorenz-I.	36 = Bismarck-Arch.
37 = Pitcairn	38 = Neukaledonien	39 = Norfolk
40 = Palau-Ins.	41 = Marcus-I.	42 = Wake-I.
43 = Phönix-I.	44 = Fanning-I.	45 = Malden-I.
46 = Manihiki-Ins.	47 = Vulkan-Ins.	48 = Bonin-Ins.
49 = Tuamotu-Ins.		

* = nicht existent

Der Zustand der seit 1845 im Dunkeln liegenden Datumszählung des mittleren südlichen und westlichen Pazifiks wird in den großen deutschen Enzyklopädien (Brockhaus, Meyer, Pierer) bis 1890 wiedergegeben. Noch 1885 heißt es beispielsweise bei Brockhaus: „Die Scheidelinie (die Datumsgrenze, d. Verf.) ...biegt sich dann zwischen Neuguinea und den Carolinen hindurch nach Westen, bleibt westlich von den Philippinen und Marianen (Ladronen) und geht dann südöstlich von den japan. Inseln und den Kurilen nach der Beringstraße."[1] Aus dieser Verlaufsbeschreibung geht fälschlicherweise hervor, dass die Philippinen 1885 immer noch die niedrigere amerikanische Datierung und nicht die höhere asiatische führten (s. Fig. 36 – 39, S. 380 ff.).

Auch in der geographischen Fachliteratur Deutschlands und Österreichs hatte sich etwa bis zur Wende vom 19. zum 20. Jahrhundert die geänderte philippinische Zählung des Datums nicht niedergeschlagen. In einem kurz nach der Jahrhundertwende erschienenen geographischen Werk findet sich z. B. folgender Satz: „Irrtümlich wird von Wislicenus (Geogr. Ortsbestimm. 1891, 17) noch die alte Datumsgrenze (die Datumsgrenze, wie sie vor der Änderung der Datumszählung auf den Philippinen bestanden hatte, d. Verf.) als zur Zeit bestehend beschrieben."[2]

1890/91 begann sich die Datumszählung in den westlichen Gewässern der Grauzone des Datumswechsels zu klären. Erstmals berichtete nämlich eine deutsche Quelle über die Einführung der östlichen Datierung auf den Philippinen und über die Datumszugehörigkeit einiger anderer pazifischer Inselgruppen. „Als aber im Anfang dieses Jahrhunderts (des 19. Jahrhunderts, d. Verf.) die spanische Herrschaft in Amerika zusammenbrach und sich die Beziehungen der Philippinen zur nahen asiatischen Küste immer lebhafter gestalteten, ergaben sich aus der Datumdifferenz zwischen den Inseln und dem Festland die unliebsamsten Störungen. Dies führte 1844 zu einer Änderung der Datumszählung, die in der Weise vorgenommen wurde, dass man den 31. Dez. 1844 gänzlich fallen ließ

---

1 Brockhaus, in: Länge (geographische), Leipzig 1885, 13. Aufl., 10. Bd., S. 800

2 Wagner, Hermann, in: „Lehrbuch der Geographie", Hannover und Leipzig 1903, 7. Aufl., 1. Bd., S. 74

und nach dem 30. Dez. sofort den 1. Jan. 1845 zählte (s. Teil I, S. 348 ff.) Diese Änderung des Datums fand gleichzeitig auf den Marianen … Anwendung, und so ergibt sich also neben der nautischen Datumsgrenze (180° von Greenwich) und der historischen noch eine thatsächliche oder wirtschaftliche, welche indes heute noch nicht mit Sicherheit gezogen werden kann, da die *Datumszählung aller Inseln des Stillen Ozeans nicht hinlänglich bekannt ist* (Hervorhebung durch den Verf.). Dies gilt z. B. von den Karolinen, die indes wahrscheinlich dem Beispiel der Philippinen (die höhere Datierung anzunehmen, d. Verf.) gefolgt sein werden. Die Samoa-Inseln und sehr wahrscheinlich auch die Tonga-Inseln führen, obwohl sie östlich von 180° v. Gr. liegen, doch dasselbe Datum wie Australien, weil ihre wirtschaftlichen Beziehungen zu letzterem sehr viel reger sind als zu Amerika … und so ergibt sich, daß die heutige oder thatsächliche oder wirtschaftliche Datumgrenze unter dem Zwange der modernen Verkehrsgestaltung eine Ausbuchtung nach O. (Osten, d. Verf.) macht."[1] (Das Zitat belegt: Die tatsächliche Entwicklung der Datumszählung auf Samoa und Tonga war bis zum Erscheinungsjahr der vorangehenden Quelle – 1891 – nicht bekannt.)

Die Aussage, dass „die Datumszählung aller Inseln des Stillen Ozeans noch nicht hinlänglich bekannt ist", muss relativiert werden, denn sie trifft nicht auf die Alaskaregion zu, ebensowenig auf Neuseeland und die nördlich und östlich davon liegenden Inseln. In Alaska hatte das westliche Datum seit dem Übergang aus russischem in amerikanischen Besitz (1867) Geltung und in Neuseeland und seiner näheren und etwas ferneren östlichen Inselwelt war seit jeher die australische Zählung zu beachten. Vorausgreifend ist es nötig, an dieser Stelle schon Folgendes anzuführen: Auf Fidschi war 1879 die australische Zählung eingeführt worden (s. S. 268), auf Samoa galt das östliche Datum (s. Teil I, S. 303 ff.), allerdings nur bis 1892 (s. S. 280). Auf Hawaii hatte sich bereits zur Mitte des 19. Jahrhunderts die amerikanische Zählung etabliert. Dagegen

---

1 Meyer, in: Datumwechsel, Leipzig und Wien 1891, 4. Aufl., Bd. 18, Jahres-Supplement 1890/91, S. 182
Anmerkung: s. die zu diesem Text erschienene Figur über den Verlauf der Datumsgrenze im Jahre 1890/91 auf S. 385

führte Tonga, wie in der vorangehenden Quelle vermutet, das australische Datum.

b. Rolle der Marine Österreich-Ungarns in der Aufhellung der philippinischen Datumszählung

Die deutsche Stimme stützend, nach der die „Datumszählung aller Inseln des Stillen Ozeans nicht hinlänglich bekannt ist", sei eine österreichische Stimme angeführt. Nach K. Werder (Wien) sei die Lage in der ungeklärten pazifischen Datumsfrage so, „daß gegenwärtig eine absolut genaue Karte noch nicht gegeben werden kann."[1] Zur vorliegenden Figur über den Verlauf der Datumsgrenze von 1890/91 heißt es hier lapidar: „Das vorliegende Kärtchen zeigt die Datumsgrenze, wie sie nach den bis jetzt bekannten Verhältnissen anzunehmen ist (s. Fig. 40, S. 385, d. Verf.)."[2]

Bei genauem Lesen des vorangehenden Zitats fällt Zweierlei auf: Zum einen hat sich die ungeklärte Zählung des Datums schon zu lichten begonnen, zum anderen gibt es zum erstenmal eine Karte zur politisch-wirtschaftlichen Trennlinie der Datumszählung. Darauf ist der westliche Bogen um die Philippinen verschwunden. Stattdessen zieht sich die Datumslinie in allgemeiner südsüdöstlicher Richtung von den Aleuten gradlinig in die Gewässer östlich von Fidschi und läuft von hier in gleicher Fluchtlinie weiter nach Süden. Allerdings ist diese Karte noch so ungenau, dass mit Ausnahme des Fidschiarchipels im mittleren und südlichen Pazifik keine weitere Inselgruppe verzeichnet ist.

Der Grund dieser erfreulichen Entwicklung, nach dem Zusammenbruch der historischen Datumsgrenze und dem sich anschließenden etwa 50-jährigen Zustand der ungeklärten pazifischen Zählung wieder eine Karte zum Verlauf der Datumslinie im mittleren und südlichen Stillen Ozean zeichnen zu können, liegt in einer

---

1   Meyer, in: K. Werder in Wien (Korrespondenzblatt zum achtzehnten Band), Leipzig und Wien 1891 (Jahres-Supplement 1890–91), 4. Aufl., 18. Bd., S. 1012
2   ebd.

kleinen, aber für die Geschichte der Datumsgrenze schwerwiegenden Schrift eines anderen Österreichers.

Über ihn heißt es in der 4. Auflage der Meyerschen Enzyklopädie im Jahres-Supplement 1890/91: „Merkwürdigerweise ist die vor 46 Jahren auf den Philippinen vorgenommene Änderung der Datumszählung in der Literatur fast unbeachtet geblieben, und es ist dem k. k. Fregattenkapitän Freiherrn v. Benko zu danken, daß er vor kurzem die allgemeine Aufmerksamkeit auf diese Verhältnisse lenkte, welche in unserer Zeit des Weltverkehrs erhöhtes Interesse beanspruchen."[1]

In seiner Schrift „Das Datum auf den Philippinen"[2] weist v. Benko zunächst auf die fehlerhafte Darstellung der politisch-wirtschaftlichen Datumsgrenze in den großen deutschen Enzyklopädien hin und zeigt dann auf, dass enzyklopädische Werke immer nur so genau sein können, wie die entsprechende Fachliteratur ist. Über die beiderseitige Beziehung legt v. Benko dar: „Wenn nun die bedeutendsten dieser Enyklopädien, in vollster Übereinstimmung, eine unrichtige Thatsache angeben, so ist der Schluss erlaubt, dass in der Fachliteratur des betreffenden Gegenstandes der gleiche Irrthum vorwaltet, und eine Berichtigung dieses Irrthums, sofern sie in der Fachliteratur überhaupt stattgefunden hat, nicht genügend bekannt geworden ist, nicht die genügende Aufmerksamkeit erregt haben mag."[3]

Im Blick auf die in den großen deutschen Enzyklopädien bis in den Anfang der 90-er Jahre des 19. Jahrhunderts nicht erwähnte Änderung des Datumswechsels auf den Philippinen und die damit einhergehende Nichtänderung des Datumsgrenzenverlaufs auf allen bis dahin veröffentlichten entsprechenden Karten, führt v. Benko weiter aus: „Wie schon erwähnt, wird das vollständig gleichartige Vorkommen dieses Fehlers, gerade in diesen so verlässlichen Auskunfts- und Nachschlagwerken, von uns nur als ein Beweis aufgefasst, dass in diesem Falle die richtige Lage der Dinge nicht in genügend präciser Weise von jener Fachliteratur zur Kenntnis

---

1   ebd. S. 182
2   v. Benko, Jerolim, Freiherr, in: Das Datum auf den Philippinen, Wien 1890
3   ebd. S. 7

genommen worden ist, aus welcher die Bearbeiter der Lexika zu schöpfen angewiesen sind."[1]

Mit drei Beispielen geht v. Benko auf die in der Fachliteratur so gut wie nicht erwähnte Datumsänderung auf den Philippinen ein. „Wir können uns selbst redend nicht anmaßen, den Schein erwecken zu wollen, als hätten wir die ganze unerschöpfliche geographische Reiseliteratur des letzten halben Jahrhunderts (also des halben J. nach dem Zusammenbruch der historischen Datumsgrenze 1845, d. Verf.) nach dem fraglichen Gegenstand (dem Datumswechsel auf den Philippinen, d. Verf.) durchforscht; aber wir können z. B. anführen, dass es uns nicht gelingen wollte, in Petermanns geographischen Mittheilungen eine Erwähnung der Thatsache zu finden, dass man auf den Philippinen zur Rectification des Datums den 31. Dezember 1844 gänzlich übersprungen hat."[2]

In dem Werk Oskar Peschels „Die Theilung der Erde unter Papst Alexander VI. und Julius II." aus dem Jahr 1871 bemängelt von Benko, dass „... der auf den Philippinen im Jahre 1844 eingetretenen Rectification der Datumsführung"[3] nicht Rechnung getragen wurde. In diesem Zusammenhang heißt es z. B. bei Peschel in dieser Schrift: „Die Spanier feierten zum großen Ärgernisse der Portugiesen die ihnen gegenüber in Macao saßen, alle Feste und Festtage um einen Tag später, und haben noch jetzt (1871, d. Verf.) im Andenken an die einstmalige Theilung der Erde an dieser Sitte festgehalten."[4]

In dem bekanntesten Werk Rudolf Falbs „Sterne und Menschen" (1882), findet sich im Kapitel XIII (Uhr und Kalender auf Reisen) auf S. 423 folgender Satz: „Das Neujahr 1869 fing auf Manila um *einen* Tag später an als auf Macao."[5]

V. Benko führt weiter aus, dass ihm nur zwei Ausnahmen der Nichtberücksichtigung der philippinischen Datumsänderung bekannt seien: „In Jagors ... Buche: ‚Reisen in den Philippinen' (Berlin 1873) geschieht in der Einleitung in bestimmter Weise Er-

---

1   ebd. S. 10
2   ebd. S. 10
3   ebd. S. 10
4   ebd. S. 10/11
5   ebd. S. 11

248

währung von der der im Jahre 1844, stattgehabten Regulirung des Datums auf den Philippinen. – Karl Graf von Görtz, in seiner ‚Reise um die Welt 1844 – 1847' (Stuttgart, Cotta, 2. Aufl. 1864) bemerkt bei Besprechung der Datums-Anomalien in der Südsee, in einer Anmerkung (pag. 431), es habe eine solche Anomalie früher auch zu Manila bestanden. Görtz hatte auf seiner Reise die Philippinen nicht berührt."[1]

Vorausgreifend auf den Kapitelabschnitt „Maritime Erforschung" (S. 283 ff.) sei schon erwähnt, dass auch der Philippinen-Besuch der österreichischen Fregatte „Novara" von 1859 nicht dazu geführt hat, dass die 1844/45 erfolgte Änderung der philippinischen Datumszählung der „zivilisierten" Welt zur Kenntnis gelangt ist. Hierzu v. Benko: „Wir haben nur die eine Erklärung zur Hand, dass zur Zeit des Besuches durch S. M. NOVARA die ehemals bestandene Anomalie schon gänzlich in Vergessenheit gerathen war, während früher das Bestehen derselben, außerhalb der Philippinen nur sehr wenig bekannt gewesen sein dürfte. Bei Schiffen, welche noch später als NOVARA die Philippinen besuchten, trifft das eben Gesagte in noch höherem Maße zu."[2]

Die in der 13. Auflage von „Brockhaus" (Leipzig 1887, 16. Bd., n. S. 546) veröffentlichte „Übersichtskarte des Weltverkehrs" (s. Fig. 37, S. 381) mit dem die philippinische Datumsänderung wieder nicht berücksichtigenden Verlauf der Datumslinie veranlasste v. Benko nach einer neuerlichen Reise der k. u. k. Marine mit den Schiffen „Nautilus" und „Aurora" nach Manila zu folgendem Schritt:

Mit Unterstützung des Konsuls der k. u. k. Marine in Manila erreichte er, dass eine vom Erzbistum von Manila beglaubigte Kopie des Dekrets zur Änderung der philippinischen Datumszählung vom 16. August 1844 zum Jahreswechsel 1844/45 der Konsularbehörde der k. u. k. Marine übergeben wurde (s. Teil I, S. 348 ff.).

Zum Abschluss der Darlegungen über den Fregattenkapitän v. Benko, darf Folgendes nicht unerwähnt bleiben. Dem erfolgreichen Versuch v. Benkos, mit seiner 1890 veröffentlichten Schrift

---

1   ebd. S. 12
2   ebd. S. 12

die Zählung des Datums auf den Philippinen über deren Grenzen hinaus bekanntzumachen, war 20 Jahre zuvor, 1870, ein entsprechender, aber misslungener Versuch v. Benkos vorangegangen.

Da besuchte von Benko an Bord der Korvette „S. M. E. H. FRIEDRICH" der k. u. k. Kriegsmarine Manila. Wenige Wochen vorher war von Benko zufälligerweise ein Artikel der „Leipziger Illustrirten Zeitung" in die Hände gefallen, worin in Verbindung mit einer Skizze die historische Datumsgrenze, die die Inselgruppe dem amerikanischen Datum zuordnet, als noch existierend dargestellt wurde. Daraufhin untersuchte v. Benko vor Ort die Datumsverhältnisse auf dem philippinischen Archipel und wurde in seinem Sinne fündig.

Am 1. Februar 1870 sandte er von Manila das Ergebnis seiner Recherchen nach Deutschland, nach denen die Philippinen einschließlich der politisch von ihnen abhängigen Inselgruppen, wie z. B. die Marianen, nicht mehr das westliche, das amerikanische, sondern das östliche, das europäisch-asiatisch-australische Datum führten. Von dem Bericht v. Benkos wurde aber von der „Leipziger Illustrirten Zeitung" „lediglich in der Corresspondenzrubrik des Journals Kenntnis genommen; die wenigen und an unauffälliger Stelle gedruckten Worte, welche constatierten, dass man jetzt in Manila das Datum zähle, wie an der asiatischen Küste, konnten selbstverständlich nirgends wesentliche Aufmerksamkeit erwecken …"[1]

c. Gründe des jahrzehntelangen Nichtbekanntwerdens der Datumsänderung auf den Philippinen

Nachfolgend seien die Gründe betrachtet, warum die Änderung der philippinischen Datumszählung bis in die Jahre vor der Wende vom 19. zum 20. Jahrhundert in der westlichen Welt nicht bekannt geworden ist und bis dahin keinen Eingang in die geographische Fachliteratur gefunden hat.

---

1   ebd.

Der auf den Philippinen vorgenommene Austausch des niedrigeren gegen das höhere Datum betraf nur den Handelsverkehr, was lediglich durch eine Verordnung des spanischen Gouverneurs im Benehmen mit dem Erzbischof von Manila erfolgte (S. Teil I, S. 348 ff.). Im Handels- und Briefverkehr mit der Außenwelt machten sich dort Datumsdifferenzen immer nur *punktuell* bemerkbar, und zwar immer dann, wenn z. B. der Empfänger eines Briefes, einer Warensendung oder ein Schiffer bei der Kontrolle von Frachtbriefen oder beim Logbucheintrag den Unterschied von *einem* Tag bemerkten.

Die über rund fünf Jahrzehnte auf Einzelpersonen und deren Bekanntenkreis beschränkte punktuelle Erfahrung der durch die Philippinen verursachten Datumsdiskrepanz führte dazu: Sie drang niemals in der Summe ihrer punktuellen Erfahrungen ins Bewusstsein der Öffentlichkeit außerhalb der Philippinen.

Folglich erfuhren die Allgemeinheit in Europa und die in der Südsee tätigen Händler, Missionare, Wissenschaftler und die sie befahrenden Seeleute so gut wie nichts über die Änderung der Datierungsart auf den Philippinen. In dem Maße aber, in dem die Südsee in der zweiten Hälfte des 19. Jahrhunderts durch Europäer und Nordamerikaner erschlossen und vereinnahmt wurde, müsste sich aber die Zahl der individuell erfahrenen Datumsdifferenzen erhöht haben, ohne dass daraus bis 1890, dem Erscheinungsjahr der die Zählung des philippischen Datums aufhellenden Schrift v. Benkos, eine Nachricht mit Breitenwirkung geworden wäre, wie es beim Verkauf Alaskas und der damit verbundenen Änderung der Datumszählung in jenem Teil Amerikas gewesen war.

Der 1867 erfolgte Verkauf von „Russisch-Amerika" (Alaska) an die Vereinigten Staaten war – im Gegensatz zu der nur den Handelsverkehr der Philippinen erleichternden administrativen Anordnung des Bischofs von Manila – eine primär von strategischen Überlegungen untermauerte und durch die „Cession of Alaska" vertraglich fixierte weltpolitische Angelegenheit zwischen zwei bedeutenden Mächten. Die Regierungen der zivilisierten Staaten und die Zeitungsleser in aller Welt wurden über den Besitzwechsel Alaskas in der unmittelbaren Folgezeit informiert. In jener Zeit war es nämlich schon möglich, auf der Grundlage zweier funkti-

251

onstüchtiger Atlantikkabel, mit Ausnahme Australiens alle Erdteile direkt telegraphisch zu erreichen (s. Teil I, S. 370).

Dagegen stand beim Wechsel der Datierungsart auf den Philippinen (1845), anders als beim Verkauf Alaskas, die weltumspannende Telegraphie noch nicht zur Verfügung. Da steckte sie noch in den Kinderschuhen, sodass auf telegraphischem Weg die Außenwelt von der Änderung der philippinischen Datumszählung nichts hätte erfahren können, selbst wenn es der Gouverneur der Philippinen und der Erzbischof von Manila beabsichtigt gehabt hätten.

Zum letzten Grund, warum die geänderte Zählung des Datums auf den Philippinen und die sich daraus ergebenden Folgen für die Datumszählung im westlichen und zentralen Pazifik nicht der Öffentlichkeit der zivilisierten Staaten zur Kenntnis gelangt ist!

Spanien neigte dazu, gelegentlich „maritime Geheimhaltungspolitik" zu betreiben. Darunter sei Zurückhaltung von Informationen im Zusammenhang mit überseeischen Entdeckungen und Besitzungen zu verstehen. Zwei Beispiele seien angeführt. Spanien hat die von Torres 1606 entdeckte Meeresenge zwischen Neuguinea und Australien bis 1762 geheimgehalten (s. Teil I, S. 317). In gleicher Weise gingen die Spanier bei der Entdeckung Hawaiis vor: Es ist so gut wie sicher, dass das Auffinden dieser Inselgruppe geheimgehalten wurde. Es ist anzunehmen, dass diese Maßnahme erfolgte, um die Seeverbindung zwischen den Philippinen und Mittelamerika nicht durch unerwünschte andere europäische Seemächte, die bei Bekanntwerden der Entdeckung Hawaiis sicher Kurs auf diese Inselgruppe genommen hätten, zu gefährden (s. S. 174).

Diese beiden Beispiele führen zwar nicht den Beweis über die Annahme, Spanien sei im Blick auf die Änderung der Datumszählung auf den Philippinen wiederum der Geheimhaltungspolitik gefolgt. Die Annahme aber, dass die großen Seefahrernationen über den Wechsel der Datierungsart auf dem philippinischen Archipel und den davon abhängigen Inselgruppen von Spanien nicht unterrichtet worden sind, kann als gesichert gelten. Aber weder im Hydrographic Department der britischen Admiralität noch im Hydrographic Office der Marine der Vereinigten Staaten noch in der nautischen, geographischen und allgemeinen Literatur noch in den enzyklopädischen Werken findet sich ein Hinweis darauf.

Am Beispiel zweier Inselgruppen sei noch aufgezeigt, wie der durch den Zusammenbruch der historischen Datumslinie verursachte Datumswirrwarr, ausgelöst durch den Übergang der Philippinen aus dem westlichen ins östliche Datumslager, bis in unsere Zeit hineinwirkt.

Die Wallis- und Futana-Inseln (zwischen Samoa und Fidschi) gehörten schon seit der Entstehung der historischen Datumslinie zur höheren, also zur australisch-asiatischen Zählung. Die Wallis-Gruppe (13° 18' S 176° 10' W) wurde 1767 von dem britischen Seefahrer Samuel Wallis entdeckt und fiel der höheren Datumsrechnung zu. Die Präsenz der höheren Zählung verstärkend, trat hinzu, dass sich 1857 katholische Missionare aus Frankreich niederließen und die Bewohner bekehrten, dass die Inselgruppe 1842 von Frankreich okkupiert und 1886 unter französischen Schutz gestellt wurde – in den Schutz einer Macht, die wie England das höhere Datum in ihren Schiffsjournalen führt.

Die Entwicklung der Datumszählung auf den benachbarten, südwestlich von Wallis liegenden Futunainseln (14° 15' S 178° 9' W) verlief ähnlich wie auf den Wallisinseln, indem jene 1616 von dem holländischen Seefahrer Jakob LeMaire entdeckt und 1888 von Frankreich annektiert wurden. Beide – Holländer wie Franzosen – sind Synonyme des östlichen Datums.[1] Wenn man so will, wurde die Vorherrschaft der höheren Zählung auf Wallis und Futana jeweils doppelt abgesichert.

Auf eine Anfrage aus dem betreffenden Südseeraum über den damaligen Verlauf der Datumsgrenze in der Nähe der Wallis- und Futana-Inseln durch den Präsidenten der „Tonga-Mission of the Seventh Day Adventists", Mr D. E. Hay, antwortet aber eine englische Stimme wie folgt: („I can find no corresspondence between the French and British Hydrographers on the subject of Wallis and Futana islands and would assume that the Date Line was placed where it is in relation to them by the dates actually kept at the time.")[2] „Ich kann keine Korrespondenz zwischen den

---

1 Synonyme zur Bezeichnung der Datierungsvariante: höheres Datum (höhere Datierung oder höhere Zählung = europäisches Datum = asiatisches Datum = australisches Datum = östliches Datum); niedrigeres, Datum (niedrigere Datierung oder Zählung = amerikanisches Datum = westliches Datum)

französischen und britischen Hydrographen in der Angelegenheit der Wallis- und Futuna-Inseln finden und *würde annehmen* (Hervorhebung durch den Verf.), dass die Datumslinie in Bezug auf die in damaliger Zeit auf ihnen praktizierte Datumszählung platziert wurde."

Das Entscheidende aber, worauf Mr D. E. Hay, der Präsident der vorerwähnten Missionsgesellschaft, auf seine Anfrage vom 28. Juli 1975 gehofft hatte, fehlt: Welcher Art der Datierung folgte man auf den Wallis- und Futuna-Inseln? Hatte sich die östliche Variante (australisches Datum) oder die westliche Variante (amerikanische Zählung) etabliert? Diese Frage vermochte die Seekartenabteilung der englischen Kriegsmarine nicht zu beantworten; denn auch ihr war nicht bekannt, welche Art der Datierung diesen in der Grauzone des Datumswechsels liegenden Inseln zukam.

Weitere Anfragen des Präsidenten der „Tonga Mission of the Seventh Day Adventists" über den Kurs der Datumslinie, den sie in der zweiten Hälfte des 19. Jahrhunderts in der Südsee hatte, insbesondere in der Region um Tonga, ergingen an das „National Maritime Museum" (London) und noch an andere Adressaten von Rang. In einem Schreiben des „Hydrographic Department" der britischen Admiralität antwortete der vorangehend erwähnte ACF David, Lieutenant Commander for Hydrographer of the Navy, dem Leiter der Navigations- und Astronomieabteilung des „National Maritime Museum" (Lieutenant Commander D H Howse MBE DSC RN, Head of Navigation and Astronomy) auf seine Frage zum Verlauf der Datumsgrenze wie folgt: („So it seems there was no hard and fast rule.")[1] „So scheint es, dass es da keine absolut bindende Regel gab."

---

2 ACF David, Lieutenant Commander for Hydrographer of the Navy, Ministry of Defence, HYDROGRAPHIC DEPARTMENT, in: Schreiben v. 18. August 1975, H 6163/58, an Mr D E Hay Tonga Mission of Seventh Day Adventists, Tonga, South Pacific

1 ACF David, Lieutenant Commander for Hgdrographer of the Navy, Ministry of Defence, HYDROGRAPHIC DEPARTMENT, in: Schreiben v. 12.2.1979, H6163/58, an: Lieutenant Commander H.D. Howse, MBE DSC RN Deputy Keeper, Head of Navigation and Astronomy, National Maritime Museum, London

d. Eigentümlichkeiten

Aus der Inbesitznahme pazifischer Inseln durch Europäer und Nordamerikaner resultierten in der Grauzone des Datumswechsels vier Eigentümlichkeiten der Datumsverhältnisse.

1. Der *„Überlappungseffekt der Datumszählung"*: Er ergab sich, wenn z. B. inmitten des höheren Datumsgebiets als Folge geänderter territorialer Besitzverhältnisse auf einer Insel, die westlich einer anderen liegt, das niedrigere Datum statt des höheren Datums Geltung hatte. Beispiel: Das amerikanische Guam liegt westlich der von Deutschland beherrschten Marshallinseln. Es ist anzunehmen, dass in der Zeit nach dem Übergang der Insel in den Besitz der USA (1898) die Amerikaner auf Guam und in ihren Beziehungen mit Amerika ihrer eigenen Datumszählung folgten. Somit hatte partiell das niedrigere Datum westlich des höheren Datums gegolten.

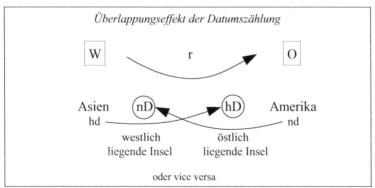

Fig. 18

2. Der *„Durchsetzungseffekt der Datumszählung"*: Er lag vor, wenn beispielsweise innerhalb des Geltungsbereichs der niedrigeren Zählung stellenweise als Folge der Besitzergreifung von Inseln im Rahmen der Entdeckungsgeschichte die höhere Zählung Vorrang hatte oder umgekehrt. Beispiel: Auf einer Karte aus der damaligen Zeit[1] liegen innerhalb eines südlich von Hawaii zu findenden amerikanischen Einflussgebiets zwei englische Inseln: Fanning und Malden,

---

1 Meyer, in: Australien (Australische Inseln), Leipzig 1874, 3. Auflage, 2. Bd., n. S. 270

255

sodass an zwei Stellen inmitten eines niedrigeren Datumgebiets die höhere Datierung Geltung hatte, sofern England die mitgebrachte höhere Zählung im Bezug auf diese Inseln angewendet hat.

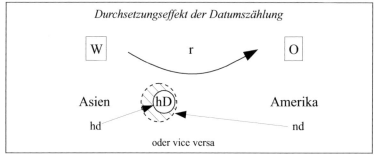

Durchsetzungseffekt der Datumszählung

Fig. 19

3. Der *„Gleichzeitigkeitseffekt unterschiedlicher Datumszählung"*: Er war gegeben, falls das Datum auf einundderselben Insel oder Inselgruppe sowohl der europäisch-asiatisch-australischen wie auch der amerikanischen Datierung folgte. Beispiel: Auf den Fidschi-Inseln hatten lange Zeit, bis zum Eingreifen des englischen Hohen Kommissars für den Westpazifik (1879) – dies als Vorausgriff – beide Datierungsvarianten gleichzeitig Geltung.

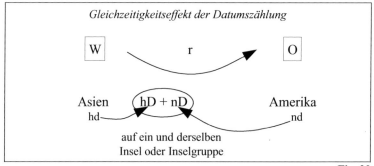

Gleichzeitigkeitseffekt der Datumszählung

Fig. 20

4. Der *„Wechseleffekt der Datumszählung"*: Er trat als Folge wechselnder wirtschaftlicher und politischer Verhältnisse von Inselgruppen auf. Beispiel: Das höhere Datum der Samoagruppe wurde 1892 durch die niedrigere amerikanische Zählung verdrängt. Der umgekehrte Vorgang fand 1844/45 auf den Philippinen statt. Der Unter-

256

schied zum „Überlappungseffekt" liegt darin: Beim „Wechseleffekt" werden Inseln, die die andere Variante der Datumszählung angenommen haben, an das andere Datumsgebiet angegliedert. Dadurch ändert sich der Kurs der Datumsgrenze. Beim „Überlappungseffekt" ändert sich die Zählung des Datums von Inseln innerhalb eines Datumsgebiets, ohne dass sich der Verlauf der Datumslinie ändert.

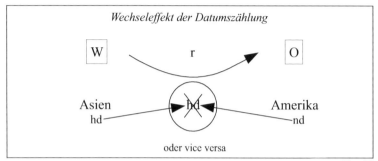

Wechseleffekt der Datumszählung

Fig. 21

Legende für die Figuren 18-21:

				= niedrigeres Datumsgebiet
W	=	Westen	O	= Osten
hd	=	höheres Datum	nd	= niedrigeres Datum
r	=	Rotationsrichtung der Erde	◯	= Insel oder Inselgruppe
(hD)	=	Insel mit höherem Datum	(nD)	= Insel mit niedrigerem Datum

Die vier Eigentümlichkeiten der Grauzone des Datumswechsels in Gestalt der vorerwähnten vier „Effekte der Datumszählung" stellten das Datieren von Schiffsjournalen, Listen, Briefen, Frachtpapieren, Konferenzprotokollen und Verträgen auf eine unsichere zeitliche Grundlage. Das traf um so mehr zu, wenn („the inconvenience caused by a discrepancy in dates between contiguous islands, especially when these form parts of one group")[1] „die Unannehmlichkeit, verursacht durch den Datumsunterschied zwischen benachbarten Inseln, besonders wenn diese Teile derselben Inselgruppe sind", gegeben war.

---

1 Gould, R. T., Assistant Hydrographer in the British Admiralty, in: Samoa – proposed change of date, 12.11.1921

2. Rekonstruktion der Entstehung der politisch-wirtschaftlichen Datumsgrenze

Auf Grund der Lage des Greenwicher Gegenmeridians (180° v. Gr.), der den Pazifik in Nord-Süd-Richtung etwa halbiert und der beiderseits dieses Meridians anzutreffenden Inselwelt, teils mit amerikanischer, teils mit australisch-asiatischer Datumszählung, war die ungefähre Bahn der Nachfolgerin der zusammengebrochenen historischen Datumsgrenze schon vorgegeben. Die Zahl der den Pazifik durchquerenden und „Greenwich" respektierenden Schiffe wuchs nämlich ständig. Zudem sollte die neue Bahn der Datumsgrenze möglichst nahe der Greenwicher Gegenlinie laufen. Zu weit von der Greenwicher Gegenlinie abliegende Inselgruppen, wie beispielsweise die Karolinen, die Neuen Hebriden, die Gesellschaftsinseln oder gar Pitcairn hatten daher auf die Herausbildung der politisch-wirtschaftlichen Datumslinie keinen Einfluss. Dass dennoch auf diese Inseln eingegangen worden ist (s. Exkurs S. 78 ff., S. 101 ff., S. 105 ff.), geschah in der Absicht, ein möglichst geschlossenes Bild des Einwirkens europäischer und nordamerikanischer Interessen auf die Welt Ozeaniens zu vermitteln.

Wie im vorangehenden Kapitel schon dargelegt, blieb im mittleren Pazifik in der Grauzone des Datumswechsels die Zählung von Wochentag und Datum von 1845 bis zur Wende vom 19. zum 20. Jahrhundert ungeklärt. Allerdings begann sich ungefähr ab 1880 die Zählung des Datums auf einigen großen Südseearchipelen zu klären, nicht aber in der übrigen Inselwelt des mittleren Pazifischen Ozeans. Von Fidschi und Samoa ist bekannt, wann sich die Datumszählung klärte, von Tonga ist es möglich, durch Schlussfolgerung aus politischen und wirtschaftlichen Fakten und Entwicklungen die Datierungsvariante zu rekonstruieren. Von Hawaii steht fest, dass sich dort das amerikanische Datum zwischen 1833 (erste Zeitung mit westlicher Datumsangabe) und 1849[1] gegenüber der europäischen Zählung (Anwesenheit von Engländern, Franzosen,

---

1   1849 Vertrag zwischen dem Königreich Hawaii und den Vereinigten Staaten über die offiziellen Beziehungen zwischen den beiden Ländern, der bis zur Annexion Hawaiis durch die USA (1897) in Kraft war

Deutschen und anderen Europäern) zur alleinigen Datierungsvariante durchzusetzen begann.

Während die im Norden und Süden stehengebliebenen Endstücke[1] der 1845 zusammengebrochenen historischen Datumsgrenze das Fundament der politisch-wirtschaftlichen Datumslinie darstellen, werden Fidschi, Tonga, Samoa und Hawaii die Brückenpfeiler, die diese beiden Endstücke zur sich jetzt bildenden politisch-wirtschaftlichen Linie des Datumswechsels zu verbinden beginnen. Nacheinander seien unter dem Gesichtspunkt der Rekonstruktion ihrer Datumszählung diese Inselgruppen betrachtet!

a. Hawaii und Hawaiirücken unter Einschluss der Inseln Morrell und Byers

Die Hawaii-Inseln nehmen in der geschichtlichen Entwicklung der Datumslinie einen besonderen Rang ein. Nur ihre Entdeckung ins Auge fassend, könnten sie der historischen Datumsgrenze zugeordnet werden. Da die Entdeckung aber nicht mit der Übertragung der vom Entdecker, James Cook, in seinem Logbuch geführten höheren östlichen Zählung auf die Inselgruppe einherging, weil England keinen Besitzanspruch darauf erhoben hatte und Hawaii nicht durch überwiegend nachfolgende englische Besiedlung und ständigen Kontakt mit England verbunden war, entfällt die Einordnung Hawaiis in die Entstehungsgeschichte der historischen Datumsgrenze. Vielmehr resultiert die endgültige Beziehung des Hawaii-Archipels zur sich weiterentwickelnden Datumslinie aus den politisch-wirtschaftlichen Beziehungen, die die Inselgruppe im neunzehnten Jahrhundert mit Europa und insbesondere mit Nordamerika unterhielt. Somit ist Hawaii der politisch-wirtschaftlichen und nicht der historischen Datumsgrenze zuzuordnen.

Auf den Hawaii-Inseln klärte sich die Datumszählung ungefähr zu der Zeit, in der der Zusammenbruch der historischen Linie erfolgte (1845). Folglich wird dieser Archipel zum ersten Brückenpfeiler der politisch-wirtschaftlichen Datumslinie zwischen deren nördlichem und südlichem Fundament.

---

1 Alaskavorsprung und Südpazifik-Gerade (s. Fig. 1, S. 15: f und S. 16)

Die Hawaiigruppe fungierte in den ersten Jahren nach ihrer Wiederentdeckung durch Cook (1778) als Stützpunkt des Transithandels zwischen Nordamerika und Asien sowie Australien. In dieser Zeit setzte sich keine der beiden Datierungsvarianten durch. Ab 1791 gewann die niedrigere Datumszählung durch nordamerikanische Pelzhändler und Pottwalfänger ein Übergewicht. Die etwa in der Mitte des nördlichen Pazifiks liegenden Hawaii-Inseln wurden zum Hauptstützpunkt der Walfänger aus den Vereinigten Staaten.

Stufenlos verstärkte sich die von Walfängern aus den Neuenglandstaaten und den Pelzhändlern aus dem Oregongebiet mitgebrachte niedrigere Zählung von Wochentag und Datum. Unter den zur Wende vom 18. zum 19. Jahrhundert auf Hawaii gelandeten Weißen waren es weitere Amerikaner, die die niedrigere Datierung festigten: Sie bauten beispielsweise die Infrastruktur des Inselreichs aus, lehrten die Eingeborenen den Bau moderner Segelschiffe und deren Einsatz, übernahmen die Führungsrolle im Handel, legten eine Vielzahl von Plantagen an und gestalteten das ganze Staatswesen des hawaiischen Königreichs nach westlichem Verständnis um. Die stetig wachsende wirtschaftliche und damit einhergehende politische Verflechtung der Hawaiischen Inseln mit den Vereinigten Staaten hatte schon zu Mitte des 19. Jahrhunderts dazu geführt: („Five-sixths of all their commercial intercourse is with the United States; ...“)[1] „Fünf Sechstel ihres gesamten Handelsverkehrs (mit den Schwerpunkten Walfang und Zuckerrohranbau, d. Verf) erfolgt mit den Vereinigten Staaten; ...“

Auch die Missionierung Hawaiis stand in erster Linie unter nordamerikanischem Einfluss, selbst wenn nach den ersten Glaubensboten aus Boston (1819) englische Missionare von den Gesellschaftsinseln (1821) und katholische aus Frankreich (1827) auf Hawaii Fuß fassten. Das in wenigen Jahren von den Missionaren auf Hawaii begründete allgemeine Schulwesen geht hauptsächlich auf die Tätigkeit der nordamerikanischen Mission zurück. Sie bewirkte, dass schon 1833 die erste Zeitung in englischer Sprache („The Sandwich Island Gazette“) und nur ein Jahr später, 1834, das

---

1 Carpenter, Edmund Janes, in: America in Hawaii – A History of United States Influence in the Hawaiian Islands, Boston 1899, S. 103

erste Blatt in hawaiischer Sprache („Ka Lama Hawaii") erschien (s. S. 193).

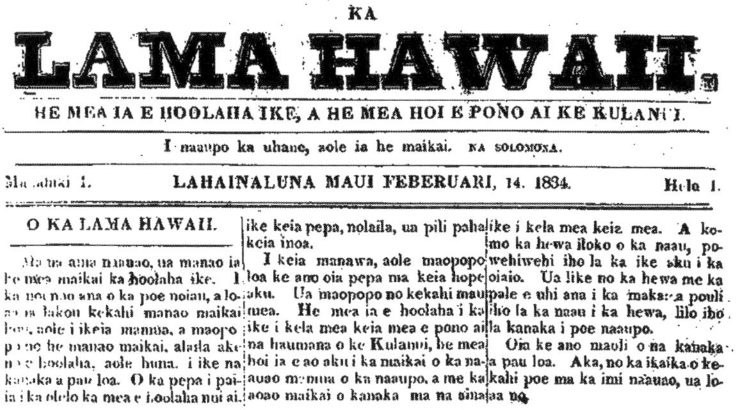

Fig. 22

1856 folgten zwei weitere Blätter in englischer Sprache: der „Honolulu Advertiser" und das „Star-Bulletin".

Für die Geschichte der Datumsgrenze ist wichtig, dass die angeführten fünf Blätter unter dem amerikanischen Datum herauskamen. Das war gleichbedeutend mit der öffentlichen Sanktionierung der niedrigeren Datumszählung auf dem Hawaii-Archipel. War auf Fidschi die Festschreibung der Datumszählung durch eine Anordnung des australischen Gouverneurs erfolgt (1879 Annahme der australischen Zählung) und hatte auf Samoa König Malietoa Laupepa 1892 auf Druck der Amerikaner deren Datum eingeführt, dies als Vorausgriff, übernahm auf Hawaii das Zeitungswesen die Funktion der „behördlichen Anordnung", der amerikanischen Datumszählung zu folgen. Demzufolge wurde das Königreich Hawaii um 1850 – unter der Regentschaft von Kamehameda III. (1824–1854) – die erste pazifische Inselgruppe mit bekannter Datierung.

Der auf Hawaii stetig weiter wachsende nordamerikanische Einfluss führte dazu, dass neben den Hawaii-Inseln im engeren Sinn, den Sandwichinseln, der sich über Tausende von Kilometern bis zu 180° v. Gr. nach Nordwesten fortsetzende Hawaiirücken hauptsächlich von Schiffen der „U. S. Navy" erforscht wurde.

261

Um auch auf den am weitesten im Westen liegenden Inseln des Hawaiirückens amerikanisches Datum zu haben, wurde in der Folgezeit, etwa von 1840 bis 1845, dessen Geltungsbereich über den 180. Meridian v. Gr. nach Westen ausgedehnt, also über die letzte hawaiische Insel hinaus, die in westlicher Richtung vor 180° v. Gr. liegt (Kure-Insel 178.25 W 28.25 N): bis zur Morrell- und Byers-Insel, diese mit den Koordinaten 176.55 E 28.32 N, jene mit 174.31 E 29.59 N. Die beiden Inseln schließen den hawaiischen Inselbogen ab.

Wegen der Einbeziehung der Inseln Morrell und Byers in die amerikanische Datumssphäre sprang auf der Höhe von Hawaii, leicht gegen Norden versetzt, die Trennlinie zwischen dem höheren und niedrigeren Datum kegelstumpfförmig nach Westen vor: Das erste Stück der politisch-wirtschaftlichen Datumsgrenze zwischen dem Alaskavorsprung und dem südlichen Ende des Samoabogens (ca. 25° S, s. Fig. 1, S. 15) hatte sich gebildet – allerdings noch ohne kartographischen Niederschlag, der, damit sei vorausgegriffen, erst im Jahre 1899 durch das „Hydrographic Office" der „US Navy" erfolgte.

Mit den auf die geographische Höhe von Hawaii bezogenen Koordinaten der amerikanischen Marine lässt sich der „Morrell-Byers-Vorsprung" der Datumsgrenze genau rekonstruieren:[1]

> „...
> From Lat. 24° N, Long. 180°   to Lat. 28° N, Long. 171.30 E
> From Lat. 28° N, Long. 171.30E to Lat. 31° N, Long. 171.30 E
> From Lat. 31° N, Long. 171.30E to Lat. 35° N, Long. 180°
> .... "

---

1 Die folgenden Koordinaten finden sich in dieser Publikation der britischen Admiralität: „Sailing Directions", in: Pacific Islands, Vol. II (Central Groups), Published by Order of the Lords of Commissioners of the Admiralty, Printed for the Hydrographic Office, Admiralty, by Eyre and Spottiswoode. Printers to the Queen's most excellent Majesty; London 1900, S. 42. *Anmerkung:* Diese Koordinaten sind identisch mit denen, die 1899 von der US-Marine veröffentlicht worden waren.

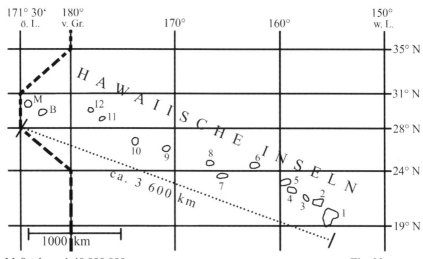

Fig. 23

Maßstab ca. 1:40 000 000

▬ ▬ ▬ ▬ ▬ ▬   Datumsgrenze

1	=	Hawaii-I.	8	=	Gardner[a]
2	=	Maui	9	=	Laysan[b]
3	=	Molokai	10	=	Lisianski[c]
4	=	Oahu	11	=	Midway[d]
5	=	Kauai	12	=	Kure-I.[e]
6	=	Bird-I.	M	=	MORRELL
7	=	Necker-I.[f]	B	=	BYERS

a   1820 von Kapitän Allen (U. S. Navy) entdeckt
b   vom amerikanischen Walfänger Moller 1827 entdeckt, wegen der Salz-
    vorkommen vom Königreich Hawaii in Besitz genommen
c   1825 von Kapitän Lisianski (U. S. Navy) entdeckt, wegen Guanobildung
    vom Königreich Hawaii in Besitz genommen
d   1859 von Kapitän Brooks (U. S. Navy) entdeckt und wegen der geplanten
    Station der zwischen Nordamerika und Asien verkehrenden Dampfer der
    Pacific Mail Company „Midway-Inseln" genannt
e   Entdeckungsjahr ungewiss, 1837 von Kapitän Brown (U. S. Navy) auch
    „Ocean" genannt
f   1786 von Lapérouse entdeckt

b. Fidschi

Nach der Etablierung des amerikanischen Datums auf Hawaii klärte sich etwa 30 Jahre später zum erstenmal die Datumszählung auf einer in der Grauzone des Datumswechsels liegenden Inselgruppe – auf Fidschi.

„Fidschiinseln."[1]   **Fig. 24**

---

1   Meyer, in: Fidschi-Inseln, Leipzig 1887, 4. Aufl., 6. Bd., S. 248

Die Fidschigruppe wurde zwar von den Vertretern der höheren Datierung entdeckt und in der Folgezeit von ihnen weiter besucht, doch schon gegen Ende des 18. Jahrhunderts kam die Inselgruppe auch mit der niedrigeren Datumszählung in Kontakt: neben den europäischen Händlern und Kaufleuten interessierten sich auch Amerikaner für das auf Fidschi vorkommende begehrte Sandelholz. Der Handel mit diesem wertvollen Gut wuchs stetig, sodass beide Varianten der Datierung auf den Fidschi-Inseln Fuß zu fassen begannen.

Mit Beginn des 19. Jahrhunderts setzte die Einwanderung weiterer Vertreter der europäischen und amerikanischen Zählung von Wochentag und Datum ein. Zu den sich in immer größerer Zahl niederlassenden Händlern und Kaufleuten traten Pflanzer, die meist Zuckerrohr- und Baumwollplantagen einrichteten. Entflohene Sträflinge und desertierte Seeleute gesellten sich dazu. Mit den 1835 auf Fidschi gelandeten englischen Missionaren (Wesleyaner), den beiden Besuchen von Dumont d'Urville, 1827 und 1838, und den sich 1844 einstellenden französischen Glaubensboten schlossen sich weitere Repräsentanten der höheren Datierung an.

In den vierziger Jahren des neunzehnten Jahrhunderts wurde auf der Fidschigruppe das niedrigere Datum, das dort bisher vorwiegend durch Händler und Kaufleute aus Nordamerika vertreten war, weiter gestärkt. 1840 hielt sich nämlich die amerikanische Forschungs- und Vermessungsexpedition der U. S. Navy unter Wilkes zur Aufnahme der Inselgruppe dort auf. Wenn nach Meinicke die „Aufnahme so ausführlich und vollständig (war, d. Verf.), dass sie die Grundlage für alle künftigen Forschungen geworden ist und bleiben wird ...“[1], kann angenommen werden, dass sich Wilkes mit seiner aus drei Schiffen bestehenden Expedition längere Zeit in der Fidschigruppe aufgehalten hat.

Die Stärkung der westlichen Datierung hielt an, da der Einfluss Nordamerikas immer größer wurde. 1847 entsandte die Regierung der nordamerikanischen Union zur Wahrung ihrer Interessen am

---

1   Meinicke, Carl E., in: Die Inseln des Stillen Oceans, Leipzig 1876, Zweiter Theil, S. 1

Fidschiarchipel den Konsularagenten Williams dorthin. Durch ihn lud sich Oberhäuptling Thakombau, der spätere König, einen immer weiter wachsenden Schuldenberg auf (s. S. 117 ff.). Auf diese Weise begann eine turbulente Entwicklung, an deren Ende per Dekret angeordnet wurde, welche Variante der Datierung hinfort auf den etwa 100 bewohnten Inseln von den (1881) „2293 Weißen und 124 999 Eingeborenen"[1] zu beachten war.

Die 1871 eingeführte parlamentarische Regierungsform bereitete König Thakombau von Anfang an große Schwierigkeiten. Sie gipfelten in einer gegen seine Regierung gerichteten bewaffneten Erhebung und in den unaufhaltsam steigenden hohen Schulden des jungen Staatswesens – ein auf Dauer unhaltbarer Zustand, der nicht zuletzt durch die Weigerung der Europäer und Amerikaner, wie die Eingeborenen Steuern bezahlen zu müssen, seine Ursache hatte.

1874 hatte der Schuldenberg die Höhe von 80 000 Pfund Sterling erreicht. Hierfür hatte der König einzustehen. In dieser Situation bot Thakombau den ganzen Fidschi-Archipel England gegen Begleichung dieser Summe an. Die englische Regierung, „so abgeneigt sie auch war, darauf einzugehen, fühlte jedoch die Nothwendigkeit, ihren in Viti (Fidschi, d. Verf.) lebenden Unterthanen gegenüber Schritte zu thun, um Schlimmerem vorzubeugen, auch wohl den Versuch zu machen, den schändlichen Menschenhandel in den melanesischen Inseln, der einzig in Viti straflos blieb, gründlich zu unterdrücken, gab aus diesen Gründen nach und erklärte 1874 Viti für eine englische Colonie mit einer der australischen ähnlichen Einrichtung."[2]

Durch die Eingliederung der Fidschiinseln als Kronkolonie in das englische Kolonialreich (1874) waren die Machtverhältnisse auf der Inselgruppe geklärt. Ungeklärt blieb jedoch die Frage der Datumszählung, denn auf den zahlreichen Inseln des Archipels wurden Wochentag und Datum uneinheitlich gezählt. Richtete man

---

1 Brockhaus, in: Fidschi-Inseln oder Fiji-Inseln, Leipzig 1883, 13. Aufl., 6. Bd., S. 789; *Anmerkung:* Fidschigruppe insgesamt: 225 Inseln verschiedener Größe

2 Meinicke, Carl E., in: Die Inseln des Stillen Oceans, Leipzig 1876, Zweiter Theil, S. 51

sich auf der einen Insel nach dem östlichen, gab man auf der anderen Insel dem westlichen Datum den Vorzug.

Hatten sich Europäer *und* Amerikaner auf einer Insel niedergelassen, beanspruchten die höhere und die niedrigere Datierung *gleichzeitig* Geltung.

Dieser leidige Zustand der konkurrierenden Datumszählung blieb auch nach der Erhebung der Fidschiinseln zur britischen Kolonie bestehen; denn erstens blieben die Europäer und Amerikaner da und zweitens nahm der von ihnen betriebene Handel mit Europa, Australien, Asien und Amerika stetig zu.

> Allein für den Handel mit dem Deutschen Reich wurden 1874 „…
> aus dem Haupthafen, Levuka (auf Ovalau) … 3 903 Ballen Baumwolle
> für 1, 600, 000 Mark, 1 213 Säcke Trepang für 192,000 Mk., 8040 Ctr.
> Copra (klein geschnittene Kokosnußkerne) für 76,000 Mk., 77,950
> Kokosnüsse für 3300 M., außerdem Kokosnußöl im Werth von 70,000
> Mk., 18 Kisten Schildpatt für 27,000 Mk., … ausgeführt." Weiter heißt es
> in dieser Quelle: „… überhaupt beteiligen sich deutsche Kaufleute lebhaft am Handel in der Südsee …"[1]

Der anschwellende externe Handel verhärtete die Datumsverhältnisse auf der Fidschigruppe. Da sich dort die östliche und westliche Datierung überlappten, durchsetzten oder gleichzeitig herrschten, ist dieser Archipel exemplarisch geeignet, den Zustand der ungeklärten Datierung, die nach dem Zusammenbruch der historischen Datumsgrenze im mittleren Pazifik entstanden war, vor Augen zu führen. Diese unerfreuliche Gegebenheit währte auf Fidschi bis zum Jahre 1879.

Der zum Zweck der Unterdrückung des Sklavenhandels zur Bereitstellung von Arbeitskräften auf den Plantagen anderer Südseeinselgruppen auf Fidschi eingesetzte Gouverneur, Pritchard, machte der nach dem Übergang der Fidschigruppe in britischen Besitz dort weiter ausgeübten Praxis der uneinheitlichen Datumszählung ein Ende. („In 1879 the British governor of the Fiji Islands [through which the 180° meridian passes] enacted an ordinance to say that all

---

1 Meyer, in: Viti (Fidschi-Inseln), Leipzig 1878, 3. Aufl., 15. Bd., S. 770

the islands should keep the same time, Antipodean Time.")[1] „Im Jahre 1879 verlieh der britische Gouverneur der Fidschi-Inseln (durch welche sich der 180. Meridian von Greenwich zieht) einer Verordnung Gesetzeskraft, durch die all diese Inseln gehalten sind, dieselbe Zeitzählung zu haben, die Antipodean Time (die Australische Zeitrechnung bzw. Datumszählung, d. Verf.).“

Demzufolge hatte ab 1879 auf allen Inseln der Fidschigruppe die höhere europäische Datumszählung Geltung: Die Zeit der gleichzeitigen Anwendung der europäischen und amerikanischen Zählung von Wochentag und Datum gehörte der Geschichte an.

Die Klärung der Datumszählung auf den Fidschiinseln wird durch einen Zeitzeugen bestätigt. Hierüber heißt es von maßgeblicher Seite der k. u. k. Marine (Kriegsmarine Österreich-Ungarns): „... von den Fidschi-Inseln ist es uns bekannt, dass, als S. M. Schiff Saina, von Australien und Neuseeland kommend, im Jahre 1885 diese Inselgruppe besuchte, man an Bord keine Veranlassung fand, das mitgebrachte Datum zu ändern, beziehentlich dort auch das richtige Datum vorfand.“[2]

c. Tonga

- Texte und Karten
- Entdeckung und Missionierung
- Außenhandel und Außenpolitik
- Tabellarische Zusammenfassung der durch Indizien rekonstruierten Datumszählung von Tonga

Texte und Karten

Ob im Jahre 1879, als die britisch gewordenen Fidschi-Inseln auf Anordnung des englischen Gouverneurs verbindlich die australische Datumszählung einführten, die benachbarten Tonga-Inseln

---

1 Howse, Derek, in: Greenwich time and the discovery of the longitude, Oxford. New York. Toronto. Melbourne 1980, S. 162
2 Benko, Jerolim Freiherr v., in: Das Datum auf den Philippinen, Wien 1890, S. 9, *Anmerkung:* Die „Novara“ führte aufgrund ihres allgemeinen westöstlichen Kurses (s. S. 283 f.) in den Gewässern von Fidschi das höhere Datum.

auch das höhere Datum angenommen haben oder ob diese Inseln schon das höhere Datum zu diesem Zeitpunkt hatten, lässt sich, wie die nachfolgenden Stimmen zeigen, nicht mit letzter Sicherheit feststellen.

Auf eine Anfrage des Präsidenten der im südlichen Pazifik stark vertretenen „Seventh Day Adventist Church", Mr D. E. Hay, zum Verlauf der Datumsgrenze im Bereich der Fidschi- und Tongainseln im letzten Drittel des 19. Jahrhunderts an die hydrographische Abteilung der englischen Marine antwortet das „Hydrographic Department" der britischen Admiralität: („I can only assume that Tonga and Fidji in about 1879 kept the same date ...")[1] „Ich kann nur annehmen, dass um das Jahr 1879 Tonga und Fidschi dasselbe Datum führten ..."

Die Ansicht der britischen Admiralität zur ungeklärten Datumszählung auf den Tongainseln wird durch eine deutsche Stimme aus der damaligen Zeit bestätigt: „Die Samoa-Inseln und *sehr wahrscheinlich auch die Tongainseln* (Hervorhebung durch d. Verf.) führen, obwohl sie östlich von 180° v. Gr. liegen, doch dasselbe Datum wie Australien, weil ihre wirtschaftlichen Beziehungen zu letzterem sehr viel regere sind als die zu Amerika."[2]

Dagegen gibt eine andere deutsche Quelle aus dem Jahr 1885 eindeutig an, dass der Tonga-Archipel zur Zeit der Datumsregulierung auf Fidschi der niedrigeren amerikanischen Zählung folgte: „Zu Seiten des 200. östl. Meridians (von Ferro)[3] liegen die Tonga-Inseln, welche ihr Datum von Amerika, also von Osten her bekommen, zur anderen Seite dieses Meridians liegt Neuseeland, welches sein Datum von England, also von Westen erhalten hat."

Dieses Zitat setzt sich wie folgt fort und bestätigt die Zugehörigkeit Tongas zur amerikanischen Datierung: „... Wenn also in

---

1   ACF David, Lieutenant Commander for Hydrographer of the Navy, Ministry of Defence, HYDROGRAPHIC DEPARTMENT, in: Schreiben vom 18.8.1975, H 6163/58, an Mr D. E. Hay, Tonga Mission of Seventh Day Adventists, Tonga, South Pacific
2   Meyer, in: „Datumwechsel", Leipzig und Wien 1891, 4. Aufl., Jahres-Supplement 1890–91, 18. Bd., S. 1012
3   Längendifferenz zwischen Ferro und Greenwich: 17° 39' 46" (westl. v. Gr.): Danach hatte Tonga damals westl. Datum.

Berlin die Neujahrsstunde (Mitternacht) schlägt, dann ist es auf den Tonga-Inseln der Vormittag des 31. Dez., und auf Neuseeland ... der Vormittag des 1. Jan."[1]

Die Widersprüchlichkeit im Blick auf die Datumszählung von Tonga ist auch in den Karten anzutreffen, die zwischen dem Zusammenbruch der historischen Datumslinie im Jahre 1845 und dem Beginn des zwanzigsten Jahrhunderts über den Verlauf der Linie erschienen sind. Die vom Verfasser bis 1979 aufgefundenen drei Karten aus der damaligen Zeit (von 1875, 1887 und 1904: s. Fig. 36, 37, 44), auf denen Tonga östlich der Datumsgrenze verzeichnet ist (wodurch die Inselgruppe damals westliches Datum geführt hätte), veranlasste das schon erwähnte „Hydrographic Department" der britischen Marine zu folgender Stellungnahme: („It is certainly interesting to have found 3 charts showing Tonga east of the Date Line between 1875 and 1904. However this may merely mean that the German Hydrographic Office or whoever drew the charts thought that Tonga kept the western date, whereas the British Hydrographic Office thought that Tonga were west of the line.")[2] „Es ist sicher interessant drei Karten gefunden zu haben, die zwischen 1875 und 1904 Tonga östlich der Datumsgrenze zeigen. Jedoch bedeutet dies sicherlich nur, dass die Seekartenabteilung der deutschen Marine oder wer auch immer diese Karten gezeichnet haben mag, der Meinung war, Tonga führe das westliche Datum, wogegen das britische Hydrographic Office dachte, Tonga wäre westlich der Linie."

Entdeckung und Missionierung

Nachfolgend sei rekonstruiert, welche Datierungsvariante, die östliche oder die westliche, sich auf dieser Inselgruppe festgesetzt und bis zum heutigen Tag Geltung hat.

Durch die Holländer Jacob Lemaire und Willem Schouten (1616), Abel Tasman (1643) und den Engländer James Cook (1773

---

1   Brockhaus, in: „Länge (geographische)", Leipzig 1885, 13. Aufl., 10. Bd., S. 800

2   Lieutenant Commander for Hydrographer of the Navy ACF David, HYDROGRAPHIC DEPARTMENT, Ministry of Defence (of Great Britain, d. Verf.), Schreiben an Verfasser, London, 17. Oktober 1979, H4496/79

und 1777) trat Tonga zum erstenmal mit der Datumszählung Europas in Berührung, als sich dieser Archipel unter dem Borddatum *in den Logbüchern* dieser Seefahrer niederschlug. Mit anderen Worten: Lemaire, Schouten, Tasman und Cook führten auf Tonga nicht ihre Datumszählung ein. Vielmehr vermerkten sie lediglich in ihren Schiffsjournalen, dass sie auf Tonga waren.[1] 1797, als die Londoner Missionare Tonga erstmals betraten, gab es auf diesem Archipel noch keine von Europa oder Amerika her bestimmte Datumszählung. Folglich müssen es die Missionare der „London Missionary Society (LMS) gewesen sein, die die Datumszählung der „zivilisierten Welt" auf Tonga einführten, und zwar – weil sie aus England kamen – die höhere Zählung, die der niedrigen, der amerikanischen Zählung, um einen Tag voraus ist. Die Wesleyaner, den Missionaren aus London folgend, übernahmen deren Art der Datumszählung und hielten sie bei. Dasselbe gilt sinngemäß für die katholischen Missionare aus Frankreich.

Die Wesleyaner übten schon vor der Einführung des Königtums großen Einfluss auf die meisten der tongaischen Stammeshäuptlinge aus und leiteten dadurch die Europäisierung Tongas ein. Nach der Umwandlung des gesamten Archipels in eine Monarchie weitete sich der wesleyanische Einfluss aus, erfasste den König, die gesamte Regierung und durchdrang die staatliche Verwaltung bis in die unterste Ebene – mit dieser Folge: der tongaische Staat wurde durch und durch *europäisiert.* Europäisierung bedeutet aber immer auch schriftliche Fixierung in allen staatlichen und kirchlichen Angelegenheiten und: schriftliche Fixierung geht immer mit Datierung Hand in Hand. Und solche Datierungen muss es in Hülle und Fülle gegeben haben.

Im Blick auf diese Datierungen müssen zwei Gruppen unterschieden werden. Bei der ersten Gruppe handelt es sich um Datumsangaben, die nur auf Tonga selbst bezogen sind. Man könnte sie „tongainterne" Datumsangaben nennen, die man beispielsweise

---

1 Da Lemaire und Schouten aus östlicher Richtung, um Kap Hoorn, gekommen waren, fand, streng genommen, Tongas erste Berührung mit der Datumszählung der damals so genannten „zivilisierten" Welt nicht unter der europäischen, sondern der amerikanischen Zählung von Wochentag und Datum statt.

in Erlassen, Verordnungen und Gesetzen finden müsste, ebenso auf öffentlichen Mitteilungen, auf Einladungen zu Versammlungen oder Veranstaltungen, weiter in Zeitungen und in den Fahrplänen der Dampfer; ebenso könnten Steuer- und Ferientermine in Betracht gezogen werden. Die „tongainternen" Datumsangaben allein gesehen, lassen keinerlei Rückschlüsse darüber zu, ob auf Tonga östliches oder westliches Datum den Vorrang hatte. Erst im Vergleich mit den Datierungen der zweiten Gruppe lassen sich die tongainternen Datierungen einer der beiden Zählungen des Datums zuordnen.

Unter die zweite Gruppe fallen alle Datierungen, die mit der Außenwelt in Berührung stehen („tongaexterne" Datumsangaben). Man kann als sicher annehmen, dass sich die englischen und französischen Missionare *nicht* der um einen Tag niedrigeren amerikanischen Datumszählung bedient haben werden. Es lässt sich kein vernünftiger Grund finden, warum sie dies hätten tun sollen! Ganz sicher zeigte der Kalender aller Missionare auf Tonga – und damit auch derjenige aller Tonganer – das höhere Datum.

Wen diese Argumente immer noch nicht hinreichend überzeugen, der müsste die „tongainternen" und „tongaexternen" Datierungen in Relation bringen. Es müsste also der Schriftverkehr der auf Tonga tätigen Missionare mit den entsprechenden Mutterländern aufgespürt und genau auf Datumskongruenz hin überprüft werden. Nur dadurch ließe sich mit völliger Sicherheit feststellen, was mit Aussagen, die allerdings auf gewichtigen Indizien beruhen, über die Datumszählung auf dem Tonga-Archipel vorausgehend bereits dargelegt worden ist.

Mit hoher Wahrscheinlichkeit haben sich die protestantischen und katholischen Missionare aus Europa in der Zählung von Wochentag und Datum nach der höheren Zählung ihrer Mutterländer gerichtet – ebenso die europäischen Kaufleute und Diplomaten. Auch im Blick auf diesen Personenkreis lässt sich kein einleuchtender Grund finden, warum er von der um einen Tag niedrigeren amerikanischen und nicht von seiner eigenen Datumszählung hätte Gebrauch machen sollen. Wer sich diesen Überlegungen nicht anschließen kann, für den sind die nachfolgenden Ausführungen gedacht.

Der Außenhandel und im besonderen die Außenpolitik eignen sich für den Versuch einer Nachkonstruktion der Zählung von Wochentag und Datum besser als der Schriftverkehr der protestantischen und katholischen Missionsgesellschaften.

Die Gründe hierfür liegen auf der Hand: Die schriftlichen Spuren der auswärtigen Beziehungen in Handel und Politik sind erstens leichter zugänglich und zweitens enthalten sie datierte Ereignisse. Im Außenhandel sind diese „genau datierten Ereignisse" leider nur indirekt zugänglich, d. h. sie müssten erst in den Heimatbüros derjenigen Länder und Territorien aufgespürt werden, die mit Tonga im 19. Jahrhundert in Handelsbeziehungen standen.

Dies waren Deutschland (von 1857 bis 1879 durch das deutsche Handelshaus Godeffroy, ab 1879 durch die Deutsche Handels- und Plantagengesellschaft) und England mit seinen Kolonien Australien und Neuseeland.

Es fällt auf: Tongas Außenhandelspartner führten die höhere Datierung. Die Unterlagen der tongaischen Außenhandelspartner müssten mit den entsprechenden Unterlagen von Tonga verglichen werden. Es wäre aber eine kaum lösbare Aufgabe, die für diesen Vergleich nötigen Unterlagen zu beschaffen.

Auch wenn es gelänge, eine ausreichend große Zahl dieser Schriftstücke zu beschaffen, würde dies erst dann etwas nützen, wenn auch die dazugehörigen Unterlagen Tongas gefunden worden wären. Erst in diesem Falle ließe sich durch Gegenüberstellen von „tongainternen" und „tongaexternen" Datierungen eine Aussage zur Zählung des Datums auf dem Tonga-Archipel machen. Doch abgesehen davon, dass sich bezüglich des Außenhandels nur schwerlich entsprechende Unterlagen mit tongainternen und tongaexternen Datierungen beibringen lassen werden, leidet diese Möglichkeit zur Klärung der tongaischen Datumszählung an einem zusätzlichen, noch gravierenderen Nachteil:

Die Datumszählung ließe sich via Außenhandel nicht exakt bestimmen, weil die amerikanische Stimme wegen des fehlenden Außenhandels Tongas mit der nordamerikanischen Union nicht zu Wort kommen könnte.

Dagegen sieht es in der Außenpolitik im Blick auf diese „genau datierten Ereignisse" erfreulich aus. Exakt steht fest – und kann in verschiedenen Publikationen nachgelesen werden –, zu welchem Zeitpunkt ein bestimmtes Ereignis stattgefunden hat. Stellvertretend für alle genau datierten Höhepunkte der tongaischen Außenpolitik seien die Freundschaftsverträge betrachtet, die Tonga nacheinander mit Deutschland, Großbritannien und den USA abgeschlossen hat.

Hierzu wäre es nur nötig, das Datum auf den Vertragsurkunden der drei Mächte mit demjenigen auf den entsprechenden Urkunden Tongas zu vergleichen. Sicher wird der Vergleich der deutschen und englischen Vertragsausfertigungen mit den entsprechenden Tongas Datumskongruenz ergeben, da dieser Archipel mit hoher Wahrscheinlichkeit die gleiche Zählung wie die beiden genannten Vertragspartner hatte, nämlich die höhere.

Doch erst das Gegenüberstellen der amerikanischen und der tongaischen Vertragsdokumente würde letzte Klarheit bringen. Dieser interessante Vergleich erbrächte sicher Folgendes: Die Datierung auf dem tongaischen Papier ist derjenigen auf dem amerikanischen um einen Tag voraus.

Allerdings würde dieser Vergleich zu nichts führen, wenn es auf Tonga bei abweichendem Datum zum Vertragspartner üblich gewesen wäre, sich bei internationalen Abkommen oder Erklärungen auf *ein* Datum zu einigen, das dann sowohl die tongaische wie auch die Vertragsurkunde der auswärtigen Macht zieren würde. Sollte dies der Fall sein und sich grundsätzlich auf alle diplomatischen Übereinkommen mit Deutschland, England und den USA bezogen haben, wäre es unumgänglich, einen sehr viel mühsameren Weg zu beschreiten. Man käme nicht um den Vergleich tongaischer Datierungen aus Außenhandel und Außenpolitik herum.

Würde auch dies kein Licht auf die tongaische Art der Datumszählung werfen, die im neunzehnten Jahrhundert noch im Dunkeln lag, verbliebe noch die Möglichkeit, alle Veröffentlichungen über Ozeanien im allgemeinen und Tonga im Besonderen zusammenzutragen, die jemals in der damaligen Zeit auf Tonga, im übrigen

Ozeanien, in Australien sowie in Europa und Amerika erschienen sind. Darauf müssten alle diese Publikationen auf datumsrelevante Hinweise durchgearbeitet werden.

Der diesbezüglichen Literatur haftet leider ein gewichtiger Nachteil an: Die meisten dieser Schriften (überwiegend handelt es sich um deutsche, englische und auch französische Quellen) sind im neunzehnten Jahrhundert oder um die folgende Jahrhundertwende herausgegeben. Da ist es nicht leicht, ihrer habhaft zu werden. Selbst wenn dies möglich wäre, bliebe noch folgende Frage offen: Wer hätte soviel Zeit, eine derartige Sisyphusarbeit durchzuführen?

Außer dem Vergleich der jeweiligen nationalen Ausfertigungen von Vertragswerken kommt auch der Vergleich entsprechender Zeitungsmeldungen aus den Vertragsländern in Frage. Bei dem hohen Grad der Europäisierung Tongas ist anzunehmen, dass es im betreffenden Zeitraum Zeitungen auf dieser Inselgruppe gegeben hat, die *auf* Tonga erschienen sind.

Die Gegenüberstellung der in den Zeitungsmeldungen genannten Datierungen von beispielsweise Vertragsunterzeichnungen Tongas und der entsprechenden auswärtigen Mächte wäre ein beträchtlicher Schritt zur Klärung der tongaischen Datumszählung.

> *Die Möglichkeit, Schiffsbewegungen zur Rekonstruktion der tongaischen Zählung von Wochentag und Datum heranzuziehen, scheidet aus. Die Kriegsschiffe der Pazifikmächte Deutschland, England und der Vereinigten Staaten von Amerika respektierten bei der Datumsanpassung 180° v. Gr., Frankreich hielt sich an den Meridian von Paris (2° 20' 14" östl. v. Gr.).*

Wie es die Kapitäne der Handelsschiffe und die sich in der zweiten Hälfte des 19. Jahrhunderts den Pazifik erschließenden Schifffahrtsgesellschaften mit dem Datumswechsel hielten, lässt sich nicht feststellen.

Die folgende tabellarische Zusammenfassung führt die vielfältigen Rekonstruktionsmöglichkeiten der tongaischen Datumszählung vor Augen.

Tabellarische Zusammenfassung der durch Indizien
rekonstruierten Datumszählung von Tonga

	Spricht für das	
	höhere Datum	niedrigere Datum
1. Die Erwähnung Tongas in den Logbüchern seiner Entdecker:		
• LeMaire	✓	
• Tasman	✓	
• Cook	✓	
2. Die Missionierung durch Europäer:		
• Londoner Missionare	✓	
• Wesleyaner	✓	
• katholische Missionare aus Frankreich	✓	
3. Die durch die Missionierung bewirkte Europäisierung Tongas	✓	
4. Der ausschließliche Außenhandel Tongas mit Ländern und Inselgruppen mit höherem Datum:		
• mit Deutschland	✓	
• mit England und seinen australisch-ozeanischen Kolonien	✓	
• mit Apia (Samoa)	✓	
5. Der außenpolitische Verkehr mit Mächten aus der Sphäre des höheren Datums:		
• Freundschafts- und Handelsvertrag mit dem Deutschen Reich vom 1.11.1876	✓	
• Freundschaftsvertrag mit England vom 20.1.1879	✓	
• Vertretung des Deutschen Reichs durch Generalkonsul auf Tonga (Abkommen vom 20.11.1879)	✓	
• Wahrnehmung der englischen Interessen auf Tonga durch Vizekonsul (Abkommen vom 20.11.1879)	✓	
• Deklaration von Berlin bezüglich Tongas Neutralität zwischen Deutschland und England vom 6.4.1886	✓	

276

| | Spricht für das | | |
	höhere Datum	niedrigere Datum	

	höhere Datum	niedrigere Datum
6. *Der außenpolitische Verkehr mit einer Macht aus der Sphäre des niedrigeren Datums:* • Freundschaftsvertrag mit den USA vom 1.8.1888		✓
7. *Nachgewiesener Schiffsverkehr:*[1] • Anlaufen von Tongabatu durch „S.M.S. Gazelle" am 15. Dezember 1875 und Empfang des Kapitäns durch König Georg Tubo I.[2]	✓	
• Besuch des deutschen Kriegsschiffs „S.M.S.Hertha" zum Abschluss des Freundschafts- und Handelsvertrags vom 1.11.1876	✓	
• Sperrung des Hafens von Taulanga für alle nicht deutschen Schiffe durch „S. M. S. Falke" im März 1899	✓	
8. *Eingliederung Tongas in den Amtsbezirk des deutschen Konsuls von Apia*	✓	
9. *Anbindung Tongas an internationale Schiffahrtslinien:* • *Deutsche Linie:* Sydney-Tonga-Apia[3]	✓	
• *Amerikanische Linie:* Sydney-Auckland, Tonga-Honolulu-San Francisco[4]		✓
• *Englische Linie:* Sydney-Auckland-Tonga-Samoa-Honolulu-San Francisco[5]	✓	
• *Englische Linie:* Tonga-Neuseeland-Kapstadt-Plymouth[6]	✓	
• *Englische Linie:* Tongatabu-Fidschi-Inseln[7]	✓	

---

1   Schreiben des Militärgeschichtlichen Forschungsamts der Bundeswehr an Verfasser: Abt. AIF/III, Az.: 50-36-05 TgbNr. 757/59 v. 13.11.1979, Freiburg i. Br., S. 2

2   Hydrographisches Amt des Reichs-Marine-Amts, in: Die Forschungsreise S. M. S. „Gazelle" in den Jahren 1874 bis 1876, Berlin 1889, S. 270

3   Meyer, in: Tongaarchipel: „Die deutschen Postdampfer laufen den T. (den Tongaarchipel, d. Verf.) auf der Fahrt von Sydney nach Apia regelmäßig an.", Leipzig und Wien 1890, 4. Aufl., 15. Bd., S. 750

4   Meyer, in: Übersichtskarte des Weltverkehrs, Leipzig 1886, 4. Aufl., 4. Bd., n. S. 488

5   Meyer, in: Weltverkehrs-Karte, Leipzig und Wien 1895, 5. Aufl., 4. Bd. n. S. 540 (Diese englische Dampferlinie löste zwischen 1886 und 1895 die entsprechende amerikanische ab, d. Verf.)

6   ebd.

	Spricht für das		
	höhere Datum	Datum	niedrigere Datum
10.*Existenz von Karten mit Tonga bis einschließlich 1911:* • östlich der Datumsgrenze[1] • westlich der Datumsgrenze[2]	✓		✓
11.*Die Steuerzahlung in Dollar[3]*			✓

Das Studium der Tabelle deckt auf: Mit hoher Wahrscheinlichkeit hatte auf Tonga schon immer *das höhere* Datum gegolten. Wie schon dargelegt, fiel diese Inselgruppe zwar nicht durch ihre Entdeckung allein schon ins höhere Datumslager, sie war aber in den Logbüchern der betreffenden, von Westen gekommenen Seefahrer unter dem höheren Datum *vermerkt* worden, ohne dass diese Seefahrer auf dem Tonga-Archipel das höhere Datum eingeführt hätten. Infolgedessen herrscht seit dem Beginn der Missionierung auf Tonga die höhere Zählung von Wochentag und Datum. Die niedrigere Zählung hat dort nach meiner Ansicht nie Geltung gehabt.

Zur Ausräumung der letzten Zweifel, ob auf den Tonga-Inseln die höhere Datierung Fuß gefasst und sich gehalten hat, sei das schwerwiegendste Indiz beachtet:

Als die Tonga-Inseln durch den Vertrag vom 8. November 1899 unter britische Schutzherrschaft gekommen waren, erfolgte dort keine Regelung der Datumszählung, wie sie auf den Fidschi-Inseln stattgefunden hatte. Dort war, nachdem dieser Archipel 1874 engli-

---

7   Brockhaus, in: Tonga-Inseln: „Eine englische Dampferlinie verkehrt zwischen Tongatabu und den Fidschi-Inseln", Leipzig 1866, 13. Aufl., 15. Bd., S. 747

1   s. Karten v. 1875, 1886, 1887 (2 K.), 1889, 1904 (Fig. 36–39, 44)

2   s. Karten v. 1895 (2 K.), 1897, 1900, 1910 (2 K.), 1911 (Fig. 41–43, 45–47)

3   Brockhaus, in: Tonga-Inseln: „Tonga hat kein eigenes Geld; als gesetzliches Zahlungsmittel gelten alle Goldmünzen sowie alle engl., franz. und amerik. Münzen.", Leipzig 1886, 13. Aufl., 15. Bd., S. 747

sches Protektorat geworden war, durch den englischen Gouverneur von Fidschi 1879 die „Antepodean Time" (=australische Zeit) eingeführt worden.

Weil auf Tonga keine Datumsänderung erfolgte (andernfalls wäre darüber sicher etwas in den großen deutschen Enzyklopädien veröffentlicht worden), *muss Tonga schon vor 1899 das höhere Datum geführt haben.*

Es ist nämlich nicht anzunehmen, dass auf dem englisch gewordenen Tonga, das in unmittelbarer Nachbarschaft zum ebenfalls englischen Fidschi und in weiterer Nachbarschaft zu Australien und Neuseeland liegt, beide Territorien Träger der höheren Datierung, von Großbritannien das um einen Tag niedrigere amerikanische Datum akzeptiert worden wäre. Zu viele praktische Erwägungen hätten dagegen gesprochen.

d. Samoa

Den Samoa-Inseln fällt bei der Entwicklung der Datumsgrenze eine dreifache Rolle zu: bei der Entstehung ihrer historischen Bahn durch die Bildung des Samoa-Bogens Ende des 18. und im ersten Drittel des 19. Jahrhundertes (s. Teil I, S. 328 ff.), bei der Herausbildung ihrer politisch-wirtschaftlichen Variante in der zweiten Hälfte des 19. Jahrhunderts und – vorausgreifend – bei den in unserer Zeit erfolgten Veränderungen des Verlaufs der Datumslinie.

Während in Teil I aufgezeigt wird, wie es zur Etablierung der östlichen Datumszählung auf Samoa kam, findet sich im Samoa-Exkurs dieses Buches (S. 138 ff.) die unter europäischem und amerikanischem Einfluss erfolgende Entwicklung der politischen Zustände, in deren Rahmen die bisherige Zählung von Datum und Wochentag geändert wird.

Die Samoakonferenz vom 14. Juni 1889 beinhaltete als zentralen Punkt die Umwandlung der Samoainseln in ein unabhängiges und neutrales Gebiet – jedoch unter dem Schutz der drei Vertragsmächte Deutschland, England und Vereinigte Staaten von Amerika. Die „Samoa-Akte", die die Ergebnisse der betreffenden Konferenz enthielt, regelte auch die Frage, wer als König über den ganzen Archipel herrschen sollte.

279

Der vom Deutschen Reich im vorangegangenen Bürgerkrieg (1885–89) unterstützte und von seinen Anhängern zum König gewählte Häuptling Tamasese und der von den USA favorisierte Häuptling Mataafa wurden abgesetzt. Auf den Thron gelangte der ehemalige König Malietoa Laupepa. Er war, wie bekannt, im erwähnten Bürgerkrieg 1887 von einem deutschen Kriegsschiff um den halben Erdball erst nach Kamerun (deutsche Kolonie in Afrika seit 1884) und von dort auf die im Folgejahr unter deutsche Schutzherrschaft geratenen Marshallinseln verbannt worden. Nach seiner Rückkehr aus der deutschen Verbannung erkannten die drei Vertragsmächte den in Apia residierenden Malietoa Laupepa als rechtmäßigen König formell an.

Es war dieser König, der den Samoa-Archipel nach den Philippinen und den Fidschiinseln zur dritten Inselgruppe in der Grauzone des Datumswechsels werden ließ, deren Datumszählung durch eine Anordnung geregelt wurde. Hierzu schreibt der englische Historiker R. Gould, der zeitweise im Hydrographic Department der britischen Admiralität beschäftigt war: („ ... Prior to 1892, the whole of the group [the Samoa-group, the author], used the Eastern Date – that of New Zealand ... In July of that year, however, the Western Date, that of America, was adopted, an ordinance for this purpose being issued by King Malietoa.")[1] „Vor 1892 führte die ganze Gruppe das östliche Datum, das von Neuseeland ... Jedoch wurde im Juli dieses Jahres das westliche Datum, das von Amerika, angenommen. Zu diesem Zweck wurde von König Malietoa eine Verordnung erlassen."

Derek Howse, MBE DSC RN, der inzwischen verstorbene „Head of Navigation and Astronomy" (Leiter der Navigations- und Astronomieabteilung) des National Maritime Museum, London, präzisiert diesen Sachverhalt durch zwei Angaben. Die eine Angabe nennt die Ursache von Malietoas Verordnung zur Änderung der tradierten Datumszählung in seinem Inselreich; die andere weist auf einen formellen Begleitumstand der Datierungsumstellung hin – zur Freude der Amerikaner auf Samoa:

(„The King of Samoa, however, under pressure from American business interests, decided to go the other way, changing the date in his kingdom from

---

1   Gould, R., Assistant Hydrographer des englischen Hydrographischen Büros, in: Samoa-proposed change of date, v. 12.11.1921

the Antipodean to the American system, ordaining – by a masterpiece of diplomatic flattery – that the Fourth of July should be celebrated twice in that year.")[1] „Der König von Samoa, unter dem Druck amerikanischer Wirtschaftsinteressen, beschloss, das Entgegengesetzte zu tun (im Hinblick auf die Einführung der östlichen Zählung auf Fidschi, d. Verf.), indem er in seinem Königreich das Datum von der australischen auf die amerikanische Zählung umstellen ließ und verfügte – ein Meisterstück diplomatischer Schmeichelei –, dass in diesem Jahr der 4. Juli (der amerikanische Unabhängigkeitstag, d. Verf.) zweimal gefeiert werde."

Diagramm zur Einführung der westlichen Datumszählung auf den Samoa-Inseln am 4. Juli 1892

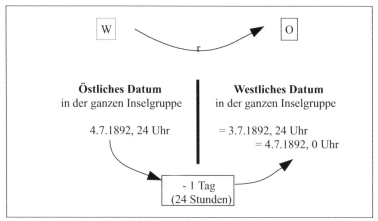

Fig. 25

W = Westen   O = Osten   r = Rotationsrichtung der Erde

Das Diagramm verdeutlicht: Die Samoainseln feierten den amerikanischen Unabhängigkeitstag an zwei aufeinanderfolgenden Tagen: zuerst unter östlichem, dann unter westlichem Datum.

---

1   Howse, Derek, in: Greenwich time and the discovery of the longitude, Oxford-New York-Toronto Melbourne 1980, S. 162

Im Zusammenhang mit der 1892 erfolgten ersten Änderung der samoanischen Datumszählung, die zweite erfolgte am Anfang dieses Jahrhunderts, sei noch etwas Wichtiges genannt, was sich weder bei Gould noch bei Howse findet, wohl aber in einer neuseeländischen Quelle: („On the 4th July, 1892, Samoa, which had previously used the eastern date, adopted the western *for the whole of the group* [italics by the author].")[1] „Am 4. Juli 1892 nahm Samoa, das in der vorangehenden Zeit das östliche Datum führte, *für die ganze Inselgruppe* (Hervorhebung durch den Verf.) das westliche Datum an."

3. Beginn der Erforschung Ozeaniens
(Exkurs)

Schiffe zur Erforschung Ozeaniens wurden erstmals von der Kriegsmarine Österreich-Ungarns, Deutschlands, Englands und der Vereinigten Staaten von Amerika entsandt. Sie wechselten alle nach Überschreiten der nautischen Datumsgrenze (180° v. Gr.) das Datum, was ins Logbuch eingetragen wurde. Diese schriftlichen Spuren sind für die Rekonstruktion der politisch-wirtschaftlichen Datumslinie zwar nicht von Belang, doch ist nicht auszuschließen, dass das Studium der von diesen Schiffen hinterlassenen Forschungsberichte Hinweise auf die Datumszählung dieser oder jener Inselgruppe geben könnte.

Neben der staatlichen Erforschung der pazifischen Gewässer selbst rücke auch die von einem Privatmann eingeleitete Erforschung der ozeanischen Inselwelt ins Visier der Betrachtungen.

---

1 Dominion Observatory, Wellington, New Zealand, in: Bulletin No. 78 „Notes on the History of the Date or Calendar Line", Reprinted from the „New Zealand Journal of Science and Technology", Wellington, vol. XI, No. 6, S. 6; *Anmerkung:* Die Schrift NOTES ON THE HISTORY QF THE DATE OR CALENDAR LINE wurde 1921 dem Dominion Observatory, Wellington (New Zealand) von der hydrographischen Abteilung der britischen Admiralität unter Leitung von Vice Admiral Frederick Learmonth, Hydrographer of the Navy (1919–24), übersandt (Hydrographic Department, Admiralty, November, 1921: H 6163 / 58, original in H 6948 / 21, A. G. B.).

a. Maritime Erforschung

- Segelfregatte „Novara" der k. u. k. Marine (1857–58)
- „HMS Challenger" der Royal Navy (1872–76)
- „S. M. S Gazelle" der Kaiserlich-Deutschen Marine (1874–76)
- „USS Tuscarora" der US-Navy (1873–78)
- „HMS Egeria" der Royal Navy (1887–90)
- Rolle des Logbuchs bei der Rekonstruktion der Datumszählung in der Südsee

Zu der seit jeher durchgeführten geographischen Forschung, der Küstenaufnahme von Inseln und Festland und der dazugehörigen Bestimmung nach geographischer Länge und Breite der entdeckten bzw. in Besitz genommenen Territorien, gesellten sich in der Zeit, in der die Datumszählung im mittleren Pazifik uneinheitlich geworden war, wissenschaftliche Expeditionen. Sie dienten der Erweiterung der Kenntnisse in der Gewässer- und Meereskunde und nicht zuletzt der Förderung der Tiefseeforschung mit dem Schwerpunkt Tiefseelotung.

Aus den modernen wissenschaftlichen Forschungsreisen im Pazifik ab der Mitte des 19. Jahrhunderts bis zu dessen Ende ragen drei Expeditionen heraus: die englische mit „HMS Challenger", die amerikanische mit „USS Tuscarora" und die deutsche mit „SMS Gazelle". Unter biologischen Aspekten ist der britische Naturforscher Sir Charles Wyville *Thomson* (1830–1882) als der Urheber der modernen maritimen Erforschung anzusehen, unter dem Gesichtspunkt der Tiefseeforschung der nordamerikanische Seeoffizier und Physiker Matthew Fontaine *Maury* (1806–1873).

Das erfolgreiche Verlegen des transatlantischen Telegraphenkabels von 1866, im wesentlichen ein Verdienst Maurys, förderte ungemein das Bestreben der sich herausbildenden Pazifikmächte, durch Telegraphenkabel mit ihren pazifischen Territorien verbunden zu sein.

Bei allem Fortschritt in der submarinen Verkabelung – im Jahre 1887 belief sich die Gesamtlänge aller unterseeischen Telegraphenkabel auf ca. 210 000 km: auf mehr als des Fünffache des Erdumfangs – war der Große Ozean aber noch immer ein weißer Fleck auf den Karten der Kabelgesellschaften. Für ein weltumspannendes Telegraphennetz fehlten noch die unterseeischen Kabelverbindungen zwischen Amerika einerseits und Asien und Australien andererseits. Zwar hatte die Entwicklungshöhe der Kabeltechnik, insbesondere durch das Legen mehrerer Atlantikkabel, schon einen Stand erreicht, der das Legen pazifischer Kabelstränge bereits ermöglicht hätte. Doch die plastischen Abbildungen des pazifischen Meeresbodens, den die geplanten Kabelstränge wegen der im Vergleich zum Atlantik viel gewaltigeren Aufgabe erst um die Wende vom 19. zum 20. Jahrhundert überzogen, waren noch nicht greifbar: Die nötigen Tiefenmessungen zur Erstellung des Bodenprofils waren noch nicht durchgeführt.

Die Tiefenmessung folgte den Kolonialherren in den Stillen Ozean. Die Trasse des zwischen Nordamerika (Vancouver) und Australien projektierten englischen Unterseekabels (s. S. 51 f.) durchquerte die „Grauzone des Datumswechsels", lief also durch diejenige Region der pazifischen Inselwelt, deren Datumszählung sich in jener Zeit noch nicht eindeutig der höheren australisch-asiatischen oder der niedrigeren amerikanischen Zählung zuordnen ließ.

Von den Expeditionen, die in der zweiten Hälfte des 19. Jahrhunderts in den Großen Ozean aufbrachen, sind es fünf Schiffe, deren Kurs sie auch in die „Grauzone des Datumswechsels" führte. Es handelt sich um die englischen Schiffe „Challenger" und „Egeria", die amerikanische „Tuscarora", die deutsche „Gazelle" und die österreichische „Novara".

Obwohl Österreich-Ungarn keinerlei kolonialistische, auf den Pazifik gerichtete Ambitionen verfolgte, war es dieses Land, das die maritime Erforschung Ozeaniens einleitete. Im Unterschied zu den nachfolgend vorgestellten Expeditionen war es nicht das erklärte Ziel der Segelfregatte „Novara", im Stillen Ozean Tiefenmessungen, sondern allgemein-wissenschaftliche Zwecke zu verfolgen.

Segelfregatte „Novara"[1] der k. u. k. Marine (1857–58)

Es ist bemerkenswert, dass in der zweiten Hälfte des 19. Jahrhunderts die erste wissenschaftliche Expedition im Stillen Ozean nicht von einer der späteren Pazifikmächte (Frankreich, England, Deutschland, Vereinigte Staaten von Amerika), sondern von Österreich im Rahmen einer Weltreise dorthin entsandt worden war.

Unter dem Kommando des Kommodore von Wüllerstorf-Urbair, begleitet von dem Reisenden und Geographen Karl von Scherzer[2] und dem Geologen und Geographen Ferdinand von Hochstetter, stach die „Novara" im damals österreichischen Triest am 30. August 1857 in See. Über Gibraltar, Madeira, Rio de Janeiro erreichte sie das Kap der Guten Hoffnung, segelte weiter in den Indischen Ozean, wo sie vom 19. November bis 6. Dezember die Inseln St. Paul und Amsterdam besuchte. Von hier aus setzte die „Novara" ihre Fahrt über Ceylon, Madras, Singapur bis nach Shanghai fort. Von der chinesischen Küste aus drang sie auf geradem Weg in die mikronesisch-melanesische Inselflur ein und lief die Salomon-Inseln an. Am 5. November 1858 erreichte sie Sydney und von dort Auckland. Von Neuseeland führte ihr Kurs die „Novara" nach Tahiti. Über Valparaiso, das Kap Hoorn, die Azoren und Gibraltar vollendete die österreichische Segelfregatte am 28. August 1858 in Triest, dem Ausgangspunkt ihrer Reise, die Weltumsegelung.

Die Durchsicht des dritten Bandes des über die Novara-Weltreise erschienenen Forschungsberichts ergibt im Hinblick auf die Rekonstruktion der pazifischen Datumsentwicklung Zweierlei: Über die Datumszählung auf Südseearchipelen wird nichts berichtet, obwohl die „Novara" die pazifischen Gewässer durchfahren hat, in denen die Zählung des Datums zu jener Zeit ungeklärt war. Auch wird im Zusammenhang mit dem Manilabesuch der „Novara" das vom Schiffsdatum abweichende philippinische Datum nicht erwähnt. Dagegen geht der Verfasser ausführlich auf den nau-

---

1   in Erinnerung an den am 23. März 1849 bei Novara errungenen Sieg Österreichs unter Feldmarschall Radetzky gegen Sardinien so genannt

2   Nach Scherzers Rückkehr von der Weltreise erhob ihn Kaiser Franz-Josef I. (1848–1916) in den erblichen Ritterstand.

tischen Datumswechsel ein. Darüber sei Folgendes zitiert: „Das einzige Ereignis während der ganzen Überfahrt (von Auckland nach Tahiti, d. Verf.), welches auf die Meisten einen nachhaltigen Eindruck machte, war das Durchschreiten des 180. Längengrades vom Meridian von Greenwich am 10. Jänner gegen 11 Uhr Nachts, sodass wir uns nun wieder in westlicher Länge befanden. Es rief unter den Matrosen kein geringes Erstaunen hervor, als plötzlich ein Tagesbefehl erschien, nach welchem angeordnet wurde: Montag, der 10. Jänner, sei in allen Journalen und Verrechnungen zweimal, d. h. an zwei auf einander folgenden Tagen zu zählen, um zu verhindern, daß wir bei unserer Rückkehr nach Europa ein Datum führen, welches nicht mit dem dortigen übereinstimmt, sondern um einen Tag voraus ist. … Im Allgemeinen zählt man also, von West nach Ost steuernd, einen Tag mehr, und umgekehrt, von Ost nach West fahrend, einen Tag weniger. Man könnte zwar diesen Tag erst nach vollbrachter Erdumsegelung einbringen oder ausgleichen, dann würde man aber ungleiches Datum mit allen jenen Orten zählen, welche mit Europa in dieser Beziehung gleich bleiben."[1]

Bei den schriftlichen Resultaten der aufsehenerregenden mehrjährigen Novara-Reise handelt es sich um zwei große Werke. Das bedeutendere der beiden trägt den Titel „Reise der Österreichischen Fregatte N. um die Erde. Beschreibender Teil von Scherzer" (Wien 1861–62, 2. Aufl. 1854–65; Volksausgaben 1865–66 u. 1875). „Die eigentlich wissenschaftlichen Ergebnisse sind enthalten in den einzelnen Abtheilungen, der statistisch-kommerciellen, zoologischen, botanischen, geologischen, anthropologischen und linguistischen."[2] Das andere Werk heißt „Gesammelte Reiseberichte von der Erdumsegelung der Fregatte Novara", verfasst von Ferdinand von Hochstetter. Zu diesen Reiseberichten zählen auch v. Hochstetters „Geologische Beobachtungen auf der Novara-Reise 1857–59" mit Daten über verschiedene Inselgruppen.

---

1 Scherzer, K. von, in: Reise der Österreichischen Fregatte NOVARA um die Erde, in den Jahren 1857, 1858, 1859 unter den Befehlen des Commodore B. von Müllerstorf-Urbair; Wien 1862, dritter Band, S. 172–176
2 Meyer, in: „Novara", Leipzig 1877, 3. Aufl., 12. Bd., S. 150

Die ausgezeichneten Resultate mehrerer kleiner meereskundlicher atlantischer Expeditionen von 1860 bis 1870 unter dem britischen Naturforscher Wyville Thomson führten auf dessen Anregung dazu, dass sich die englische Regierung in Zusammenarbeit mit der „Royal Society" für eine mehrjährige, von Thomson geplante maritime Expedition in die drei großen Ozeane entschied: in den Atlantik, den Indischen Ozean und in den Pazifik. Unter dem Kommando von Kapitän George Nares und unter Begleitung des von Thomson geleiteten wissenschaftlichen Stabes[1], stach die „Challenger", eine hölzerne Dampfkorvette von 2306 Bruttoregistertonnen, am 7. Dezember 1872 in See. Auf ihrer vierjährigen ozeanographischen Forschungsfahrt legte sie nicht weniger als 127 600 Kilometer zurück, davon ungefähr die Hälfte in pazifischen Gewässern.

Die „Challenger-Expedition" sollte ein Menschenalter lang zur größten und bedeutendsten maritimen Forschungsreise werden. Aus der ungeheuren Fülle der im Logbuch verzeichneten wissenschaftlichen Tätigkeiten stechen 362 Observationen an unterschiedlichen Positionen, 492 Tiefenmessungen und 133 Schleppnetzzüge über dem Meeresgrund zur Aufnahme größerer und großer Bodenproben ins Auge. Unter den zahlreichen Tiefenlotungen ragt die im Marianengraben gemessene Tiefe von 8164 m heraus. Nach Abschluss der Expedition wurden Kapitän George Nares, dem 1875 Frank Thomson nachfolgte, und Wyville Thomson als „Sir" in den Adelsstand erhoben.

Wie der pazifische Teil der Challenger-Reiseroute belegt, überquerte die „Challenger" die nautische Datumsgrenze (180° v. Gr.) und durchfuhr auch die „Grauzone des Datumswechsels": ... Neuseeland, Cook-Straße, Kermadec-Inseln, Raoul-Insel, Tonga- und Fidschiarchipel, Neue Hebriden, Torres-Straße, Banda-, Sulu- und Chinasee, Philippinen, Nordostküste Neuguineas, Admiralitäts-

---

1   Unter der Weisung von W. Thomson: John Murray, Commander Tizard, v. Willemoes-Suhm und J. J. Buchanan

Inseln, Karolinen, Marianen, Jokohama, Honolulu, Tahiti, Valparaiso, Magellanstraße.

Auf der Fahrt von Yokohama nach Honolulu passierte die „Challenger" am 4. Juli 1875 (östliche Zählung) 180° v. Gr., die nautische Datumsgrenze. Hierüber findet sich in dem 1877 in Toronto veröffentlichten Bericht von Spry folgende Passage:(„The principal occurrence of the voyage that made an impression was the passage of the meridian of 180°, which took place at noon on the 3rd July; and we now entered on west longitude. Accordingly, a day had to be 'dropped' out of our reckoning, and Sunday, 4th July, was continued for two days, so as to prevent our returning to England with our log and Journal one day ahead of the calendar.")[1] „Das Hauptereignis der Reise, das Eindruck machte, war das Passieren von 180° (v. Gr., d. Verf.), was am Mittag des 4. Juli stattfand. Wir befanden uns nun unter westlicher Länge. Dementsprechend musste ein Tag unserer Berechnung entfallen und Sonntag, der 4. Juli wurde zweimal gezählt, um zu verhindern, dass wir bei unserer Rückkehr nach England in unserem Logbuch dem Kalender einen Tag voraus sind."

Über diese in die Literatur eingegangene Datumswechselbeschreibung führt das Hydrographic Department der britischen Marine aus: („When HMS CHALLENGER crossed the date line [180° from Gr., the author] in 1875 she changed her date on the day the line was crossed so Sunday 4 July was followed by a further Sunday 4 July.")[2] „Als HMS Challenger 1875 die Datumslinie überquerte, wechselte sie ihr

---

1 Spry, W. J. J., R. N., in: THE CRUISE OF HER MAJESTY SHIP „CHALLENGER." Voyages over Many Seas, Scenes in many Lands, Toronto, 1877, S. 306

2 Lieutenant Commander for Hydrographer of the Navy ACF David, HYDROGRAPHIC DEPARTMENT, Ministry of Defence (of Great Britain, d. Verf.), Schreiben an National Maritime Museum, London, v. 12.2.1979, H6163/58; *Anmerkung: Im Unterschied zum Quellentext führt die hydrographische Abteilung der englischen Marine statt des 3. den 4. Juli an. Das rührt daher: In der Royal Navy erfolgt der Datumswechsel zur Mitternacht des Tages, an dem die nautische Datumsgrenze passiert wurde. Im vorliegenden Fall war dies Sonntag, der 4.7.1875, 24 Uhr nach höherer östlicher Zählung. Durch Reduktion der Stundenzahl um 24 Stunden wegen des Übertritts an der nautischen Datumslinie von der höheren in die niedrigere Datumssphäre ergibt sich So. der 4.7.1875, 0 Uhr (s. Teil I, S. 339).*

Datum an dem Tag, an dem die Linie überschritten wurde, sodass dem Sonntag, 4. Juli, ein weiterer Sonntag, 4. Juli, folgte."

Wenn auch der Reisebericht von Spry über die Challenger-Expedition keine Hinweise auf die Zählung von Datum und Wochentag auf pazifischen Inseln enthält, kann dies mit Gewissheit angenommen werden: Die ungeheure Materialfülle, die von der Challenger-Expedition zur Verarbeitung nach England gebracht wurde, enthält auch keine Hinweise zur Entwicklung der politisch-wirtschaftlichen Datumsgrenze im Stillen Ozean. Das in Edinburgh gegründete „Challenger-Office" gab unter Leitung von W. Thomsen und J. Murray von 1882 bis 1895 47 Bände heraus: den „Challenger-Report". Er trägt den Untertitel „Report of the scientific results of the voyage of H.M.S. Challenger 1873–76". (Bericht über die wissenschaftlichen Ergebnisse der Reise von H.M.S. Challenger 1873–76"). Ein paar Zeilen weiter heißt es: (,,Much of the data gathered at that time is still used today.")[1] „Viele der Untersuchungsergebnisse, die gesammelt wurden, werden heute noch benutzt."

„S. M. S Gazelle" der Kaiserlich-Deutschen Marine
(1874–76)

Unter Kapitän zur See v. Schleinitz lichtete die Korvette „Gazelle" der deutschen Kriegsmarine am 21. Juni 1874 in Kiel Anker und lief nach einer Weltumsegelung am 27. April 1876 wieder in ihren Heimathafen Kiel ein. Bahnbrechende Tiefseeforschungen, wertvolle völkerkundliche Forschungsergebnisse sowie die Beobachtung des Venusdurchgangs auf den Kerguelen sind die Glanzpunkte in der riesigen Anhäufung durchgeführter maritimer Forschungsaufgaben. Die Resultate dieser Exploration zur See schlugen sich in folgenden Veröffentlichungen nieder:

„ ‚Die wissenschaftlichen Ergebnisse der Expedition S. M. S. Gazelle' (Berlin 1876); ‚Annalen der Hydrographie und maritimen Meteorologie', 1874; ‚Die Forschungsreise S. M. S. Gazelle in den

---

1   The New Encyclopedia Britannica, in: „Challenger Expedition", Chicago / London / Toronto / Geneva / Sydney / Tokyo / Manila / Seoul, 1979, 15th Edit., Vol. II, S. 715

Jahren 1874–1876', 5 Teile, herausgegeben vom hydrographischen Amt des Reichsmarineamts (Berlin 1889 u. 1890)."[1]

Die 55 600 km lange Reiseroute der „Gazelle" sei grob skizziert: Kiel - Plymouth - Atlantik - Indischer und Pazifischer Ozean - Magellanstraße - Atlantik - Plymouth – Kiel. Für den Zweck dieses Buches ist jedoch nur die Route von Belang, die gegebenenfalls Aufschluss über die damals dort praktizierte Zählung von Wochentag und Datum zu geben vermag: Salomoninseln, Brisbane, Auckland, Fidschi-, Tonga- und Samoainseln, Punta Arenas.

Nachweislich passierte die „Gazelle" auf ihrer Südseereise die nautische Datumsgrenze. Das geht direkt aus einem vom Militärgeschichtlichen Forschungsamt der Bundeswehr an den Verfasser gerichteten Schreiben hervor und indirekt aus dem Bericht des Hydrographischen Amts des Reichsmarineamts. „Wenn auch die Preußische Marine schon 1859 ein Geschwader nach Japan entsandt hatte, wurde die Datumsgrenze von Schiffen der deutschen Marine erstmals passiert auf der Weltreise der ‚Gazelle' (Beginn Juni 1874) und durch die Entsendung der ‚Hertha' in den Pazifik (Okt. 1874 via Kap Horn, 1.11.1876 Handelsvertrag mit Tonga-Inseln usw.). Über die wissenschaftlichen Ergebnisse der Gazelle-Expedition ist seinerzeit auch ein umfangreicher Bericht veröffentlicht worden, der mir aber nicht vorliegt. Die noch vorhandenen Unterlagen über ‚Hertha' (Logbuch fehlt!) geben keinen Hinweis auf die Datumsgrenze."[2]

Der Forschungsbericht der „Gazelle" enthält keinerlei Hinweise auf inselspezifische Datumszählung noch erwähnt er den nautischen Datumswechsel, weil dieser nach den Vorschriften der deutschen Marineführung immer unter 180° v. Gr. erfolgte: „Die Schiffe der Kaiserlich-Deutschen Marine wechseln das Datum bei jedesmaligem Überschreiten des 180. Längengrads (v. Gr., d. Verf.)"[3] Im Logbuch dagegen muss sich der Wechsel beim Passieren der Greenwicher Gegenlinie niedergeschlagen haben. Die Rou-

---

1 Meyer, in: Maritime wissenschaftliche Expeditionen, Leipzig und Wien 1897, 5. Aufl., 11. Bd., S. 946/47
2 Militärgeschichtliches Forschungsamt der Bundeswehr, in: Schreiben an Verfasser, Abt. AIF/III, Az.: 50-36-05/TgbNr. 757/59 v. 13.11.1979, Freiburg i. Br., S. 2

te der „Gazelle" führte nämlich von der Insel Levuka (Fidschigruppe) weiter nach Samoa. Hierüber heißt es in dem Bericht des „Hydrographischen Amts des Reichs-Marine-Amts": „Am 20. Dezember verliess die ,Gazelle' Levuka, um mit nördlichem Kurse ... dem Samoa-Archipel ... zuzusteuern ..."[1] Nachfolgend wird über das Wetter und eine Tiefenmessung unter „172° 53,0' W-Lg" (westl. L., d. Verf.) berichtet. Daraus folgt: die nautische Datumsgrenze ist überquert und die Datumsanpassung mit Logbucheintrag vorgenommen worden. Dann heißt es weiter: „Nachdem am 23. Nachmittags schon aus weiter Entfernung die gebirgigen Samoa-Inseln in Sicht kamen, wurde Kurs auf die Strasse zwischen Upolu und Savaii (s. Fig. S. 139) genommen. ..."[2]

„USS Tuscarora" der US-Navy
(1873–1878)

Die „USS Tuscarora" war wie „HMS Challenger" ein Schiff der Kriegsmarine. Daher muss sie die Datumsanpassung unter 180° v. Gr. auf der Route zwischen den Phönix- und Fidschiinseln vorgenommen haben. Über die „Tuscarora" sei nur als Exkurs berichtet; denn über ihre Exploration des mittleren und südlichen Pazifiks hat sich, im Gegensatz zu ihrer Erforschung des nördlichen Stillen Ozeans[3], bisher kein Bericht finden lassen. Das gleiche trifft auf die „Egeria" zu.
Von den verschiedenen Expeditionen, welche die „U.S.S. Tuscarora" von 1873 bis 1878 im Stillen Ozean unternommen hatte, ist zur Aufhellung der uneinheitlichen Zählung von Wochentag und Datum im mittle-

---

3   Brockhaus, in: „Übersichtskarte des Weltverkehrs", Berlin und Wien
     1903, 14. Aufl., 16. Bd., n. S. 618 (zum Artikel „Weltverkehr")
1   Hydrographisches Amt des Reichs-Marine-Amts, in: Die Forschungsreise
     S. M. S. „Gazelle" in den Jahren 1874 bis 1876 unter Kommando des Kapitän zur See Freiherrn von Schleinitz, Berlin 1889, I. Theil. Der Reisebericht., S. 274 ebd.
2   ebd.
3   Hydrographic Office: Deepsea soundings in the North Pacific, obtained
     in the U.S.S. Tuscarora, comm. George E. Belknap, Washington 1874

ren und südlichen Pazifik diejenige Expedition von Belang, die das amerikanische Forschungsschiff unter Kapitän J. N. *Miller* von Dezember 1875 bis Februar 1876 durchführte. Millers Kurs brachte die „Tuscarora" von San Diego über Honolulu, die Phönix- und Fidschiinseln nach Brisbane in Australien. Auf dieser Reise entstand das nachfolgend abgebildete pazifische Bodenprofil.

Bodenprofil des Pazifiks:[1]
San Diego...............Honolulu...............Peel Island

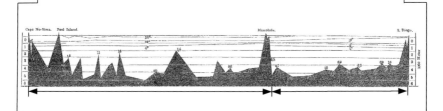

ca. 7 500km Luftlinie		ca. 3 400km Luftlinie

Horizontalmaßstab	1 :	106 000 000	
Vertikalmaßstab	1 :	460 000	
Überhöhung:		230-fach	**Fig. 26**

„HMS Egeria" der Royal Navy
(1887–1890)

Im Gegensatz zu den vorangehend vorgestellten vier Schiffen ist die „Egeria" nur den Fachleuten der Tiefenmessung ein Begriff. Unter Kapitän Pelham Aldrich führte sie von 1887 bis 1890 im Indischen und Stillen Ozean Tiefen- und Temperaturmessungen durch. Im südlichen Pazifik maß die „Egeria" die bisher größten dort gemessenen Tiefen: 7 855 m (unter 24° 49' südl. Br. und 175° 7' westl. L. v. Gr.) und 8 098 m (unter 24° 37' südl. Br. und 175° 8' westl. L. v. Gr.).

Wenn die Positionen ins Auge gefasst werden, unter denen diese Messergebnisse zustande kamen, wird deutlich, warum die pazifischen Tiefenmessungen der „Egeria" unter Umständen etwas über die Datums-

1   Brockhaus, F. A., in: Tiefseeforschung (Tafel), Leipzig 1886, 13. Aufl., 15. Bd., n. S. 682 (Fig. 11); *Anmerkung:* Figurenüberschrift, Entfernungen, Maßstäbe und Überhöhung v. Verf..

zählung der nördlich ihrer Meßkoordinaten liegenden Inselgruppen beitragen könnte:
Die Schnittpunkte dieser Koordinaten liegen nämlich südöstlich der
Tongagruppe: an der Übergangsstelle des Kermadec- zum Tongagraben –
also just in dem Seegebiet, wo etwa die südliche Grenze der „Grauzone
des Datumswechsels" verlief.

Rolle des Logbuchs bei der Rekonstruktion der Datumszählung in der Südsee

Wenn es nach der Einleitung dieses Kapitels darum geht, bei
der Erforschung Ozeaniens Spuren aufzuzeigen, deren weitere Verfolgung dazu beitragen könnte, unser Wissen über die Entwicklung
der Datumszählung in der ‚Grauzone des Datumswechsels' auf ein
sichereres Fundament zu stellen, rückt auch das Logbuch ins Visier
der Bemühungen zur weiteren Aufhellung der ins Wanken geratenen Datumszählung im mittleren und südlichen Pazifik – genauer:
die Logbücher der Forschungsschiffe, auf die vorangehend eingegangen worden ist: der „Novara", der „Challenger", der „Tuscarora", der „Gazelle" und der „Egeria".
Da es sich bei diesen Schiffen um Kriegsschiffe handelt, nehmen sie eine erforderliche Datumsanpassung unter Bezug auf die
Gegenlinie ihres Anfangsmeridians der Längenmessung vor. Mit
anderen Worten: Der Datumswechsel dieser Schiffe kann zwar
nicht zur Aufhellung der Datumszählung im mittleren und südlichen Pazifik beitragen, weil er sich auf 180° v. Gr. bezogen hat.
Dennoch könnten die Logbücher bei der Klärung der dortigen Datumszählung nützlich sein, und zwar durch unter Umständen erfolgte Eintragungen *über* die Zählung des Datums auf Inseln und
Inselgruppen, die von den bewussten Schiffen im Rahmen ihres
Auftrags angelaufen oder besucht worden sind.

Nun zum Wesentlichen des Logbuchs! Das Logbuch – auch ‚Schiffs-
journal' genannt – ist ein Tagebuch, das auf jedem Schiff bei jeder Reise
genauestens zu führen ist. Darunter fallen alle Besonderheiten, die sich

bei Beginn der Beladung bis zur Beendigung der Fahrt zutragen. Insbesondere müssen im Logbuch vermerkt werden: Wind und Wetter, die durch Lotung ermittelte Wassertiefe, der Wasserstand bei den Pumpen im Kiel, das An-Bord-Nehmen eines Lotsen, Veränderungen in der Schiffsbesatzung durch Sterbefälle, Beförderungen, Abberufungen u. a. m.; alle Unfälle, durch die die Besatzung oder die Ladung zu Schaden kommt; weiter verhängte Disziplinarstrafen, Geburts- und Sterbefälle bei Passagieren, die im Schiffsrat gefassten Beschlüsse bei besonderen Situationen, die zurückgelegten Entfernungen und nicht zuletzt der gehaltene Kurs mit der dazu ermittelten Länge und Breite zur Bestimmung der jeweiligen Schiffsposition.

Die Eintragungen werden vom Steuermann unter Aufsicht des Kapitäns vorgenommen. Ist der Steuermann verhindert, trägt der Kapitän selbst ins Logbuch ein. Für alle Eintragungen hat Geltung: Sie erfolgen Tag für Tag mit genauer Datumsangabe. Nach jeder Eintragung unterschreiben sowohl der Steuermann wie auch der Kapitän.

Weil es die Pflicht des Kapitäns ist, alles nur Denkbare zur Erhaltung des Logbuchs zu tun, ist anzunehmen, dass die Logbücher dieser Schiffe erhalten und auffindbar sind.

In dem bereits angeführten Schreiben des „Militärgeschichtlichen Forschungsamts" der Bundeswehr an den Verfasser heißt es hierzu: „Im Bundesarchiv-Militärarchiv, ... 7800 Freiburg i. Br. wird noch ein beachtlicher Teil der Berichterstattung über die Tätigkeit deutscher Schiffe im Pazifik und deren Logbücher (nicht lückenlos!) etwa ab Ende der siebziger Jahre (des 19. Jahrhunderts, d. Verf.) aufbewahrt. ... Fachlich vorgebildetes Personal, um eine Auswertung im Sinne Ihres Themas vornehmen zu können, gibt es dort jedoch nicht! Ich halte es für durchaus möglich, dass man daraus vielleicht Erkenntnisse gewinnen kann. Doch weise ich Sie darauf hin, dass ein derartiges Quellenstudium von Ihnen selbst vorgenommen werden müsste und sicher langwierig wäre (deutsche Handschrift – gotisch!)."[1]

---

1 Militärgeschichtliches Forschungsamt, Abt. AIF/III, AZ: 50-36-05, Tgb Nr. 757/79, Freiburg i. Br., in: Schreiben an Verfasser vom 13.11.1979, S. 2; *Anmerkung:* Der Verfasser bemüht sich, Einblick in die bewussten Logbücher nehmen zu können. Eventuelle mitteilenswerte Ergebnisse würden dann in einem kleinen Nachtrag erscheinen.

b. Anfänge der Tiefseemessung

Tiefseemessung in Antike und Mittelalter

Schon immer versuchte der Mensch, die Tiefen des Meeres zu ergründen. Doch dieses Bemühen blieb bis zur Mitte des 19. Jahrhunderts ein vergebliches Unterfangen. Die Ursachen lagen in der Unzulänglichkeit der für die Messung der Meerestiefe ersonnenen Geräte oder besser gesagt: in dem Fehlen geeigneter Geräte überhaupt.

Die vorhandenen Geräte beschränkten sich in ältester Zeit auf sehr geringe Tiefen in Küstennähe. Am Anfang der Tiefenmessung stand die Peilstange. Sie hing am Schiff und wurde auf dem Grund dahingeschleppt. Berührte die Stange den Meeresboden nicht, war das Wasser meistens tief genug. Diese Art von „Messergebnis" genügte nicht immer, sodass bald das Lot die Peilstange zu verdrängen begann. Aus den überlieferten, mit dem Lot durchgeführten Tiefenmessungen antiker Zeit, wie z. B. durch Herodot (Messung der Wassertiefe nördlich des Nildeltas) oder Strabo (Messung am südlichen Ende des Roten Meeres) ragt der Apostel Paulus heraus, dessen Schiff nach zwei Lotungen mit abnehmender Wassertiefe an der maltesischen Küste strandet. In der Bibel heißt es hierzu: „Und sie warfen das Senkblei aus und fanden zwanzig Klafter[1] tief; und

---

1 Schon in der Antike waren die Lotleinen nach einem Längenmaß unterteilt – meist in Faden oder Klafter. Beide Längenmaße kommen in unterschiedlicher Größe vor. So ist z. B. der „englische F. = 1,8288 m, der französische = 1,624 m, der portugiesische … = 2,2 m, der preußische und dänische = 1,883 m … 100 englische F. = 182,878 m bilden eine Kabellänge, welche in Deutschland und Österreich jetzt 185 m (0,1 Seemei-

ein wenig davon senkten sie abermals und fanden fünfzehn Klafter. … Und da sie auf eine Sandbank gerieten, ließen sie das Schiff auflaufen, und das Vorderschiff blieb feststehen unbeweglich, aber das Hinterschiff zerbrach von der Gewalt der Wellen."[1] Im Blick auf größere Meerestiefen begnügte man sich mit Schätzungen, wie z. B. mit der Schätzung der Mittelmeertiefe auf etwa 15 Stadien[2] (ca. 2800 m) – ein Wert, der der wahren Durchschnittstiefe des Mittelmeeres nahekommt. Die Alten waren nämlich im allgemeinen der Ansicht, die größten Meerestiefen entsprächen den höchsten Erhebungen an Land.

Noch im 14. Jahrhundert finden sich auf den Segelkarten des Mittelalters keine Tiefenangaben. Dagegen sind auf den in dieser Zeit von den Seefahrern selbst angefertigten Beschreibungen der Küsten (Seebücher) in größerer Zahl Angaben zur Tiefe verzeichnet, wie beispielsweise im Seebuch der hansischen Seeleute. „Erst in niederländischen Seekarten des 15. Jahrhunderts scheinen auch Lotungen … eingetragen zu sein."[3] Die Leinenlänge soll bis zum Entdeckungszeitalter auf ca. 400 m und bis zur Mitte des 17. Jahrhunderts auf 700 m angewachsen sein. Der erste, der auf offener See, 1521 im Pazifik, eine Tiefenmessung durchführte und naturgemäß scheiterte, war Magellan auf seiner Weltumsegelung (1519–1521).

Je nach voraussichtlicher Tiefe wurden 4 bis 30 kg schwere Bleistücke als Lotgewichte verwendet, die an einer nach einem Längenmaß unterteilten Lotleine hingen. Auch Bodenproben wurden in jener Zeit schon genommen. Um gleichzeitig mit der Messung der Tiefe auch die Beschaffenheit des Meeresbodens untersuchen zu können, war nämlich die Unterseite des Lotgewichts mit einer Höhlung versehen, die vor dem Hinablassen der Leine mit Talg ausgefüllt wurde. Beim Aufsetzen auf dem Grund blieben an der Talgmasse Teile des Meeresbodens haften.

---

le) beträgt.", in: Meyer, in: Faden, Leipzig 1886, 4. Aufl., 5. Bd., S. 1012

1   Apostelgeschichte 27, Vers 28 und 41
2   ptolemäisches Stadium = 185 m (1 Stadium = 125 passus)
3   Krümmel, Otto, Dr., in: Handbuch der Ozeanographie, Stuttgart 1907, 2. Aufl. (Überarbeitung der 1. Aufl. 1884) S. 69

In den meisten Fällen begnügte man sich bei Tiefen bis 300 m mit einem gewöhnlichen Handlot, bei Tiefen bis 2000 m aber kamen Lotgewichte von 70–80 kg und eine Lotleine von 25 mm Durchmesser zum Einsatz. Bei Tiefen über 2000 m versagte diese Methode, denn da war es nicht mehr möglich, den Augenblick zu bestimmen, in dem das Lotgewicht den Meeresboden berührte. Weil zudem die Lotleine nach der Grundberührung noch ständig abrollte, kam es meist zu Messergebnissen mit zu großen Werten. Erschwerend trat hinzu: Bei zu geringem Lotgewicht wurde es samt Lotleine von der Strömung abgetrieben, sodass sich auch von hierher zu große Tiefenwerte ergaben. Davon abgesehen, erschwerte ein weiterer Grund die Messung von Tiefen über 2000 m: Das Aufwickeln der Leine, an der ja immer das Lotgewicht hing, wäre bei Tiefen über 2000 m viel zu mühsam oder nicht mehr möglich gewesen.

Von zwei Ausnahmen abgesehen[1], blieben bis in die Mitte des 19. Jahrhunderts Messungen über 2000 m Tiefe sehr ungenau. Hierfür seien drei Beispiele angeführt. Auf seiner antarktischen Forschungsreise (1839–1843) hatte Sir James Ross umfassende Messungen ausgeführt, darunter auch fehlerhafte wie die folgende Tieflotung: 1425 km westlich von St. Helena zeigte seine Lotleine eine Tiefe von 8412 m an. Kapitän Denham las am 30. Oktober 1852 zwischen der Mündung des La Plata und der Insel Tristan da Cunha die ungeheure Tiefe von 14 092 m auf seiner Leine ab. Sir James Ross und Kapitän Denham wurden im selben Jahr von dem amerikanischen Leutnant Parker übertroffen: Etwas westlicher als Denhams Messstelle ließ Parker von seiner Leine 15 179 m ablaufen, ohne dass sein Lotgewicht auf Grund stieß. Diese Messungen waren ausgeführt worden, ehe man erkannt hatte, wie unzuverlässig die dabei verwendeten Geräte waren.

---

1 Die ersten genauen Tieflotungen erfolgten in der ersten Hälfte des 19. Jahrhunderts: durch John Ross 1818 in der Baffinbai mit 1920 m und durch dessen Neffen Sir James Ross etwa 800 km westlich von Südafrika mit 4435 m und 4895 m.

Erst nachdem Samuel Morse 1837 den elektrischen Telegraphen erfunden hatte und 1843 in den Vereinigten Staaten die erste Telegraphenleitung gelegt worden und dadurch gleichzeitig der Gedanke einer submarinen Kabelverbindung zwischen Europa und Amerika aufgekommen war, wurde die Wende von der ungenauen zur genauen Tiefenmessung eingeleitet. Ein Name ist damit untrennbar verbunden: Matthew Fontaine *Maury*.

Maury (1806–1873), Physiker und Offizier der „U.S. Navy", dem 1842 die Leitung der Seekarten- und Instrumentenabteilung der Kriegsmarine der nordamerikanischen Union anvertraut worden war, aus der sich das „Naval Observatory" (Marinesternwarte) und das „Hydrographic Office" (Hydrographisches Büro oder Amt) der amerikanischen Marine entwickelten, zweifelte die Richtigkeit der vorangehend genannten Messungen an – zudem alle nach der bisher üblichen Methode erzielten Tiefenmessungen über 2000 m.

Zur Weiterentwicklung der bisherigen Lotverfahren experimentierte Maury im Nordatlantik und führte dabei zahlreiche Tiefenmessungen durch. Viele schlugen fehl. Das von ihm zuletzt angewandte, auch erfolglose, Lotverfahren mittels einer 16 kg schweren Kanonenkugel mit einer im 100-Faden-Abstand markierten dünnen und langen Lotleine von insgesamt 10 000 Faden (18288 m) gab dem amerikanischen Seekadetten John Mercer *Brooke* (1826–1906), der Maury assistierte, die Idee zur Verbesserung dieses Verfahrens ein.

Auf das von Brooke gebaute Bathometer („Tieflot") sei näher eingegangen; denn es („was used afterwards by navies of the world until modern times and modern equipment replaced it.")[1] „wurde in der Folgezeit in der internationalen Hochseeschifffahrt gebraucht, bis es durch die moderne Zeit und moderne Ausrüstung ersetzt wurde."

Brooke erkannte, dass es zur Erzielung genauer Messungen bei Tiefen über 2000 m nötig ist, am unteren Ende der Lotleine eine

---

1   Wikipedia (englische Ausgabe): „John Mercer Brooke", Februar 2018, S. 1

Vorrichtung anzubringen, die bei Grundberührung das Lotgewicht zum Verbleib auf dem Meeresboden löst. Dadurch wird dreierlei erreicht: Erstens wird die Abwicklung der Leine sofort gestoppt und ihre Erschlaffung zeigt den Bodenkontakt an. Zweitens kann an der zum Stillstand gekommenen Kabeltrommel, von der die Leine abläuft, unmittelbar die exakte Tiefe abgelesen werden. Drittens lässt sich auch bei großer Meerestiefe die Lotleine wegen des nicht mehr daran hängenden Lotgewichts wieder aufwickeln. Maury erteilte Brooke die Weisung, eine Vorrichtung zur Aufnahme von Bodenproben in das Bathometer zu integrieren.

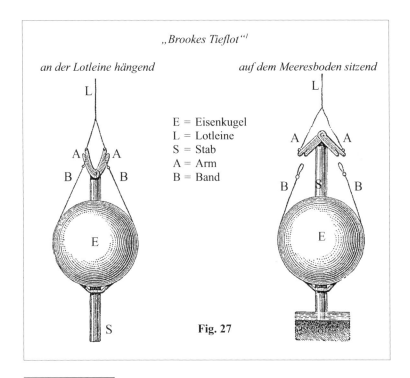

„Brookes Tieflot"[1]

an der Lotleine hängend   auf dem Meeresboden sitzend

E = Eisenkugel
L = Lotleine
S = Stab
A = Arm
B = Band

Fig. 27

---

1   Meyer, in: Tiefseeforschung, Leipzig und Wien 1908, 6. Aufl., 19. Bd., n. S. 530, *Anmerkung:* Bezeichnungen der Figurenteile und deren Abkürzungen geändert, Text v. Verf.

Der durch die Eisenkugel gesteckte Stab trägt an seinem oberen Ende zwei bewegliche Arme, die an ihrem oberen Ende eingekerbt sind.

An den äußeren Zacken der Einkerbung ist die an ihrem unteren Ende zweigeteilte Lotleine befestigt.

In den beiden Kerben selbst sitzen die beiden Schlaufen des Bandes, das um die Kugel führt und sie hält.

Sobald der Stab den Meeresboden berührt, wird er nach oben gedrückt, so dass die beweglichen Arme nach unten klappen und sich die beiden Schlaufen des die Kugel haltenden Bandes aus den Kerben lösen.

Während die Eisenkugel auf dem Grund verbleibt, wird der Stab, der an seinem unteren Ende eine mit Talg versehene Höhlung hat, worin sich die bei Bodenberührung genommene Probe des Meeresbodens befindet, nach oben gezogen.

Finden der nordatlantischen Kabeltrasse und Verlegung der ersten Atlantikkabel

Das 1853 von Brooke fertiggestellte „Bathometer" (Tieflot) wurde von Maury und Brooke 1854–57 im Nordatlantik zur Auslotung der Kabeltrasse für die schon vor zehn Jahren (1843) ins Auge gefasste telegraphische Verbindung von Nordamerika und Europa eingesetzt. Die zwischen Irland und Neufundland im Zweihundert-Meilen-Abstand auf den Schiffen „USS Arctic" und „HMS Cyclops" durchgeführten Tieflotungen, die ersten systematischen überhaupt, waren in Verbindung mit den aufgenommenen Bodenproben im Sinne Maurys. Die ausgelotete Kabeltrasse erwies sich aus verschiedenen Gründen als geeignetes „telegraphic plateau", wie er sich ausdrückte:

Die See ist ausreichend tief, der ganze Meeresboden und die Unterseebergrücken sind mit einer dicken weichen unzerstörten Schicht toter, mikroskopischer Organismen bedeckt. Aus dieser Beschaffenheit des Meeresgrundes konnte gefolgert werden, dass die potentielle Kabeltrasse frei von starken Unterwasserströmungen ist, die dem Kabel zusetzen könnten, da Spuren von Abrasion (hier: Abtragung durch Strömung) fehlen.

Mittels der mit dem Brooke'schen Bathometer durchgeführten Tiefenmessungen erstellte Maury ein Profil des nordatlantischen Meeresbodens (Voraussetzung einer entsprechenden Reliefkarte), aus dem hervorging: Die Verlegung eines telegraphischen Kabels zwischen der Südwestküste Irlands und der Ostküste Neufundlands ist möglich.

Bodenprofil des Nordatlantiks zwischen Irland und Neufundland (nach Maury)[1]

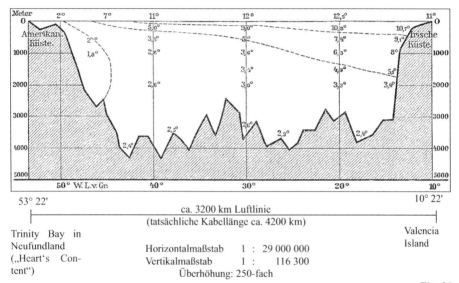

53° 22'   10° 22'

ca. 3200 km Luftlinie
(tatsächliche Kabellänge ca. 4200 km)

Trinity Bay in   Valencia
Neufundland   Island
(„Heart's Con-   Horizontalmaßstab   1 : 29 000 000
tent")   Vertikalmaßstab   1 :   116 300
                      Überhöhung: 250-fach

Fig. 28

Nur ein Jahr später, nachdem Maury seine bahnbrechenden Tiefenmessungen beendet hatte, waren bereits die Ergebnisse dieses Bemühens unter dem Titel „Deep Sea Soundage in the North Atlantic, made in H. M. S. Cyclops" (London 1858) erschienen.

---

1   Brockhaus, F. A., in: „Tiefseeforschung", Leipz. 1908, 14. Aufl., 15. Bd., S. 822; *Anmerkung:* Figurenüberschrift, alle Angaben außerhalb der eingerahmten Figur einschließlich der Maßstäbe und der Überhöhung v. Verf.

Dieses Werk machte Maury zum geistigen Vater der modernen Tiefenmessung.

Angesichts der großen Fortschritte in der Qualität und Produktion von submarinen Telegraphenkabeln[1] wurde der amerkanische Fabrikant Cyrus W. *Field* (1819–1892), als er von den Ergebnissen der von Maury und Brooke mit dem Brooke'schen Tieflot ausgeführten Tiefenmessungen im Nordatlantik gehört hatte, zum Hauptverfechter einer Telegraphie-Verbindung zwischen der Alten und der Neuen Welt. („Field wrote to Maury … on the feasibility of laying a transatlantic cable and was given a positive reply and later details explanation face to face. Field also contacted Samuel Morse [1791–1872, the author] regarding the feasibilty of transmitting an electric current a distance of 1,600 miles [2,600 km] underwater. Again Field was given an affirmative and soon visited Morse. Field continued contacting these two men …")[2] „Field schrieb hinsichtlich der Ausführbarkeit einer transatlantischen Kabelverlegung an Maury und erhielt eine positive Antwort. Später wurden ihm von Maury im direkten Gespräch Einzelheiten erklärt. Field wandte sich auch an Samuel Morse im Blick auf die Durchführbarkeit einer Unterwasserübertragung von elektrischem Strom über eine Entfernung von 1600 Meilen (2600 km). Wiederum erhielt Field eine positive Antwort. Darauf besuchte er Morse und blieb in ständiger Verbindung mit diesen beiden Männern …"

Auf Fields Betreiben wurde 1856 bei seinem Englandbesuch die „Atlantic Telegraph Company" gegründet, 1857 mit der Herstellung des ersten Atlantikkabels begonnen und noch im selben

---

1   1851 war in London die erste Gesellschaft für das Legen submariner Kabel gegründet worden: die „Submarine T. Company". Noch im Jahr seiner Gründung gelang diesem Unternehmen die Pioniertat, zwischen Dover und Calais ein Telegraphenkabel zu legen. Das war erstaunlich, denn nur acht Jahre vorher, 1843, war die erste brauchbare telegraphische Landverbindung von Samuel Morse zwischen Washington und Baltimore in Betrieb genommen worden. 1852 wurde England durch submarine Kabel an das irische, 1853 an das belgische und dänische Telegraphennetz angeschlossen und 1860 existierte bereits die submarine Verbindung zwischen London und Indien (Bombay).

2   s. Fußnote 1 S. 298: ebd. S. 2; *Anmerkung zum Zitat:* Die Entfernungsangabe ist nicht korrekt. Die vorangehende Figur zeigt auf, dass die tatsächliche Länge der geplanten Kabelverbindung ca. 4 200 km betrug.

Jahr dessen Verlegung in Angriff genommen – sie scheiterte. 1858 erfolgte ein zweiter Versuch, der nach mehreren Anläufen zum Erfolg führte. Wieder wurden zwei Schiffe, ein englisches („HMS Agamemnon") und ein amerikanisches („USS Niagara"), je mit einer halben Länge des zweiten Atlantikkabels (2100 km, 4500 t) beladen und auf halber Strecke, in der Mitte des Atlantiks, begann die Verlegung: Die „Agamemnon" nahm Kurs auf die Insel Valentia (Valencia) an der Südwestküste Irlands, genauer: auf Valentia Harbour in der Nähe der Stadt Knights-Town auf der Insel Valentia, die „Niagara" auf die Trinity Bai in der Nähe des Ortes Heart's Content an der Nordostküste Neufundlands.

Nach drei Wochen war das rund 4200 km lange Kabel verlegt: Die Alte und die Neue Welt waren telegraphisch verbunden. Königin Viktoria von England (1837–1901) und der amerikanische Präsident James Buchanan (1856–1861) tauschten nur wenige Tage nach Fertigstellung der transatlantischen Kabelverbindung Grußbotschaften über dieses historische Ereignis aus.

Die transatlantische Kabelbotschaft der englischen Königin Viktoria an den amerikanischen Präsidenten James Buchanan vom 16. August 1858

„The Queen desires to congratulate the President upon the successful completion of the great international work, in which the Queen has taken the greatest interest. The Queen is convinced the President will join with her in fervently hoping that the electric cable which now connects Great Britain with the United States will prove an additional link between the two nations, whose friendship is founded upon their common interest and reciprocal esteem. The Queen has much pleasure in thus directly communicating with the President, and in renewing to him her best wishes for the prosperity of the United States."[1] DIE BOTSCHAFT DER KÖNIGIN: „Die Königin wünscht dem Präsidenten zur erfolgreichen Vollendung dieses großen internationalen Werks, an welchem die Königin das größte Interesse genommen hat, zu gratulieren. Die Königin ist überzeugt, der Präsident schließe sich ihrer glühenden Hoffnung an, dass sich das elektrische Kabel, das jetzt Großbritannien und die Vereinigten Staa-

---

1 Burns, Bill, in: History of the Atlantic Cable & Undersea Communications (Messages Carried by the 1858 Atlantic Telegraph Cable), http://atlantic-cable.com/Article/1858Messages, 21.02.18, S. 7

ten verbindet, als zusätzliches Bindeglied zwischen den beiden Nationen, deren Freundschaft sich auf ihrem gemeinsamen Interesse und gegenseitiger Wertschätzung gründet, erweist. Die Königin findet großen Gefallen daran, auf diese Weise direkt mit dem Präsidenten in Verbindung zu stehen und daran, ihm gegenüber ihre besten Wünsche für das Gedeihen der Vereinigten Staaten zu erneuern."

Die transatlantische Kabelbotschaft des amerikanischen Präsidenten James Buchanan an Königin Viktoria von England vom 19. August 1858

(„Washington City. To Her Majesty, Victoria, Queen of Great Britain: – The President cordially reciprocates the congratulations of Her Majesty, the Queen, on the success of this great international enterprise, accomplished by the science, skill, and indomitable energy of the two countries. It is a triumph more glorious, because far more useful to mankind, than ever was won by conqueror on the field of battle. May the Atlantic Telegraph, under the blessings of Heaven, prove to be a bond of perpetual peace and friendship between the kindred nations, and an instrument designed by Divine Providence to diffuse religion, civilization, liberty, and law throughout the world. In this view will not all the nations of Christendom spontaneously unite in the declaration, that it shall be forever neutral, and that its communications shall be held sacred in passing to the place of their destination, even in the midst of hostilities? JAMES BUCHANAN.")[1] „Washington Stadt. An Ihre Majestät, Victoria, Königin von Großbritannien: – Der Präsident erwidert herzlich die Glückwünsche Ihrer Majestät, der Königin, zum Erfolg dieses großen internationalen Unternehmens, das durch die Wissenschaft, die Erfahrung und die unbezähmbare Energie der beiden Länder zustande gebracht wurde. Dieser Triumph ist glorreicher, da er für die Menschheit nützlicher ist als jeder durch einen Eroberer auf dem Schlachtfeld gewonnene Triumph. Möge sich der atlantische Telegraph unter dem Segen des Himmels als Band ewigen Friedens und ewiger Freundschaft zwischen verwandten Nationen erweisen und als ein von der göttlichen Vorsehung bestimmtes Instrument zur Verbreitung von Religion, Zivilisation, Freiheit und Recht in der ganzen Welt. Wollen sich unter diesem Gesichtspunkt nicht alle Nationen der Christenheit spontan unter der Erklärung vereinigen, dass es für immer neutral sei und dass seine Mitteilungen auf dem Weg zu ihren Bestimmungsorten sogar inmitten von Feindseligkeiten für unantastbar gehalten werden?"

---

1   ebd. S. 8

Das Kabel von 1858 war nicht lange in Betrieb. Noch im selben Jahr, am 16. Oktober 1858, brach die Verbindung wegen der fehlerhaften Kabelisolation zusammen und ließ sich nicht wieder herstellen. Der amerikanische Bürgerkrieg (1861–65) verhinderte das Legen eines weiteren Atlantikkabels. Doch noch im Jahr der Beendigung der Kampfhandlungen kaufte Field den als Passagierschiff wenig erfolgreichen englischen Dampfer „Great Eastern" und ließ ihn zum Kabelleger umbauen.

Mit 211 m Länge, 18914 Bruttoregistertonnen und einer Maximalgeschwindigkeit von 14,45 Knoten (ca. 27 km/h) war die „Great Eastern" damals das größte Schiff der Welt. Nur dieser umgebaute Luxusdampfer war groß genug, ein Kabel aufzunehmen, das sich quer über den gesamten Meeresboden von Europa nach Amerika ziehen sollte. Es hatte eine Länge von, wie vorangehend schon erwähnt, rund 4200 km und ein Gewicht von ca. 9000 Tonnen. Zur Aufnahme des Kabels wurde der große Salon der „Great Eastern" in ein gigantisches Kabellager verwandelt.

Da Sabotageakte am Kabel befürchtet wurden, durften die Kabelleger nur besondere Arbeitsanzüge ohne Taschen tragen, sodass jedes zur vorsätzlichen Kabelbeschädigung geeignete Instrument sofort durch Auftragen des Arbeitsanzugs sichtbar geworden wäre. Diese Vorsichtsmaßnahme war erfolgreich: Von Sabotageakten ist nichts bekannt.

Am 2. August 1865 stach die „Great Eastern" im Auftrag der aus der „Atlantic Telegraph Company" hervorgegangenen „Anglo-American Company" in See. Zehn Tage nach dem Auslaufen ereignete sich wieder, was bei den Kabelverlegungen von 1857 und 1858 mehrfach vorgekommen war: Das Ende des zuletzt verlegten Kabelstücks entglitt und verschwand unauffindbar, nachdem schon etwa 2000 Kilometer Kabel von den riesigen Trommeln abgespult worden waren, in den Tiefen des Atlantiks. Knapp ein Jahr darauf, am 12. Juli 1866, stach die „Great Eastern" mit einem weiteren Atlantikkabel an Bord erneut in See.

Sie hatte nicht nur das Kabel für die bevorstehende Atlantiküberbrückung an Bord. Zusätzlich waren noch so viele Kabellängen (1 Kabellänge = 185m) verladen worden, wie zur Fortsetzung des im Vorjahr im Atlantik verlorengegangenen Kabels nötig waren: weitere 2000 km, sodass die Gesamtlänge des von der „Great Eastern" transportierten Kabels bei Beginn der transatlantischen Verlegungsfahrt ca. 6300 km (3400 sm) betrug. Nach nur vierzehn Tagen, am 26. Juli 1866, waren Europa und Nordamerika nach 1858 wieder telegraphisch miteinander verbunden – wieder zwischen der Insel Valentia an der Südwestküste Irlands und der Trinity Bai an der Ostküste Neufundlands.[1]

Auf der Rückfahrt nach Irland verlegte die „Great Eastern" die zusätzlich mitgenommene Kabelhälfte, die zur Ergänzung der im Vorjahr im Atlantik verlorengegangenen ersten Kabelhälfte gedacht war. Das Ende des etwa 1000 Seemeilen langen entglittenen Kabels wurde gefunden, die beiden Kabelhälften miteinander verbunden, sodass es von jetzt an gleichzeitig zwei funktionierende Transatlantikkabel gab.

1869 folgte das fünfte Atlantikkabel[2]: zwischen Brest und der Insel St. Pierre (zwischen Neufundland und Nova Scotia). 1886 verbanden bereits dreizehn Telegraphenkabel Europa mit Amerika: Neun zogen sich von England und Irland nach Nordamerika, zwei von Frankreich aus dorthin und zwei weitere submarine Kabelstränge stellten die Verbindung zwischen Portugal und Südamerika her. 1887 machte die Gesamtlänge aller unterseeischen Kabel ca. 210 000 km aus.

Die Pioniertaten der Atlantikkabelverlegungen förderten die gesamte Schifffahrt, die maritime Forschung, die Elektrotechnik, namentlich das Nachrichtenwesen, alle damit verbundenen Industriezweige und nicht zuletzt die Tiefseemessung auf der Basis des mehrfach verbesserten Brookeschen Tieflots. Zwischen Europa und Amerika konnten künftig mit derselben Leichtigkeit und Schnelligkeit Nachrichten übermittelt werden, wie dies bisher nur

---

1 Da das Atlantikkabel von 1866 das europäisch-asiatische mit dem amerikanischen Telegraphennetz verband, wurden die Arbeiten an der Telegraphenleitung, die via Bering-Straße „Russisch-Amerika" (Alaska) und Britisch-Kolumbien mit dem europaisch-asiatischen Netz verbinden sollte, 1867 eingestellt (s. Teil I, S. 370).

2 1857 das 1., 1858 das 2. (verlorengegangen durch Isolationsschäden), 1865 das 3. (verlorengegangen durch Entgleiten in den Atlantik), 1866 das 4. transatlantische Kabel

im eigenen Land oder zwischen Ländern desselben Erdteils der Fall gewesen war: Die Alte und Neue Welt waren nachrichtlich durch Sofortkommunikation *ein* Raum geworden.

Für technisch interessierte Leser sei noch kurz der Aufbau des transatlantischen Kabels von 1865 vorgestellt.

Besondere Sorgfalt musste auf die Isolierung verwendet werden. Bei den bisherigen nichttransatlantischen Kabeln, wie z. B. bei der Verbindung zwischen Dover und Calais war der kupferne Leitungsdraht mit Guttapercha überzogen. Es folgte eine gesponnene Schicht aus geteertem Hanf. Schließlich wurde der nunmehr zweifach isolierte Leitungsdraht mit einer Hülle aus Eisendraht überzogen, um das Kabel gegen mechanische Beschädigung zu schützen.

Isolierung des dritten transatlantischen Kabels von 1865[1]

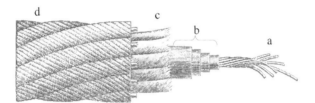

Fig. 29

Transatlantische Kabelstränge dagegen mussten aus naheliegenden Gründen vielfach stärker und besser isoliert werden; denn das Transatlantikkabel von 1858 war ja, wie vorangehend aufgezeigt, knapp zweieinhalb Monate nach seiner erfolgreichen Verlegung durch Isolationsmängel derart funktionsuntüchtig geworden, dass es nicht mehr in Betrieb genommen werden konnte.

Als Leiter enthielt es eine Kupferlitze aus sieben Drähten (a). Jeder einzelne Draht war sorgfältig mit Chattertonsmasse – einer Mischung aus Guttapercha, Harz und Holzteer – umgeben. Die Kupferlitze umschlossen vier Lagen (b) mit sich jeweils abwechselnden Schichten von reiner

---

1   Geistbeck, Michael, Dr., in: Der Weltverkehr. Telegraphie und Post, Eisenbahnen und Schiffahrt in ihrer Entwickelung dargestellt, Freiburg i. Br. 1887, S. 24, *Anmerkung:* Figur aus der angeführten Quelle, Text v. Verf.)

307

Guttapercha und Chattertonsmasse. Darauf folgte eine mit Kautschuklösung getränkte Hülle von Jutegarn (c). Die äußerste Isolierschicht (d) setzte sich aus zehn Eisendrähten zusammen, von denen jeder Draht schwach verzinkt und mit geteertem Hanf umsponnen war.

Einzug der Tiefenmessung in den Pazifik

Die nordatlantischen Tiefenmessungen von Maury mit dem Tieflot von Brooke bildeten die allgemeine Grundlage für das Legen telegraphischer Kabel im Pazifik. Dort klaffte noch die riesige Lücke im Telegraphengürtel der Erde: Amerika war noch nicht mit Australien und Asien via pazifische Gewässer verbunden (Seit dem Legen des vierten Atlantikkabels, 1866, gab es allerdings bereits die Amerika-Asien-Verbindung via Europa).

Wie im vorangehenden Kapitelabschnitt schon dargelegt, waren im Vergleich mit dem Atlantik die Tiefenlotungen im Pazifischen Ozean zur Erstellung der für die Kabelverlegung erforderlichen Bodenprofile und der daraus folgenden plastischen Abbildungen des Meeresbodens ein ungleich schwierigeres Unterfangen.

Von den beiden transpazifischen Kabeln wurde das englische 1901 fertiggestellt (Vancouver – Insel Fanning – Fidschigruppe – Insel Norfolk –, von hier zur australischen Ostküste [Brisbane] und nach Neuseeland [Auckland]).

Das amerikanische Kabel (die USA legten Wert darauf, vom englischen Pazifikkabel unabhängig zu sein) wurde 1902 in Betrieb genommen. Es zog sich von San Francisco über die Hawaii-Gruppe, über Honolulu und die Midway-Inseln zur Insel Wake und von dort nach Guam, der größten Marianeninsel, wo sich das Kabel in einen zur Bonin-Insel und nach Manila führenden Strang verzweigte. Von Manila aus setzte sich das Kabel zwischen der chinesischen Küste und Taiwan bis nach Shanghai fort. Andere Kabelgesellschaften sorgten dafür, dass das amerikanische Kabel mit Celebes und Borneo verbunden wurde (s. Kapitelabschnitt „Inbesitznahme von Inseln und Inselgruppen für bestimmte Zwecke", S. 51 ff.).

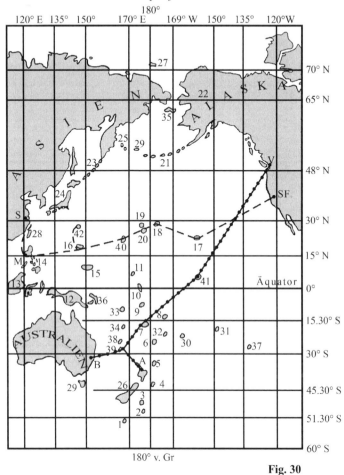

Transpazifische Kabel[1]

Fig. 30

1   Auf der Karte „Carte Générale des Grandes Communications Télégraphiques du Monde" dressée d'après des documents officiels par LE BUREAU INTERNATIONAL DES ADMINISTRATIONS TÉLÉGRAPHIQUES, Berne 1901, sind die o. a. beiden Pazifikkabel noch nicht verzeichnet, wohl aber in: Meyer: „Karte der Weltwirtschaft und des Welthandels" beim Artikel ‚Welthandel und Weltverkehr', Leipzig und Wien 1908, 6. Aufl., 20. Bd., n. S. 524.

Legende zur Figur auf der vorangehenden Seite:

――――― amerikanisches Kabel

●―●―●―●―●―●―●―●―● englisches Kabel

I. = Insel   Ins. = Inseln

1 =	Campbell-I.	2 =	Antipoden-Ins.	3 =	Bounty-Ins.
4 =	Chatham-Ins.	5 =	Kermadec-Ins.	6 =	Tonga-Ins.
7 =	Fidschi-Ins.	8 =	Samoa-Ins.	9 =	Ellice-Ins.
10 =	Gilbert-Ins.	11 =	Marshall-Ins.	12 =	Neuguinea
13 =	Borneo	14 =	Philippinen	15 =	Karolinen
16 =	Marianen (Guam)	17 =	Hawaii-Ins. (Honolulu)		
18 =	Midway-Ins.	19* =	Morrell-I.	20* =	Byers-I.
21 =	Aleuten	22 =	Alaska	23 =	Kurilen
24 =	Japan	25 =	Kommandeur-Ins.	26 =	Neuseeland
27 =	Wrangel-I.	28 =	Taiwan	29 =	Attu
30 =	Rarotonga	31 =	Tahiti	32 =	Insel Niue
33 =	Santa Cruz-Ins.	34 =	Neue Hebriden	35 =	St. Lorenz-I.
36 =	Bismarck-Arch.	37 =	Insel Pitcairn	38 =	Neukaledonien
39 =	Insel Norfolk	40 =	Insel Wake	41 =	Fanning-I.
42 =	Insel Bonin				

SF = San Francisco   S = Shanghai
V = Vancouver   M = Manila
A = Auckland   B = Brisbane

* = nicht existent

c. Kulturhistorische und ethnographische Erforschung

Johann Cecar Godeffroy – Museum Godeffroy – Journal des Museums Godeffroy – Zusammenbruch der Firma Godeffroy – Museum für Völkerkunde in Leipzig – Deutsche Kolonialpolitik und entsprechende Zeitschriften – „Elementargedanke" Bastians – Museum für Völkerkunde in Berlin – Neuguinea-Kompany – Finsch – Bedeutung von Bastian und Finsch

Hier ist an vorderster Stelle ein schon mehrfach erwähnter Name zu nennen: Johann Cécar Godeffroy. Als Inhaber der gleichnamigen, den Handel im westlichen Stillen Ozean beherrschenden deutschen Firma erlebte er 1879 die Auflösung seines Unternehmens und dessen Übergang in den Besitz der Deutschen Handels- und Plantagengesellschaft. Wie bereits erwähnt, hatten Verluste an der Börse und ein zu kostspieliges Privatleben des Firmeninhabers das Handelshaus Godeffroy ruiniert.[1] Die Verluste an der Börse hätte Godeffroy noch verkraften können, ohne dass seine Firma bankrott gewesen wäre. Das zu kostspielige Privatleben war es, das dazu geführt hatte. Es darf aber nicht angenommen werden, Godeffroy hätte privat ein zu aufwendiges Leben im üblichen Sinne geführt. Weit gefehlt! Die hohen privaten Kosten entstanden durch seinen schon missionarisch zu bezeichnenden Eifer, aus der eigenen Tasche die wissenschaftliche Erforschung der Südsee voranzutreiben. Ziel dieses unablässigen Strebens, das mit der Aufnahme der Handelsbeziehungen seiner Firma in der Südsee eingesetzt hatte, waren die zahlreichen Archipele und Inseln innerhalb seines Handelsimperiums, dessen Grenzen noch einmal abgesteckt seien: die Karolinen und Marshall-Inseln im Norden, die Samoa-Inseln im Südosten, der Tonga-Archipel im Süden und Nordostaustralien und der Bismarck-Archipel im Westen.

Die von Godeffroy in die Südsee ausgesandten Reisenden durften nur ihrer wissenschaftlichen Arbeit nachgehen. Es war ihnen z. B. nicht erlaubt, mit den Insulanern zu handeln oder sich in die Politik der Inselschwärme einzumischen. Das von zahlreichen Inseln – auch von Tonga – zusammengetragene natur- und kulturhistorische Material stellte Godeffroy bedeutenden Wissenschaftlern zur Verfügung. Beispielsweise haben L. J. R. Agassiz, A. Dohrn, A. K. L. G. Günther, O. Finsch, G. Hartlaub, A. v. Kölliker, Ch. Luerssen, W. K. H. Peters und K. Sempers die unterschiedlichen Pflanzenfamilien und Tierklassen bearbeitet. Wieder anderen Wissenschaftlern hatte Godeffroy die Erforschung des weiten Feldes der Ethnographie Ozeaniens übertragen.

---

1   s. S. 130 f.

311

Die auf diese Weise zusammengetragenen Exponate wurden in einem von Godeffroy eigens begründeten Museum der Öffentlichkeit schon ab dem Jahre 1861 zugänglich gemacht, die schriftlichen Resultate dagegen – wiederum auf Initiative Godeffroys – im „Journal des Museums Godeffroy" von 1871 bis 1879 in Hamburg (14 Hefte) veröffentlicht.

Nach dem 1879 erfolgten Zusammenbruch seiner Firma sah sich Godeffroy gezwungen, die Schließung seines Museums ins Auge fassen zu müssen. Durch den Verlust seines Geschäfts und die immensen Kosten der wissenschaftlichen Erforschung der Ethnographie Ozeaniens (wie z. B. die Kosten für Aufsuchung und Herbeischaffung der Gegenstände aus der Südsee nach Hamburg und zu den Orten der für ihn tätigen Wissenschaftler) verfügte Godeffroy nicht mehr über die erforderlichen Mittel, für die Kosten der wissenschaftlichen Untersuchungen und deren Veröffentlichungen aufzukommen. Seine finanziellen Möglichkeiten reichten jetzt nicht einmal mehr für die Erhaltung seines geliebten Museums aus. 1885 begann er mit dessen Auflösung. Die wertvollsten Stücke, die ethnographischen, erwarb durch Kauf das „Museum für Völkerkunde" in Leipzig. Johann César Godeffroy starb noch im selben Jahr, am 9. Februar 1885.

Waren die Ergebnisse der von Godeffroy ausgelösten vertieften Erforschung der ozeanischen Welt schon zu seinen Lebzeiten in seinem Museumsjournal erschienen, hatte ab dem Jahre 1888 auch die Allgemeinheit des deutschen Volkes dazu Zugang. In Gestalt der großen Enzyklopädien und durch zahlreiche andere Schriften konnte jeder seinen Wissensdurst über die der Öffentlichkeit bisher unbekannte Welt der Südsee stillen.

Das durch Godeffroy geweckte öffentliche Interesse an der bislang der Bevölkerung verschlossenen Welt Ozeaniens wurde durch weitere Faktoren vertieft. Dazu zählten die deutsche Kolonialpolitik und deren zahlreiche Publikationen, wie z. B. die Zeitschriften „Deutsches Kolonialblatt", „Deutsche Kolonialzeitung" und die „Zeitschrift für Kolonialpolitik, Kolonialrecht und Kolonialwirtschaft", um nur einige zu nennen. Auch die Missionsgesellschaften rechnen zu diesen das Wissen über die Südsee vertiefenden Faktoren. „Den Missionen, von denen jetzt die Evangelischen allein 99

Stationen besitzen, auf denen 82 europäische und über 3000 einge-borene Missionare wirken und etwa 250 000 eingeborene Christen leben, verdanken wir sehr wichtige Beiträge, namentlich für die Ethnographie der Inseln, wie auch einzelnen europäischen Ansied-lern."[1]

Schließlich seien in diesem Zusammenhang zwei Gelehrte von Weltruhm genannt: Adolf Bastian und Otto Finsch. Zu Bastian (1826–1905), dem Ethnographen! Seine erste Reise führte ihn 1851 als Schiffsarzt nach Australien. Von da ab bis 1903 bereiste er mit Ausnahme Europas die ganze Welt. Die Schwerpunkte waren der Vordere Orient, Südasien, die Westküste Afrikas, der Ferne Os-ten, Hinterindien, beide Seiten des Pazifiks und Ozeanien. Zwei seiner Reisen führten Bastian quer durch die Südsee, die eine 1851 von Neuseeland nach Peru, die andere, 1878, zu verschiedenen In-selgruppen nördlich und südlich des Äquators. Wie bei allen seinen Reisen war Bastian auch im ozeanischen Raum von dem Bestreben geleitet, möglichst viel vom Kulturbesitz der durch die Technisie-rung und Zivilisation bedrohten alten Völker für die Wissenschaft zu retten.

Bastian war von der Ähnlichkeit der Sitten und Gebräuche in vielen Teilen der Welt beeindruckt. Er verfocht die Ansicht, dass diese Ähnlichkeit das Produkt identischer Gedankenformen ist – „Elementargedanken" –, die in jedem Individuum auftreten. In den frühen Kulturen würden diese elementaren Gedanken als „Völ-kergedanken" durch die geographischen Gegebenheiten geformt, in späteren Zeiten durch historische Einflüsse modifiziert. Von den zahlreichen Veröffentlichungen Bastians beziehen sich u. a. folgen-de auf Ozeanien: „Die mikronesischen Kolonien aus ethnologi-schen Gesichtspunkten" (Berlin 1900), „Die samoanische Schöp-fungssage und Anschließendes aus der Südsee" (Berlin 1894) so-wie „Die Teilung der Erde und die Teilung Samoas" (Berlin 1899). Nicht nur durch seine Schriften vermochte Bastian das Wissen der Bevölkerung über die Südsee zu vertiefen, auch als erster Direktor des 1886 gegründeten Königlichen Ethnographischen Museums – später „Museum für Völkerkunde" in Berlin – hatte er zusätzli-

---

1 Meyer, in: „Ozeanien", Leipzig und Wien 1896, 5. Aufl., 13. Bd., S. 392

che Möglichkeiten, in dieser Richtung zu wirken und nicht zuletzt als Professor für Ethnographie an der Friedrich-Wilhelm-Universität, Berlin.

Zu Otto Finsch (1839–1917), dem berühmten Reisenden und Zoologen! In den Jahren 1879 bis 1882 bereiste er Neuseeland und – hauptsächlich – die Südseeinseln. 1884 und 1885 erforschte er im Auftrage der Neuguinea-Kompanie die Nordostküste Neuguineas. Das führte zum Erwerb dieses Küstenstriches als deutsches Schutzgebiet (Kaiser-Wilhelm-Land). Die Reiselust von Otto Finsch war zwar nicht ganz so ausgeprägt wie die von Bastian. Dafür hat Finsch jedoch mehr Schriften hinterlassen. Sie beschäftigen sich ausschließlich mit der Südsee: „Beiträge zur Fauna Zentralpolynesiens" (Halle 1867), „Anthropologische Ergebnisse einer Reise in die Südsee und den Malaiischen Archipel in den Jahren 1879–1882" (Berlin 1884), „Samoa-Fahrten, Reise in Kaiser-Wilhelms-Land und Englisch-Neuguinea in den Jahren 1884–1885" (Leipzig 1888) und „Ethnologische Erfahrungen und Belegstücke aus der Südsee" (Wien 1888–1893) sowie „Systematische Übersicht der Ergebnisse seiner Reisen und schriftstellerischen Tätigkeit" (Berlin 1899).

Für beide – Bastian wie Fink – gilt: Durch ihre Forschungen in der Südsee haben sie das Wissen über die ozeanische Welt entscheidend bereichert.

Nun sei innegehalten, um eine Frage hinsichtlich der zurückliegenden Ausführungen zu stellen: Inwieweit könnte die wissenschaftliche Erforschung der ozeanischen Archipele Ansatzpunkte zur Aufhellung der dort in der zweiten Hälfte des 19. Jahrhunderts im Zwielicht liegenden Datumszählung enthalten? Während sich in Außenhandel, Außenpolitik und Nautik Datierungen ermitteln lassen (z. B. auf Briefköpfen, Frachtbriefen, Vertragsurkunden und in Logbüchern), ist dies bei wissenschaftlichen Publikationen nicht oder kaum der Fall. Abgesehen davon, dass diese Werke erst einmal beschafft werden müssten, ist die Wahrscheinlichkeit, in ethnographischen, botanischen und zoologischen Werken verwertbare Hinweise zur Datumszählung zu finden, äußerst gering. Trotzdem kann dies nicht ausgeschlossen werden, sofern es sich um veröffentlichte Tagebuchaufzeichnungen oder persönliche Notizen oder um direkte Passagen aus publizierten Werken handeln würde, die die Besonderheiten der Zählung von Wochentag und Datum auf den von den Forschern berührten Inseln zum Inhalt hätten.

4. Einfluss des internationalen Strebens nach Längenunifikation auf die Datumsgrenze

a. Situation in den meridianabhängigen Wissenschaften

    – Nautik
    – Kartographie
    – Astronomie (Zeitrechnung)
    – Geodäsie

Ehe die Ausführungen über die politisch-wirtschaftliche Datumsgrenze fortgesetzt werden, ist es nötig, auf eine Entwicklung einzugehen, die mit der Ausbreitung der Eisenbahn und des elektrischen Telegraphen begann und sich zusehends fortsetzte. Im letzten Drittel des 19. Jahrhunderts erstreckten sich die Schienenstränge schon zwischen der Ost- und Westküste Nordamerikas. Die transkontinentale Telegraphie hatte Europa, Amerika und Asien verbunden. Die topographische Aufnahme Europas erfasste immer mehr Länder im Rahmen der europäischen Gradmessung und die wachsende Hochseeschifffahrt richtete sich immer stärker bei der geographischen Längenbestimmung nach *einem* Meridian aus. Auf diese Weise hatte die bewusste Entwicklung weltweiten Einfluss erlangt – einen Einfluss, der nach nur wenigen weiteren Jahren in Form der meridianabhängigen Wissenschaften auf indirekte Weise beschleunigend auf die Herausbildung der politisch-wirtschaftlichen Datumsgrenze einwirken sollte.

Nautik, *Kartographie*, *Geodäsie* und *Astronomie* (in Form der bürgerlichen Zeitrechnung) zählen zu ihren Grundvoraussetzungen einen Anfangsmeridian (= Nullmeridian = Universalmeridian = Erster Meridian = „Prime Meridian"). Darauf ist in diesen Wissenschaften die Bestimmung der geographischen Länge bezogen, d. h.

es wird in Längengrad, in einem Zeitmaß (Stunden, Minuten, Sekunden) oder in einem Längenmaß angegeben, wie weit ein bestimmter Punkt der Erdoberfläche vom Anfangsmeridian, der sich vom Nord- bis zum Südpol erstreckenden geradlinig gedachten Meridianverbindung, entfernt ist.

Noch vor dem Ende des 19. Jahrhunderts richteten sich die genannten Wissenschaften nach mehreren internationalen Nullmeridianen, die sich aus nationalen Nullmeridianen entwickelt hatten.

1884 waren es elf, die Geltung beanspruchten. Dies zog große Unannehmlichkeiten nach sich: in der *Nautik* bei der Umwandlung der Position eines anderen Schiffes auf den eigenen Standort (Meridianreduktion); in der *Kartographie* mit zwei- oder gar dreifachem Längenbezug (Längenangabe z. B. nach Ferro, Greenwich und Paris auf ein und derselben Karte); in der *Geodäsie* durch den ständigen Zwang, topographische Messergebnisse von Ländern mit anderen Nullmeridianen auf den eigenen Nullmeridian umrechnen zu müssen; in der *Astronomie* die Bestimmung der Zeit des bürgerlichen Lebens als Ortszeit nach einer noch größeren Meridianzahl als in den vorangehend genannten Wissenschaften. (Unter Ortszeit versteht man, dass alle Orte, die unter demselben Meridian[1] liegen, gleiche, vom Sonnenstand abhängige Zeit haben.) Da sich 360 Meridiane zwischen den Polen der Erde erstrecken und eine Erdumdrehung von 24 Stunden 360° entspricht, waren von der Astronomie 360, sich jeweils um 4 Minuten unterscheidende Ortszeiten zu bestimmen.[2] Sie erschwerten das ganze Verkehrswesen, namentlich das Erstellen der Eisenbahnfahrpläne.

---

1 Längenhalbkreis und Längengrad müssen streng unterschieden werden. Der Längenhalbkreis (= Meridian = Meridianlinie = Mittagslinie = geradlinige, gedachte Verbindung zwischen Nord- und Südpol auf einer Erdhälfte) ist eine Linie, deren Punkte zu einem Nullmeridian alle den gleichen Winkelabstand haben. Der Längengrad dagegen ist ein von zwei Meridianen begrenztes sphärisches Zweieck, das der Länge nach vom Ortszeitmeridian halbiert wird.

2 Die geographische Länge lässt sich auch in Zeit ausdrücken: 1° (1 Längengrad) = 4 Minuten. Hat sich die Erde z. B. um 15° weitergedreht, ist 1 Stunde verstrichen. Bei 360° (bei einer vollständigen Erdumdrehung) ist ein Tag von 24 Stunden vergangen.

Im Folgenden seien die wesentlichen Schwierigkeiten betrachtet, vor die sich die meridianbestimmten Wissenschaften durch die große Zahl internationaler Anfangsmeridiane gestellt sahen!

Nautik

Das ab 1767 jährlich erscheinende „Nautical Almanac" der britischen Marine, ein Handbuch, das anfangs hauptsächlich der Bestimmung der geographischen Länge auf astronomischem Wege diente, leitete noch im 18. Jahrhundert einen Vorgang ein, der immer mehr andere seefahrende Nationen dazu brachte, auf ihren Seekarten den englischen Nullmeridian, den Greenwicher Meridian oder kurz: „Greenwich", zu verwenden. 1850 beschloss die Regierung der nordamerikanischen Union, deren Schiffe schon seit der Gründung der Vereinigten Staaten von Amerika die Länge nicht nach dem Meridian von Washington, sondern nach dem von Greenwich bestimmten („to retain the Greenwich meridian for nautical purposes")[1], „den Greenwicher Meridian für nautische Zwecke beizubehalten." („In 1853 the High Admiral of the Russian Fleet cancelled the use of the nautical almanac specially prepared for Russia and, in its place, introduced to the Russian Navy the British 'Nautical Almanac', based on the Greenwich meridian …")[2] „1853 unterband der Großadmiral der russischen Flotte die Verwendung des nautischen Handbuchs, das eigens für Russland erstellt worden war und führte statt dessen das britische ‚Nautical Almanac', basierend auf dem Meridian von Greenwich, in die russische Marine ein …"

Obwohl 1884 schon ungefähr drei Viertel der gesamten Übersee-Welthandelstonnage auf den Greenwicher Meridian entfiel, wurde die geographische Länge des verbleibenden Viertels unter nicht weniger als nach zehn unterschiedlichen internationalen Anfangsmeridianen bestimmt – dies als nötiger Vorausgriff auf die Darlegungen des britischen Delegierten Sandford Fleming auf der Meridiankonferenz von Washington über die gewaltig angestiegene Akzeptanz des englischen Nullmeridians in der internationalen Hochseeschifffahrt.

---

1   Howse, Derek, in: Greenwich time and the discovery of the longitude, Oxford New York Toronto Melbourne 1980, S. 131
2   ebd.

Die folgende Tabelle enthält die elf internationalen Nullmeridiane (Initial Meridians), nach denen sich 1884 die internationale Nautik noch richtete (s. Tabelle S. 337).

Internationale Nullmeridiane		Länge in Bogen von Greenwich[1]			Länge in Zeit von Greenwich[2]		
Cadiz	w. L. v. Gr.	6°	12'	15"	0 h	24 min	49s
Christiania	ö. L. v. Gr.	10°	43'	32"	0	2	54,1
Kopenhagen	ö.	12°	34'	47"	0	50	19,1
Ferro	w.	17°	39'	46"	1	10	39,1
Greenwich		0°	0'	0"	0	0	0
Lissabon	w.	9°	6'	15"	0	36	25
Neapel	ö.	14°	14'	42"	0	56	58,6
Pulkowa	ö.	30°	19'	38"	2	1	18,5
Paris	ö.	2°	20'	13"	0	9	20,8
Stockholm	ö.	18°	3'	32"	1	12	14,1
Rio de Janeiro	w.	43°	8'	47"	2	52	35,7

In welchem Ausmaß die elf unterschiedlichen Anfangsmeridiane in der Hochseeschifffahrt lästig wurden oder hätten lästig werden können, zeigt folgender, denkbarer Fall auf: Elf Schiffe, deren Länge 0° v. Gr. ist, bestimmen ihre longitudinale Position jeweils anders, und zwar nach den 1884 noch gebräuchlichen internationalen Nullmeridianen. „Greenwich" einbezogen, ergeben sich elf differente Werte für dieselbe Länge. Die folgende Figur hat dies zum Inhalt.

---

1   „Länge in Bogen von Greenwich" aus „Sternwarte", in: Meyer, 3. Auflage, 15. Band, Leipzig 1878, S. 41–42

2   „Länge in Zeit von Greenwich": nach Berechnungen des Verfassers

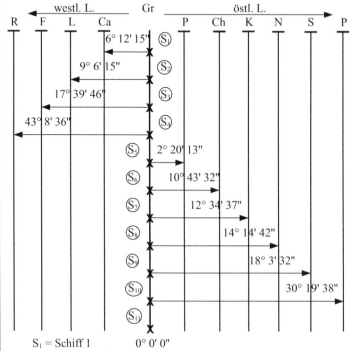

Erschwerung der Navigation durch unterschiedliche Nullmeridiane

S_1 = Schiff 1   0° 0' 0"
(Lage der Meridiane nicht ihrer natürlichen Lage entsprechend)

Fig. 31

Wie aus der Figur ersichtlich ist, entsprechen die unterschiedlichen Längenangaben der Schiffe „s_1 bis s_{10}" alle 0° 0' 0" nach Greenwich. Hierzu zwei Beispiele: Schiff S_3 mit dem Nullmeridian „Ferro" (F) hat unter dem Greenwicher Meridian eine östl. L. v. 17° 39' 46". Schiff S_5 dagegen mit dem Nullmeridian „Paris" (P) kommt unter „Greenwich" eine westl. L. v. 2° 20' 13" zu. Sollen beispielsweise die angeführten Längenwerte der Schiffe „s_3" und „s_5" miteinander verglichen werden, ist dies nur möglich, indem man entweder beide Standorte auf einen erst festzulegenden dritten Meridian (in unserem Beispiel „Greenwich") bezieht oder die Länge des einen Schiffes auf die des anderen umrechnet.

Dieses Gedankenspiel sei noch um den Schritt erweitert, dass die Längenberechnung nach verschiedenen Anfangsmeridianen bis zum Anbrechen des Funkverkehrs – und darüber hinaus – nicht beseitigt worden wäre. In einem solchen Fall hätte sich dieser lästige Zustand eingestellt: Ein Reeder, der Schiffe aus Ländern mit unterschiedlichen nautischen Nullmeridianen unter Vertrag gehabt hätte, wäre gezwungen gewesen, wenn er über Funk die Positionen seiner Schiffe abgefragt und verglichen hätte, deren Angaben erst auf ‚seinen' Anfangsmeridian umrechnen zu müssen. Nur so hätte der Reeder über die Standorte seiner Schiffe Klarheit gewonnen, es sei denn, er hätte sich mit seinen Kapitänen trotz der unterschiedlichen nationalen nautischen Nullmeridiane auf *einen* für seine Reederei akzeptablen Meridian geeinigt.

Kartographie

Die Weltumsegelungen Cooks hatten das Zeitalter der wissenschaftlichen Entdeckungsreisen eingeleitet. Damit begann in der zweiten Hälfte des 18. Jahrhunderts ein neuer Abschnitt in der Kartographie. Zwei Entwicklungslinien traten deutlich hervor. Auf der einen Seite schickten die seefahrenden Nationen Europas, vor allem England, zahlreiche Schiffe zur Küstenvermessung der wachsenden Kolonialreiche aus. Auf der anderen Seite nahmen die topographischen Arbeiten zur Erstellung von Landkarten eines Staatsgebiets ihren Anfang, und die Topographie entwickelte sich zum zweiten Pfeiler der Kartographie nach den verschiedenen internationalen Anfangsmeridianen. Englische Karten bezogen sich z. B. auf den Meridian von Greenwich, französische auf den von Paris und russische auf den von Pulkowa. In Ländern, wie z. B. in Deutschland, die nicht von einem der elf internationalen Nullmeridiane durchschnitten wurden, machte man von verschiedenen Möglichkeiten der geographischen Längenangabe auf Karten Gebrauch. Die Länge wurde entweder nach *einem* Meridian angegeben[1] oder nach zwei unterschiedlichen[2] oder nach drei verschiedenen Meridianen[3]. Außerdem war es üblich, bei Zu-

---

1   Meyer, in: z. B. die „Geologische Karte von Deutschland" (nach Greenwich), Leipzig 1886, 4. Aufl., 4. Bd., n. S. 802

2   Meyer, in: z. B. „Algerien, Marocco, Tunis und Tripolis" (nach Paris und Ferro), Leipzig 1874, 3. Aufl., 1. Bd., n. S. 378

3   z. B. PETERMANN: INNER-ASIEN & INDIEN, Südliches Blatt" (nach Greenwich, Paris und Ferro), in: Adolf Stieler's Hand-Atlas über alle

sammengehörenden Kartenwerken auf den verschiedenen Teilen sich verschiedener Meridiane zu bedienen[1]. Weiter machte man davon Gebrauch, zwei aufeinanderfolgende Karten jeweils einem anderen internationalen Anfangsmeridian zuzuordnen[2].

Erst im letzten Jahrzehnt des 19. Jahrhunderts hielt *ein* Meridian seinen Einzug ins deutsche Kartenwesen, der der lästigen Mehrfachangabe der geographischen Länge ein – allmähliches – Ende setzte.

Astronomie
(Zeitrechnung)

• Reisen mit der Postkutsche im Zeitalter der Ortszeiten
• Beziehung zwischen Eisenbahngeschwindigkeit und Ortszeit
• Maßnahmen der Eisenbahn in Europa gegen die Ortszeiten

  – Innere Eisenbahnzeit
  – Äußere Eisenbahnzeit
  – Gesetzliche Eisenbahnzeit

• Erschwerung des Eisenbahnverkehrs in den Vereinigten Staaten von Amerika

Vor der Ausbreitung der Eisenbahn hatten die Ortszeiten Geltung. Wer nach Westen oder Osten reiste, war gezwungen, seine Uhr zu verstellen, und zwar immer dann, wenn ein neuer Ortszeit-Geltungsbereich erreicht wurde. Da ein solcher, von zwei Meridianen begrenzter Zeitbereich an sich ein sphärisches Zweieck zwischen Nord- und Südpol bildet, ist er am Äquator am breitesten (111 km), wird aber, je weiter man nach Norden oder Süden kommt, immer schmäler. In Mitteleuropa hat ein Ortszeit-Geltungsbereich eine durchschnittliche Breite von ca. 70 km. Wer nach Norden oder Süden reiste, konnte dies ohne Uhrzeitanpassung tun, sofern das Gebiet der betreffenden Ortszeit nicht verlassen wurde.

Theile der Erde und über das Weltgebäude, Gotha 1895 (Justus Perthes), Blatt-Nr. 61

1 Meyer, in: z. B. „Nord-Amerika" (nach Greenwich) und „Süd-Amerika" (nach Paris und Ferro), Leipzig 1885, 4. Aufl., 1. Bd. nach S. 474

2 Meyer, in: z. B. „Asien: Oro-Hydrographische Karte" (nach Ferro und Paris) und „Asien" (nach Greenwich), Leipzig 1874, 3. Aufl., 2. Bd., n. S. 2; „Isothermen- und Windkarte der Erde" (nach Greenwich), „Religionskarte von Europa" (nach Ferro), in: Andrees, Richard: Allgemeiner Handatlas, Bielefeld und Leipzig 1887, 2. Aufl., S. 12

Ehe darauf eingegangen wird, wie sich die Ortszeiten auf den Eisenbahnverkehr auswirkten, sei ein Blick auf das Reisen zu Lande vor dem Aufkommen der Eisenbahn geworfen! Vor ihrer Erfindung durch den Engländer Stephenson 1829, erste Eisenbahnstrecke in Deutschland 1835 zwischen Nürnberg und Fürth, fuhr man in der Postkutsche und beförderte schwere Lasten mit den noch langsameren Fuhrwerken. Die pferdebespannten Fahrzeuge jener Zeit fuhren auf viel schlechteren Wegen und Straßen, als wir sie heute kennen. Nur wenige waren gepflastert, die meisten waren unbefestigt, mit Löchern übersät und äußerst wetterabhängig. Demgemäß war es in der eisenbahnlosen Zeit wegen der niedrigen Geschwindigkeit – ein Lastfuhrwerk schaffte zwei bis drei Kilometer in der Stunde, eine Postkutsche sieben bis neun, sofern die Pferde im leichten Trab liefen – nicht möglich, an einem Tag mehr als 50 bis 60 Kilometer zurückzulegen. Aus diesem Grund störten die verschiedenen Ortszeiten den Verkehr nicht. Erreichte man auf einer längeren Reise nach Osten oder Westen den nächsten Meridian, genauer: den Punkt, ab dem die andere Ortszeit galt, wurde die Uhr verstellt. Erst nach zwei weiteren Tagen, früher wurde der nächste Zeitmeridian nicht erreicht, musste dieser Vorgang wiederholt werden.

Beziehung zwischen Eisenbahngeschwindigkeit und Ortszeit

Verglichen mit der Postkutsche, fuhr die Eisenbahn von Anfang an mit deutlich höherer Geschwindigkeit. Schon 1849, nur 19 Jahre nach der Eröffnung der ersten Personen-Dampfeisenbahn der Erde (Linie Liverpool – Manchester am 15. September 1830), „zog die amerikanische Lokomotive ‚Lightning' (Blitz, d. Verf.) acht beladene Wagen über eine ebene Strecke von rund 25 km mit einer Geschwindigkeit, die knapp unter 100 km/Std. lag (96,5 km/Std.). Ohne Wagen hätte sie sicher die 100-km/Std.-Grenze überschritten."[1]

In der Frühzeit der Eisenbahn wurde aber generell nicht so schnell wie auf dieser Versuchsfahrt aus dem Jahr 1849 gefahren. Im Blick auf die am 1. Oktober 1844 eröffnete Strecke „Nürnberg – Bamberg" heißt es bezüglich der Reisegeschwindigkeit: „Den Lokomotivführern war damals eine zulässige Meistgeschwindigkeit von 10 Wegstunden = 37 km in der Zeitstunde vorgeschrieben, die in den Bahnkurven und Stationen ermässigt werden musste; über Weichen durfte nur im Geschwind-

---

1   Clarke, Arthur C., in: Im höchsten Grade phantastisch – Ausblicke in die Zukunft der Technik, Düsseldorf 1969, S. 72

schrittstempo gefahren werden."[1] Diese Geschwindigkeitsvorgabe aus dem Jahr 1844 wurde bald nach oben korrigiert. So durften im Jahr 1863 „Güterzüge ... mit 33 km, Personen- und Postzüge mit 52 km, Eil- und Extrazüge mit 56 bezw. 59 km Meistgeschwindigkeit verkehren. Heutzutage (1894, d. Verf.) darf bekanntlich die Geschwindigkeit der Schnellzüge ... unter besonders günstigen Verhältnissen ... bis auf 90 km gesteigert werden!"[2]

Da sich das deutsche Eisenbahnnetz rasch ausdehnte (schon 1850 war es möglich, z. B. von Aachen über Berlin nach Stettin und Posen zu fahren und 1865 ließ sich diese Reise schon bis Tilsit fortsetzen)[3], konnten in wenigen Stunden mehrere Hundert Kilometer zurückgelegt werden. Infolgedessen kam man in kürzester Zeit mit der Bahn mehrere Längengrade weiter nach Osten oder Westen. Das hatte wiederum zur Folge, dass etwa alle 70 km, so breit ist, wie schon aufgezeigt, in Mitteleuropa ein Ortszeitgeltungsbereich, eine andere Ortszeit Geltung beanspruchte.

Zwischen dem westlichsten Punkt des Deutschen Reiches von 1871 (5° 52' östl. L. v. Gr.) und seinem östlichsten Vorsprung (22° 53' östl. L. v. Gr.) beanspruchten auf einer Breite von ca. 1 240 km, größte West-Ost-Ausdehnung des damaligen Deutschlands, 17 verschiedene Ortszeiten Geltung. Die größte Zeitdifferenz betrug demnach in Deutschland ca. 68 Minuten.

Maßnahmen der Eisenbahn in Europa gegen die Ortszeiten

So wie die Vielfalt der internationalen Anfangsmeridiane die Hochseeschifffahrt behinderte, die geodätische Aufnahme und die Kartographie erschwerte, fiel die große Zahl der Ortszeiten dem gesamten Eisenbahnwesen zur Last, insbesondere bei der Fahrplangestaltung und deren Abstimmung mit den im bürgerlichen Leben geltenden Ortszeiten. Dadurch sah sich die Eisenbahn gezwungen, sich eine eigene Zeit zu geben: die Eisenbahnzeit. Es entwickelten sich z. B. in Deutschland drei

---

1 Marggraff, Hugo (kgl. Bezirksingenieur), in: „DIE Kgl. Bayerischen Staatseisenbahnen in geschichtlicher und statistischer Beziehung. – GEDENKSCHRIFT zum fünfzigsten Jahrestage der Inbetriebsetzung der ersten Staatsbahnstrecke Nürnberg – Bamberg am 1. Oktober 1844", München 1894, S. 119
2 ebd.
3 Jubiläumsschrift zum hundertjährigen Bestehen der deutschen Eisenbahnen, in: „Hundert Jahre deutsche Eisenbahnen", Berlin 1938, 2. Aufl., n. S. 29 (Streckennetz „Die deutschen Eisenbahnen von 1835 bis 1850), n. S. 32 (Streckennetz „Die deutschen Eisenbahnen 1865 und 1870)

Spielarten, die nebeneinander Geltung beanspruchten, d. h. zur gleichen Zeit galten in verschiedenen Gebieten des Deutschen Reiches unterschiedliche Eisenbahnzeiten: die innere, die äußere und die gesetzliche Eisenbahnzeit.

Innere Eisenbahnzeit

In der Urzeit der Eisenbahn waren viele kleine, nicht miteinander verbundene Eisenbahnnetze entstanden, die sich in der unmittelbaren Folgezeit rasch über mehrere Ortszeitgeltungsbereiche auszubreiten begannen. Die Ortszeit einer bestimmten Station hatte im inneren Dienst einer Eisenbahngesellschaft Geltung. Folglich richteten sich die Dienstfahrpläne und die Eisenbahnverwaltung nach nur *einer* Zeit, eben nach der bewussten Ortszeit. Aber nach außen hin, den Fahrgästen gegenüber, machte sich das nicht bemerkbar, weil im bürgerlichen Leben weiterhin die verschiedenen Ortszeiten als gesetzliche Zeit galten. So kam es, dass die Fahrpläne für die Reisenden nach den verschiedenen Ortszeiten erstellt wurden und folglich die für die Öffentlichkeit bestimmten Bahnhofsuhren die jeweiligen Ortszeiten und nicht die innere Eisenbahnzeit anzeigten.

Als sich die Eisenbahn über die einzelnen deutschen Länder ausgebreitet hatte und die zahlreichen Eisenbahngesellschaften sich gezwungen sahen, ihre Schienennetze untereinander zu verbinden, wurde es „unbedingt erforderlich … die … Ortszeit der größten Stadt des von den betreffenden Bahnstrecken durchzogenen Gebiets oder der Hauptstadt des betreffenden Staats"[1] als innere Eisenbahnzeit anzunehmen. Die öffentlichen Fahrpläne, das Post- und Telegraphenwesen richteten sich aber weiterhin nach den Ortszeiten.

Da in den einzelnen deutschen Ländern, je nach östlicher oder westlicher Lage, unterschiedliche innere Eisenbahnzeiten galten, rechneten die entsprechenden Bahnverwaltungen untereinander mit verschiedenen inneren Eisenbahnzeiten. Das erschwerte die Aufstellung und die Sicherheit des gesamten Bahnbetriebs ungemein. Bald kamen Bestrebungen auf, in ganz Deutschland eine einheitliche innere Eisenbahnzeit einzuführen.

Erst nachdem 1874 Graf von Moltke (1800–1891), preußischer Generalfeldmarschall, auf die nachteiligen militärischen Folgen einer Beibehaltung der Vielzahl der inneren Eisenbahnzeiten in den deutschen Ländern hingewiesen hatte, wurde noch im selben Jahr die Berliner Ortszeit als alleinige innere Eisenbahnzeit im Deutschen Reich eingeführt. Aller-

---

1 Röll, Victor (Hrsg.) und Wurmb, Carl, in: „Encyklopädie des gesamten Eisenbahnwesens", Wien 1890, Erster Band, S. 284

dings gab es fünf Ausnahmen: Bayern, die zu Bayern gehörende Pfalz, Württemberg, Baden und Oldenburg schlossen sich von dieser Regelung aus, indem die entsprechenden Hauptstadtzeiten weiterhin als innere Eisenbahnzeiten Geltung hatten. In Elsass-Lothringen dagegen galt als innere Eisenbahnzeit die Berliner Ortszeit.

Zunächst galt die Berliner Ortszeit nur für das Aufstellen der dienstlichen Fahrpläne, später nahmen die meisten Bahnverwaltungen diese Ortszeit für den gesamten inneren Dienst an. Die öffentlichen Fahrpläne aber wurden (abgesehen von den o.a. Ländern, die sich für eine bequemere Lösung entschieden hatten: s. gesetzliche Eisenbahnzeit) im Deutschen Reich weiterhin nach den lästigen Ortszeiten, etwa 17, erstellt.

Äußere Eisenbahnzeit

Im Gegensatz zum Deutschen Reich galt in einer Vielzahl europäischer Länder die „äußere Eisenbahnzeit": in Belgien, Dänemark, Italien, in den Niederlanden, Österreich-Ungarn, Russland mit seinem europäischen Teil, in der Schweiz, Spanien, Luxemburg, Serbien, Bosnien, Bulgarien, Rumänien, Norwegen, Portugal und im europäischen Teil der Türkei.

Das bedeutete: Das gesamte Verkehrswesen, die Eisenbahn mit ihrer Verwaltung, den Dienstfahrplänen und den Fahrplänen für die Öffentlichkeit, die Post und die telegraphische Nachrichtenübermittlung[1] richteten sich nach *einer* Zeit: nach der Ortszeit der jeweiligen Hauptstadt, aber dem bürgerlichen Leben lagen weiterhin die verschiedenen Ortszeiten als gesetzliche Zeitrechnung zugrunde.[2]

Die entscheidenden Gründe für die Einführung dieser Variante der Eisenbahnzeit waren die Vereinfachung der Fahrplangestaltung und die Erhöhung der Sicherheit gegenüber der inneren Eisenbahnzeit.

---

1 In jener Zeit waren Post- und Telegraphenwesen noch getrennt. Auch sei noch einmal darauf verwiesen, dass sich im Deutschen Reich mit seiner inneren Eisenbahnzeit Post und Telegraphie nach den Ortszeiten richteten.

2 In Ländern mit großer Ost-West-Erstreckung gab es Ausnahmen, indem das Land für das Verkehrswesen in mehrere Geltungsbereiche der äußeren Eisenbahnzeit aufgeteilt wurde. Für Österreich galt die Prager, aber für Ungarn mit Galizien die Budapester Ortszeit. Weil Prag näher als Wien am Mittelmeridian Österreichs liegt, hatte man sich für die Prager Ortszeit und gegen die Wiener entschieden. – In Russland herrschten gar vier verschiedene äußere Eisenbahnzeiten: die Ortszeiten von Petersburg, Moskau, Perm und Aschabad, während im bürgerlichen Leben die Ortszeiten galten.

Gesetzliche Eisenbahnzeit

Noch einen Schritt weiter als die Länder mit „äußerer Eisenbahnzeit" waren die Länder gegangen, in denen die Eisenbahnzeit zugleich gesetzliche Zeit war: Das gesamte Verkehrswesen: die Dienstfahrpläne, die Eisenbahnverwaltung, die öffentlichen Fahrpläne und das Post- und Telegraphenwesen wie auch das bürgerliche Leben richteten sich nach einer Zeit, die entweder von der Ortszeit der Hauptstädte oder von bestimmten Meridianen abhing.

Diese Regelung galt innerhalb des Deutschen Reiches in Bayern, in der Pfalz[1], Baden, Württemberg und Oldenburg und innerhalb Europas in England, Schottland, Irland, Frankreich und Schweden. Die Ortszeit der Hauptstadt hatte in den genannten vier deutschen Ländern sowie in Frankreich und Irland, die Zeit eines bestimmten, die Hauptstadt nicht berührenden Meridians in England, Schottland (für beide Länder der Meridian von Greenwich) und Schweden (der 15. Meridian östl. v. Gr.) Geltung. Obwohl England nach geographischer Länge nur eine maximale Zeitdifferenz von ca. 30 Minuten hat, wurden die Fahrpläne der englischen Haupteisenbahnlinien schon 1847 nach einer Zeit, nach der Greenwicher Ortszeit, erstellt. 1851 beanspruchte die Greenwicher Zeit auch im bürgerlichen Leben Geltung.

Erschwerung des Eisenbahnverkehrs in den Vereinigten Staaten von Amerika

In den Vereinigten Staaten bereiteten die Ortszeiten so große Schwierigkeiten bei der Fahrplangestaltung, dass eine Lösung dieses Problems gefunden werden *musste* – gefunden wurde und nach nur wenigen Jahren weltweite Annahme fand.

Die Vereinigten Staaten ohne Alaska erstrecken sich etwa über 60 Längengrade. Die Zeitdifferenz zwischen der Atlantik- und Pazifikküste beträgt etwa vier Stunden. Die Last der sich daraus ergebenden Zahl von etwa 60 unterschiedlichen Ortszeiten wurde durch die nach dem Ende des amerikanischen Bürgerkriegs (Sezessionskrieg 1861–1865) entstandenen zahlreichen neuen Eisenbahngesellschaften erschwert. Schon 1869 wurde die erste von insgesamt vier transamerikanischen Bahnen zwischen der Atlantik- und Pazifikküste fertiggestellt, sodass Eisenbahnreisen zwischen San Francisco und Maine, dem östlichsten US-Staat, mög-

---

1 In der zu Bayern gehörenden Pfalz galt nicht die Münchner, sondern die Ludwigshafener Ortszeit als gesetzliche Zeit.

lich geworden waren. Hinzu kam, dass das Schienennetz von allen Ländern der Erde in den Vereinigten Staaten am schnellsten wuchs. Hatte es 1870 eine Länge von 84 637 km, betrug seine Länge 1884 194 006 km[1] und nur vier Jahre später, 1888, bereits 251 184 km.[2]

„Die Pacific-Bahnen Nordamerikas"[3]

Fig. 32

Obwohl auf die nordamerikanische Union astronomisch gesehen 60 Ortszeiten entfallen, richtete sich das Eisenbahnwesen der Union nach ca. 75 Zeiten. Das führte zu manchen Kuriositäten. („For instance, a traveller from Portland, Maine, on reaching Buffalo, NY, would find four different kinds of 'time': the New York Central railroad clock might indicate 12.00 (New York time), the Lake Shore and Michigan Southern Clocks in the same room 11.25 (Columbus time), the Buffalo city clocks 11.40, and his own watch 12.15 (Portland time). At Pittsburgh, Penn., there were six different time standards for the arrival and departure of trains. A traveller from Eastport, Maine, going to San Francisco, was obliged, if anxious to have correct railroad time, to change his watch some

---

1 Brockhaus, in: Vereinigte Staaten von Amerika (Kanäle und Eisenbahnen), Leipzig 1887, 13. Aufl., Bd. 16, S. 184

2 Meyer, in: Vereinigte Staaten von Nordamerika (Verkehrsverhältnisse), Leipzig und Wien 1890, 4. Aufl., 16. Bd., S. 114

3 Geistbeck, Michael, Dr., in: Der Weltverkehr. Telegraphie und Post, Eisenbahnen und Schiffahrt in ihrer Entwickelung dargestellt, Freiburg i. Br. 1887, S. 222

twenty times during the journey.")[1] „Ein Reisender, beispielsweise aus Portland, Maine, würde bei der Ankunft in Buffalo, NY, vier verschiedene Arten von ‚Zeit' vorfinden: die zentrale New Yorker Eisenbahnuhr könnte 12.00 (New Yorker-Zeit) anzeigen, die Lake-Shore-und-Michigan-Süd-Uhren im selben Raum 11.25 (Columbus-Zeit), die Stadtuhren von Buffalo 11.40 und seine eigene Uhr 12.15 (Portland Zeit). In Pittsburgh, Pennsylvanien, gab es für die Ankunft und Abfahrt von Zügen sechs verschiedene Standardzeiten. Ein Reisender aus Eastport, Maine, wäre auf einer Fahrt nach San Francisco verpflichtet gewesen, falls er sich genötigt gefühlt hätte, die richtige Eisenbahnzeit zu haben, seine Uhr etwa zwanzigmal während der Reise verstellen zu müssen."

Diese für Eisenbahnwesen und Reisende unangenehmen Zustände, verursacht durch die etwa 75 zu berücksichtigenden Zeiten bei der Fahrplanerstellung, aber auch das Beharren der Städte und Eisenbahngesellschaften auf „ihrer" Ortszeit, veranlassten den amerikanischen Professor Charles Ferdinand *Dowd* (1825–1904) zur Ausarbeitung eines viergliedrigen Zeitzonensystems, bei dem auf jede Zeitzone 15 Längengrade entfallen. Da in jeder Zone Minuten und Sekunden übereinstimmen, war es beim Übergang von einer Zeitzone in die andere nur noch nötig, die Stunden zu verstellen. Für jede Zeitzone wurde ein etwa in deren Mitte verlaufender Meridian als Zeitmeridian festgelegt.

Dowds Zonenzeitsystem, anfangs (1870) auf dem Meridian von Washington basierend und 1872 auf den Meridian von Greenwich umgestellt, wurde am 18. November 1883 in den Vereinigten Staaten und Kanada als gesetzliche Zeit eingeführt (Zeitmeridiane: 75, 90, 105, 120° w. L. v. Gr.) Bis zum Beginn des Ersten Weltkriegs (1914) fand Dowds Vier-Zeitzonen-System, durch Fleming zum 24-Stunden-Zonenzeit-System erweitert, weltweite Annahme. (In Deutschland wurde am 1.4.1893 die Zonenzeit als Mitteleuropäische Zeit eingeführt. Damit unterlagen das gesamte Verkehrswesen und das bürgerliche Leben *einer* Zeit.)

1 Howse, Derek, in: Greenwich time and the discovery of the longitude, Oxford New York Toronto Melbourne 1980, S. 120

Geodäsie

Ursprung der geodätischen Aufnahme

Etwa zur Mitte des 18. Jahrhunderts setzte die topographische und geodätische Aufnahme (Vermessung) Europas ein.

In Frankreich begann die staatlich organisierte geodätische Vermessung. Untrennbar ist der Name *Cassini* mit der damals in der Welt führenden französischen Kartographie verbunden. Cesar François Cassini (1714–1784) begann im Jahre 1744 die große trigonometrische Vermessung Frankreichs und brachte sie weitgehend voran. Sein Sohn Jean Dominique (1748–1845) – er folgte ihm als Direktor der Pariser Sternwarte – vollendete drei Jahre nach dem Tode seines Vaters die topographische Aufnahme des Landes: Frankreich wurde somit das erste Land der Erde, das vollständig topographisch aufgenommen war. Die Cassini'sche Karte[1] – unter dem Titel „Carte topographique de la France" (Maßstab 1:86 400) von 1744–1793 in Paris in 182 Messtischblättern erschienen – wurde insofern international richtungweisend für topographische Unternehmungen, als sie die Zeit der exakten Landesaufnahme einleitete.

Insbesondere wurde nach den Napoleonischen Kriegen das Bedürfnis nach genaueren Landkarten geweckt. Nach und nach folgten alle europäischen Länder Europas[2] dem Beispiel Frankreichs, das mit der topographischen und geodätischen Vermessung seines Territoriums begonnen hatte. Hauptsächlich waren es militärische Gründe, die das Interesse an topographischen Karten wachsen ließen. Aber auch die allgemeine Staatsverwaltung zog Nutzen daraus, wie z. B. bei der Feststellung des Grundbesitzes oder beim Bau neuer Verkehrswege, vor allem aber durch die Projektierung von Trassen für die Eisenbahn, die im ersten Drittel des 19. Jahrhunderts ihren Siegeszug in Europa einleitete.

---

1   Bis 1823 galt die Cassini'sche Karte als die bedeutendste militärisch-topographische Karte.
2   mit Ausnahme der Türkei, großer Teile Spaniens sowie der nördlichen Regionen Skandinaviens und Russlands

War es schon eine schwierige Aufgabe, ein ganzes Land wie z. B. das Deutsche Reich aufzunehmen[1], war es ein ungleich schwierigeres Unternehmen von Mitteleuropa eine möglichst genaue Kenntnis der Krümmung der Erdoberfläche und der angrenzenden Meeresteile zu erhalten. Im Jahre 1861 machte der preußische General und Geodät *J. J. Baeyer* den Vorschlag, die in Europa bisher unabhängig voneinander ausgeführten Gradmessungen zu verbinden. Die Erdoberflächenkrümmung zwischen dem Parallel von Christiania im Norden, dem Parallel von Palermo im Süden, dem Meridian von Brüssel im Westen und demjenigen von Warschau im Osten sollte vollständig vermessen werden. Auf einem Gebiet von ca. 2 900 000 Quadratkilometern waren die Gradmessungen aller betroffenen Länder unter einer Zielsetzung zu koordinieren. Die bereits in Gang befindliche französische sollte mit der russisch-skandinavischen Gradmessung und diese ihrerseits mit den erst ins Leben zu rufenden Gradmessungen der mitteleuropäischen Staaten verbunden werden.

Bereitwillig gingen die Regierungen der betreffenden Länder auf Baeyers Plan ein. Nach den Vorarbeiten durch preußische, sächsische und österreichische Kommissare begannen im darauffolgenden Jahr – 1862 – die Gradmessungsarbeiten. 1864 fand in Berlin die erste allgemeine Konferenz statt, die von vierzehn europäischen Staaten beschickt worden war. Die wissenschaftliche Leitung der mitteleuropäischen Gradmessung wurde einer siebenköpfigen „permanenten Komission" übertragen, an deren Spitze General J. J. Baeyer stand. Auf der zweiten Konferenz, 1867, auf der mit Ausnahme der Türkei und Griechenlands alle Staaten Europas vertreten waren, wurde für das bisher größte geodätische Unternehmen die Bezeichnung „Europäische Gradmessung" angenommen. Da die Aufgaben, vor die sich die Teilnehmerstaaten gestellt sahen, gigantisch waren, folgten weitere Konferenzen – meist im Drei-Jahres-Rhythmus: Wien 1871, Dresden 1874, Hamburg 1877, München 1880 (Sechste Geodätische Konferenz).

Die größten Schwierigkeiten der „Europäischen Gradmessungskommission" bei ihrem Bemühen, in Mitteleuropa die Krümmung der Erdoberfläche und der angrenzenden Meeresteile genauestens und vollständig zu vermessen, wurden durch die nicht geringe Zahl der nationalen Anfangsmeridiane verursacht, denn in jedem Teilnehmerstaat hing die An-

---

1 Allein für das Deutsche Reich von 1871 waren beim relativ großen Maßstab 1:100 000 nicht weniger als 675 Messtischblätter von je 15 Minuten Höhe und 30 Minuten Breite erforderlich.

gabe der nach geographischer Länge aufgenommenen Punkte von einem
jeweils anderen Nullmeridian ab. Alle gemessenen Punkte der übrigen
Teilnehmerländer mussten nämlich von deren Anfangsmeridianen auf
den eigenen Anfangsmeridian umgerechnet werden. Nur durch diese
mühselige und zeitraubende Arbeit hatten die Messergebnisse der anderen Länder unmittelbaren Aussagewert.

Da fast alle Länder Europas an der „Europäischen Gradmessung" beteiligt waren, kann unschwer Folgendes nachvollzogen werden: Die große Zahl nationaler Anfangsmeridiane behinderte die landesgrenzüber-
schreitende geodätische Aufnahme etwa in der Weise, in der die Vielfalt
der Zeitmeridiane den nationalen und internationalen Eisenbahnverkehr
beeinträchtigte.

b. Streben nach einem Universalmeridian

Die Vielfalt der nationalen und internationalen Anfangsmeridiane bereitete in der praktischen Anwendung der meridianabhängigen Wissenschaften, wie aufgezeigt, große Schwierigkeiten – vor
allem bei der Fahrplangestaltung der Eisenbahn und der landes-
grenzüberschreitenden geodätischen Aufnahme Europas. Als Folge
kam in den sechziger Jahren des 19. Jahrhunderts ein immer stärker werdendes internationales Streben nach Vereinheitlichung der
geographischen Längenbestimmung, nach Längenunifikation, auf.

Auf dem ersten internationalen geographischen Kongress, Antwerpen 1871, wurde der erste Schritt zur Verringerung der Zahl der
Internationalen Anfangsmeridiane gemacht. Man war übereingekommen (s. Teil I, S. 395 f.), da der überwiegende Teil der internationalen Schifffahrt die geographische Länge nach dem englischen
Anfangsmeridian, „Greenwich", bestimmte, diesen Meridian
innerhalb der nächsten zehn bis fünfzehn Jahre als Anfangsmeridian der Nautik einführen zu wollen. Für Land- und Küstenkarten
sollten aber weiterhin die nationalen Nullmeridiane Geltung haben.

Der zweite Schritt erfolgte in Nordamerika: Es ist das bleibende
Verdienst von Sandford *Fleming* (1827–1905), dem Chefingenieur
der „Canadian Pacific Railway" (Kanadische Pazifikeisenbahn),
die Forderung nach Reduzierung der Meridianzahl unter dem Ge-

sichtspunkt eines einzigen Anfangsmeridians für die ganze Erde aufgegriffen zu haben.

In zwei Abhandlungen über dieses Problem („Time-reckoning" und „Longitude and time-reckoning": „Zeitrechnung" und „Geographische Länge und Zeitrechnung") trug er 1878/79 vor dem Kanadischen Institut in Toronto zwei Lösungen zur Beseitigung der zur Last gewordenen Meridianvielfalt vor. Bei der einen Lösung, auf die er zuerst gekommen war, hatte Fleming das Vier-Zeitzonen-System des Amerikaners Dowd zu einem die ganze Erde umspannenden 24-Stunden-Zonenzeit-System auf der Grundlage eines für die ganze Welt gültigen Anfangsmeridians erweitert. Ausgehend von dem für die ganze Erde gültigen Anfangsmeridian seines Zonenzeit-Systems reifte in Fleming die andere Lösung zur Beseitigung der noch herrschenden Meridianvielfalt: die Einführung *einer* Zeit, sodass auf der ganzen Erde im selben Augenblick dieselbe Zeit Geltung hätte (Weltzeit oder Universalzeit oder Kosmopolitische Zeit oder Kosmische Zeit genannt). Sie sollte im Verkehrswesen, in der Wissenschaft und im bürgerlichen Leben Geltung haben.

Die Weltzeit hat gegenüber der Zonenzeit, die sich auf so viele Zeitmeridiane stützt, wie es Zeitzonen gibt (24), den Vorteil, mit nur *einem* Meridian auszukommen. Aus Rücksicht auf nationale Befindlichkeiten hatte sich Fleming für die Gegenlinie des englischen Anfangsmeridians („Greenwich") als Universalmeridian für Zonen- und Weltzeit entschieden. Von allen internationalen Anfangsmeridianen hat 180° v. Gr. den Vorzug, kein Land zu durchschneiden, wenn davon abgesehen wird, dass die 180. Greenwicher Gradabweichung über die Tschuktschen-Halbinsel und die nördlich davon liegende Wrangelinsel läuft.

Auf mehreren, in kurzen Abständen aufeinanderfolgenden Konferenzen der meridianabhängigen Wissenschaften wurden Flemings Anregungen zur Lösung der Meridian- und Zeitfrage erörtert. Der dritte internationale geographische Kongress, Venedig 1881, hatte Flemings Vorschläge zur Einführung einer standardisierten Zeit auf der Basis eines „Prime Meridian" zum vorrangigen Thema. Eine Einigung erzielte man nicht. Das Hauptergebnis von

„Venedig" liegt darin, sich auf zwei weitere Kongresse geeinigt zu haben, die sich mit diesen beiden Fragen befassen sollten.

Die erste Konferenz dieser Art war der siebte internationale geodätische Kongress von Rom (1883). Astronomen, Geodäten und Mathematiker aus verschiedenen Ländern legten dort durch ihre Beschlüsse in der Meridian- und Zeitfrage die Grundlage für die nächste Konferenz, die Meridiankonferenz von Washington (1884). Von ihr erhoffte man sich durch die in Rom getroffene grundlegende Resolution III, die im Wesentlichen dadurch erreicht worden war, dass („90 percent of navigators engaged in foreign trade already calculated their longitudes from Greenwich")[1], „im Überseehandel schon 90% der Seefahrer ihre geographische Länge nach Greenwich bestimmten", eine Einigung in der Meridian- und der damit untrennbar verbundenen Zeitsystemfrage. Darum wurde den an der Konferenz von Rom beteiligten Regierungen vorgeschlagen, in Washington den englischen Anfangsmeridian als Prime Meridian anzunehmen.

In der Schlussphase der Konferenz von Rom wurde die Hoffnung ausgedrückt, dass England im Gegenzug für die Annahme des Greenwicher Meridians als Universalmeridian für die ganze Erde das metrische System einführen möge.

c. Internationale Meridiankonferenz von Washington 1884

Nach dem Abschluss der Konferenz von Rom, auf der die Notwendigkeit bestätigt worden war, auf einer weiteren Konferenz in der Frage der Einführung eines Universalmeridians zu einem Ergebnis zu kommen, schickte die Regierung der Vereinigten Staaten von Amerika Einladungen an alle Länder, mit denen sie diplomatische Beziehungen unterhielt: Österreich-Ungarn, Brasilien, Kolumbien, Costa Rica, Japan, Mexiko, Paraguay, Russland, San Domingo, Salvador, Spanien, Schweden, die Schweiz, Venezuela, Chile, Dänemark, Deutschland, Liberia, die Niederlande, die Türkei, Frankreich, Großbritannien, Guatemala, Hawaii und Italien.

---

1 Howse, Derek, in: Greenwich time and the discovery of the longitude, Oxford New York Toronto Melbourne 1980, S. 137

Am 1. Oktober 1884 versammelten sich in Washington einundvierzig Delegierte aus 25 Ländern zur Eröffnung der Internationalen Meridiankonferenz. Mit Ausnahme Dänemarks, dessen Vertreter trotz ihrer Zusage nicht erschienen, hatten alle eingeladenen Nationen der Einladung Folge geleistet. Im Gegensatz zur Konferenz von Rom, deren Teilnehmer sich aus Astronomen, Geodäten, Geographen und Mathematikern zusammensetzten, überwogen in Washington mit Abstand die Berufsdiplomaten (einige Länder hatten allerdings zusätzlich wissenschaftliche und technische Repräsentanten entsandt). Der Außenminister des Gastgeberlandes eröffnete im Namen des amerikanischen Präsidenten, Arthur, die Konferenz, die sich über einen Monat hinzog. Von den mehr als zweihundert Seiten umfassenden Protokollen wird im Folgenden nur angeführt, was für die Entwicklung des Kongresshauptpunkts wichtig ist: („... to discuss the choice of a meridian to be employed as a common zero of longitude and standard of time reckoning throughout the world; ...")[1] „... über die Wahl eines gemeinsamen, in der ganzen Welt angewendeten Nullmeridians für Längenbestimmung und eine standardisierte Zeitrechnung zu diskutieren ..."

Über die Notwendigkeit an sich, für die ganze Erde einen Universalmeridian festzulegen, waren sich die meisten Konferenzteilnehmer einig. Nicht einig waren sie sich zunächst darüber, ob einem der bisher üblichen internationalen Nullmeridiane dieser hohe Rang oder einem erst noch zu bestimmenden neutralen Meridian zufallen sollte.

Da die Natur – im Gegensatz zu den Breitenkreisen, deren Bezugslinie der Äquator als größter Breitenkreis ist – keinen Anfangsmeridian vorgesehen hat, musste geklärt werden, welcher Meridian als Prime Meridian geeignet wäre. Commander W. T. Sampson, einer der drei amerikanischen Delegierten (U.S. Navy) führte hierzu aus: („In the choice of a prime meridian, there is no physical feature of our earth which commends itself above others as the best starting

---

1 Regierung der USA, in: „INTERNATIONAL CONFERENCE – HELD AT WASHINGTON – FOR THE PURPOSE OF FIXING – A PRIME MERIDIAN – AND – A UNIVERSAL DAY. – October, 1884. PROTOCOLS OF THE PROCEEDINGS.", Washington, D. C. Bros., Printers and Bookbinders., 1884, S. 7 (Eröffnungsprotokoll v. 1.10.1884)

point; nor does the form of the Earth itself present any peculiarity which might be used as an initial point.")[1] „Bei der Wahl eines Universalmeridians gibt es auf unserer Erde kein natürliches Merkmal, das sich von sich aus vor allen anderen Merkmalen als bester Ausgangspunkt empfiehlt noch präsentiert die Gestalt der Erde selbst irgendeine Besonderheit, die als Anfangsmeridian gebraucht werden könnte."

Bei der Verfolgung des herausragenden Konferenzergebnisses von „Rom", sich international auf Regierungsebene auf einen Universalmeridian für geographische Länge und Zeitrechnung zu einigen, gab es lange und lebhafte Diskussionen über die Vorzüge und Nachteile verschiedener nationaler Anfangsmeridiane, die zugleich als internationale Nullmeridiane gebraucht wurden. „Greenwich", den nationalen englischen Anfangsmeridian, eingerechnet, gab es bekanntlich 1884 elf internationale Anfangsmeridiane. Die gebräuchlichsten waren der Meridian von Greenwich, von Paris, von Washington und von Pulkova[2]. Die Frage der Notwendigkeit eines neutralen, erst noch einzuführenden Meridians regte die ohnehin lebhaften Debatten weiter an.

Es bildeten sich zwei oppositionelle Lager, angeführt von Frankreich auf der einen sowie den Vereinigten Staaten und England auf der anderen Seite. Anfangs lief die französische Haltung, mit dem Wortführer M. A. *Lefaivre*, darauf hinaus, in Washington lediglich Grundlagen und Voraussetzungen zu überprüfen, nach denen der internationale Anfangsmeridian gewählt werden sollte. Die eigentliche Wahl des Universalmeridians sollte einer rein technischen Konferenz vorbehalten bleiben.

Mit dieser Einstellung widersprach Frankreich den Voraussetzungen, unter denen die Meridiankonferenz ins Leben gerufen worden war. Die sich hierüber erhebenden lebhaften Diskussionen waren nur zu verständlich, waren doch die Kongressteilnehmer zur Festlegung eines Prime Meridian nach Washington gekommen – wie es der „Act of Congress" der Vereinigten Staaten vom 3.8.1882 vorsah.

---

1   ebd. S. 37 (Protokoll III v. 6.10.1884)
2   Pulkowa: nach der Zentralsternwarte Russlands, der Sternwarte von Pulkowa, auch Petersburger Sternwarte genannt

Nachdem das französische Lager in dieser Frage überstimmt und die Verfolgung des Konferenzhauptpunktes wieder sichergestellt war, wandte Frankreich eine andere, wiederum gegen die Annahme des Greenwicher Meridians gerichtete Taktik an. In französischen Augen war der englische Nullmeridian lediglich einer der vielen nationalen Nullmeridiane. Daher sollte die Wahl auf einen absolut *neutralen* Meridian fallen. Er sollte so gewählt werden, dass Wissenschaft und Handel den größtmöglichen Nutzen davon hätten und sollte weder Europa noch Amerika durchschneiden. Die in diesem Punkt wie festgefahrene Haltung Frankreichs verursachte noch lebhaftere Diskussionen als seine anfängliche Einstellung, nur über die Voraussetzungen für die Wahl des Null-Meridians sprechen zu wollen. Die Gegenseite, die USA und Großbritannien, argumentierte, ein Nullmeridian könne nie völlig neutral sein und führte gewichtige Argumente ins Feld der Auseinandersetzung. Doch Frankreich und seine Anhänger waren nicht zu überzeugen – sie blieben ihrer Sehweise eines internationalen Anfangsmeridians treu.

Schließlich bewirkten hauptsächlich zwei schwerwiegende Argumente der britisch-amerikanischen Seite hinsichtlich der Bedeutung des englischen Seefahrtswesens, dass sich die Teilnehmernationen – mit Ausnahme dreier Staaten – auf einen Meridian als Universalmeridian einigen sollten. Das erste Argument hatte den Anteil der die geographische Länge nach „Greenwich" bestimmenden Seefahrer zum Inhalt. Die Diskussionsbeiträge darüber lieferten der kanadische Delegierte Sandford *Fleming,* Chefingenieur der „Canadian Pacific Railway Company", der das Dominion Kanada vertrat; der russische Gesandte Otto *Struve,* der Direktor der kaiserlichen Sternwarte von Pulkowa und der britische Delegierte Captain Sir F. J. O. *Evans* von der „Royal Navy", der von 1874–1884 „Hydrographer of the Navy" (Hydrograph der britischen Kriegsmarine) war.

Nacheinander sei Fleming, von Struve und Evans das Wort erteilt! Mittels einer Tabelle, die den Prozentanteil der elf internationalen Anfangsmeridiane an der Überseetonnage des gesamten Welthandels aufzeigt, legte Fleming in der Sitzung vom 13. Oktober 1884 (Protokoll IV) u. a. Folgendes dar:

„INITIAL MERIDIANS.	SHIPS OF ALL KINDS.		PER CENT.	
	Number.	Tonnage.	Ships.	Tonnage.
Greenwich.................................	37,663	14,600,972	65	72
Paris...	5,914	1,735,083	10	8
Cadiz..	2,468	666,602	5	3
Naples..	2,263	715,448	4	4
Christiana...................................	2,128	695,988	4	3
Ferro..	1,497	567,682	2	3
Pulkova......................................	987	298,641	$1\,^1/_2$	$1\,^1/_2$
Stockholm..................................	717	154,180	$1\,^1/_2$	1
Lisbon..	491	164,000	1	1
Copenhagen...............................	435	81,888	1	$^1/_2$
Rio de Janeiro...........................	253	97,040	$^1/_2$	$^1/_2$
Miscellaneous	2,881	534,569	$4^1/_2$	$2\,^1/_2$
Total.............................	57,697	20,312,093	100	100"[1]

(„It thus appears that one of these meridians, that of Greenwich, is used by 72 per cent. of the whole floating commerce of the world, while the remaining 28 per cent. is divided among ten different initial meridians.")[2] „Auf diese Weise wird deutlich, dass einer dieser Meridiane, derjenige von Greenwich, von 72% des ganzen Überseehandels benutzt wird, während sich die verbleibenden 28% auf zehn verschiedene Null-meridiane verteilen."

Otto *Struve*, von dem im Konferenzprotokoll steht, („there is no higher authority")[3], dass „es keinen besseren Kenner (der Materie, d. Verf.) gibt", unterstützte mit aller Entschiedenheit die englisch-

---

1   Regierung der USA, in: „INTERNATIONAL CONFERENCE – HELD AT WASHINGTON – FOR THE PURPOSE OF FIXING – A PRIME MERIDIAN – AND – A UNIVERSAL DAY. – October, 1884. PROTO-COLS OF THE PROCEEDINGS.", Washington, D. C. Bros., Printers and Bookbinders., 1884, S. 77

2   ebd. S. 77

3   ebd.

amerikanische Position und zeigte hinsichtlich der Annahme des Greenwicher Meridians als Universalmeridian u. a. Folgendes auf: („The preference given to the Greenwich meridian was based, on one side, on the historical right of the Royal Observatory of England, acquired by eminent services rendered by this establishment during the course of two centuries, to mathematical geography and navigation; on the other side, considering that the great majority of charts now in use upon all the seas are made according to this meridian and *about 90 percent of the navigators of long standing are accustomed to take their longitude from this meridian* [italics by the author].")[1] „Der Vorzug, der dem Greenwicher Meridian erwiesen wird, gründet sich auf der einen Seite auf das historische Recht des Königlichen Observatoriums von England, in zwei Jahrhunderten erworben durch herausragende Dienste dieser Einrichtung in der mathematischen Geographie und der Navigation; auf der anderen Seite darauf, wenn in Betracht gezogen wird, dass die große Mehrheit der jetzt auf allen Meeren in Gebrauch befindlichen Seekarten gemäß diesem Meridian hergestellt worden ist und etwa 90% der schon seit langem Seefahrt betreibenden Hochseeschiffer daran gewöhnt sind, die geographische Länge nach diesem Meridian zu bestimmen." Soviel zum ersten Argument der britisch-amerikanischen Seite: zum hohen Anteil der internationalen Hochseeschiffer. Sie bestimmten schon lange Zeit ihre Länge freiwillig nach „Greenwich", wodurch dieser Meridian zum Universalmeridian der Nautik aufgestiegen war.

Das zweite Argument der britisch-amerikanischen Kongressdelegierten ergab sich zwingend aus dem ersten Argument: Der eine Meridian kann aus praktischen Erwägungen geeigneter als ein anderer sein. Dies konnte vorrangig von „Greenwich" gesagt werden. Denn es ist praktisch, denjenigen Meridian zum internationalen Nullmeridian zu bestimmen, den bereits die meisten Seefahrer der Welt *freiwillig* als solchen anerkennen und – was die Bedeutung des betreffenden Meridians noch weiter aufwertet – welche die von der britischen Admiralität herausgegebenen Navigationshilfen, wiederum *freiwillig,* anwenden.

Evans, der Leiter des Hydrographischen Büros der königlich-britischen Marine, stärkte die Stellung des Greenwicher Meridians

---

1   ebd.

im Blick auf die bevorstehende Wahl des Universalmeridians für Länge und Zeit weiter, indem er auf die Rolle der von der britischen Marine veröffentlichten Navigationshilfen in der internationalen Hochseeschifffahrt zu sprechen kam. In der Sitzung vom 13. Oktober 1884 (PROTOKOLL IV) zeigte Evans auf, in welch hohem Maße Großbritannien bei Seekarten, Segelanweisungen und nautischen Handbüchern gegenüber allen anderen Seefahrt betreibenden Nationen führend war. Die wichtigsten Ausführungen Evans' seien auszugsweise wiedergegeben: („... as having held the office of hydrographer to the Admiralty of Great Britain for many years ... I should place at the disposal of the Congress certain statistical facts bearing on the great interests of navigation and commerce, as illustrated by the number of marine charts, of sailing directions, and of nautical almanacs annually produced under the authority of the British Government, ...")[1] „... da ich das Amt des Hydrographen der Admiralität von Großbritannien schon viele Jahre innehabe, ... sollte ich zur Verfügung des Kongresses bestimmte statistische Fakten stellen, die von großem Einfluss auf Schifffahrt und Handel sind, wie durch die Zahl von Seekarten, Segelanweisungen und nautischen Handbüchern, jährlich mit der Genehmigung der britischen Regierung hergestellt, veranschaulicht wird ..."

Dann wandte sich Evans den Seekarten selbst zu und nannte genaue Zahlen: („The sale of Admiralty charts to the public through an authorized agent, both in London and at other commercial ports in the Kingdom, has been for the last seven years as follows:")[2] „Der Verkauf von Seekarten der Admiralität an die Öffentlichkeit durch einen autorisierten Agenten, sowohl in London als auch in anderen der Handelsschifffahrt zugänglichen Häfen im Königreich, hat sich in den letzten sieben Jahren wie folgt entwickelt:"

---

1 Regierung der USA, in: „INTERNATIONAL CONFERENCE – HELD AT WASHINGTON – FOR THE PURPOSE OF FIXING – A PRIME MERIDIAN – AND – A UNIVERSAL DAY. – October, 1884. PROTOCOLS OF THE PROCEEDINGS.", Washington, D.C. Bros., Printers and Bookbinders., 1884, S. 96

2 ebd. S. 97

```
„ 1877 ...................................................104,562
  1878...................................................109,881
  1879...................................................103,943
  1880...................................................114,430
  1881...................................................118,542
  1882...................................................131,801
  1883...................................................157,352"[1]
```

(„Of these numbers, about one-fifth have been purchased by the govern-
ments or agents of Austria, France, Germany, Italy, Russia, Turkey, and the
United States. The appended list, which was furnished to me by the Admiralty
Chart agent during the present year, gives the more precise particulars.")[2]
„Von dieser Menge ist ungefähr ein Fünftel von den Regierungen
oder Agenten Österreichs, Frankreichs, Deutschlands, Italiens,
Russlands, der Türkei und der Vereinigten Staaten gekauft worden.
Das beigefügte Verzeichnis, mit dem mich der Seekartenagent der
Admiralität in diesem Jahr versehen hat, gibt genaueren Einblick in
die Einzelheiten."

„Years.	France.	Germany.	United States.	Italy.	Russia.	Turkey.	Austria.	Total.
1877 . .	2,039	5,184	2,057	1,518	11,763	....	....	...22,561
1878 . .	5,741	3,351	2,641	2,645	5,551	....	600	20,529
1879 . .	3,340	6,425	5,185	802	9,354	....	641	25,747
1880 . .	5,793	5,280	1,879	797	10,145	519	375	24,788
1881 . .	4,418	3,640	1,273	2,694	3,406	1,160	996	17,587
1882 . .	7,454	5,656	1,716	2,569	4,245	115	1,197	22,952
1883 . .	5,592	7,882	6,174	2,507	6,280	2,368	2,158	32,961
1884 1st quar.)	1,367	2,261	2,942	908	2,186	429	577	10,670
	35,744	39,679	23,867	14,440	52,930	4,591	6,544	177,795"[3]

---

1 ebd.
2 ebd.
3 ebd. S. 98

In seiner Argumentation zugunsten des Greenwicher Meridians fuhr Evans fort: („... Supplementary to the Admiralty Charts, there are 51 volumes of Sailing Directions. Several of these volumes exceed 500 pages, and have been through several editions. ... The annual sales of nautical almanacs for the past seven years have been:")[1] „... Die Seekarten der Admiralität ergänzend, gibt es 51 Bände Segelanweisungen. Mehrere dieser Bände haben mehr als 500 Seiten und sind mehrfach aufgelegt worden. ... Die jährlichen Verkaufszahlen nautischer Handbücher der letzten sieben Jahre sind folgende:"

```
„ 1877 .................................................. 18 439
  1878 .................................................. 16 408
  1879 .................................................. 16 290
  1880 .................................................. 14 561
  1881 .................................................. 15 870
  1882 .................................................. 15 071
  1883 .................................................. 15 535"[2]
```

Die von der britisch-amerikanischen Fraktion vorgetragenen Argumente zum hohen Anglisierungsgrad der internationalen Seefahrt, unterstützt von der gewichtigen Stimme Russlands, überzeugten schließlich, mit Ausnahme Frankreichs und zweier weiterer Staaten, alle Kongressteilnehmer. Indirekt war nämlich den Ausführungen von Fleming, Struve und Evans zu entnehmen, wie unpraktisch es wäre, wenn durch die Nichtwahl von „Greenwich" der größte Teil der Hochseeschiffer gezwungen werden würde, seine schon seit langem von „Greenwich" abhängige Längenbestimmung aufzugeben und sich erst wieder an einen anderen Meridian gewöhnen zu müssen: Der größte Teil der in aller Welt in Gebrauch befindlichen Seekarten, Segelanweisungen und nautischen Handbücher hätte seinen Wert verloren, wenn sie in mühseliger und sicher jahrzehntelanger Arbeit auf einen anderen Nullmeridian umgerechnet und erneut hergestellt hätten werden müssen. Im Ver-

---

1   ebd. S. 98
2   ebd.

gleich damit nahm sich das entsprechende Problem Frankreichs eher gering aus, die nautischen Hilfsmittel der „Marine Française" von „Paris" auf „Greenwich" umzustellen. Das hätte ja nur das eigene Seewesen und nicht den weitaus größten Teil der Weltschifffahrt betroffen.

Nach den Darlegungen von Fleming, Struve und Evans kam es zur Abstimmung über die Annahme des englischen Nullmeridians als Anfangsmeridian von Länge und Zeitrechnung.

Das Ergebnis der Abstimmung wiederholt sich in der Schlussakte (Final Act) des Protokolls, wo die sieben von der Washingtoner Konferenz verabschiedeten Resolutionen zusammengefasst sind. Die Resolutionen I und II beziehen sich auf die Wahl des Universalmeridians.

(„I.

'That it is the opinion of this Congress that it is desirable to adopt a single prime meridian for all nations, in place of the multiplicity of initial meridians which now exist.' …

II.

'That the Conference proposes to the Governments here represented the adoption of the meridian passing through the centre of the transit instrument at the Observatory of Greenwich as the initial meridian for longitude.'")[1]

„I.

,Dass es die Ansicht dieses Kongresses ist, es sei wünschenswert, anstelle der Mannigfaltigkeit von Anfangsmeridianen, die es jetzt gibt, einen einzigen Universalmeridian anzunehmen.'

---

1 ebd. S. 199

342

II.

,Dass die Konferenz den hier versammelten Regierungen die Annahme des durch das Zentrum des Meridianfernrohrs der Sternwarte Greenwich gehenden Meridians als Anfangsmeridian der Längenbestimmung vorschlägt.'"

Während Resolution I einstimmig angenommen wurde, war dies bei Resolution II nicht der Fall. Von den 25 an der Meridiankonferenz von Washington beteiligten Nationen bejahten 22 die Resolution II (Österreich-Ungarn, Chile, Kolumbien, Costa Rica, Deutschland, Großbritannien, Guatemala, Hawaii, Italien, Japan, Liberia, Mexiko, die Niederlande, Paraguay, Russland, Salvador, Spanien, Schweden, die Schweiz, die Türkei, die Vereinigten Staaten von Amerika, Venezuela), ein Land lehnte sie ab (San Domingo) und zwei Staaten enthielten sich der Stimme (Brasilien und Frankreich)[1].

Letztlich war es das Gewicht der internationalen Seefahrt, die, obwohl es England nie gewünscht oder gar gefordert hätte, seinen nationalen Nullmeridian in den Rang eines Prime Meridian zu heben, die Abstimmung zugunsten des Greenwicher Meridians ausfallen ließ.

Die Internationale Meridiankonferenz von Washington hatte ihr Hauptziel erreicht: *Für die ganze Welt gab es jetzt einen einzigen Nullmeridian für geographische Längenbestimmung und Zeitrechnung – allerdings auf der Basis freiwilliger Akzeptanz.*

---

d. Einführung und Ausbreitung der Zonenzeit

Von den beiden Hauptzielen der Meridiankonferenz von Washington (1884) war das eine Ziel erreicht: Einigung auf *einen* Nullmeridian für die ganze Erde. Am anderen Ziel, an der Einführung der Welt- oder Universalzeit – *einer* Zeit für *alle* Zwecke, die im selben Augenblick auf der

---

1   ebd. S. 200

343

ganzen Erde Geltung hat –, war insbesondere den Vereinigten Staaten von Amerika gelegen.

Obwohl sich die Resolutionen IV und V der Konferenz von Washington für die Annahme der Universalzeit aussprechen, zog sie nicht ins bürgerliche Leben ein, da ihr größter Nachteil darin liegt: Mit Ausnahme der dicht beiderseits des Weltzeitmeridians (Greenwich) liegenden Gebiete hätte in der ganzen Welt die Uhrzeit nicht mehr mit der Horizonthöhe der Sonne übereingestimmt, wie es bei Orts- und Zonenzeit mehr oder weniger der Fall ist. Damit wäre ein Verfahren aufgegeben worden, auf dem die bürgerliche Zeitrechnung von Anbeginn an fußt.

Die Folgen wären gravierend gewesen: Das Zeitgefühl des größten Teils der Weltbevölkerung wäre auf lange Zeit empfindlich gestört worden; denn der bei Orts- und Zonenzeit innerhalb kaum spürbarer Toleranzen um Mitternacht stattfindende „natürliche Datumswechsel" fände mit Ausnahme der „Universalmeridian-Zeitzone" nicht mehr zu der Zeit statt, zu der die Sonne ihren unteren Kulminationspunkt erreicht. Demzufolge hätte sich z. B., je nach Sonnenstand, in dem einen Teil der Welt der nächste Tag um 10 Uhr vormittags eingestellt, während dies in anderen Weltteilen um 3 Uhr nachmittags oder um 7 Uhr morgens der Fall gewesen wäre.

Mit der von ihm vorgeschlagenen Weltzeit setzte sich Sandford Fleming nicht durch; denn sie bedeutete ja, dass praktischen, das Alltagsleben nicht behindernden Erwägungen kein Vorrang vor der Erleichterung von Verkehr, Handel und Nachrichtenübermittlung hätte eingeräumt werden können.

Die von dem Amerikaner Dowd für das nordamerikanische Eisenbahnwesen ersonnene Zonenzeit (vier Zeitzonen), die der Kanadier Fleming zu einem die Welt umspannenden 24-Stunden-Zeitzonensystem erweiterte, begann, nachdem sich auf der Meridiankonferenz von Washington der Greenwicher Meridian als Universalmeridian durchgesetzt hatte, die Ortszeiten als Einheitszeit zu verdrängen.

Die 24 Zeitzonen (in idealer Gestalt sich von Nord- bis Südpol erstreckende sphärische Zweiecke) beziehen sich auf die Greenwicher Zeit. Östlich v. Gr. ist in jeder nachfolgenden Zeitzone die Uhr um eine Stunde weiter fortgeschritten (von 0° bis 180° östl. L. v. Gr.: 12 Stunden, da jedem Längengrad 4 Minuten gleichkommen); westlich v. Gr. ist in jeder weiteren Zeitzone die Uhr um eine weitere Stunde zurück (von 0° bis 180° westl. L. v. Gr.: 12 Stunden). Folglich tritt am Greenwicher Gegenmeridian (180° v. Gr.) eine Zeitdifferenz von 24 Stunden auf.

Die folgende Tabelle zur Verdrängung der Ortszeiten durch die Zonenzeiten bis zum Ende des ersten Weltkriegs (1918) muss notgedrungen unvollständig bleiben, weil es heute eine langwierige Aufgabe wäre, für alle Länder das genaue Einführungsdatum der Zonenzeit zu ermitteln. Dennoch gibt die Tabelle in groben Zügen ein brauchbares Bild von der weltweiten Ausbreitung der Zonenzeit. – England, Schottland und Schweden nehmen in dieser Tabelle eine Sonderstellung ein, weil sie schon vor dem „Zonenzeit-Zeitalter" die gesetzliche Zeit von Meridianen abhängig gemacht hatten, die auch bei der Zonenzeitregelung Zeitmeridiane sind: England und Schottland vom Meridian von Greenwich, Schweden vom 15. Meridian östlich davon.

Jahr der Einführung	Gebiete mit Zonenzeit	Zeitmeridiane
1879	England, Schottland	Meridian v. Greenwich
1880	Schweden	15° E[1]
1883	Nordamerika, 4 Zeitzonen	75° W, 90° W, 105° W[2] und 120° W[2]
1888	Japan	135° E (Zentraljapanische Zeit)
1893	Deutsches Reich	15° E
um 1895	1. östlichste Teile Kanadas (Neubraunschweig, Neuschottland und benachbarte Inseln, jedoch mit Ausnahme Neufundlands [Landeszeit])	60° W (Atlantische Zeit)
	2. westlichste Teile Kanadas und Alaskas	135° W (Alaskazeit)
	3. Australien, 3 Zeitzonen	120° E, 142,5° E und 150° E (West-, Mittel- und Ostaustralische Zeit)

---

1   E   =   östl. L. v. Gr.
2   W   =   westl. L. v. Gr.

	4. Neuseeland	172,5° E (Neuseeländische Zeit [heute 180°v. Gr.])
	5. Ägypten	30° E (Osteuropäische Zeit)
	6. Hawaii	157,5° W (heute 150° W: Hawaiische Zeit)
	7. Samoa	172,5° W (heute 165° W: Samoanische Zeit)
	8. Unabhängiger Kongostaat	15° E (Mitteleuropäische Zeit)
um 1900	1. Norwegen, Dänemark, Belgien, Luxemburg, Ungarn, Schweiz	15° E
	2. Britisch-Indien und Birma	82,5° E (für Brit.-Ind.: Ostindische Eisenbahn- zeit), 97,5°E (Birma)
1902	Deutsch-Südwest-Afrika (nach Eröffnung der Eisenbahn- linie Swakopmund-Windhoek)	15° E
1902/1903	1. Österreich, Italien, westliche Türkei, Bosnien, Serbien	15° E
	2. östliche Türkei, Bulgarien, Rumänien	30° E
	3. Spanien mit Balearen	Meridian v. Gr.
	4. im gesamten Britisch- Südafrika	30° E
1905	1. Britisch-Nordborneo, Philippinen, Formosa, gesamte chinesische Küste	120° E (Name je nach Lage: Philippinen-Zeit = chinesische Küstenzeit = westjapanische Zeit)
	2. Korea, Taiwan	127,5° E (beide vorher 135° E)

um 1907	Portugiesisch-Ostafrika	30° E
1908	Peru, Chile, Honduras, Panama	75° W
1911	Frankreich, Algerien	Meridian v. Gr.
1912	1. französische Kolonien	Meridian je nach Lage
	2. Portugal	Meridian v. Gr.
	3. Argentinien	60° W
1913	Deutsch-Ostafrika	37,5° E
1914	1. Irland	Meridian v. Gr.
	2. Brasilien, 4 Zeitzonen (heute nur noch 3)	45° W, 60° W und 75° W
ab 1917/18	Ausdehnung der Zonenzeit auf die Weltmeere	entsprechende Zeitmeridiane der Zonenzeit

Wie die vorangehende Übersicht aufzeigt, war die Einführung der Zonenzeit als Einheitszeit für bürgerliches Leben und Verkehrswesen kein schlagartiger, sondern ein allmählicher Vorgang, der sich im wesentlichen in zwei Abschnitten bis zum Beginn des Ersten Weltkriegs hinzog.

Dem zögernden Auftakt (1883–1893), Einführung der neuen Zeitrechnung in ganz Nordamerika am 18. November 1883 (mit Ausnahme der westlichsten und östlichsten Teile Kanadas und Alaskas) und ihrer im 5-Jahres-Abstand erfolgende Etablierung in Japan und Deutschland, schloss sich ab 1895 eine rund 20-jährige Periode der rascheren Annahme der Zonenzeit an.

Diese Periode ist zweigeteilt. In der ersten Phase (etwa 1895–1905) übernahmen weitere europäische Länder die Zonenzeit (mit Ausnahme von Frankreich, Griechenland, Irland, der Niederlande, Portugal und Russland), ebenso mit wenigen Ausnahmen die von England in aller Welt abhängigen Gebiete sowie die ostasiatische Küsten- und Inselwelt.

In der zweiten Phase (1907–1914) griff die Zonenzeit auf Teile Südamerikas über, stärkte ihre Stellung in Europa (Frankreich und Portugal kamen dazu) und drang in die französischen Kolonien und in Deutsch-Ostafrika ein.

Ab 1917/18 erfolgte die Ausdehnung der Zonenzeit auf die Weltmeere.

347

e. Beziehung zwischen der Meridiankonferenz von Washington und der Datumsgrenze

Nach der Konferenz von Washington sei wieder der Pazifische Ozean ins Visier genommen, und zwar mit folgender Frage: Welcher Bezug bestand zwischen dem Hauptergebnis der Washingtoner Konferenz – den englischen Nullmeridian als alleinigen internationalen Anfangsmeridian unverbindlich festzulegen – und der sich weiterentwickelnden politisch-wirtschaftlichen Datumslinie?

Der Gegenmeridian des durch „Washington" geschaffenen internationalen Nullmeridians ist mit derjenigen Meridianlinie identisch, die im Jahr der Konferenz (1884) schon *freiwillig* von ungefähr 90% der Hochseeschiffer aller Nationen als Linie des Datumswechsels beim Durchqueren des Pazifiks angesehen wurde. Es wird deutlich: Auf der bewussten Konferenz wurde gleichsam als „Nebenprodukt" die 180. Gradabweichung des zum „Prime Meridian" gewählten englischen Anfangsmeridians als nautische Datumsgrenze bestätigt, nachdem diese schon als solche fungiert, seit Seefahrer ihre Länge nach „Greenwich" bestimmen.

In diesem Zusammenhang sei ausdrücklich darauf hingewiesen, dass in dem 212 Seiten umfassenden Protokoll der „International Meridian Conference held in the City of Washington" weder direkt noch indirekt die Datumsgrenze erwähnt wird. Der Grund liegt nach meiner Meinung darin: Die Datumsgrenze ist ein nicht wegzudenkendes Element der Zeitrechnung, das nicht eigens angesprochen werden muss. Das drückt sich im Hauptziel der Konferenz aus. („The Delegates to the International Meridian Conference, who assembled in Washington … 'for the purpose of fixing upon a meridian proper to be employed as a common zero of longitude and standard of time-reckoning throughout the globe' …")[1] „Die zur Internationalen Meridiankon-

---

1   Regierung der USA, in: „INTERNATIONAL CONFERENCE – HELD AT WASHINGTON – FOR THE PURPOSE OF FIXING – A PRIME MERIDIAN – AND – A UNIVERSAL DAY. – October, 1884. PROTOCOLS OF THE PROCEEDINGS.", Washington, D.C. Bros., Printers and Bookbinders., 1884, S. 2 (SESSION OF OCTOBER 1, 1884)

ferenz entsandten Delegierten, die sich in „Washington …; 'zum Zweck der Festlegung eines eigenen Meridians als Nullpunkt der Länge und einer weltweit standardisierten Zeitrechnung versammelten' ..."

Die Datumsgrenze ist aber nicht eine durch „internationale Übereinkunft festgelegte Linie", wie ein Verlagshaus aus Leipzig anführt. „Man hat" auch nicht „den 180. Meridian von Greenwich" als Datumslinie „gewählt"[1], wie es in dieser Quelle weiter heißt.

Der Zusammenfall der Gegenlinie des internationalen Universalmeridians „Greenwich" mit der zuvor schon üblichen Linie des Datumswechsels durch Kriegsschiffe bestimmter Nationen und durch die den Pazifischen Ozean durchquerenden Handelsschiffe erhob 180° v. Gr. in den Rang einer unverbindlichen internationalen Datumsgrenze, war doch die (unverbindliche) Wahl des „Prime Meridians" auf der Washingtoner Meridiankonferenz durch ein internationales Gremium erfolgt.

Wenn Professor George Davidson von der Universität Kalifornien 1899 das Problem der Datumsgrenze untersucht hat und zu diesem Schluss gekommen ist: („There is *no* International Date Line. The theoretical line is 180° from Greenwich, but the line actually used is the result of agreement among the commercial steamships of the principal maritime countries.")[2], "Es gibt *keine* internationale Datumslinie. Die theoretische Linie ist die 180. Gradabweichung von Greenwich, aber die tatsächlich respektierte Linie ist das Ergebnis eines Einverständnisses zwischen den Handelsdampfschiffen der wichtigsten seefahrenden Nationen.", dann ist Zweierlei anzumerken:

Die Datumsgrenze in Gestalt der Gegenlinie des Greenwicher Meridians (nautische Datumsgrenze) ist international, da sie sich als direkte Folge der international erfolgten Wahl dieses Meridians zum Universalmeridian ergab. Dies zum einen. Zum anderen ist Davidson im Blick auf die von ihm aufgezeigte fehlende Internationalität der von ihm ins Auge gefassten politisch-wirtschaftlichen Datumslinie insofern im Recht, als sie nicht ausdrücklich als solche auf der Konferenz von Washington gewählt wurde – ein Zustand, der sich bis zum heutigen Tag nicht geändert hat.

---

1   Kleine Enzyklopädie der Natur, in: Datumsgrenze, Leipz. 1971, S. 14
2   Leigh-Browne, F. S., in: The International Date Line, in: The Geographical Magazine 1942, S. 306

5. Vollendung der politisch-wirtschaftlichen Trennlinie von Wochentag und Datum

a. Erste Definition der Datumslinie durch die Koordinaten der hydrographischen Büros der US-Navy und der Royal Navy von 1899/1900

Es sei wiederholt, dass seit dem Zusammenbruch der historischen Datumsgrenze (1845) die Weiterentwicklung der Linie in der „Grauzone des Datumswechsels" auf zweifach unterschiedliche Weise nebeneinanderher erfolgte. Auf der einen Seite hatte sich das Fundament der politisch-wirtschaftlichen Datumsgrenze herausgebildet, und zwar mit den Pfeilern Hawaii (westliche Zählung um 1850), Fidschi (östliches Datum 1879), Tonga (östliches Datum von Anfang an) und Samoa (westliches Datum 1892). Auf der anderen Seite wurde die Gegenlinie des englischen Nullmeridians als nautische Datumsgrenze international immer stärker angenommen, nämlich von Schiffen, die den Pazifik nur durchquerten und dort nicht Handel trieben, wie dies bei Kriegs- und Forschungsschiffen der Europäer und Nordamerikaner der Fall war.

Das Hauptergebnis der Konferenz von Washington, Wahl des Greenwicher Meridians zum alleinigen Weltmeridian der Längenbestimmung und Zeitrechnung, bewirkte, dass sich die Akzeptanz der 180. Greenwicher Gradabweichung als Linie des nautischen Datumswechsels weiter verstärkte – mit anderen Worten: die Zahl der Schiffer, die den englischen Anfangsmeridian auf ihren Seekarten aufgedruckt hatte, wuchs weiter an. Eine deutsche Stimme aus jener Zeit gibt den bereits wirksam werdenden Einfluss der Washingtoner Entscheidung für den britischen Nullmeridian wieder: „Im allgemeinen lässt man gegenwärtig als Datumsscheidelinie den 180. Meridian (von Greenwich als nautische Datumslinie, d. Verf.) gelten."[1]

Weiter bewirkte der Einfluss von „Washington" eine Annäherung der sich weiter entwickelnden politisch-wirtschaftlichen Da-

---

1 Brockhaus, in: „Länge, geographische", Leipzig 1885, 13. Aufl., 10. Bd., S. 800

tumsgrenze an deren Ideallinie: an 180° v. Gr. Das war ein glücklicher Umstand, denn („no government took any steps to define the line of demarcation between one day and the next.")[1] „keine Regierung unternahm irgend welche Schritte, um die Demarkationslinie zwischen dem einen Tag und dem folgenden zu definieren."

Was die verschiedenen Regierungen der seefahrenden Nationen unterließen, d. h. unterlassen mussten, denn sie waren ja fachlich nicht entsprechend qualifiziert und zudem nicht dazu befugt, wurde von der amerikanischen und englischen Kriegsmarine wahrgenommen. Deren hydrographische Abteilungen, das „Hydrographic Office" der „US Navy" und das „Hydrographic Department" der „Royal Navy" registrierten – seit das weltweite Streben nach Längenunifikation eingesetzt hatte, insbesondere nach der Konferenz von Washington – die von der internationalen Nautik gehandhabte Praxis des politisch-wirtschaftlichen Datumswechsels als Voraussetzung einer von der internationalen Seefahrt freiwillig akzeptierten Linie.

Auf der Grundlage der solcherart ermittelten Koordinaten erschien die erste amerikanische Karte zum Verlauf der politisch-wirtschaftlichen Linie des Datumswechsels. Hierzu heißt es in einer Veröffentlichung der britischen Admiralität aus dem Jahr 1921: („A pilot chart[2] published by the United States Hydrographic Department in September, 1899, showed the position of the line in accordance with the latest information, and a practically identical line was published in the third edition of 'Pacific Islands Pilot', Vol. 2, issued by this Department in 1900.")[3] „Eine

---

1   Leigh-Browne, F. S., in: The International Date Line, in: The Geographical Magazine 1942, S. 306

2   („pilot chart, 1. any of a number of charts issued to mariners by the U. S. Hydrographic Office and showing meteorological, hydrographic and navigational conditions prevailing, or likely to prevail, …") „Pilotkarte: 1. jede von mehreren an Seeleute vom Hydrographischen Büro der Vereinigten Staaten ausgegebene Karte mit den vorherrschenden oder wahrscheinlich vorherrschenden meteorologischen, hydrographischen oder navigatorischen Bedingungen", in: THE RANDOM HOUSE DICTIONARY OF THE ENGLISH LANGUAGE, New York 1987, 2. Aufl., S. 1

3   Dominion Observatory, Wellington, New Zealand, in: Notes on the History of the Date or Calendar Line, Wellington, N. Z., 1930, Bulletin No. 78, S. 4

Pilotkarte, veröffentlicht von der hydrographischen Abteilung der Vereinigten Staaten im September 1899, zeigte die Lage der Linie in Übereinstimmung mit den letzten Informationen. Eine praktisch identische Linie wurde in der dritten Ausgabe des ‚Pacific Islands Pilot‘, Bd. 2, durch diese Abteilung im Jahr 1900 herausgegeben (s. Teil I, S. 384, d. Verf.)." (Wegen der Identität der ersten amerikanischen und englischen Datumsgrenzenkoordinaten erübrigte sich eine Anfrage bei der Marine der Vereinigten Staaten nach der bewussten Karte.)

Erste englische Koordinaten zum Verlauf der politisch-
wirtschaftlichen Linie aus dem Jahr 1900
(ohne entsprechende Karte)

„From Lat.	60	0	S., Long.	180	0,	To Lat.	51	30 S., Long.	180 0
„	„ 51	30	„	„	180	0,	„	„ 45 30 „	„ 177 0 W.
„	„ 45	30	„	„	177	0 W.	„	„ 15 30 „	„ 172 30 „
„	„ 15	30	„	„	172	30 „	„	„ 5 0 „	„ 180 0 „
„	„ 5	0	„	„	180	0 „	„	„ 24 0 N.,	„ 180 0 „
„	„ 24	0	N.	„	180	0 „	„	„ 28 0 „	„ 171 30 E.
„	„ 28	0	„	„	171	30 E.	„	„ 31 0 „	„ 171 30 „
„	„ 31	0	„	„	171	30 „	„	„ 35 0 „	„ 180 0
„	„ 35	0	„	„	180	0 „	„	„ 48 0 „	„ 180 0
„	„ 48	0	„	„	180	0 „	„	„ 52 30 „	„ 170 0 E.
„	„ 52	30	„	„	170	0 E.	„	„ 65 0 „	„ 169 0 W.

Thence through the centre of Bering strait, and joining the 180th meridian in lat. 70° N."[1] („Von dort durch die Mitte der Beringstraße zur Vereinigung mit dem 180. Meridian unter 70° nördl. Br.")

Nach den vorangehenden Koordinaten wurde vom Verfasser folgende Karte gezeichnet.

---

1 Hydrographic Office, Admiralty, in: Pacific Islands, Vol. II (Central Groups): Sailing Directions for Fiji, Tonga, Samoa, Union, Phoenix, Ellice, Gilbert, Marshall Islands; New Caledonia, Loyalty, New Hebrides, Banks, Torres, and Santa Cruz Islands, London 1900, Third Edition, S. 42

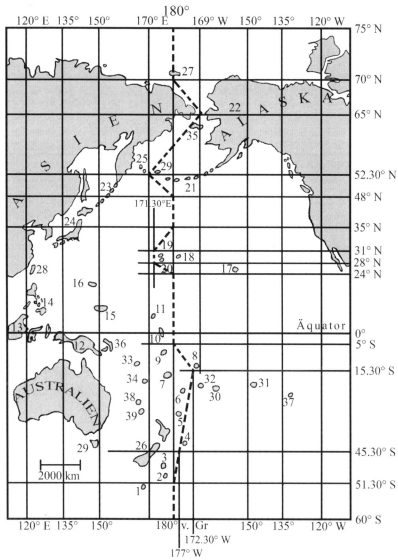

Verlauf der politisch-wirtschaftlichen Datumsgrenze im Jahr 1900

Fig. 33

353

– – – – – Datumsgrenze

I. = Insel   Ins. = Inseln

1	=	Campbell-I.	2	=	Antipoden-Ins.	3	=	Bounty-Ins.
4	=	Chatham-Ins.	5	=	Kermadec-Ins.	6	=	Tonga-Ins.
7	=	Fidschi-Ins.	8	=	Samoa-Ins.	9	=	Ellice-Ins.
10	=	Gilbert-Ins.	11	=	Marshall-Ins.	12	=	Neuguinea
13	=	Borneo	14	=	Philippinen	15	=	Karolinen
16	=	Marianen	17	=	Hawaii-Ins.	18	=	Midway-Ins.
19*	=	Morrell-I.	20*	=	Byers-I.	21	=	Aleuten
22	=	Alaska	23	=	Kurilen	24	=	Japan
25	=	Kommandeur-Ins.	26	=	Neuseeland	27	=	Wrangel-I.
28	=	Taiwan	29	=	Attu	30	=	Rarotonga
31	=	Tahiti	32	=	Insel Niue	33	=	Santa Cruz-Ins.
34	=	Neue Hebriden	35	=	St. Lorenz-I.	36	=	Bismarck-Arch.
37	=	Insel Pitcairn	38	=	Neukaledonien	39	=	Insel Norfolk

* = nicht existent

Die mittels der amerikanisch-englischen Koordinaten von 1899 bzw. 1900 gezeichnete Karte verrät im Vergleich mit der Datumsgrenzenkarte, die den Übergang Alaskas aus russischen in amerikanische Hände beinhaltet (1867), ein Vierfaches.

– Die Etablierung des westlichen Datums auf Samoa (1892) führte in Verbindung mit der Klärung der Datumszählung auf Fidschi und Tonga dazu: Die Linie des Datumswechsels zog sich in gerader nordnordöstlicher Linie östlich von Neuseeland und seiner vorgelagerten Inselreihe von 51.30 S und 180° v. Gr. zum Schnittpunkt von 15.30 S mit 172.30 W und lief von dort geradlinig in allgemeiner NW-Richtung wieder auf 180° v. Gr. unter 5° S zu.

– Der „Morrell-Byers-Vorsprung" ist durch genaue Koordinaten erfasst.

– Der „Gilbert-Bogen", die Festsetzung der westlichen Zählung zwischen 5° S und 5° N in einem nach Westen bis 170° E reichenden Halbbogen, ist verschwunden. Die Ursachen liegen in dem etwa um 1870 erfolgten Rückzug der nordamerikanischen Pottwalfänger aus den Gewässern der Gilbertinseln und in der 1892 von England vorgenommenen Annexion dieser Inselgruppe und der Ellice-Inseln sowie in der Aufrechterhaltung und Verstärkung des britischen Einflusses auf den beiden Archipelen. Folglich verdrängte die östliche Datierung der Engländer die westliche der Amerikaner (s. Teil I, S. 237ff., insbesondere S. 252–256).

– Der Bereich nördlich von 35° ndl. Br. ist mit einer Ausnahme unverändert: Während nach der „Cession of Alaska" (1867) die Grenzlinie zwischen dem Zarenreich und den USA, also die Datumsgrenze, von 65.30 N (s. S. 437) genau nach Norden „into the Frozen Ocean" (in das Nordpolarmeer) führt, erreicht im Jahr 1900 die Datumslinie geradlinig von 65° N unter 70° N 180° v. Gr. Hier wird der Einfluss der Meridiankonferenz von Washington (1884) sichtbar.

b. Einfluss nicht existenter Inseln auf den Verlauf der Linie (Morrell- und Byers-Insel)

Der durch die Inseln Morrell und Byers verursachte Vorsprung der amerikanischen Datumszählung auf der Höhe des Hawaiirückens über den 180. Meridian v. Gr. nach Westen bis 171° 30' ö. L. v. Gr. wurde nur bis 1910 von den hydrographischen Abteilungen der amerikanischen und britischen Marine veröffentlicht. Ab 1910 war nämlich der „Morrell-Byers-Vorsprung" nicht mehr Bestandteil der politisch-wirtschaftlichen Datumslinie.

Die Antwort auf die Frage nach dem Grund erscheint zunächst nicht glaubhaft: Die beiden Inseln, die etwa 70 Jahre lang die Bahn der Datumsgrenze mitbestimmt hatten, waren von der Datumsgrenzenkarte verschwunden, weil sie *nicht* existierten. Ihr Nicht-vorhandensein hatte sich zwischen 1899 und 1910 herausgestellt. Der durch ihre nur angenommene Existenz über den 180. Meridian nach Westen entstandene Vorsprung der Linie wurde in den Zeichenbüros der hydrographischen Büros der britischen und amerikanischen Admiralität beseitigt, sodass auf der Höhe der Hawaiiinseln die Trennlinie von Datum und Wochentag auf 180° v. Gr. fiel.

Etwa zur selben Zeit aber ist auf einer für die Allgemeinheit bestimmten englischen Karte eine der beiden Inseln noch angegeben: die Byers-Insel unter der Bezeichnung „Patrocinio I."[1] allerdings mit einem Fragezeichen und bei fehlender Datumsgrenze.

Im Kartenwesen Deutschlands war den Inseln Morrell und Byers eine längere Existenz vergönnt: partiell bis in die 70er Jahre des 20. Jahrhunderts. Ein kurzer Blick zurück zeigt dies auf. Rund einhundert Jahre zuvor tauchten diese Inseln zum erstenmal auf deutschen Karten auf, wie z. B. auf der Karte „Australische Inseln"[2] aus dem Jahr 1874. In den führenden deutschen Atlanten des 19. Jahrhunderts sind Morrell und Byers gleichermaßen repräsentiert, wie beispielsweise im „Andrees Handatlas"[3] von 1887. In der Folgezeit finden sich durchgängig in allen Auflagen der beiden großen deutschen Enzyklopädien die beiden bewussten Inseln bis in die Zeit zwischen den beiden Weltkriegen. Auf der Karte „Ozeanien"[4] von „Meyer" aus dem Jahr 1928 sind z. B. Morrell und Byers noch verzeichnet – mit Datumsgrenze, aber ohne den durch diese Inseln verursachten Vorsprung. Auf der Karte „Ozeanien"[5] des 1937 erschienenen Atlas der 15. Auflage des Großen Brockhaus sind sie immer noch angegeben.

---

1   The Encyclopedia Britannica, in: „The Pacific Ocean" (Karte), New York 1911, 11th edit., Vol. XX, n. S. 436
2   Meyer, in: „Australische Inseln" (Karte), Leipzig 1874, 3. Aufl., 2. Bd., n. S. 270
3   Andrees, Richard, in: Allgemeiner Handatlas, Bielefeld und Leipzig 1887, 2. Aufl., S. 6 (Karte des Weltverkehrs und der Meeresströmungen)
4   Meyer, in: „Ozeanien" (Karte), Leipzig 1928, 7. Aufl., 9. Bd., n. S. 223
5   Brockhaus, in: „Ozeanien" (Karte), Leipzig 1937, 15. Aufl. „Der Brockhaus Atlas", S. 460/461

„Noch in den 1970er Jahren brachte eine deutsche Firma Globen mit ebendiesen Phantomen (mit Morrell und Byers, d. Verf.) auf den Markt."[1] Auf einem anderen deutschen Globus aus dieser Zeit sind zwar die beiden Inseln verschwunden – der durch sie im Jahre 1845 verursachte Vorsprung der Linie auf der Höhe von Hawaii nach Westen ist jedoch erhalten geblieben."[2]

c. Die Geschichte der Morrell- und Byers-Insel

Dieser Exkurs beschäftigt sich mit der kuriosen Geschichte zweier Inseln, die den Kurs der Datumslinie über ein halbes Jahrhundert lang mitbestimmt haben.

Wie war es möglich, dass der „Morrell-Byers-Vorsprung" wieder zurückgenommen werden musste? Mit diesen beiden Inseln hat es eine besondere Bewandtnis: Sie wurden entdeckt, ohne dass es sie gegeben hat.

Der amerikanische Kapitän Benjamin Morrell unternahm von 1822 bis 1831 in Zusammenarbeit mit verschiedenen Auftraggebern, wie z. B. mit der Unterstützung „des New Yorker Kaufmanns und Schiffseigners James Byers"[3] vier Reisen, die ihn in alle Ozeane der Erde führten. 1832 veröffentlichte Morrell darüber einen ausführlichen Reisebericht. Kapitän Morrell nahm es mit der Wahrheit offensichtlich nicht sehr genau. Auch beschäftigte er Ghostwriter. „Laut Burtin R. Pollin soll Morrells Ghostwriter der Zeitschriftenherausgeber und Schauspieldichter Samuel Woodworth gewesen sein."[4]

Es ist nicht nachweisbar, in welchem Umfang die Unstimmigkeiten, Unrichtigkeiten, ja Falschmeldungen in Morrells Werk auf Morrell selbst, auf seinen Ghostwriter oder auf die Übernahme fremden Quellenmaterials zurückgehen. Letzteres ist in dem 492 engbedruckte Seiten umfassenden Werk nicht kenntlich gemacht – Fußnoten fehlen generell. Hierzu schreibt Morrell in einer dem Buch vorangeschickten Ankündi-

1 Lingenhöhl, Daniel in: Die Geisterinseln, in: Spektrum der Wissenschaft, Heidelberg 2013, Ausgabe vom 3. Mai 2013
2 „Columbus Erdglobus DUPLEX – Politisch und physikalisch", Berlin und Stuttgart 1970
3 Stommel, Henry M., in: Lost Islands, Vancouver 1984, S. 17–19 (Wikipedia: „Byers-Insel", v. 17.12.2017)
4 Pollin, Burton R.: Poe's life reflected through the sources of ,Pym', in: Kopley, Richard (Hrsg.): Poe's ,Pym' critical explorations, Durham und London 1992, S. 100 (Wikipedia: „Byers-Insel", v. 17.12.2017)

gung („Advertisement"): „In order to render the following Narrative more useful to mariners, as well as interesting to the general reader, I have occasionally availed myself of information derived from other sources than my personal observation. In the course of my four voyages, I touched at many places at which I could not remain long enough to enable me to make surveys, determine soundings, or collect materials for accurate description; yet without these and general sailing directions, the Work, as a whole, would have been imperfect. ..."[1] „Um die folgende Erzählung für den Seemann nützlicher und für den allgemeinen Leser interessanter zu machen, benützte ich gelegentlich Informationen, die auf anderen Quellen als auf meiner persönlichen Beobachtung fußen. Im Laufe meiner vier Reisen berührte ich viele Orte, wo ich nicht lange genug bleiben konnte, um geodätische Aufnahmen zu machen, Tiefenmessungen durchzuführen oder Material zur Beschreibung zu sammeln; doch ohne dies und ohne Segelanweisungen wäre das Werk als Ganzes unvollständig gewesen."[2]

Über die beiden fraglichen Inseln heißt es in der Zeitschrift „Spektrum der Wissenschaft": „Wirklich frei erfunden waren ... erwiesenerma-

---

1 Morrell, Benjamin, Capt. in: A NARRATIVE OF FOUR VOYAGES TO THE SOUTH SEA, NORTH AND SOUTH PACIFIC OCEAN, CHINESE SEA, ETHIOPIC AND SOUTHERN ATLANTIC OCEAN, INDIAN AND ANTARCTIC OCEAN – From the year 1822 to 1831 ..., New York 1832 (Vorbemerkung)

2 Dass manches in Morrells Reisebericht nicht einer gründlichen Prüfung standhält, hat nach meiner Meinung zwei Ursachen. Zum einen hatten Cooks Reisen – durch die rasch erfolgende Übersetzung seiner Reiseberichte in verschiedene Sprachen – in England, im übrigen Europa und in den Vereinigten Staaten von Amerika großes Interesse an der Südsee geweckt. Insbesondere trugen dazu die Nachrichten über die tahitische Inselwelt bei, wodurch Ozeanien den zivilisierten Staaten zunächst als eine Art Paradies erschien. Es ist so gut wie sicher, dass Morrell am Höhenflug der Südseereiseliteratur teilhaben wollte und von daher seinen Bericht verkaufsfördernd abfasste: er sollte Erstaunliches, Aufregendes und Neues enthalten. Morrell weist z. B. schon auf dem Titelblatt darauf hin, dass 13 Mitglieder seiner Mannschaft dem damals in der Südsee noch vorkommenden Kannibalismus zum Opfer gefallen waren. Dass Morrell an hohen Verkaufszahlen gelegen war, zeigt auch der Hinweis auf dem Titelblatt „... and sold ... throughout the United States". Zum anderen ist zu berücksichtigen, dass Morrells Übernahme nicht kenntlich gemachter Quellen die Gefahr birgt, nicht genau zu zitieren.

ßen die Inseln Byers und Morrell; letztere ist benannt nach dem US-amerikanischen Kapitän und enttarnten Hochstapler Benjamin Morrell, der tatsächlich 1825 seinen Fuß auf diese Inseln im Nordpazifik gesetzt haben will."[1]

Zur „Byers-Insel": Zunächst sei dem Deutschen Meinicke und dem Hydrographic Office der U.S. Navy das Wort erteilt, dann Kapitän Morrell aus den Vereinigten Staaten!

„Patrocinio (andere Bezeichnung für Byers-Insel, d. Verf.), entdeckt und benannt von dem spanischen Cap. Zipain 1799, ... ist eine Insel von 1 M. (Meile, d. Verf.) Länge, von deren Südostspitze ein Riff ausläuft, und an deren Südwestseite ein Ankerplatz liegt."[2]

(„Byer Island, also called Patrocinio, was discovered, in 1799, by Captain Zipiani, and was seen by Morrell in 1825. It is in latitude 28° 32' N., Longitude 176° 55' E.; it is shown as P. D. on the charts. This island, about 4 miles in circumference, is described as of volcanic origin, of moderate height, and has some shrubs and smaller vegetation on it. The only danger is on the SE. side, where a coral reef stretches 2 miles to the southward. There is good anchorage on the WSW. side in 15 fathoms, sand and coral. This island is the resort of sea fowl, sea elephants, and turtle, and fish abound in the vicinity. Fresh water may be obtained on the SW. side of the island.")[3]

„Byer-Insel, auch Patrocinio genannt, wurde 1799 von Kapitän Zipiani entdeckt und 1825 von Morrell gesehen. Sie liegt unter 28° 32' ndl. Br. und 176° 55' östl. L.; sie wird als P. D. in den Karten verzeichnet. Diese Insel hat einen Umfang von ungefähr vier Meilen, ist der Beschreibung nach vulkanischen Ursprungs, von mäßiger Höhe und weist einige Sträucher und geringere Vegetation auf. Die einzige gefährliche Stelle findet sich an der südöstlichen Seite, wo sich ein Korallenriff zwei Meilen gegen Süden erstreckt. Guten Ankergrund gibt es in West-Süd-West mit fünfzehn Faden, Sand und Korallen. Die Insel ist ein häufig von Seevögeln, Elefantenrobben und Suppenschildkröten besuchter Ort, und die

---

1   Lingenhöhl, Daniel, in: Die Geisterinseln („Spektrum der Wissenschaft"), Heidelberg 2013, Ausgabe vom 3. Mai

2   Meinicke, Carl E., in: Die Inseln des Stillen Oceans, Leipzig 1876, Zweiter Theil, S. 314

3   Hydrographic Office, Department of the Navy, Bureau of Equipment, in: THE HAWAIIAN ISLANDS AND THE ISLANDS, ROCKS, AND SHOALS TO THE WESTWARD, Washington 1899 (Government Printing Office), S. 53

Gewässer sind reich an Fischen. Süßwasser gibt es auf der südwestlichen Seite der Insel."

Obwohl die Byers-Insel nicht existiert, landet Kapitän Morrell 1825 auf ihr und beschreibt sie ziemlich genau: („July 12th. – We crossed the meridian of 180°, the non plus ultra of longitude, in lat. 28° 30' north, and on the 13th we landed on Byers's Island, situated in lat. 28° 32' north, long. 177° 4' east. This island is moderately elevated, and has some bushes and spots of vegetation. It is about four miles in circumference, and has good anchorage on the west-south-west side, with fifteen fathoms of water, sand and coral bottom. There are no dangers around this island, excepting on the south-east side, where there is a coral reef, running to the southward about two miles. Seabirds, green turtles, and seaelephants resort to this island; and a plenty of fine fish may be caught with hook and line about its shores. Fresh water may be had here from the south-south-west side of the island, which is of Volcanic origin.")[1]

„12. Juli (1825, d. Verf.) – Wir überquerten den 180. Meridian, das Nonplusultra der Länge, auf 28° 30' nördlicher Breite und am 13. landeten wir auf der Byers-Insel, die unter 28° 32' ndl. Br. und 177° 4' östl. L. (v. Gr., d. Verf.) liegt. Diese Insel ist von mäßiger Erhebung, hat einige Sträucher und stellenweise Pflanzenwuchs. Ihr Umfang beträgt etwa vier Meilen, auf der West-Süd-West-Seite hat sie guten Ankergrund mit fünfzehn Faden (ca. 27 m, 1 Faden = 1,8288 m, d. Verf.) Wasser, Sand und Korallengrund. Rings um die Insel lauern keine Gefahren, die Süd-Ost-Seite ausgenommen, wo es ein Korallenriff gibt, das sich etwa zwei Meilen nach Süden fortsetzt. Die Insel wird von Meeresvögeln, Suppenschildkröten und Elefantenrobben besucht; und eine Menge guter Fische können mit Angelhaken und Leine an ihren Küsten gefangen werden. Süßwasser gibt es auf der südsüdwestlichen Seite der Insel, die vulkanischen Ursprungs ist."

Zur Morrell-Insel! „Morrell, von Morrell 1825 entdeckt und von Krusenstern nach ihm benannt (29° 57' Br., 174° 31' O. Lge.) ist eine kleine Insel, von deren West- und Südostende große Riffs ausgehen. Ihre Existenz ist, wie die der vorigen Insel (Patrocinio, d. Verf.). nicht gewiss[3])."[2] In der im vorangehenden Zitat enthaltenen Fußnote (3) weist

---

1   Morrel, Benjamin, Capt. in: A NARRATIVE OF FOUR VOYAGES TO THE SOUTH SEA, NORTH AND SOUTH PACIFIC OCEAN … – From the year 1822 to 1831 …, New York 1832, Printed and Published, by J. & J. Harper, S. 218

2   Meinicke, Carl E., in: Die Inseln des Stillen Oceans, Leipzig 1876, Zweiter Theil, S. 314; Zitat zu (3) S. 435

Meinicke, womit vorausgegriffen sei, noch auf eine erfolglose Suche nach der Morrell- und Byersinsel hin: „1849 hat Cap. Kellet beide Inseln ohne Erfolg aufgesucht."

Wie Meinicke zeigt auch das Hydrographic Office der Kriegsmarine der Vereinigten Staaten auf, dass Morrell der Entdecker der gleichnamigen Insel sei. („Morrell Island is so called from the name of its discoverer. It is placed in latitude 29° 59' N., longitude 174° 31' E., is said to be a small, low island, nearly level with the water and about 4 miles in circumference, with reefs extending from it for about 15 miles to the west, and about 30 miles in a SSE. direction. The existence of this island is doubtful and it is so marked on the chart.")[1] „Die Morrell-Insel ist nach dem Namen ihres Entdeckers benannt. Sie liegt unter 29° 59' ndl. Br. und 174° 31' östl. L. v. Gr. Sie soll eine kleine, niedrige Insel sein, ungefähr auf der Höhe des Meeresspiegels, mit etwa vier Meilen Umfang, mit Riffen, die sich von ihr über ungefähr fünfzehn Meilen nach Westen und etwa dreißig Meilen in südsüdöstlicher Richtung fortsetzen. Die Existenz dieser Insel ist zweifelhaft und das ist entsprechend auf der Seekarte markiert."

Über die von ihm angeblich am 14. Juli 1825 entdeckte Insel, die im Inhaltsverzeichnis von Kapitel VII (Chapter VII) als „An unknown Island" aufgeführt wird, habe Kapitän Benjamin Morrell selbst das Wort. Direkt nach seinen Darlegungen über die Byers-Insel geht Morrell auf diese unbekannte Insel ein: („At 6 P. M., we bore up and stood to the north-west; and at 4, A. M., the men aloft saw breakers ahead. We then tacked ship, and stood to the south-east one hour, when we again tacked, and stood for the reef. At 6, A. M., we were within half a mile of the breakers, and no land in sight. We bore up, and passed around the west end of the reef, which was distant about two miles. We then hauled on a wind to the north, the water perfectly smooth; and after running along under the lee of the reef at the rate of seven miles an hour, for two hours, on a north-by-west course, we saw the land from the mast-head, bearing north-west. We immediately kept off for it, and at 10, A. M., we were close in with a small low island, covered with sea-fowl, and the shores of which were lined with sea-elephants. Green turtles were found in great abundance, and two hawk's-bill turtles were seen. This island presents all the usual indications of volcanic origin.

---

1   Hydrographic Office, Department of the Navy, Bureau of Equipment, in: THE HAWAIIAN ISLANDS AND THE ISLANDS, ROCKS, AND SHOALS TO THE WESTWARD, Washington 1899 (Government Printing Office), S. 53

On the west side of this island there is a reef which runs off about fifteen miles, while that on the south-east side extends about thirty miles, in the direction of south-south-east. These reefs are formed of coral, and afford good anchorage on the south-west side; but on the east side the water is bold close to the reef. The island is low, being nearly level with the surface of the sea, and about four miles in circumference. Its centre is in lat. 29° 57' north, long. 174° 31' east.

Convinced *by a careful examination* (italics by the author) that this island afforded neither furs nor other valuable articles, we left it to its solitude, and steered to the north on a wind, intending to get into the westerly variables, and run down to the western coast of America. This was Thursday, the 14th of July; ..."[1]

„Um 6 P. M. (post meridiem, d. Verf.) hielten wir vom Land ab und schlugen Nord-West-Kurs ein; und um 4 A. M. (ante meridiem) bemerkten die Männer in der Takelage in Kiellinie voraus Brandungswellen. Dann kreuzten wir und nachdem wir eine Stunde Südwestkurs gehalten hatten, kreuzten wir erneut und nahmen Kurs auf das Riff. Um 6 A. M. waren wir nicht mehr als eine halbe Meile von der Brandung entfernt – und noch kein Land in Sicht. Wir hielten vom Riff ab und segelten um das westliche Ende des Riffs, das ungefähr zwei Meilen entfernt war. Dicht am Wind liegend, hielten wir Nordkurs bei vollkommen ruhigem Wasser; und nachdem wir an der Leeseite des Riffs zwei Stunden lang mit einer Geschwindigkeit von sieben Meilen pro Stunde unter Nord-west-west-Kurs gesegelt waren, erblickten wir vom Mastkorb aus Land in nordwestlicher Richtung. ... und um 10 A. M. waren wir an eine kleine mit Seevögeln bevölkerte Insel herangekommen, deren Küsten mit Elefantenrobben gesäumt waren. Suppenschildkröten waren hier im Überfluss zu finden, und zwei echte Karettschildkröten wurden gesehen. Die Insel weist die üblichen Anzeichen vulkanischen Ursprungs auf.

Auf der Westseite der Insel zieht sich ein etwa fünfzehn Meilen langes Riff entlang, während sich das an der südöstlichen Seite ungefähr dreißig Meilen in die Richtung nach Süd-Süd-Ost erstreckt. Diese Riffe sind aus Korallen gebildet und bieten gute Ankerplätze an der südwestlichen Küste, aber an der östlichen Küste ist das Wasser in der Nähe des Riffs tief und schiffbar. Die Insel ist niedrig, sie ist annähernd in gleicher Höhe mit der Oberfläche des Meeres und von ungefähr vier Meilen

---

1   Morrel, Benjamin, Capt. in: A NARRATIVE OF FOUR VOYAGES TO THE SOUTH SEA, NORTH AND SOUTH PACIFIC OCEAN ...   – From the year 1822 to 1831 ..., New York 1832, Printed and Published, by J. & J. Harper, S. 218/19

Umfang. Ihr Zentrum liegt unter 29° 57' nach geographischer nördlicher Breite und 174° 31' östlicher Länge (v. Gr., d.Verf.).

Nachdem wir diese Insel gründlich untersucht hatten und überzeugt waren, dass sie weder Pelze noch andere wertvolle Handelsgüter bot, überließen wir sie ihrer Einsamkeit und steuerten mit der Absicht nach Norden, dass der das Schiff treibende Wind uns den westlichen Kalmengürtel (Gebiet mit häufigen Windstillen und schwachen, sich ändernden Winden, d. Verf.) erreichen ließ, um dann die Westküste Amerikas hinunterzusegeln. Das war am Donnerstag, dem 14. Juli; ..."

Etwa ab Mitte des 19. Jahrhunderts begann man an der Existenz der Inseln Morrell und Byers zu zweifeln. Es ist anzunehmen, dass die im Dezember 1841 und Januar und Februar 1842 in der Hilo-Bay (an der Ostküste der Insel Hawaii) ankernden Schiffe der „U. S. Exploring Expedition"[1] nicht nur den Hawaii-Archipel im engeren Sinn, sondern den ganzen Hawaiirücken erforscht haben, aber nicht auf die Inseln Morrell und Byers gestoßen sind.

In den Jahren von 1845 bis 1851 war „H. M. S. Herald" (Royal Navy) unter dem Kommando von Captain Henry Kellet auf der Suche nach der verschollenen britischen Nordpolarexpedition unter Sir John Franklin.[2] Die zweite von drei Reisen führte Kellet von Honolulu nach der Beringstraße. In seinem Reisebericht heißt es über die sechsjährige Suche nach Franklin im Blick auf die Inseln Morrell und Byers: („Having completed the preparations for our second northern voyage, we left the harbour of Honolulu ... and close to the position of Byer's and Morrell's Islands, without meeting with either of the two ...")[3] „Nach Ab-

---

1 Hydrographic Office, Department of the Navy, Bureau of Equipment, in: THE HAWAIIAN ISLANDS AND THE ISLANDS, ROCKS, AND SHOALS TO THE WESTWARD, Washington 1899 (Government Printing Office), S. 9

2 Am 19. Mai 1845 lief unter der Leitung von Franklin eine britische Nordpolexpedition von zwei Schiffen („H. M. S. Erebus" und „H. M. S. Terror" unter den Kapitänen Crosier und Fitzjames) mit folgendem Auftrag aus: über die Baffinbai, den Lancastersund und die Barrowstraße etwa ab 98° westl. L. v. Gr. zu versuchen auf dem kürzest möglichen Weg die Beringstraße zu erreichen. Die Expedition scheiterte und alle 158 Teilnehmer kamen ums Leben.

3 Seemann, Berthold, F. L. S., Member of the Imperial L. C. Academy Nature Curiosum, Naturalist of the Expedition, Etc., in: NARRATIVE OF THE VOYAGE OF H. M. S. HERALD – DURING THE YEARS 1845 – 51 – UNDER THE COMMAND OF – CAPTAIN HENRY

363

schluss der Vorbereitungen auf unsere zweite nördliche Reise verließen wir den Hafen von Honolulu … und nahe der Position der Inseln Byers und Morrell, ohne eine der beiden zu finden …" Dennoch wurden die beiden Inseln vom Hydrographic Office der US-Navy als existierend registriert.

In den 1895 vom Hydrographic Office der US-Marine herausgegebenen Mitteilungen über ("THE HAWAIIAN ISLANDS AND THE ISLANDS, ROCKS, AND SHOALS TO THE WESTWARD!") „Die hawaiischen Inseln und die Inseln, Klippen und Untiefen und Sandbänke in westlicher Richtung" sind die beiden fraglichen Inseln allerdings unter der Rubrik „Doubtful Islands and Reefs"[1] (Zweifelhafte Inseln und Riffe) zu finden. Unter „Morrell Island" findet sich folgender Satz: („The existence of this island is doubtful and it is so marked on the chart.")[2] „Die Existenz dieser Insel ist zweifelhaft und dies ist entsprechend auf der Karte vermerkt." Ein vergleichbarer Eintrag findet sich nicht unter „Byer Island".

Das vorangehende Zitat setzt sich als ‚Anmerkung' fort: („Note. – Neither of the two islands above mentioned have been seen for many years, and it is quite possible that the discoverers' positions were so much in error that what they really sighted were western islands of the Hawaiian Group.")

„Anmerkung. – Keine der beiden o.a. Inseln ist viele Jahre lang gesichtet worden, und es ist wirklich möglich, dass die von den Entdeckern bestimmte Lage in so hohem Grade ein Irrtum war, dass das, was wirklich gesehen wurde, westliche Inseln der Hawaiigruppe waren."

Auf den 1899 erstmals von der amerikanischen Marine publizierten Koordinaten der Datumsgrenze geht hervor – wie vorangehend schon aufgezeigt –, dass sie um diese Zeit noch als existent angesehen wurden und deswegen die Datumsgrenze westlich um sie herumgeführt wurde. Auch die im Jahr 1900 veröffentlichten Koordinaten des britischen Hydrographic Department räumen das Vorhandensein der Morrell- und Byersinsel ein. An dieser Stelle muss ausdrücklich auf Folgendes hingewiesen werden: *Die für die Datumsgrenze zuständigen hydrographischen Abteilungen Englands und der Vereinigten Staaten von Amerika legen deren Verlauf nicht von sich aus fest, sondern immer nur nach den Angaben*

KELLETT, R. N., C. B. – BEING A CIRCUMNAVIGATION OF THE GLOBE – AND THREE CRUIZES TO THE ARCTIC REGIONS IN SEARCH OF SIR JOHN FRANKLIN, London 1853, VOL. II, S. 91
1   ebd. S. 53, s. Fußnote 1
2   ebd. S. 53, s. Fußnote 1

der internationalen Schifffahrt – und dies erst nach langjähriger Beob-
achtung der ihnen mitgeteilten Datumsverhältnisse im Pazifik.

Daher erfolgte die Rücknahme des „Morrell-Byers-Vorsprungs" erst
1910, nachdem zwischen 1899 und 1910 den hydrographischen Büros
der britischen und amerikanischen Marine glaubhafte Hinweise von Seeleuten über die Nichtexistenz der Morrell- und Byersinsel vorgelegt worden waren. Daniel Lingenhöhl legt diesbezüglich dar, dass „die Inseln
vielfach von den Landkarten getilgt und die Datumsgrenze an jener Stelle
begradigt"[1] wurde. Die britische Admiralität äußert sich zur Änderung
der Datumsgrenze durch die Beseitigung des „Morrell-Byers-Vorsprungs" wie folgt: („In 1910 the position of the line was slightly
amended, the indentation in the neighbourhood of Morrell and Byers Islands (no longer shown on the charts) being removed. ... These amend-
ments were notified in the 1911 supplement to 'Pacific Island', Vol. 2 and
have been generally accepted.")[2] „1910 wurde die Lage der Linie geringfügig berichtet, indem die Auszackung in der Nähe der Morrell- und
Byers-Inseln entfernt worden ist. ... Diese Änderungen wurden 1911 in
der Ergänzung zu ‚Pacific Islands', Band 2, bekanntgegeben und sind allgemein akzeptiert worden."

d. Zweite Definition der Linie durch die englischen Koordinaten von 1910

Im Jahr 1921 publizierte das „Hydrographic Department" der
„Royal Navy" die nächsten Koordinaten zum Verlauf der politisch-
wirtschaftlichen Linie des Datumswechsels. Sie enthalten die Änderungen, die die Datumslinie 1910 fürs erste vollendeten. Damit
war eine 388-jährige Entwicklung abgeschlossen: Vom 9. Juli
1522, dem Tag der Entdeckung der Datumsdifferenz im Logbuch
der „Victoria" beim Proviantfassen und Wasserholen auf den Ka-
narischen Inseln (s. Teil I, S. 109), bis zum Jahr 1910.

---

1   Lingenhöhl, Daniel, in: Die Geisterinseln, in Spectrum der Wissenschaft,
    Heidelberg 2013, Ausgabe vom 3. Mai
2   Hydrographer to the Admiralty, London, November 1921, in: NOTES
    ON THE HISTORY OF THE DATE OR CALENDAR LINE, in: Reprin-
    ted from the ‚New Zealand Journal of Science and Technology', Vol. XI,
    No. 6, pp. 385–88, 1930; herausgegeben von: Dominion Observatory,
    New Zealand, Bulletin No. 78; Wellington, N. Z. 1930, S. 4

(„The line given in the publications of the Hydrographic Department ... has obtained general acceptance, and approximates as closely as the conditions will allow to the meridian of 180° (from Greenwich, the author). It consists of a line drawn through the following positions: –")[1] „Die Linie, die in den Veröffentlichungen der Hydrographischen Abteilung zu finden ist, ... hat allgemeine Annahme gefunden und nähert sich so dicht, wie die Umstände es erlauben, dem Meridian 180° (v. Gr., d. Verf.). Sie besteht aus einer durch die folgenden Positionen gezogenen Linie: – "

Englische Koordinaten zum Verlauf der politisch-wirtschaftlichen Linie von 1910

„ Lat.		Long.			Lat.		Long.	
60°	00' S.	180°	00'	to	51° 30' S.		180°	00'
51	30	180	00	to	45	30	172	30 W.
45	30	172	30 W.	to	15	30	172	30 W.
15	30	172	30 W.	to	5	00	180	00
5	00	180	00	to	48	00 N.	180	00
48	00 N.	180	00	to	52	30	170	00 E.
52	30	170	00 E.	to	65	00	169	00 W.

and through the centre of Bering Strait, joining the 180th meridian in 70° N."[2] („und durch die Mitte der Beringstraße zur Vereinigung mit der Linie von 180° unter 70° nördl. Breite.")

Den 1921 von der britischen Marine publizierten Koordinaten ist im Gegensatz zu den Koordinaten von 1900 eine entsprechende Karte beigefügt. Wegen der schlechten Druckqualität dieser Karte wurde die Bahn der Datumsgrenze nach den vorangehenden Koordinaten vom Verfasser auf die folgende Figur übertragen.

---

1   ebd. S. 2
2   ebd. S. 2, *Anmerkung:*   Lat.   = Latitude   = geogr. Br.
                               Long.= Longitude   = geogr. L.
                               E   = Ost   W   = West

366

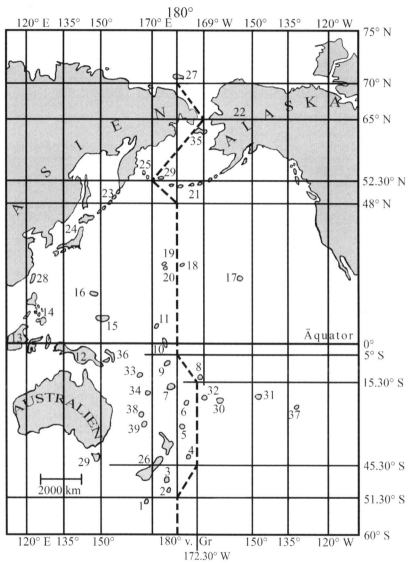

Verlauf der politisch-wirtschaftlichen Datumsgrenze im Jahr 1910

Fig. 34

367

— — — — — Datumsgrenze

I. = Insel   Ins. = Inseln

1	=	Campbell-I.	2	=	Antipoden-Ins.	3 = Bounty-Ins.
4	=	Chatham-Ins.	5	=	Kermadec-Ins.	6 = Tonga-Ins.
7	=	Fidschi-Ins.	8	=	Samoa-Ins.	9 = Ellice-Ins.
10	=	Gilbert-Ins.	11	=	Marshall-Ins.	12 = Neuguinea
13	=	Borneo	14	=	Philippinen	15 = Karolinen
16	=	Marianen	17	=	Hawaii	18 = Midway-Ins.
19*	=	Morrell-I.	20*	=	Byers-I.	21 = Aleuten
22	=	Alaska	23	=	Kurilen	24 = Japan
25	=	Kommandeur-Ins.	26	=	Neuseeland	27 = Wrangel-I.
28	=	Taiwan	29	=	Attu	30 = Rarotonga
31	=	Tahiti	32	=	Insel Niue	33 = Santa Cruz-Ins.
34	=	Neue Hebriden	35	=	St. Lorenz-I.	36 = Bismarck-Arch.
37	=	Insel Pitcairn	38	=	Neukaledonien	39 = Insel Norfolk

* = nicht existent

Beim Vergleich der vorangehenden Karte mit der Karte nach den Koordinaten von 1899/1900 fallen zwei Veränderungen auf:

- Die Verbindung zwischen Samoa und Neuseeland änderte sich 1910 dergestalt, dass die Linie ‚Samoa – Chatham' jetzt geradlinig, leicht ostwärts verrückt, auf 172.30 W verläuft, wodurch die Linie zwischen den Bounty-Inseln und den Antipoden-Inseln auch leicht nach Osten rückte. Hierzu heißt es von englischer Seite: („... the portion between Samoa and Chatham Islands was moved slightly eastward, so as to follow the meridian 172° 30' W.")[1] „... Der Abschnitt zwischen Samoa und den Chatham-Inseln wurde geringfügig nach Osten verschoben, um dem Meridian unter 172° 30' W zu folgen."

- Die andere Änderung des Datumsgrenzenverlaufs aus dem Jahr 1910 bezog sich auf den „Morrell-Byers-Bogen": Er ist, wie vorangehend schon aufgezeigt, verschwunden.

---

1 ebd. S. 4

e. Teilweise Koordinatenänderung von 1910
und deren Rekonstruktion

Trotz dieser beiden Verlaufskorrekturen war die Datumsgrenze, wie es eingangs des vorigen Kapitelabschnitts heißt, nur „fürs erste" vollendet. Diese Einschränkung hat ihre Ursache darin: Etwa 20 Jahre nach der Definition der Linie durch die Koordinaten von 1910 wird ersichtlich, dass sie nicht mehr – geradlinig – von 65 N 169 W aus unter 70 N 180° v. Gr. erreicht, sondern – wiederum geradlinig – von 68 N 169 W aus den Greenwicher Gegenmeridian unter 75 N schneidet. Erst diese Korrektur der Koordinaten von 1910 (s. Fig. 35, S. 374) gab der politsch-wirtschaftlichen Linie des Datumswechsels die Gestalt, die sie bis 1995 (Änderung der Datumszählung in Kiribati) hatte.

Die Änderung des Datumsgrenzenverlaufs war nötig, um die Linie östlich der Wrangelinsel den Gegenmeridian von Greenwich erreichen zu lassen, da die zum Russischen Reich zählende Wrangelinsel in den asiatischen Datumsbereich fiel. Das war beim „Abzweigpunkt 65 N 169 W", wie er sich aus den Koordinaten von 1899/1900 ergibt, nicht der Fall: Da erreichte die Datumsgrenze unter 70 N südlich der Wrangelinsel 180° v. Gr. Als polwärts gerichtete Fortsetzung der Datumsgrenze hätte der Greenwicher Gegenmeridian die Wrangelinsel durchschnitten, sodass – strenggenommen – die westliche Inselhälfte russisches und die östliche amerikanisches Datum geführt hätte (s. Fig. 34, S. 367).

Die Änderung des „Abzweigpunkts" der Datumsgrenze in der Beringstraße zur 180. Greenwicher Gegenlinie von 65 N 169 W auf 68 N 169 W ist Teil der kartenmäßigen Entwicklung der Datumsgrenze, wie sie vom „Hydrographic Department" der englischen Marine verzeichnet worden ist. Diese Entwicklung lässt sich aus dem Schriftverkehr zwischen dem „Hydrographic Department" und der „Tonga Mission of Seventh Day Adventists" und dem Verfasser nachvollziehen, wenn auch nicht in aller Vollständigkeit.

Im Folgenden wird die Verschiebung des „Abzweigpunkts" der Datumsgrenze in der Beringstraße von 65 N auf 68 N bei gleicher geographischer Länge rekonstruiert (s. Fig. 34 und 35, S. 367, 374).

Auf eine Anfrage von Mr D E Hay, dem Präsidenten der „Tonga Mission of Seventh Day Adventists" vom 1.9.1975, auf welcher Karte der englischen Admiralität die Datumsgrenze zum erstenmal zu sehen gewesen sei, antwortet Mr A C F David, Lieutenant Commander for Hydrographer of the Navy: („As far as I can see the first Admiralty chart which drew (underlining by Mr David, the author) the date line was chart W published in 1913. ... There obviously were earlier maps, ... which showed the line but these were privately printed, and it may have appeared on earlier Admiralty charts which I have not been able to trace.")[1] „So weit ich es beurteilen kann, war die erste Admiralitätskarte, die die Datumslinie zeigte (Unterstreichung durch Mr David, d. Verf.), die Karte W, die 1913 ... veröffentlicht worden war. ... Offensichtlich gab es frühere Karten, die die Linie zeigten, doch diese waren von Privat gedruckt worden, und sie mag auch auf früheren Admiralitätskarten erschienen sein, die ich nicht aufspüren konnte."

In einem Schreiben an den Verfasser, der dem „Hydrographic Department" die gleiche Frage gestellt hatte, auf welcher Karte erstmals englischerseits die Datumsgrenze publiziert worden sei, antwortet Mr David: („Later versions of this chart [chart W, published 1913, the author] which is an outline Chart of the world, do not show the date line. The earliest printed chart showing the date line I can now find is D 6 published 21 March 1919.")[2] „Spätere Versionen dieser Karte, die eine Umrisskarte der Welt ist, zeigen die Datumslinie nicht. Die erste gedruckte, die Datumsgrenze zeigende Karte, die ich jetzt finde, ist die am 21. März 1919 veröffentlichte Karte D 6."

In der 1921 vom „Dominion Observatory, Wellington, New Zealand" publizierten Schrift „NOTES ON THE HISTORY OF THE DATE OR CALENDAR LINE (Bulletin No. 78)", dem Verfasser von Mr David zugesandt, heißt es zur Bahn der Datumslinie

---

1 David, ACF, Lieutenant Commander for Hydrographer of the Navy, Hydrographic Department, Ministry of Defence, an Mr D E Hay, Tonga Mission of Seventh Day Adventists, Nukualofa, Tonga, South Pacific, in: H 6163/58 v. 9.10.1975
2 David, ACF, Lieutenant Commander for Hydrographer of the Navy an den Verfasser, in: H 6163/58 vom 11.9.1979

aus dem betreffenden Jahr: („The final position of the date line, at the time of writing, ... is defined in the 'Admiralty List of Lights', and in 'Pacific Islands Pilot', Vol. 2 and is shown on Admiralty Chart 5006, 'Time Zone Chart of the World.'")[1] „Die endgültige Lage der Datumslinie zum Zeitpunkt des Erscheinens dieser Schrift ... wird in der ‚Admiralty List of Lights' und im ‚Pacific Islands Pilot', Bd. 2, definiert und wird auf der Admiralitäts-Karte 5006, ‚Zeitzonenkarte der Welt', gezeigt."

Zur Beziehung zwischen den Admiralitätskarten „D 6" (von 1919) und „5006" (von 1921) führt Mr David aus: („Admiralty Chart D 6 was renumbered 5006 within a few years of its publication.")[2] „Die Admiralitätskarte ‚D 6' wurde innerhalb weniger Jahre nach ihrer Veröffentlichung in ‚5006' umbenannt."

Die vorangehend erwähnte neuseeländische Publikation enthält auch eine Datumsgrenzenkarte von 1921 nach den Koordinaten von 1910. Daraus wird ersichtlich: 1921 erfolgte die Abzweigung der Datumslinie aus der Beringstraße nach 180° v. Gr. noch nicht von 68 N 169 W aus, wie es bis 1995 für die Datumsgrenze typisch sein sollte, sondern immer noch von 65 N 169 W aus.

Über die „final position of the date line" (endgültige Lage der Datumsgrenze) in der „Admiralty List of Lights" schreibt Mr David an Mr Hay: („Admiralty List of Lights no longer contains information on the 'International Date Line'. This is now given on chart 3934 and in Admiralty List of Radio Signals, ...")[3] „‚Die Admiralty List of Lights' enthält keine Informationen mehr über die internationale Datumslinie. Diese werden jetzt durch die Karte 3934 und das ‚Verzeichnis der Radiosignale der Admiralität' gegeben."

---

1 Hydrographer to the Admiralty, London, November 1921, in: NOTES ON THE HISTORY OF THE DATE OR CALENDAR LINE, in: Reprinted from the ‚New Zealand Journal of Science and Technology', Vol. XI, No. 6, pp. 385–88, 1930; herausgegeben von: Dominion Observatory, New Zealand, Bulletin No. 78; Wellington, N. Z. 1930, S. 4

2 David, ACF, Lieutenant Commander for Hydrographer of the Navy an den Verfasser, in: H 4496/79 v. 17.10.1979

3 David, ACF, Lieutenant Commander for Hydrographer of the Navy, Hydrographic Department, Ministry of Defence, an Mr D E Hay Tonga Mission of Seventh Day Adventists, Tonga, South Pacific, in: Schreiben H 6163/58 v. 18.8.1975

Mr David ergänzt seine Aussagen über die 1958 eingeführte Karte 3934, in deren Besitz der Verfasser ist, wie folgt: („... the Date Line shown on admiralty chart 3934 is universally accepted.")[1] „Die auf der Admiralitätskarte 3934 gezeigte Datumslinie ist allgemein akzeptiert." Auf dieser Karte zweigt die Datumsgrenze unter 68 N 169 W aus der Beringstraße nach der Greenwicher Gegenlinie ab und schnitte sie unter 75 N, wenn sie geradlinig von ihrem nördlichen Endpunkt auf dieser Karte, 72.50 N 176 W, fortgesetzt werden würde (s. Fig. 35, S. 374: X).

f. Vollendete Datumsgrenze von der Mitte der 1920er Jahre bis zur Änderung der Datumszählung auf Kiribati 1995

Erst durch die Verbindung der Koordinaten 68 N 169 W und 75 N 180° v. Gr. war die politisch-wirtschaftliche Datumsgrenze, die bis 1995 Bestand hatte, vollendet. Sie wird durch die britische hydrographische-Abteilung wie folgt definiert: („The date or calendar line is a modification of the line of the 180th meridian, and is drawn so as to include islands of any one group ..., on the same side of the line.")[2] „Die Datums- oder Kalenderlinie ist eine Modifikation der Linie des 180. Meridians und ist so gezeichnet, dass Inseln einer jeden Inselgruppe ... auf derselben Seite der Linie zusammengefasst werden."

Aus dieser Definition geht Folgendes hervor: Im Blick auf die Polarmeere, wo mit Ausnahme der Wrangelinsel weder größere noch kleinere Inseln unter 180° v. Gr. liegen, ergibt sich, dass es im

---

1 David, ACF, Lieutenant Commander for Hydrographer of the Navy, Hydrographic Department, Ministry of Defence, an Mr D E Hay Tonga Mission of Seventh Day Adventists, Tonga, South Pacific, in: Schreiben H 6163/58 v. 3.6.1975

2 s. Fußnote 1, S. 371: S. 1, *Anmerkung von Mr David zu dieser Publikation im o. a. Schreiben:* („The article is based on notes prepared by the historian R T Gould, formerly of this department.") „Der Artikel basiert auf Notizen des früher zu dieser Abteilung gehörenden Historikers R. T. Gould."

Nord- und Südpolarmeer zwangsläufig zur Vereinigung der politisch-wirtschaftlichen mit der nautischen Datumsgrenze (180° v. Gr.) kommen muss.[1]

Unter Berücksichtigung der Änderung des „Abzweigpunkts der Datumsgrenze aus der Beringstraße nach 180° v. Gr.": 65° N 169° W von 1910 auf 68° N 169° W in der Zeit danach, wurde vom Verfasser folgende Figur gezeichnet. Sie gibt die Datumsgrenze wieder, wie sie von der Mitte der 1920er Jahre bis 1995 Bestand hatte und wie sie auf der Admiralitätskarte 3934 aus dem Jahr 1958 verzeichnet ist.

Legende zur Figur auf der nächsten Seite:

— — — —   Datumsgrenze

I. = Insel   Ins. = Inseln

1	=	Campbell-I.	2	=	Antipoden-Ins.	3	= Bounty-Ins.
4	=	Chatham-Ins.	5	=	Kermadec-Ins.	6	= Tonga-Ins.
7	=	Fidschi-Ins.	8	=	Samoa-Ins.	9	= Ellice-Ins.
10	=	Gilbert-Ins.	11	=	Marshall-Ins.	12	= Neuguinea
13	=	Borneo	14	=	Philippinen	15	= Karolinen
16	=	Marianen	17	=	Hawaii	18	= Midway-Ins.
19*	=	Morrell-I.	20*	=	Byers-I.	21	= Aleuten
22	=	Alaska	23	=	Kurilen	24	= Japan
25	=	Kommandeur-Ins.	26	=	Neuseeland	27	= Wrangel-I.
28	=	Taiwan	29	=	Attu	30	= Rarotonga
31	=	Tahiti	32	=	Insel Niue	33	= Santa Cruz-Ins.
34	=	Neue Hebriden	35	=	St. Lorenz-I.	36	= Bismarck-Arch.
37	=	Insel Pitcairn	38	=	Neukaledonien	39	= Insel Norfolk

* = nicht existent

---

1 Das Problem, dass die politisch-wirtschaftliche Datumsgrenze mit ihrer Ideallinie, mit dem Greenwicher Gegenmeridian, in den Polarmeeren zur Deckung kommen muss, tauchte zum erstenmal nach der Entstehung der nautischen Datumsgrenze (180° v. Gr.) auf (s. Teil I, S. 400 f.).

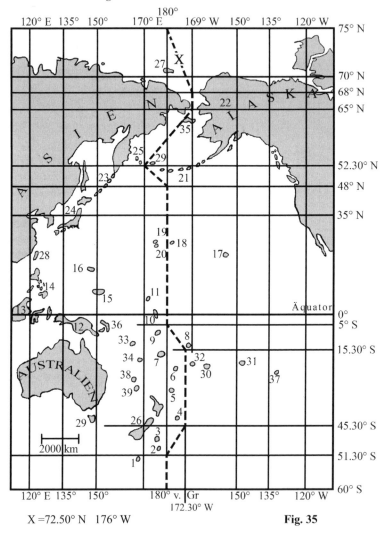

Die Datumsgrenze von der Mitte der 1920er Jahre bis 1995[1]

X = 72.50° N 176° W   **Fig. 35**

1   Diese Karte unterscheidet sich von der aus dem Jahr 1910 nur durch die
    in diesem Kapitelabschnitt angesprochenen Änderungen des Datumsgren-
    zenverlaufs in Beringstraße und Nordpolarmeer.

374

Wie aufgezeigt, kann auch mit Hilfe der britischen Marine nicht geklärt werden, seit wann die Datumsgrenze von 68 N 169 W 180° v. Gr. unter 75 N erreicht. Demgegenüber steht aber fest: Die Verbindung von 68 N 169 W mit 75 N 180° v. Gr. fiel nicht in das Jahr 1958. Sie muss viel früher erfolgt sein – entweder auf der Admiralitätskarte „W" aus dem Jahr 1913 oder auf der am 21. März 1919 publizierten Karte „D 6", die später, wie aufgezeigt, in Admiralitätskarte „5006" umbenannt worden ist.

Diese Annahme wird durch Karten gestützt, die jeweils vor 1958 die unter 68° erfolgende Abzweigung der Datumsgrenze nach 75 N 180° v. Gr. zeigen. Während auf einer Karte von 1925[1] noch die Linie mit den Koordinaten von 1910 zu sehen ist (Abzweigung von 65 N 169 W zum Schnittpunkt 70 N 180° v. Gr.), ist nach dem jetzigen Kenntnisstand auf vier anderen Karten die Abzweigung nach 180 ° v. Gr. jeweils unter 68 N 169 W verzeichnet und jeweils auch der Schnittpunkt 75 N 180° v. Gr. Die erste Karte ist von 1929[2], die zweite von 1941[3], die dritte von 1942[4], die vierte von 1946[5].

Hinsichtlich der vorangehend erwähnten Admiralitätskarte „3934" aus dem Jahr 1958 und unter Berücksichtigung der Karten von 1925, 1929 und 1941 kann Folgendes angenommen werden: Der Verlauf der Datumsgrenze, wie er auf der Karte 3934 dargestellt ist (Abzweigung unter 68 N 69 W nach 75 N 180° von Gr.), ergab sich wahrscheinlich in den zwanziger Jahren des letzten Jahrhunderts; denn man darf nicht davon ausgehen, dass sich die beiden Brockhauskarten von 1929 und 1941 nicht auf Quellen der englischen oder amerikanischen Marine gestützt hatten.

---

1 Meyer, in: Datumsgrenze, Leipzig 1925, 7. Aufl., 3. Bd., S. 318: Figur „Scheidelinie für Wochentag und Datum"
2 Brockhaus, in: Datumdifferenz, Leipzig 1929, 15. Aufl., 4. Bd., S. 431/32: Figur „Datumdifferenz:Datumsgrenze."
3 Der Neue Brockhaus, in: Datumgrenze, Leipzig 1941, 2. Aufl., 1. Bd., S. 501: Figur „Datumgrenze 1 Fidschi-Inseln, 2 Tonga-Inseln, 3 Samoa-Inseln."
4 Leigh-Browne, F. S., in: The International Date Line, in: The Geographical Magazine 1942, S. 303
5 Odom, Robert Leo, in: The Lord's Day on a Round World, Nashville (Tennessee) U. S. A. 1946, S. 102

Zur Klärung des ungelösten Problems, in welchem Jahr sich die politisch-wirtschaftliche Datumsgrenze mit 180° v. Gr. unter 75° ndl. Br. vereinigte, müsste also festgestellt werden, in welcher Publikation des „Hydrographic Department" der „Royal Navy" oder des „Hydrographic Office" der „U. S. Navy" die der Karte 3934 entsprechenden Koordinaten zum erstenmal erschienen sind.

6. Entwicklung der politisch-wirtschaftlichen Datumsgrenze nach deutschen Karten

a. Vom Zusammenbruch der historischen Datumslinie bis zum Ende des 19. Jahrhunderts

Die in der zweiten Hälfte des 19. Jahrhunderts veröffentlichten Karten zur Datumsgrenze stammen aus deutschen Zeichenbüros und wurden von nichtstaatlichen Stellen herausgegeben.

Die erste Karte erschien 1875 in „Meyers Konversations-Lexikon" mit einem ausführlichen Artikel. In jeder weiteren Auflage von „Meyer" findet sich die neueste Karte zum Verlauf der Datumslinie mit einem entsprechenden Text. Die andere große deutsche Enzyklopädie (Brockhaus) schloss sich diesem Vorgehen an.

Neben zahlreichen anderen deutschen Publikationen über die pazifische Welt drücken diese Karten das stark ausgeprägte Interesse des Deutschen Reiches an Ozeanien aus.

Wie schon dargelegt, hatte die Firma Godeffroy aus Hamburg das größte europäische Handelsunternehmen im mittleren und westlichen Pazifik errichtet, aus dem die deutschen Südseekolonien hervorgingen. Dieser Prozess verwickelte Deutschland in wechselnde Mächtekonstellationen mit den übrigen Pazifikmächten (England, Frankreich, Vereinigte Staaten von Amerika).

Lag es an der deutschen Gründlichkeit, neben den vielen faszinierenden Aspekten der Südsee auch das Phänomen „Datumsgrenze" gründlich zu würdigen oder lag es daran, dass die Berührung mit der Trennlinie von Wochentag und Datumszählung auf Deutsche größeren Eindruck machte als auf die seit langem ständig mit allen Aspekten der Seefahrt vertrauten Engländer, Franzosen und Nordamerikaner, dass Deutschland jahrzehntelang gewissermaßen das „Monopol" im Herausgeben von Datumsgrenzenkarten innezuhaben schien (von 1875–1911) – man weiß es nicht.

Dagegen erschien die erste (bis jetzt nicht auffindbare) englische Datumsgrenzenkarte erst 1913. Vorher waren nur Koordinaten veröffentlicht worden – und dies auch erst 1900 und 1910. Im Gegensatz zu Deutschland erfolgte die Publikation über den Verlauf der Linie nicht durch Privatleute, sondern durch eine staatliche Instanz: durch das „Hydrographic Department" der britischen Kriegsmarine (Royal Navy).

Die Zurückhaltung Englands bezüglich der Veröffentlichungen über die Datumsgrenze liegt hauptsächlich in zwei Gründen. Für England mit seinem weltumspannenden Kolonialreich waren die Datumsgrenze und der Umgang mit ihr eine Selbstverständlichkeit, auf die nicht eigens eingegangen werden musste. Den Kapitänen stand es frei, die Datumsanpassung nach örtlichem und zeitlichem Belieben vorzunehmen.

In der „Encyclopaedia Britannica" von 1911 findet sich z. B. weder eine Datumsgrenzenkarte noch ein Textbeitrag über die „Date Line", auch nicht in den sehr ausführlichen Artikeln „Measurement of Time" und „Standard Time".

Der andere Grund lag darin: Bevor die englische Marine die ersten Koordinaten veröffentlichte, beobachtete sie bekanntlich – im Benehmen mit der amerikanischen Marine – die Datumswechselpraxis der internationalen Nautik. Durch diese Beobachtungen und unter dem Aspekt, zusammengehörige Inselgruppen nicht durch die Linie zu trennen, erfolgte erst nach Jahrzehnten die Festlegung der Koordinaten.

Zu den in Deutschland veröffentlichten Datumsgrenzenkarten selbst! Sie spiegeln alle wider, in welchem Ausmaß die Zählung von Wochentag und Datum nach dem Zusammenbruch der historischen Datumsgrenze im Jahr 1845 im mittleren und westlichen Pazifik ins Wanken geraten war (s. Kapitel „Grauzone des Datumswechsels", S. 240 ff.).

Bei jeder Karte ist zu prüfen, ob die nachfolgend aufgezeigten Gegebenheiten berücksichtigt wurden. Sie sind als Grundpfeiler der sich entwickelnden politisch-wirtschaftlichen Linie anzusehen.

    – *1845*   *Änderung der Datumszählung auf den Philippinen: Verdrängung der amerikanischen durch die asiatisch-australische Zählung*

    – *ca. 1850*   *Etablierung der amerikanischen Zählung auf Hawaii*

    – *1867*   *Einführung der niedrigeren Datierung in Alaska als Folge des Übergangs von „Russisch Amerika" in amerikanische Hände („Cession of Alaska 1867")*

    – *1879*   *Etablierung der australischen Zählung auf den Fidschi-Inseln*

    – *1892*   *Austausch der höheren gegen die niedrigere Zählung auf den Samoa-Inseln*

    –   *australisch-asiatische Zählung auf Tonga von Anfang an*

Weiter ist bei der Beurteilung dieser Karten zu beachten, dass in der damaligen Zeit die Kommunikation zwischen den Pazifikmächten bezüglich des Datumsgrenzenverlaufs nicht gegeben war – da gingen andere Interessen vor.

Nacheinander seien die in der zweiten Hälfte des 19. Jahrhunderts publizierten deutschen Karten betrachtet!

- Karten von 1875 und 1886
- Karten von 1887/88
- Karte von 1889
- Karte von 1890/91
- Karten von 1895
- Karte von 1896
- Karte von 1897

Karten von 1875 und 1886

Die Karten von 1875 und 1886 unterscheiden sich nicht: Sie sind identisch. Die 1845 auf den Philippinen erfolgte Einführung der asiatisch-australischen Zählung ist nicht berücksichtigt. Die auf Grund der „Cession of Alaska 1867" genau gezogene russisch-amerikanische Grenze, die zugleich als Datumslinie fungiert, ist fehlerhaft (s. Fig. 63, S. 437 und Fig. 28, S. 387 von Teil I). Die richtige Zuordnung Hawaiis zum westlichen Datum ergibt sich aus dem falschen Verlauf der Datumsgrenze.

Dass südlich des Äquators mit Ausnahme der Fidschigruppe alle nicht weitab beiderseits des Greenwicher Gegenmeridians (180° v. Gr.) liegenden Inseln fehlen, darunter Samoa und Tonga, belegt, dass es in dieser Zeit noch keine zuverlässigen Angaben über die Datumszählung im südlichen Pazifik gab – Neuseeland mit seiner östlich vorgelagerten Inselflur ausgenommen.

In den Begleittexten beider Karten macht sich schon der Einfluss des Ersten Internationalen Geographischen Kongresses von Antwerpen (1871) bemerkbar, auf dem erstmals vorgeschlagen worden war, den Greenwicher Meridian in den nächsten 10 bis 15 Jahren als alleinigen Anfangsmeridian für Länge und Zeitbestimmung einführen zu wollen (s. Teil I, S. 396).

In beiden Texten wird mit identischem Wortlaut darauf hingewiesen, dass 180° v. Gr. als „nautische Datumsgrenze" respektiert werde. Dennoch ist auf beiden Karten die Länge nach Ferro angegeben.

„Scheidelinie für Wochentag und Datum."[1]   **Fig. 36**

<hr />

1 Meyer, in:*„Datumswechsel."*, *Karte von 1875*, Leipzig 1875, 3. Aufl.,
   5. Bd., S. 13
   Meyer, in: „Datumswechsel.", *Karte von 1886*, Leipzig 1886, 4. Aufl.,
   4. Bd., S. 573

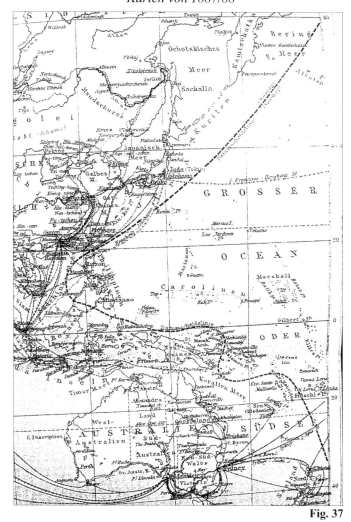

Fig. 37

„Übersichtskarte des Weltverkehrs"[1]
(Länge nach Greenwich, d. Verf.)

---

1   Brockhaus, in: „Weltverkehr", Leipzig 1887, 13. Aufl., 16. Bd., n. S. 546

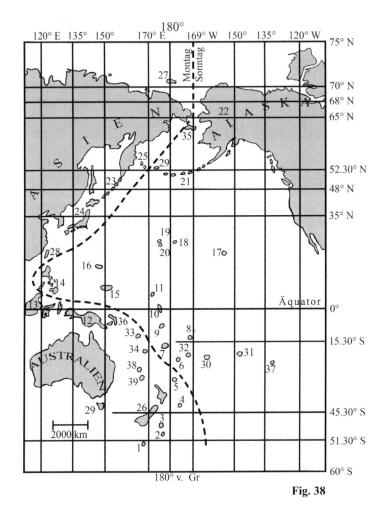

Fig. 38

Datumsgrenze nach „*Karte des Weltverkehrs und der Meeresströmungen*"[1]

Inselnummerierung: s. Fig. 35, S. 373

1   Andrees, Richard, in: Richard Andrees – Allgemeiner Handatlas'; Bielefeld und Leipzig 1887, 2. Aufl., S. 6

Mit Ausnahme des Äquatorbereichs nördlich des Bismarck-Archipels und der Salomon-Inseln zeigen beide Karten von 1887 einen identischen Verlauf der Datumslinie. Nicht berücksichtigt sind folgende Punkte: Zusammenbruch der historischen Datumsgrenze 1845, Einführung der australischen Zählung auf den Fidschi-Inseln 1879 und die höhere Zählung auf dem Tongaarchipel. Auch auf diesen beiden Karten ergibt sich die richtige Zuordnung Hawaiis zum niedrigeren Datum einzig und allein aus dem fehlerhaften Verlauf der Linie. Die Bahn der Datumslinie im nördlichen Bereich gemäß der „Cession of Alaska 1867" wird allerdings auf beiden Karten beachtet (s. Fig. 63, S. 437). Auf der 1888 erschienenen Karte „Ozeanien"[1] fehlt die Datumsgrenze. Als Grund könnte angenommen werden, dass inzwischen die deutsche Kartographie vom Zusammenbruch der historischen Linie Kenntnis erlangt hatte. Dies wird durch den Begleittext der Karte von 1890/91 bestätigt.

Karte von 1889

In seinem nicht nachlassenden Bemühen, den Zusammenbruch der historischen Datumsgrenze der Allgemeinheit und der Fachliteratur zu vermitteln, stand Freiherrn v. Benko, Fregattenkapitän der k. u. k. Marine d. R., als letzte Karte vor der Veröffentlichung seiner Aufsehen erregenden Schrift „Das Datum auf den Philippinen" (Wien 1890) die Karte von 1889 zur Verfügung (s. S. 384). Darauf schwingt sich die Datumslinie immer noch in einem weiten Bogen westlich um den philippinischen Archipel.

Der hier gezeigte Verlauf der Datumsgrenze um diese Inselgruppe stimmt im wesentlichen nicht nur mit den 1887 publizierten, sondern auch mit den 1875 und 1886 erschienenen Karten überein, sieht man von Unterschieden in der Verzeichnung von Inselgruppen und Meeresnamen wie auch in der Darstellung der geographischen Länge ab.

---

1   Meyer, in: „Ozeanien", Leipzig 1888, 4. Aufl., 12. Bd., n. S. 582; *Anmerkung:* In allen nachfolgenden Ausgaben von Meyer ist auf der Karte „Ozeanien" die Datumsgrenze eingezeichnet.

Fig. 39

„Linie des Datumwechsels"[1]

---

1   Pierer, in: Datumswechsel, Berlin & Stuttgart 1889, 7. Aufl., IV. Band,
     S. 87

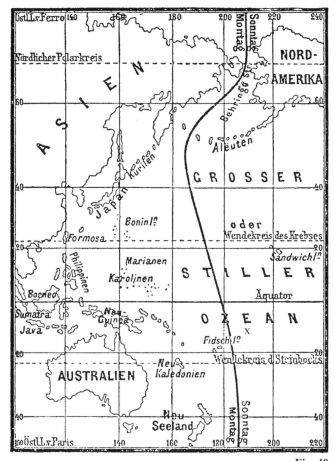

Fig. 40

„Scheidelinie für Wochentag und Datum"[1]

X = Lage der Samoa-Inseln (vom Verfasser eingefügt)

---

1   Meyer, in: „K. Werder in Wien.", Leipzig und Wien 1891, 4. Aufl., Jahres-Supplement 1890–1891, 18. Bd., S. 1012

385

Die Datumsgrenzenkarte von 1890/91 gibt wahrscheinlich als erste den Einfluss von Benkos auf den Philippinenbogen durch seine 1890 veröffentlichte Schrift „Das Datum auf den Philippinen" als auch den Einfluss der Konferenz von Washington (1884) wieder: Der „Philippinenbogen" ist verschwunden und die Annahme des Greenwicher Meridians als weltweiter Universalmeridian hatte indirekt diese Folge: Die Greenwicher Gegenlinie, 180° v. Gr., die die internationale Schifffahrt auf Grund der nautischen Führungsrolle Englands und der Konferenzen von Antwerpen (1871) und Washington (1884) in immer stärkerem Maße als nautische Datumslinie ansah, wurde den Hochseeschiffern durch „Washington" als solche bestätigt. In dem auf den Kartentext bezogenen Extraartikel heißt es hierzu: „Bei der überwiegenden Bedeutung des Meridians von Greenwich muss indes dieser auch als Datumsgrenze den Vorzug erhalten, und die Schiffer respektieren ihn allgemein."[1]

Die Karte von 1890/91 ist genauer als die vorangehenden Karten (36–39). Sie zeigt nicht mehr, was wiederholt sei, den 1845 verschwundenen „Philippinenbogen", berücksichtigt die Einführung der amerikanischen Datumszählung auf Hawaii, die Etablierung der östlichen Datierung auf den Fidschi-Inseln und gibt im wesentlichen die aus dem Verkauf Alaskas herrührende Veränderung der Linie in Beringmeer, Beringstraße und Nordpolarmeer wieder. Zudem nimmt diese Karte ungewollt die ein Jahr nach ihrem Erscheinen erfolgte Zuordnung Samoas[2] zum westlichen Datumslager (1892) vorweg.

Der Herausgeber der Karte von 1890/91 ist sich aber bewusst, dass sie noch nicht ausreichend genau ist; denn im Begleittext heißt es u. a.: „… dass gegenwärtig eine absolut genaue Karte der Datumsgrenze nicht gegeben werden kann. Das vorstehende Kärtchen zeigt die Datumsgrenze, wie sie nach den bis jetzt bekannten Verhältnissen *anzunehmen* (Hervorhebung durch den Verf.) ist."[3] Vermutlich fehlen aus diesem Grund, mit Ausnahme der Fidschiin-

---

1 ebd. S. 181
2 Die Lage Samoas (X: vom Verfasser eingefügt) kann indirekt aus dem Kurs der Datumsgrenze gefolgert werden.
3 Meyer, in: „K. Werder in Wien.", Leipzig und Wien 1891, 4. Aufl., Jahres-Supplement 1890–1891, 18. Bd., S. 1012

seln, im mittleren und südlichen Pazifik alle Inseln in Datumsgren-
zennähe.

Karten von 1895

Fig. 41

„Scheidelinie für Wochentag und Datum"[1]

1   Meyer, in: „Datumgrenze.", Leipzig und Wien 1895, 5. Aufl., 4. Bd.,
    S. 626

Abgesehen davon, dass auf der Karte „Scheidelinie für Wochentag und Datum" (Fig. 41) von 1895 die Datumsgrenze nicht, wie es die „Cession of Alaska 1867" vorsieht, zwischen der westlichsten Aleuten-Insel „Attu" und der östlichen der Kommandeur-Inseln („Copperinsel") verläuft und die auf deutschen Datumsgrenzenkarten erstmals zusammen mit der politisch-wirtschaftlichen Datumslinie eingezeichnete historische Linie im nördlichen Bereich einen groben Fehler aufweist, *sie nimmt ihre Bahn nicht über „Russisch-Amerika" (s. Fig. 58–62)*, ist die Karte von 1895 genauer als ihre Vorgängerin von 1890/91.

Aus dem Begleittext der Figur geht der bis 1895 weiter gewachsene Einfluss der Greenwicher Meridianlinie auf die geographische Längenbestimmung hervor:

„Bei der überwiegenden Bedeutung des Meridians von Greenwich, der von der Schifffahrt allgemein als erster Meridian anerkannt ist, hat man diesem den Vorzug vor anderen gegeben und sich dahin entschieden, den auf der jenseitigen Erdhemisphäre gelegenen Halbmeridian von Greenwich als *nautische* (Hervorhebung im Text, d. Verf.) D. (Datumsgrenze, d. Verf.) gelten zu lassen."[1]

Im wesentlichen hat auf dieser Karte die politisch-wirtschaftliche Datumsgrenze schon die Gestalt, die sie nach den ersten englischen Koordinaten zur Datumslinie aus dem Jahr 1900 angenommen hat: Über weite Strecken verläuft sie im mittleren Bereich auf 180° v. Gr., hat im Süden die Ausbuchtung nach Osten, im Norden (im Beringmeer) die Ausbuchtung nach Westen und nimmt von der Beringstraße aus unter nordnordwestlichem Kurs 180° v. Gr. wieder ins Visier.

Ein solcher Verlauf ist gleichbedeutend mit der Berücksichtigung des Zusammenbruchs der historischen Trennlinie von Wochentag und Datum (1845), der Einführung der australischen Zählung auf Fidschi (1879), der Etablierung der amerikanischen Datierung auf Hawaii (um 1850) und des Übergangs Alaskas aus russischem in amerikanischen Besitz (1867).

---

1   ebd.

Allerdings ist der nach Osten gerichtete Bogen südlich des Äquators etwas zu weit gespannt, sodass die Samoa-Inseln hier östliches Datum haben. Da Deutschland (östliche Zählung) Samoamacht war, hätte der Wechsel Samoas von der seit jeher dort praktizierten östlichen Zählung zur westlichen Zählung (1892) nicht übersehen werden dürfen.

Dieser Fehler ist um so gravierender, als im Begleittext zu Fig. 41 ausdrücklich auf diesen Irrtum verwiesen wird: „... auf den Samoainseln und einigen anderen Inseln der Südsee gilt das australische Datum und nicht das amerikanische, obwohl diese Inseln auf der östlichen Seite des jenseitigen Halbmeridians von Greenwich liegen, ...")[1] Der letzte Halbsatz dieses Zitats drückt den Irrtum aus, dass die Zeichner dieser Karte der Auffassung waren, die Datumszählung hänge davon ab, auf welcher Seite der Greenwicher Gegenlinie Inseln zu liegen kommen und nicht von der Bahn der politisch-wirtschaftlichen Datumsgrenze.

Nach der aufschlussreichen Karte aus der 5. Auflage von „Meyer" aus dem Jahr 1895 sei der bekannteste deutsche Atlas der zweiten Hälfte des 19. Jahrhunderts, „Stieler's Hand-Atlas", gleichfalls 1895 erschienen, im Blick auf die Datumsgrenze untersucht! *Nachdem in „Andrees Handatlas" von 1887 (s. Fig. 38, S. 382) die auf dieses Jahr bezogene Datumsgrenze mit dem Verlauf gezeigt wurde, den sie vor dem Zusammenbruch der historischen Datumslinie (1845) hatte, ist ein Vergleich mit der in „Stieler's Hand-Atlas" dargestellten Datumslinie von Interesse (s. Fig. 42, S. 390).*

Der wichtigste Unterschied liegt darin: Der bis 1887 im deutschen Kartenwesen vorhandenen Unkenntnis des Zusammenbruchs der historischen Linie unterliegt die Stielersche „Weltkarte" von 1895 nicht mehr. Dafür haben sich andere Fehler eingeschlichen. Verglichen mit den Karten von 1890/91 und 1895 ist die Darstellung der Linie auf dieser Karte ein Rückschritt – ein Musterbeispiel der unterschiedlichen Vorstellungen über den Verlauf der sich in der zweiten Hälfte des 19. Jahrhunderts herausbildenden politisch-wirtschaftlichen Datumstrennlinie.

---

1   ebd.

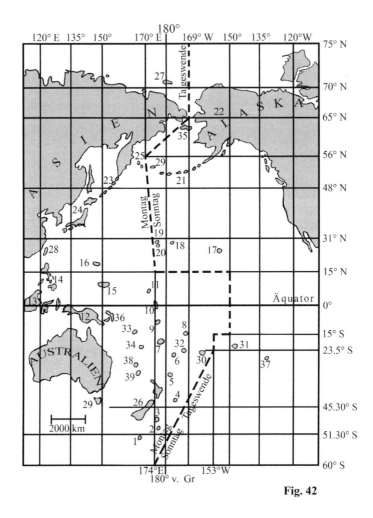

Fig. 42

Datumsgrenze nach „*Weltkarte STIELER'S HAND-ATLAS N° 5*"[1]

Inselnummerierung: s. Fig. 35, S. 373

---

1 Stieler, Adolf, in: Adolf Stieler's Hand-Atlas über alle Theile der Erde und über das Weltgebäude', Gotha, Justus Perthes 1895, *N° 5*

60	S	180	....	23,5	S	155	W
23,5	S	155	W	....	15	S	155	W
15	S	155	W	....	15	S	150	W
15	S	150	W	....	15	N	150	W
15	N	150	W	....	15	N	174	E
15	N	174	E	....	56	N	170	E
56	N	170	E	....	65	N	169	W
65	N	169	W	....	75	N	169	W

Dass die deutschen Kartographen, wie auch die Kartographen anderer Pazifikmächte, so wenig über den Verlauf der Datumsgrenze in der zweiten Hälfte des 19. Jahrhunderts wussten, liegt – wie schon erwähnt – daran, dass sich die Änderung der philippinischen Datumszählung so gut wie nicht in der Fachliteratur niedergeschlagen hat. Das gilt auch für die Festlegung der Datierung auf Fidschi (1879) und Samoa (1892). Weder England, das die Zählung des Datums auf Fidschi regelte noch die Vereinigten Staaten von Amerika, auf deren Druck hin König Malietoa Laupepa auf Samoa sich für die niedrigere Zählung entschied, haben sich darüber international schriftlich verbreitet.

Auch wenn die Datumslinie in „Stieler's Hand-Atlas" die durch die Konferenzen von Antwerpen und Washington[1] verstärkte Tendenz, dass sich die politisch-wirtschaftliche Datumsgrenze nach Möglichkeit der nautischen Datumsgrenze, ihrer Ideallinie, nähere, nicht aufweist, muss auf Folgendes hingewiesen werden: Die Fehler der deutschen Karten von 1875, 1886, 1887 und 1889, Nichtberücksichtigung des Zusammenbruchs der historischen Linie und der Klärung der Datumszählung auf Fidschi und Samoa, enthält diese Karte nicht.

---

1   Konferenz von Antwerpen: siehe Teil I, S. 395 ff.
     Konferenz von Washington: siehe S. 333 ff.

Karte von 1896

Auf der letzten im 19. Jahrhundert publizierten deutschen Karte zum Verlauf der Datumsgrenze, „Ozeanien"[1], stimmt deren Bahn mit der „Scheidelinie für Wochentag und Datum." aus dem Jahr 1895 überein, sodass sich eine entsprechende Figur erübrigt (s. Fig. 41, S. 387).

Karte von 1897

Diese Karte unterscheidet sich von der Karte „Scheidelinie für Wochentag und Datum" aus dem Jahr 1895 nur dadurch, dass die Samoainseln von der Datumsgrenze getrennt werden: Die westlichste Insel, Savaii, fällt in den Bereich des australischen Datums, während die übrigen Inseln amerikanisches Datum führen.

Nach dem „Deutsch-englisch-amerikanischen Abkommen von 1889 über die Aufteilung der Samoa-Inseln" waren Savaii, Upolu und alle anderen Inseln westlich von 171 W an Deutschland gefallen und alle Inseln der Gruppe östlich von 171 W an die Vereinigten Staaten (s. Fig. 51, S. 409). Zudem muss berücksichtigt werden, dass 1892 König Malietoa Laupepa auf amerikanischen Wunsch hin für die *ganze* Inselgruppe das niedrigere Datum anordnete – also auch für die unter deutscher Herrschaft stehenden samoanischen Inseln. Unter diesem Gesichtspunkt ist nicht nachzuvollziehen, warum hier die Datumslinie zwischen Savaii und Upolu verläuft.

Zu dieser Karte ist noch anzumerken, dass sie an der Datumsgrenze als erste folgenden Schriftzug trägt: „Die Schiffe der Kaiserlich-Deutschen Marine wechseln das Datum bei jedesmaligem Überqueren des 180. Längengrades."

---

1   Meyer, in: „Ozeanien", Leipzig und Wien 1896, 5. Aufl., 13. Bd., n. S. 392

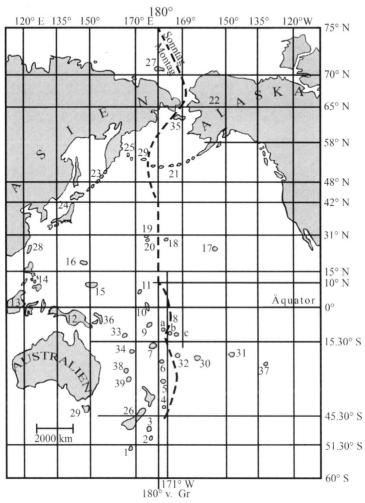

Fig. 43

Datumsgrenze nach *„ Übersichtskarte des Weltverkehrs "*[1]

Inselnummerierung: s. Fig. 35, S. 373

Zu 8 „Samoa":   a = Savaii   b = Upolu   c = Tutuila

1   Brockhaus, in „Weltverkehr", Berlin und Wien 1897, 14. Aufl., 16. Bd, n.
      S. 618

b. Vom Beginn des 20. Jahrhunderts bis zum Ausbruch des Ersten Weltkriegs

  - Karte von 1900
  - Karte von 1904
  - Karten von 1910
  - Karte von 1911

Karte von 1900[1]

Die Karte von 1900 ist identisch mit der aus dem Jahr 1897 (siehe Fig. 43).

Karte von 1904

Die Unterschiede zwischen dieser Karte (Fig. 44) und der von 1897 (Fig. 43) liegen im mittleren und südlichen Bereich der Datumsgrenze.

Auf der Höhe der Marshall-Inseln zweigt die Linie in südlicher Richtung von 180° v. Gr. ab und läuft spitzwinklig zu diesem Meridian in einer langen Geraden auf die östlichen Gewässer von Chatham zu, sodass die Samoa- und Tonga-Inseln, letztere seit jeher dem australischen Datum zugehörig (s. S. 278), ins niedrigere Datumslager fallen.

Die miteingezeichnete historische Datumsgrenze ist auf dieser Karte im Norden fehlerhaft. Wie schon mehrfach erwähnt, verlief die vollendete historische Trennlinie von Wochentag und Datum über die Nordwestflanke des amerikanischen Kontinents (s. Fig. 61, S. 434).

Im Begleittext dieser Karte wird ausdrücklich auf die Klärung der samoanischen und fidschianischen Datumszählung hingewiesen, was in der vorangehenden Auflage von 1895 noch nicht der Fall war: „… wurde 1892 auf den Samoainseln das amerikanische Datum angenommen und Montag, der 4. Juli zweimal gezählt … auf den Fidschiinseln … gilt das australische Datum und nicht das amerikanische …“[2]

---

1 Brockhaus, in „Weltverkehr“, Berlin und Wien 1903, 14. Aufl., 16. Bd, n. S. 618; *Anmerkung:* Auf der Karte ist „Aug. 1900“ vermerkt.

Fig. 44

„Scheidelinie für Wochentag und Datum."[1]

---

2   Meyer, in: „Datumgrenze.", Leipzig und Wien 1904, 6. Aufl., 4. Bd., S. 539

Unter dem Gesichtspunkt der Zuordnung von Inseln und Insel-
gruppen ins höhere oder niedrigere Datumsgebiet enthält die
„Übersichtskarte des Weltverkehrs" vom Oktober 1910 nur einen
Fehler: Die Linie des Datumswechsels müsste zwischen der östli-
chen Kommandeur-Insel (Copper-Insel) und der westlichsten
Aleuteninsel, Attu (29), verlaufen.

Der Irrtum, die Datumsgrenze auf den entsprechenden „Über-
sichtskarten des Weltverkehrs" von 1897 und 1900 (s. Fig. 43,
S. 393) zwischen Savaii und Upolu statt westlich der ganzen Samoagruppe verlaufen zu lassen, wurde in der Zwischenzeit von der
hydrographischen Abteilung der Brockhaus-Enzyklopädie beseitigt. Jetzt hatte ganz Samoa westliches Datum.

Die Differenzen zwischen dieser schon recht genauen Karte
von 1910 und einer nach den englischen Datumsgrenzenkoordinaten von 1910 gezeichneten Karte rühren einfach daher, dass es in
jener Zeit noch keinen „Datenaustausch" unter den hydrographischen Büros der Pazifikmächte gab.

Die für den Schulgebrauch gedachte Karte „Weltverkehr"
(Fig. 46, S. 398), ist noch genauer als die vorangehende aus
demselben Jahr. Unter dem Blickpunkt der Zuordnung von Inseln
und Inselgruppen nach höherer und niedrigerer Datumszählung ist
sie fehlerlos. Dagegen stimmt die Zuordnung der beiden Datums-
sphären nicht.

Unter dem Aspekt des Datumsgrenzenverlaufs differieren
Fig. 46 und 47 südlich des Äquators. Das kann nur darauf zurückzuführen sein: Die Zeichner dieser Karte hatten noch keine Kenntnis von den im selben Jahr von der englischen Marine (zunächst
für den Dienstgebrauch) veröffentlichten Koordinaten der vollendeten politisch-wirtschaftlichen Scheidelinie von Wochentag und
Datum.

---

1 Meyer, in: „Datumgrenze.", Leipzig und Wien 1904, 6. Aufl., 4. Bd.,
   S. 539

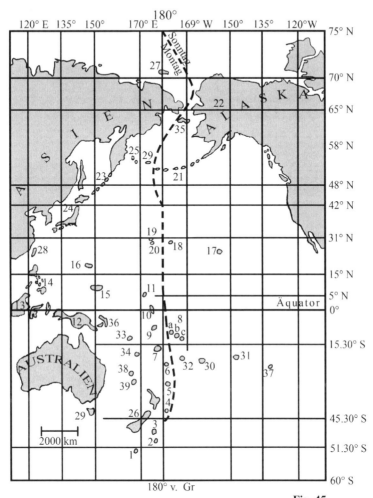

Fig. 45

Datumsgrenze nach *„Übersichtskarte des Weltverkehrs"*[1]

Inselnummerierung: s. Fig. 35, S. 373

Zu 8: Samoa   a = Savaii   b = Upolu   c = Tutuila

1   Brockhaus, in: „Weltverkehr", Leipzig 1908, 14. Aufl., 16. Bd., n. S. 618;
     Anmerkung: Die Karte vom Okt. 1910 ist tatsächlich im 16. Bd. der 14.
     Brockhausauflage erschienen.

397

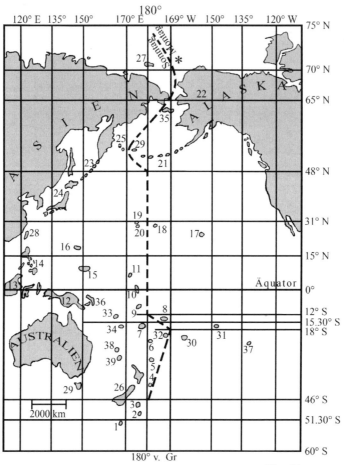

Fig. 46

Datumsgrenze nach „*Weltverkehr*"[1]

Inselnummerierung: s. Fig. 35, S. 373

* Auf dieser Karte sind die Datumsphären falsch zugeordnet
worden. Richtig ist folgende Beziehung von „Sonntag" und
„Montag" zur Datumsgrenze:

1 Keil und Riecke, bearbeitet von R. Pohle und G. Brust: „Weltverkehr",
   in: ‚Berliner Schulatlas', Leipzig und Berlin 1910 (Reprint der Originalausgabe von 1910), 3. Aufl., No. 42

398

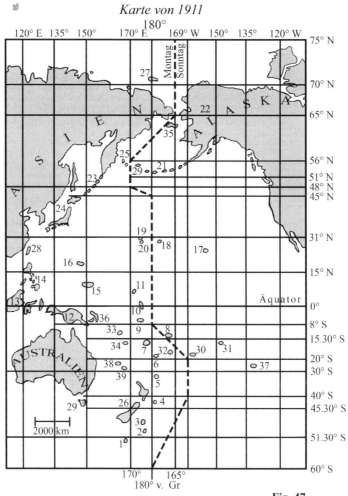

Karte von 1911

Fig. 47

Datumsgrenze nach *„Weltverkehrs-Karte"*[1]

Inselnummerierung: s. Fig. 35, S. 373

1 Hickmann, A. L.: „Weltverkehrs-Karte", in: „Geographisch-Statistischer Universal-Taschen-Atlas", Wien und Leipzig 1911 (Abgeschlossen 1. April 1911), Tafel Nr. 6

Die Karte von 1911 ist die letzte deutsche Datumsgrenzenkarte, die vor dem Ausbruch des Ersten Weltkriegs (1914–1918) erschienen ist. Auf ihr sind Inseln und Inselgruppen richtig den beiden Datumshemisphären zugeordnet. Fasst man die Bahn der Datumsgrenze ins Auge, ergibt sich eine noch größere Annäherung an die englischen Koordinaten zum Verlauf der Linie von 1910 (s. Fig. 34, S. 367) als auf Fig. 46, S. 398, aus demselben Jahr.

Allerdings zeigt ein Vergleich der „Weltverkehrs-Karte" von 1911 mit den beiden vorangehenden Karten von 1910 erneut die für das deutsche Kartenwesen typische unterschiedliche Auffassung über den Kurs der Trennlinie des Datums. Erst in den nach dem Ersten Weltkrieg veröffentlichten Karten sind diese Unterschiede nicht mehr zu finden.

7. Weiterentwicklung der Datumslinie vom Ende des 20. Jahrhunderts bis in die jetzige Zeit

a. Änderung der Datumszählung auf Kiribati

1979 wurde der Inselstaat „Kiribati" gegründet. Er zieht sich in der Mitte des Pazifischen Ozeans beiderseits des Äquators über 44 Längengrade (von 169° östl. L. bis 147° westl. L. v. Gr.) hin, was einer Ost-West-Distanz von knapp 5000 km entspricht und setzt sich aus insgesamt 34 Inseln zusammen, die sich auf drei große Gruppen verteilen: auf die Gilbertinseln im Westen (17 Inseln), die Linieninseln im Osten (8 Inseln) und die dazwischen liegende Phönixgruppe (9 Inseln).

Der zwischen den Gilbert- und Phönixinseln verlaufende Gegenmeridian der Greenwicher Linie teilte in Gestalt der Datumsgrenze den hammerartig nach Osten vorspringenden Inselstaat in ein Gebiet mit höherer (westlich der Datumslinie) und in ein Gebiet mit niedrigerer Datumszählung (östlich der Datumsgrenze). 1995 erfolgte die Beseitigung des lästigen Zustands, innerhalb *eines* Staates zweierlei Datierungen beachten zu müssen, und zwar dadurch, dass die Datumsgrenze östlich 180° v. Gr. den Grenzen des Inselstaats folgt. Durch die Verlegung der Trennlinie von Wo-

chentag und Datum gilt ab 1. Januar 1995 (höhere Zählung) in Kiribati nur das höhere bzw. das austral-asiatische Datum.[1]

Neuer Verlauf der Datumsgrenze im mittleren Pazifik,
verursacht durch die Änderung der Datumszählung
auf Kiribati 1995 (s. Fig. 50, S. 406)

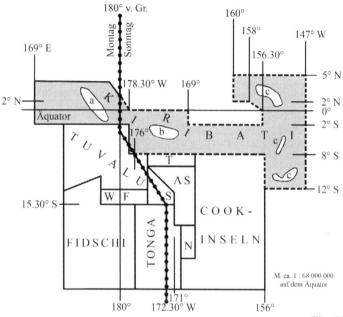

Fig. 48

•••••••••••• Verlauf der Datumsgrenze (gem. der brit. Admiralitätskarte
„THE WORLD 4000") vor der Änderung der Datumszählung

•••– – –••• Verlauf der Datumsgrenze nach der Änderung der Datumszählung in Kiribati (v. Verf. rekonstruiert)

a = Gilbert-Ins.	b = Phönix-Ins.	c = Linien-Ins. (im „Hammer"
F = Futana	AS = Amerikanisch-Samoa	der Datumsgrenze)
N = Niue	T = Tokelauinseln	S = Samoa (früher Westsamoa)
W = Wallis		

1 Im Blick auf die sich daraus ergebenden Folgen bezüglich von standes-
amtlichen Eintragungen, einmalig zu feiernden Festtagen oder zu erfül-
lenden Zeitspannen sei auf den Anhang von Teil I (S. 404 ff.) verwiesen.

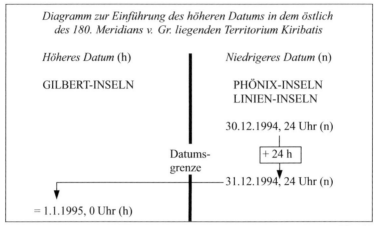

Diagramm zur Einführung des höheren Datums in dem östlich des 180. Meridians v. Gr. liegenden Territorium Kiribatis

Höheres Datum (h)   Niedrigeres Datum (n)

GILBERT-INSELN   PHÖNIX-INSELN
LINIEN-INSELN

30.12.1994, 24 Uhr (n)

Datums-grenze   + 24 h

31.12.1994, 24 Uhr (n)

= 1.1.1995, 0 Uhr (h)

Fig. 49

    Das Diagramm zeigt auf, dass im Gebiet des niedrigeren Datums von Kiribati der 31.12.1994 (nach niedrigerer Zählung) entfiel, sodass dort auf den 30.12.1994 niedrigerer Zählung der 1.1.1995 höherer Zählung folgte. Seitdem hat in ganz Kiribati die höhere Datumszählung Geltung.

    Die vorangehende Figur zum neuen Verlauf der Datumslinie im mittleren Pazifik sei näher untersucht! Die mir zur Verfügung stehenden Karten zur Änderung der Datumszählung auf Kiribati, die vor dieser Änderung (1. Januar 1995 höhere Zählung) und vor der Änderung der Datumszählung auf Samoa und Tokelau (1. Januar 2012 höhere Zählung) erschienen sind, zeigen jeweils (mit Ausnahme zweier Karten, deren Datumsgrenzenverlauf übereinstimmt[1]) einen, meist geringfügig, anderen Verlauf.

    Diese Abweichungen können nur auf entsprechende Differenzen im Grenzverlauf Kiribatis zurückgehen. Die kartographische Uneinheitlichkeit der Datumsgrenzendarstellung in den ersten

---

1   Wikipedia, in: „Datumsgrenze", http://de.wikipedia.org/wiki/Datumsgrenze, 18. 1. 2018, 15:36

    Wikipedia, in: Datumsgrenze, Null-Meridian, Zeitzonen/Kalender/Wetzel, 25. 08. 2012, Abb. 4 südlicher Teil der Datumsgrenze: Graphik aus 2008

Jahren des jungen Staatswesens wird durch das nachfolgende Zitat aus jener Weltregion indirekt bestätigt.

Es belegt, dass sich der Wandel Kiribatis zu einem Staat mit einheitlicher Datumszählung nicht unmittelbar mit Richtigkeit in der Kartographie niedergeschlagen haben kann. Mr D. E. *Hay* , der ehemalige Präsident der „Seventh-Day Adventist Church (a section of the western Pacific Union Mission)", mit dem der Verfasser über viele Jahre im brieflichen Austausch über die Entwicklung der Datumsgrenze im südlichen Pazifik stand, schrieb 1996 aus der Hauptstadt von Kiribati, Bairike auf der Insel Tarawa, einen Brief, worin er auf die geänderte Datumszählung in Kiribati einging, Folgendes: („Dear Mr Woreschk, Greetings from Kiribati where sand and sea combine to form the isolated atolls of this republic in the centre of the Pacific Ocean. ... Interesting things are happening ... which could affect the path of the IDL (International Date Line, d. Verf.) For example, the eastern island groups of Line and Phoenix are now observing the same day as that of the Gilbert group situated to the west of the 18O meridian. Map makers will probably have to make a long deviation to the right to encompass this new change. However the situation is not fully settled and the government of the day is still coming to grips with the situation.")[1]

„Sehr geehrter Herr Woreschk, Grüße aus Kiribati, wo sich Sand und Meer zur Formung der isolierten Atolle dieser Republik im Zentrum des Pazifischen Ozeans verbinden. ... Interessante Dinge ereignen sich, die die Bahn der Internationalen Datumslinie berühren könnten. Beispielsweise beachten nun die östlichen Inselgruppen, die Phönix- und Linieninseln (s. Fig. 48, S. 401, d. Verf.), dasselbe Datum wie die Gilbertgruppe, die westlich des 180. Meridians liegt. Die Kartenmacher werden wahrscheinlich eine lange Ausbuchtung nach rechts (gemeint ist nach Osten, d. Verf.) machen müssen, um diese neue Änderung zu berücksichtigen. Die Situation ist jedoch noch nicht völlig geklärt, und die heutige Regierung setzt sich immer noch mit dieser Situation auseinander."

Bei der Verdrängung der niedrigeren Datumszählung aus Kiribati musste ja im Benehmen mit der betroffenen benachbarten In-

---

1   Hay, D. E., President of the Seventh-Day Adventist Church (– a section of the Western Pacific Union Mission), in: Schreiben an den Verfasser vom 18. August 1996, S. 1

selwelt die Bahn der Trennlinie von Wochentag und Datum neu definiert werden, und zwar durch Koordinaten, die von den angrenzenden Seeterritorien akzeptiert wurden. Das war sicherlich eine recht mühsame, sich über Jahre hinziehende Arbeit, die ca. 16 000 km langen Grenzen, die ein Territorium von der ungefähren Größe Australiens umschließen, genau zu definieren. Dass es dabei auf den ersten veröffentlichten Karten zum neuen Verlauf der Datumsgrenze im mittleren Pazifik zu mehr oder weniger geringfügigen Differenzen kam, ist unschwer nachzuvollziehen.

Um ein möglichst genaues Bild der heute gültigen Grenzen Kiribatis zu erlangen, bediente sich der Verfasser der jetzt gültigen Seekarte „THE WORLD 4000"[1] der britischen Admiralität von 2014.

Bemerkenswert ist, dass auf dieser Karte (Ausgabe vom 3. April 2014) wie auf der Vorgängerkarte (THE WORLD 3934, Ausgabe vom 8. Juni 1984) noch die Datumsgrenze zu finden ist, die sich auf die teilweise geänderten Koordinaten des britischen Hydrographic Department von 1910 stützt (s. S. 369 ff.). Die solchermaßen zustande gekommene Linie hatte aber nur bis zur Datumsänderung auf Kiribati im Jahr 1995 Geltung.

Der Grund hierfür liegt darin: In einer Zeit, in der im Pazifik aus ehemaligen Kolonien Staaten werden und diese aus wirtschaftlichen oder politischen Gründen die Datumszählung nach ihrem Vorteil ausrichten und in der abhängige Inseln danach streben, datumsmäßig mit ihren Mutterinseln eine Einheit zu bilden, ändern die Kartenzeichner der hydrographischen Abteilung Englands die Datumsgrenze erst, wenn deren neuer Verlauf endgültig, d. h. für lange Zeit, festzustehen scheint. Solange dies aber nicht der Fall ist, findet sich auf der Seekarte „THE WORLD 4000" weiterhin die Datumsgrenze von 1910.

---

1 Essenhigh, N. R., Rear Admiral, Hydrographer of the Navy, in: „THE WORLD 4000", Taunton, United Kingdom, 7th Juli 1995, Edition Number: 2, Edition Date: 3rd April 2014

Zur kartographischen Darstellung der kiribatischen Änderung der Datumszählung sei Folgendes angemerkt: Auf nicht für den Seegebrauch bestimmten Karten konvergieren die Meridiane in Richtung Pol und die Abstände zwischen den Breitenkreisen sind gleich. Auf Seekarten dagegen, wie z. B. auf der vorerwähnten Karte „THE WORLD 4000", die nach der Zylinderprojektion erstellt werden („Merkatorkarten"), haben alle Längenhalbkreise, also alle Meridiane, vom Nord- bis zum Südpol den gleichen Abstand, stehen senkrecht auf dem Äquator und die Abstände zwischen den Breitenkreisen vergrößern sich vom Äquator aus nach Nord und Süd.

Das ist der Grund, warum auf normalen Karten oder auf Globen der hammerartige Vorsprung Kiribatis nach Osten mit seiner äußersten Linie, die 147° v. Gr. folgt, gekrümmt[1] erscheint, während diese Linie auf einer Seekarte als Senkrechte zum Äquator wiedergegeben wird.

Da die vorangehende und die folgende Figur auf „Merkatorkarten" beruhen, erscheint der westliche Rand Kiribatis nicht gekrümmt, sondern steht im rechten Winkel auf dem größten Breitenparallel, dem Äquator (0°).

Die Änderung der Datumszählung auf Kiribati führte zu einer bemerkenswerten Folge hinsichtlich des Jahresbeginns an der Datumsgrenze. Nachdem es bis zur Änderung der Datumszählung auf Kiribati den Tongainseln zugefallen war, als erste das Neue Jahr begrüßen zu können (Tongabatu-Gruppe 175° 10' westl. L. v. Gr.), kommt diese Rolle nunmehr den Linieninseln zu. „Die östlichste der Line Islands (Caroline Island) heißt seit 1. Januar 2000 ‚Millennium Island' (9.58 S 150.13 W, d. Verf.), weil auf dieser Insel der erste Sonnenaufgang des 3. Jahrtausends beobachtet werden konnte."[2] Der östlichste Punkt der historischen Datumsgrenze lag noch weiter östlich: lt. den Alaska-Konventionen von 1824/25 unter 56 N 130 W (s. Fig. 59, S. 432).

---

1 s. Diercke Weltatlas, Braunschweig 2015, 1. Aufl., S. 199
2 Wikipedia, in: „Kiribati (Geograhie)", http://de.wikipedia.org/wiki/Kiribati, 18.01.2018, 15:35

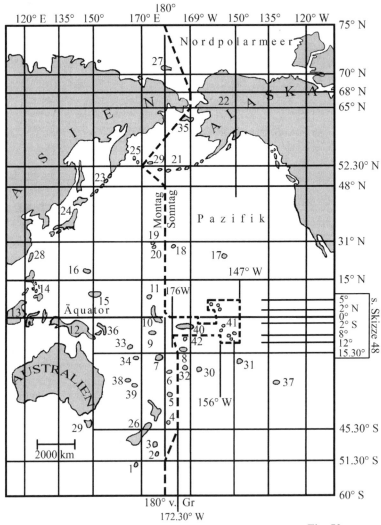

*Verlauf der Datumsgrenze nach der Änderung der Datumszählung auf
Kiribati 1995 bis zur Einführung der höheren Datierung auf Samoa
und Tokelau 2012 (v. Verf. gem. den geänderten Koordinaten v. 1910
und den Grenzen der ozeanischen Territorien)*

Fig. 50

406

- - - - - - - Datumsgrenze

1	=	Campbell-I.	2	=	Antipoden-Ins.
4	=	Chatham-Ins.	5	=	Kermadec-Ins.

1 = Campbell-I.   2 = Antipoden-Ins.   3 = Bounty-Ins.
4 = Chatham-Ins.   5 = Kermadec-Ins.   6 = Tonga-Ins.
7 = Fidschi-Ins.   8 = Samoa-Ins.   9 = Ellice-Ins.
10 = Gilbert-Ins.   11 = Marshall-Ins.   12 = Neuguinea
13 = Borneo   14 = Philippinen   15 = Karolinen
16 = Marianen   17 = Hawaii-Ins.   18 = Midway-Ins.
19* = Morrell-I.   20* = Byers-I.   21 = Aleuten
22 = Alaska   23 = Kurilen   24 = Japan
25 = Kommandeur-Ins.   26 = Neuseeland   27 = Wrangel-I.
28 = Taiwan   29 = Attu   30 = Rarotonga(Cook-Ins).
31 = Tahiti   32 = Niue   33 = Santa Cruz-Ins.
34 = Neue Hebriden   35 = St. Lorenz-I.   36 = Bismarck-Arch.
37 = Pitcairn   38 = Neukaledonien   39 = Norfolk
40 = Phönix-Ins.   41 = Linien-Ins.[1]   42 = Tokelau-Ins.

    * = nicht existent

Vergrößerung des „Datumsgrenzenhammers"[2] aus Fig. 50:

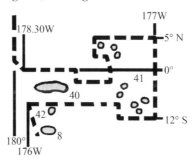

---

1 Die einzelnen Inseln der am weitesten im Osten liegenden Inselgruppe, die Linien-Inseln, seien von Nord nach Süd einzeln aufgeführt. Die drei nördlichen: TERAINA (Washington-Insel), TABUAERAN (Fanning-Insel), KIRITIMATI (Christmas-Insel); die zwei mittleren Inseln: MALDEN-INSEL, STARBUCK-INSEL; die drei südlichen: MILLENNIUM-INSEL (Caroline-Insel), VOSTOCK-INSEL, FLINT-INSEL.

2 Vorsprung der Datumslinie nach Osten zwischen 5° N und 15.30° S

b. Änderung der Datumszählung auf Samoa und den Tokelau-Inseln (heutige Datumsgrenze)

In Teil I (S. 257 ff.) wurde schon aufgezeigt, wie sich die Samoa-Inseln als Folge von Entdeckungsgeschichte, Missionierung, Handel und Forschungsexpeditionen zum östlichen Vorposten der historischen Datumsgrenze auf der südlichen Halbkugel entwickelten. Bis 1892 galt auf der Samoagruppe das höhere Datum. Auf starken amerikanischen Einfluss hin hatte der samoanische König Malietoa Laupepa am 4. Juli 1892 für die *ganze* Inselgruppe die amerikanische Zählung von Wochentag und Datum, also das niedrigere Datum, eingeführt. Es galt auch für Deutsch-Samoa (bis zum vorangehend genannten Datum höhere Zählung), aus dem 1962 der unabhängige Staat „West-Samoa" hervorging, der sich seit 1996 „Samoa" nennt (s. S. 170 f.).

Der Zustand, dass die durch das deutsch-englisch-amerikanische Abkommen von 1899 zwischen den Vereinigten Staaten von Amerika und dem Deutschen Reich aufgeteilten Samoainseln (Trennlinie zwischen den beiden Territorien: 171° westl. L. v. Gr.) derselben Datumszählung, der niedrigeren, unterlagen, hielt bis zum Jahreswechsel 2011/12 an.

So wie sich einst die Philippinen durch den Niedergang der spanischen Herrschaft in Süd- und Mittelamerika (im ersten Drittel des 19. Jahrhunderts) wirtschaftlich immer stärker nach Australien und vor allem nach China auszurichten begannen und als Folge auf den Philippinen 1845 die höhere Datierung eingeführt worden war, so kam es auch auf Samoa durch wirtschaftliche Einflüsse zu einem Wechsel der Datumsgrenzenseite.

Auf Grund seiner einhundertjährigen engen Verknüpfung mit Neuseeland[1] ist Samoa in seinem Außenhandel hauptsächlich auf Neuseeland und Australien ausgerichtet. Durch die Zunahme des Außenhandels und durch die lästige Erscheinung, dass Samoa, von seinen Haupthandelspartnern durch die Datumsgrenze getrennt, wöchentlich zwei Arbeitstage verlor, beschloss die samoanische

---

[1]   1914 besetzten neuseeländische Truppen kampflos Deutsch-Samoa, das heutige Samoa, da dort keine deutschen Soldaten stationiert waren.

Samoa
(von 1899-1914 Deutsch-
Samoa)

Amerikanisch-Samoa[1]

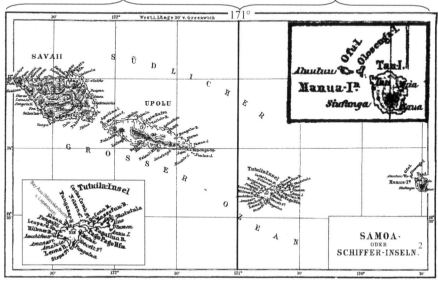

Fig. 51

Regierung, auf die andere Seite der Datumslinie zu wechseln. Wenige Monate vor diesem Schritt hatte Samoas Ministerpräsident,
Tuilapa Malielegaoi, im Blick auf die Erhöhung der Zahl der Arbeitstage und die damit einhergehenden Steuereinnahmen
argumentiert: „Wenn hier Freitag ist, ist es in Neuseeland Samstag.
Wenn wir am Sonntag in der Kirche sind, machen sie in Sydney
schon Geschäfte."[3]

---

1   Zu Amerikanisch-Samoa zählt auch die östlich der Manuagruppe liegende, unbewohnte kleine Insel „Rose Island" (14.32 S 168.08 W), die 1819
von dem Franzosen Louis Freycinet entdeckt und 1839 von der amerikanischen Forschungsexpedition unter Wilkes besucht wurde.

2   Meyer, Leipzig und Wien 1897, 5. Aufl., 15. Bd., n. S. 204 (Figur vom
Verf. adaptiert)

3   Zeitsprung im Südpazifik: Samoa lässt den 30. Dezember ausfallen –
taz.de, in: http:// www.taz.de/!84587/, S. 1

409

Weiter hatte Tuilapa Malielegaoi dargelegt, dass durch Samoas Annahme der höheren Datierung gegenüber Amerikanisch-Samoa mit niedrigerer Datierung eine Datumsdifferenz bestünde, was sich auf den Tourismus günstig auswirken würde: „Man kann zwei Geburtstage, zwei Hochzeiten und zwei Hochzeitstage zum selben Datum – an verschiedenen Tagen – feiern, in weniger als einer Flugstunde Entfernung."[1]

Hinsichtlich einer Reise von Amerikanisch-Samoa über die nahe Datumsgrenze nach Samoa mit höherem Datum zeigt die vorangehend angeführte Quelle Folgendes auf: In umgekehrter Richtung können Geburtstagsmuffel ihren Jahrestag verschwinden lassen. An diesem 30. Dezember beträfe dies jetzt unfreiwillig 775 Samoaner.[2]

(Im Blick auf weitere, das bürgerliche Leben betreffende Folgen eines Wechsels der Datumsgrenzenseite von der niedrigeren zur höheren Zählung sei auf den Anhang von Teil I, S. 405 ff. hingewiesen, wo die Darlegungen über den Datumswechsel auf den Philippinen von 1845 entsprechend zu deuten sind.)

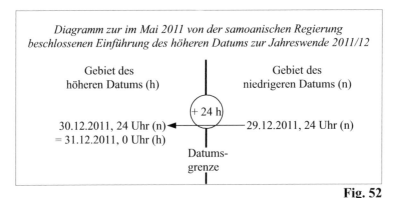

Diagramm zur im Mai 2011 von der samoanischen Regierung beschlossenen Einführung des höheren Datums zur Jahreswende 2011/12

Gebiet des höheren Datums (h)   Gebiet des niedrigeren Datums (n)

+ 24 h

30.12.2011, 24 Uhr (n) = 31.12.2011, 0 Uhr (h) ◄── 29.12.2011, 24 Uhr (n)

Datumsgrenze

Fig. 52

Das Diagramm deckt auf: In Samoa entfiel durch den Wechsel vom niedrigeren zum höheren Datum der 30.12.2011 nach niedri-

---

1   ebd. S. 2
2   ebd.

gerer Zählung. Mithin folgte auf den 29.12.2011 niedriger der 31.12.2011 höherer Zählung.

Die Tokelau-Inseln, ein nördlich der Samoagruppe gelegenes neuseeländisches Überseeterritorium, wechselten zum selben Zeitpunkt wie Samoa von der niedrigeren zur höheren Zählung von Wochentag und Datum. Daher gilt sinngemäß das o. a. „Datumswechseldiagramm" auch für die Tokelaugruppe. Die folgende Figur stellt die Änderung der Datumszählung beider Inselgruppen dar (s. Fig. 53).

Die Tokelau-Inseln, ca. 3900 km südwestlich von Hawaii und etwa 500 km nördlich der Samoagruppe gelegen (Lage nach Koordinaten: 8° 33' und 9° südl. Br., 172° 30' und 171° 31' westl. L. v. Gr.) bestehen aus drei Korallenatollen. Sie bilden von Nordwesten nach Südosten in der Reihenfolge „Atafu", „Nukunonu" und „Fakaoto" etwa in der Mitte des Territoriums eine etwa 250 km lange Inselkette. Die Gesamtfläche von 12,2 qkm verteilt sich auf 218 Inselchen (Atafu: 63, Nukunonu: 93, Fakaofo: 62).

Im Folgenden sei auf die Schwerpunkte ihrer Berührung mit Europa und Amerika eingegangen.

Die erste Berührung mit Europa erfolgte am 24. Juni 1765 durch den Engländer John Byron (den Großvater des Poeten George Byron [s. S. 76]), der mit „H. M. S. Dolphin" im Auftrag der britischen Admiralität auf der Suche nach dem legendären Südland war. Byron sichtete das Atoll „Atafu" und nannte es „Duke of York's Island". Die zweite Berührung mit Europäern hatte die Inselgruppe 26 Jahre später, 1791, als Folge der Meuterei auf „H. M. S. Bounty" (s. S. 64 ff.). Nachdem Kapitän Bligh mit seinen Getreuen die britische Admiralität über das ungeheuerliche Geschehen – Meuterei auf offener See *und* auf einem englischen Kriegsschiff – unterrichtet hatte, wurde Kapitän Edwards mit „H. M. S. Pandora" in die Südsee entsandt, um der Meuterer habhaft zu werden, was z. T. erfolgreich war. Am 6. Juni 1791 stieß Edwards auf das vorerwähnte Atoll „Atafu" und 6 Tage darauf auf das Atoll „Nukunonu". Es erhielt den Namen „Duke of Clarence's Island".

Das dritte Atoll, „Fakaofo", wurde erst 1835 entdeckt – durch den nordamerikanischen Walfänger Smith – und „Wolf's Island"[1] getauft. Unter der Leitung von Charles Wilkes suchte die erste in die Südsee ent-

---

1   Die beiden Atollbezeichnungen „Duke of Clarence's Island" und „Wolf's Island" sind folgender Quelle entnommen: https://de.wikipedia.org/wiki/Tokelau, in: Tokelau, 1.4.2018, S. 3/6

sandte nordamerikanische Forschungsexpedition (S. Teil I, S. 236) im Januar 1841 die drei Atolle auf und erforschte sie.

Von 1850 bis 1870 waren die Tokelau-Inseln ein erklärtes Ziel von Sklavenhändlern aus Peru. Der schlimmste Menschenraub ereignete sich 1863: Auf der ständigen Suche nach Arbeitskräften für unterschiedliche Südsee-Archipele wurde fast die Hälfte der Inselbevölkerung einschließlich der meisten arbeitstauglichen Männer entführt.

Um diesem schändlichen Treiben Einhalt zu gebieten, erklärte Großbritannien 1877 die Tokelau-Inseln zum englischen Protektorat; denn der auf den Fidschi-Inseln, seit 1874 englische Kolonie, eingesetzte englische Gouverneur hatte als Hauptaufgabe der Bekämpfung des Sklavenhandels, genauer: der Arbeitskräftedeportation nachzukommen.

In dieser Zeit, im letzten Drittel des 19. Jahrhunderts, wurden die Tokelau-Inseln auf der Grundlage des „Guano Act of 1856" (s. S. 56 f.) zum Abbau von Guano von der nordamerikanischen Union besetzt. Aus dieser Zeit rührt auch die andere Bezeichnung der Tokelau-Inseln her: Union-Inseln. Dieser Begriff hielt sich bis 1946. Heute wird er nur noch gelegentlich gebraucht.

1893 erfolgte die Eingliederung der Tokelaugruppe in das britische Protektorat über die Gilbert- und Ellice-Gruppe, das im Vorjahr, 1892, errichtet worden war. Schließlich wurde auf Wunsch ihrer Bewohner die Tokelaugruppe 1916 in das Vereinigte Königreich aufgenommen und zehn Jahre später, 1926, der Administration von Neuseeland unterstellt.

In mehreren Schritten, auf die hier nicht eingegangen sei, entwickelten sich die Tokelau-Inseln letzlich zu einem neuseeländischen Überseeterritorium. Dessen Wirtschaft ist nahezu ausschließlich auf Neuseeland ausgerichtet und zudem in hohem Grad von dessen finanzieller Unterstützung abhängig.

Der Übertritt von Samoa und Tokelau zur höheren Zählung gab der Datumsgrenze ihre heutige Gestalt. Ihre geänderte Bahn folgt den Staatsgrenzen von Kiribati, Samoa und Tokelau, wie sie in der letzten Ausgabe der von der britischen Admiralität veröffentlichten Seekarte „THE WORLD 4000"[1] verzeichnet sind. Dadurch lässt sich der geänderte Verlauf der Wochentag und Datum trennenden Linie unter Angabe ihrer Koordinaten bestimmen.

---

1   Essenhigh, N. R., Rear Admiral, Hydrographer of the Navy, in: „THE WORLD 4000", Taunton, United Kingdom, 7th Juli 1995, Edition Number: 2, Edition Date: 3rd April 2014

412

Veränderungen des Datumsgrenzenverlaufs im mittleren Pazifik
durch die Annahme der höheren Zählung auf Samoa und
Tokelau zum Jahreswechsel 2011/12
(s. Fig. 54, S. 415)

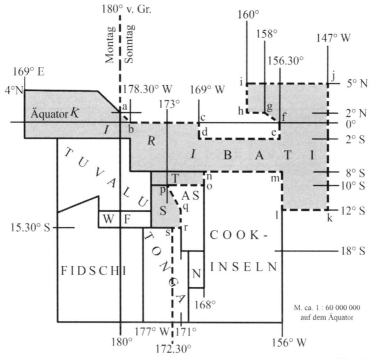

Fig. 53

------- Datumsgrenze

a, b, c,... = Koordinatenpunkte der Datumsgrenze
S   = Samoa (früher West-Samoa)   AS = Amerikanisch-Samoa
T   = Tokelau-Inseln   N = Niue[1]
W   = Wallis   F = Futana

---

1   Auf der englischen Seekarte „THE WORLD 4000" (M. 1:45 000 000 auf
    dem Äquator) sind mit Ausnahme von Niue die Grenzen aller in der Figur
    dargestellten Territorien eingezeichnet. Die Grenzen Niues hat der Ver-
    fasser einer anderen Quelle entnommen und dazugefügt (s. S. 419 Fußno-
    te 1).

Koordinaten zum jetzigen Verlauf der Datumsgrenze in ihrem Mittelstück, verursacht durch die Änderung der Datumszählung auf Kiribati, Samoa und Tokelau
(STAND: 1. Januar 2012 nach höherer Zählung)

Koordinatenpunkte von Nord nach Süd

a	=	2	N	180°
b	=	0°		178.30 W
c	=	0°		169 W
d	=	2	S	169 W
e	=	2	S	156.30 W
f	=	0°		156.30 W
g	=	2	N	158 W
h	=	2	N	160 W
i	=	5	N	160 W
j	=	5	N	147 W
k	=	12	S	147 W
l	=	12	S	156 W
m	=	8	S	156 W
n	=	8	S	168 W
o	=	10	S	168 W
p	=	10	S	173 W
q	=	12	S	171 W
r	=	15.30	S	171 W
s	=	15.30	S	172.30 W

414

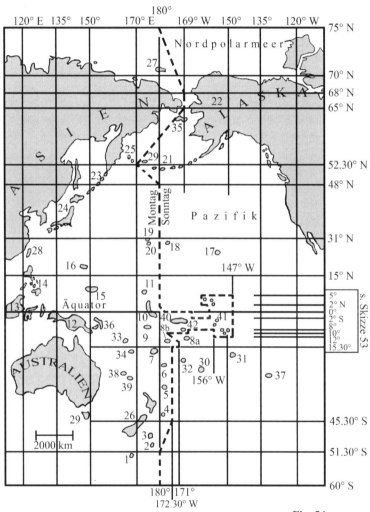

Verlauf der heutigen Datumsgrenze nach der Einführung der höheren Datumszählung auf Samoa und den Tokelauinseln zur Jahreswende 2011/12 (v. Verf. gem. den geänderten Koordinaten v. 1910 und den Grenzen der ozeanischen Territorien)

Fig. 54

415

▬ ▬ ▬ ▬ ▬ ▬ ▬ ▬ Datumsgrenze

I. = Insel   Ins. = Inseln

1 = Campbell-I.	2 = Antipoden-Ins.	3 = Bounty-Ins.
4 = Chatham-Ins.	5 = Kermadec-Ins.	6 = Tonga-Ins.
7 = Fidschi-Ins.	8a = amerik. Samoa	8b = Samoa
9 = Ellice-Ins.	10 = Gilbert-Ins.	11 = Marshall-Ins.
12 = Neuguinea	13 = Borneo	14 = Philippinen
15 = Karolinen	16 = Marianen	17 = Hawaii-Ins.
18 = Midway-Ins.	19* = Morrell-I.	20* = Byers-I.
21 = Aleuten	22 = Alaska	23 = Kurilen
24 = Japan	25 = Kommandeur-Ins.	26 = Neuseeland
27 = Wrangel-I.	28 = Taiwan	29 = Attu
30 = Rarotonga(Cook-Ins).	31 = Tahiti	32 = Niue
33 = Santa Cruz-Ins.	34 = Neue Hebriden	35 = St. Lorenz-I.
36 = Bismarck-Arch.	37 = Pitcairn	38 = Neukaledonien
39 = Norfolk	40 = Phönix-Ins.	41 = Linien-Ins.[1]
42 = Tokelau-Ins.		

* = nicht existent

Vergrößerung des „Datumsgrenzenhammers" aus Fig. 54:

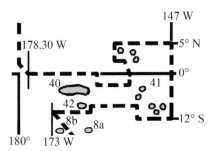

---

1   Die einzelnen Inseln der am weitesten im Osten liegenden Inselgruppe,
    die Linien-Inseln, seien von Nord nach Süd einzeln aufgeführt. Die drei
    nördlichen: TERAINA (Washington-Insel), TABUAERAN (Fanning-In-
    sel), KIRITIMATI (Christmas-Insel); die zwei mittleren Inseln: MAL-
    DEN-INSEL, STARBUCK-INSEL; die drei südlichen: MILLENNIUM-
    INSEL (Caroline-Insel), VOSTOCK-INSEL, FLINT-INSEL.

von	60	S	180°		nach	51.30	S	180°	
von	51.30	S	180°		nach	45.30	S	172.30	W
von	45.30	S	172.30	W	nach	15.30	S	172.30	W

Koordinaten, verursacht durch die Änderung der Datumszählung auf Kiribati, Samoa und Tokelau (s. Fig. 53, S. 413)								
von	15.30	S	172.30	W	nach	15.30	S	171	W
von	15.30	S	171	W	nach	12	S	171	W
von	12	S	171	W	nach	10	S	173	W
von	10	S	173	W	nach	10	S	168	W
von	10	S	168	W	nach	8	S	168	W
von	8	S	168	W	nach	8	S	156	W
von	8	S	156	W	nach	12	S	156	W
von	12	S	156	W	nach	12	S	147	W
von	12	S	147	W	nach	5	N	147	W
von	5	N	147	W	nach	5	N	160	W
von	5	N	160	W	nach	2	N	160	W
von	2	N	160	W	nach	2	N	158	W
von	2	N	158	W	nach	0°		156.30	W
von	0°		156.30	W	nach	2	S	156.30	W
von	2	S	156.3	W	nach	2	S	169	W
von	2	S	169	W	nach	0°		169	W
von	0°		169	W	nach	0°		178.30	W
von	0°		178.30	W	nach	2	N	180°	

von	2	N	180°		nach	48	N	180°	
von	48	N	180°		nach	52.30	N	170	E
von	52.30	N	170	E	nach	65	N	169	W
von	65	N	169	W	nach	68	N	169	W
von	68	N	169	W	nach	75	N	180°	

c. Ausblick auf mögliche weitere Änderungen des Datumsgrenzenverlaufs

Die Insel *Niue* , ein selbstverwaltetes Territorium, das mit Neu-seeland frei assoziiert ist und die *Cook-Inseln* mit dem gleichen politischen Status werden voraussichtlich die nächsten Südseeterritorien sein, die von der niedrigeren zur höheren Datumszählung wechseln werden.

Über Niue schrieb der schon erwähnte Präsident der „Seventh-Day Adventist Church (a section of the Western Pacific Union Mission)", Mr D. E. *Hay*, bereits vor mehr als zwanzig Jahren an den Verfasser: („The tiny island of Niue located to the east of the Vavau islands of Tonga is now going to commence observing eastern hemisphere days in October of this year. This places Niue in the same category as Tonga as far as an irregularity in relation to the 180 meridian is concerned. Niue wishes to observe the same day as New Zealand for communication, trade and travel reasons. Niue is still cared for by N. Z. So we will be watching with interest further developments in these two mentioned areas.")[1]

„Die winzige Insel Niue, am östlichen Rand der Vavau-Gruppe der Tongainseln gelegen, schickt sich gerade an, im Oktober dieses Jahres das Datum der östlichen Hemisphäre anzunehmen. Das ordnet Niue in dieselbe Kategorie wie Tonga ein, soweit es die Abweichung in Beziehung zum 180. Meridian betrifft (*Anmerkung:* Tonga und Niue liegen beide östlich von 180° v. Gr., d. Verf.). Niue wünscht dasselbe Datum wie Neuseeland in der Kommunikation, im Handel und bei Reisen zu haben. Neuseeland ist immer noch an Niue interessiert. Daher werden wir mit Interesse weitere Entwicklungen in diesen beiden Bereichen beobachten."

Die Preisgabe der niedrigeren Datumszählung durch westlich der Cook-Inseln liegende Territorien (Samoa, Tokelau) blieb nicht ohne Einfluss auf die Cookinseln und Niue. Es ist anzunehmen, dass Niue in wenigen Jahren die höhere Datumszählung annehmen wird; denn es steht wie Samoa und die Tokelauinseln in enger wirtschaftlicher Beziehung mit Neuseeland. Ein wesentlicher, zur wirt-

---

1 Hay, D. E., President of the Seventh-Day Adventist Church (– a section of the Western Pacific Union Mission), in: Schreiben an den Verfasser vom 18. August 1996, S. 1

schaftlichen Verflechtung mit Neuseeland führender Faktor liegt darin: „Der Mangel an Arbeitsmöglichkeiten führte dazu, dass fünf von sechs Bürgern Niues in Neuseeland leben und arbeiten."[1]

Im Blick auf die Cook-Inseln lässt sich sinngemäß das gleiche wie über Niue sagen: Auch der Wirtschaftsverkehr der Cook-Inseln wird von Neuseeland dominiert. Hinzu tritt noch etwas, was die Bindung an Neuseeland besonders unterstreicht: Die „Cook Islanders" sind Polynesier, die in Tradition, Brauchtum und Sprache den neuseeländischen Maoris nahestehen. Auf Grund der engen ökonomischen und kulturellen Beziehung zwischen Neuseeland und den Cookinseln kann wahrscheinlich in absehbarer Zeit mit der Annahme der höheren Datumszählung auf dieser Inselgruppe gerechnet werden.

Unter „Niue" findet sich im Jahre 1877 in einer großen deutschen Enzyklopädie folgender Eintrag: „Niue, Insel im Stillen Ocean, östlich der Tongainseln, von über 60 Kilom. Umfang, besteht aus einem fast 100 Meter hoch gehobenen Korallenplateau, ist im übrigen mit guter, wenn auch nicht glänzender Vegetation bedeckt und erfreut sich eines gesunden Klimas. Die Bewohner, gegen 5000, sind im Aeußern, und in den Sitten den Tonganern ähnlich ... Sie waren früher ihrer Wildheit und Ungastlichkeit halber verrufen..."[2]

James Cook entdeckte 1774 auf seiner zweiten Reise (1772–75) die etwa 700 km östlich der Tongagruppe unter 19.02 S 169.52 W liegende, 260 qkm große Koralleninsel. Von der „Wildheit und Ungastlichkeit" ihrer Bewohner überzeugt, nannte er sie „Savage Island". („On Monday, June 20th, 1774, he landed on the north-west side of the island ... Voices were heard in the thick undergrowth, and in a few minutes a band of men, naked for a waistband, smeared from head to foot with black paint, and armed with ... spears and slings, ran out into the open. His friendly gestures met with no response. They came at him 'with the ferocity of wild boars and threw their darts.' One of them ... threw a spear at Cook at five yards that went near to ending the great navigator's career before ever he saw Hawaii. The spear missed his shoulder by a hair's-breath, and the

---

1 Baker, Jill (Hrsg.), in: Weltatlas & Länderlexikon (europäische Ausgabe), Königswinter 2009, Originalausgabe 1999 Random House Australia Pty Ltd, S. 125
2 Meyer, in: „Niue", Leipzig 1877, 3. Aufl., 12. Bd., S. 77

musket with which he tried to shoot the man missed fire … The marines immediately opened fire, and at the report the natives took to their heels without suffering any loss.")[1]

„Am Montag, dem 20. Juni 1774 landete er an der Nord-Westseite der Insel … im dichten Unterholz waren Stimmen zu hören. Nach ein paar Minuten brach eine Gruppe von Männern, nackt vom Hosenbund an, von Kopf bis Fuß mit schwarzer Farbe beschmiert und mit Speeren und Schleudern bewaffnet, hervor. Seine freundlichen Gesten wurden nicht erwidert. Sie stürzten sich auf ihn 'mit der Grausamkeit wilder Eber und schleuderten ihre Wurfspieße'. Einer der Eingeborenen … schleuderte aus fünf Yards (knapp 5 m, d. Verf.) Entfernung einen Speer nach Cook, der beinahe des großen Seefahrers Karriere beendet, bevor er jemals Hawaii gesehen hätte. Der Speer verfehlte seine Schulter um Haaresbreite, und die Muskete, mit der er den Mann zu erschießen versuchte, versagte … Die Marinesoldaten eröffneten sofort das Feuer und beim Knall zogen sich die Eingeborenen rasch zurück, ohne irgendwelche Verluste erlitten zu haben." Hätte Cook gewusst, dass sein feindseliger Empfang hauptsächlich auf die Furcht der Eingeborenen vor eingeschleppten Krankheiten zurückzuführen war (eine Furcht, die sich seitdem mehrfach bestätigt hat), hätte er der Insel sicherlich einen anderen Namen gegeben.

Im frühen 19. Jahrhundert landeten Missionare der „London Missionary Society" (LMS) auf Niue. In ihren Bemühungen, die Inselbewohner zum Christentum zu bekehren, waren sie kaum erfolgreich, denn die Angst der Insulaner vor Krankheiten von anderen Inseln und aus fremden Ländern hatte sich immer noch nicht gelegt, was die Missionsfortschritte erschwerte. Dennoch gelang es den Missionaren der LMS, rudimentäre Kenntnisse im Lesen und Schreiben und des Englischen zu vermitteln.

Am 20. April 1900 wurde Niue zum britischen Protektorat erklärt. 1901 erfolgte die Einverleibung Niues (zusammen mit den Cookinseln) durch Neuseeland. Seit 1903 wird Niue nicht mehr zusammen mit den Cookinseln verwaltet. Aus dieser verwaltungsmäßigen Separierung entwickelte sich der heutige politische Status der Insel: ein „selbstverwaltetes Territorium in freier Assoziierung mit Neuseeland" mit (2009) ca. 1400 Einwohnern und dem Hauptort „Alofi"[2].

---

1   Thomson, Basil, in: SAVAGE ISLAND AN ACCOUNT OF A SEJOURN IN NIUÉ AND TONGA, London 1902, S. 71f.

2   Baker, Jill (Hrsg.), in: Weltatlas & Länderlexikon (europäische Ausgabe), Königswinter 2009, Originalausgabe 1999 Random House Australia Pty Ltd, S. 125

Zu den Cookinseln! 1595 sichtete der Spanier Alvaro de Medeña die Inselgruppe, auf der wenige Jahre später, 1606, der Spanier Pedro Fernandez de Quiros als erster Europäer landete. Als eigentlicher Entdecker gilt aber James Cook, der sie 1773 auffand und 1774 und 1777 nochmals besuchte. Die ersten Erkenntnisse über die Inselgruppe verdanken wir ihm. Um Augustus John Hervey, einen Lord der britischen Admiralität zu ehren, nannte Cook den Archipel „Hervey-Inseln". Diese Bezeichnung wurde aber in der Folgezeit durch „Cookinseln" allmählich verdrängt.

Sie liegen zwischen 8 bis 23° S und 156 bis 167° W und bestehen aus zwei Gruppen, die sich ungefähr über 1300 km von Nord nach Süd erstrecken. Zur südlichen Gruppe zählen Rarotonga, Atiu, Takutea, Mauke, Mitiaro und Manuae. Die nördliche Gruppe (auch „Manihiki Islands" genannt) umfasst die Inseln Penrhyn, Manihiki, Danger (Pukapuka), Palmerston, Rakahanga, Suvorov und Nassau. Die Gesamtfläche aller Inseln beträgt 241 qkm. Das Klima ist gleichmäßig und gesund. Der üppige Pflanzenwuchs und die eher dürftige Tierwelt ähneln den Verhältnissen auf Tahiti.

1823 setzte das segensreiche Werk der Londoner Missionsgesellschaft (London Missionary Society) ein. Unter John Williams, dem bekanntesten Südseemissionar, fand das Christentum auf den Cookinseln fruchtbaren Boden vor. Bald verbreiteten die von Williams zu Missionaren ausgebildeten Eingeborenen in der näheren und weiteren Inselwelt des Pazifiks das Wort Gottes (s. Teil I, S. 291ff.).

Die Hauptinsel ist Rarotonga. Auf ihr erheben sich mit kühnen Spitzen und geschützt liegenden Tälern malerische Berge bis zu knapp 1000 Metern Höhe, die von einer breiten fruchtbaren Küstenebene umschlossen sind.

1888 wurden die Cookinseln zum englischen Protektorat erklärt, dem sich am 10. Juni 1901 die Annexion des ganzen Archipels durch den Gouverneur von Neuseeland anschloss. Im Jahr 1965 wurde den Cookinseln von Neuseeland die autonome Selbstverwaltung gewährt, die sich auf einen Premierminister, ein Kabinett und eine gesetzgebende Versammlung stützt. Ein von Neuseeland eingesetzter Hoher Kommissar ratifiziert die Beschlüsse der gesetzgebenden Versammlung.

Der Regierungssitz ist in Avarua auf Rarotonga, von wo eine regelmäßige Schiffsverbindung zum etwa 3500 km entfernten Neuseeland besteht. Die Einwohnerzahl der Cookinseln beläuft sich heute auf etwa 20 000, ungefähr 30 000 leben in Neuseeland. – Schon seit längerer Zeit erfreuen sich die Cookinseln wachsender Beliebtheit unter den Touristen.

d. Änderung des Datumsgrenzenverlaufs unter rechtlichen Gesichtspunkten

Im Juli 1975 wandte sich Mr D. E. Hay, der damalige Präsident der „Seventh-Day Adventist Church (a section of the Western Pacific Union Mission)", mit Fragen zum Verlauf der Datumsgrenze an das britische „Hydrographic Department". Auch ging es Mr Hay darum zu erfahren, ob die britische Admiralität über die Bahn der Datumslinie bestimme und sie festlege. Hierauf antwortete Mr A, C. F. David Lieutenant Commander for Hydrographer of the Navy, wie folgt: („I find it difficult to answer your questions because they are based on the misconception that the Admiralty actually defined and drew the International Date Line. What the Admiralty in fact did was to draw the line from what it understood was the usage of the time by local government traders etc.")[1] „Ich finde es schwierig Ihre Fragen zu beantworten, weil sie auf der irrigen Vorstellung beruhen, dass die Admiralität tatsächlich die internationale Datumslinie definiert und gezeichnet hat. Was die Admiralität wirklich tat, war, die Datumslinie so zu zeichnen, wie sie sich nach ihrer Auffassung aus den damaligen Gepflogenheiten der im Auftrag der Regierung verkehrenden örtlichen Handelsschiffe und anderer Schiffe ergab."

Ergänzend sei zu diesem Zitat angemerkt, dass etwa ab dem letzten Drittel des 19. Jahrhunderts die hydrographischen Büros der englischen und amerikanischen Marine begonnen hatten, insbesondere nach dem „Ersten Internationalen Geographischen Kongress von Antwerpen 1871", die Datumswechselpraxis der internationalen Nautik zu observieren – ein Verfahren, das sich bis zur Konferenz von Washington (1884) noch intensiviert hat.

Während Mr Hay es für möglich hielt, die britische Admiralität entscheide über den Verlauf der Linie, geht man im allgemeinen in der irrigen Vorstellung über deren Festlegung noch einen Schritt weiter als Mr Hay: Vielfach ist man nämlich der Meinung, die Datumsgrenze sei eine Linie, die sich auf ein ratifiziertes internationa-

---

1 David, A C F, Lieutenant Commander for Hydrographer of the Navy, Hydrographic Department (Ministry of Defence), in: Schreiben H 6163/58 v. 18. August 1975 an Mr D E Hay Tonga Mission of Seventh Day Adventists, Box 15, Nukualofa, Tonga, South Pacific, S. 1

les Abkommen mit verbindlicher Wirkung stütze. Dies trifft weder auf die historische Datumsgrenze, entstanden als Folge von Entdeckungen und Eroberungen, noch auf ihre Nachfolgerin, die politisch-wirtschaftliche Datumslinie, zu, die sich, wie der Name verrät, als Folge von politisch-wirtschaftlichen Veränderungen gebildet hat.

In einer Veröffentlichung des britischen „Hydrographic Department" aus dem Jahr 1921 heißt es zur Grenzziehung der politisch-wirtschaftlichen Datumslinie: („It should be noted that the term 'dateline' does not imply that such a line has ever been definitely laid down, either by any Power or by international agreement. It is merely a method of expressing graphically and in a convenient form the differences of date which exist amongst some of the island groups of the Pacific.")[1] „Es sollte festgehalten werden, dass der Terminus ,Datumslinie' nicht impliziert, dass eine solche Linie jemals ausdrücklich in schriftlicher Form niedergelegt worden ist – weder durch irgendeine Macht noch durch ein internationales Abkommen. Sie ist lediglich ein Verfahren, um graphisch und in zweckdienlicher Form die Datumsdifferenzen auszudrücken, die zwischen einigen Inselgruppen des Pazifiks existieren."

Mehr als fünfzig Jahre später schreibt dieselbe Instanz zur vorangehenden Frage: („The question of what date a particular state or group of islands keeps is based largely on political consideration and the usage of navigators, ie it would be highly inconvenient if two islands in the same group kept different dates.")[2] „Die Frage, welches Datum ein bestimmter Staat oder eine bestimmte Inselgruppe führt, basiert weitgehend auf politischen Erwägungen und der Praxis der Seefahrer, d. h. es wäre sehr lästig, wenn zwei Inseln derselben Gruppe unterschiedliche Datumszählung hätten."

---

1 Learmonth, Frederick, Vice Admiral, Hydrographic Department, Admiralty, in: „Notes on the History of the Date or Calendar Line" (New Zealand Journal of Science and Technology, Vol. XI, No. 6, pp. 385–88, 1930: Dominion Observatory, Wellington, New-Zealand, Bulletin 78), November 1921, S. 2

2 David, A C F, Lieutenant Commander for Hydrographer of the Navy, Hydrographic Department (Ministry of Defence), in: Schreiben H 6163/58 v. 3. Juni 1975 an Mr D E Hay Tonga Mission of Seventh Day Adventists, Box 15, Nukualofa, Tonga, South Pacific, S. 1

Diese Aussage bekommt noch mehr Gewicht, wenn es von Seiten der englischen Marine kategorisch heißt: („... there still is no date line by international treaty only by international acceptance ...")[1] „... es gibt immer noch keine Datumsgrenze durch internationalen Vertrag – nur durch internationale Annahme ..."

Manche sind der Ansicht, auf der Meridiankonferenz von Washington (1884) wäre die Bahn der Datumslinie durch einen bindenden internationalen Vertrag festgelegt worden. Das ist ein Irrtum! Diese Konferenz war ja nur („for the purpose of fixing a meridian proper to be employed as a common zero of longitude and standard of time reckoning throughout the globe")[2] „zum Zweck der Festlegung eines eigenen Meridians als Nullpunkt der Länge und einer weltweit standardisierten Zeitrechnung" einberufen worden. In dem 212 Seiten umfassenden Protokoll der Washingtoner Konferenz wird weder direkt noch indirekt auf die Datumsgrenze verwiesen.

Da die Annahme des Greenwicher Meridians, das Hauptergebnis von „Washington", nur auf Freiwilligkeit beruhte, beruhte die Akzeptanz von dessen Gegenlinie, 180° v. Gr. als nautische Datumsgrenze, auch nur auf Freiwilligkeit. Dies sei präzisiert! In den beiden Jahrzehnten nach der Konferenz von Washington führte nämlich die Mehrheit der Länder die auf „Greenwich" basierende Zonenzeit ein. Dadurch erlangte der Gegenmeridian von Greenwich internationale Anerkennung als nautische Datumslinie. Dieser Vorgang kann aber nicht als internationale Kodifizierung dieses Meridians als Datumsgrenze angesehen werden; denn die Annahme des englischen Nullmeridians als Universalmeridian für Länge und Zeitrechnung erfolgte ja auf freiwilliger Basis. Also ist es nicht

---

1   David, A C F, Lieutenant Commander for Hydrographer of the Navy, Hydrographic Department (Ministry of Defence), in: Schreiben H 6163/58 v. 9. Oktober 1975 an Mr D E Hay Tonga Mission of Seventh Day Adventists, Box 15, Nukualofa, Tonga, South Pacific, S. 1

2   Regierung der Vereinigten Staaten von Amerika, in: „INTERNATIONAL CONFERENCE – HELD AT WASHINGTON – FOR THE PURPOSE OF FIXING – A PRIME MERIDIAN – AND – A UNIVERSAL DAY. – October, 1884, PROTOCOLS OF THE PROCEEDINGS.", Washington, D.C. Bros., Printers and Bookbinders., 1884, S. 1 (SESSION OF OCTOBER 1, 1884)

verwunderlich, dass bei der Annahme der Zonenzeit („no government took any steps to define the line of demarcation between one date and the next.")[1] „keine Regierung irgendwelche Maßnahmen zur Definierung der Demarkationslinie zwischen dem einen Datum und dem folgenden unternahm."

Die Beziehung zwischen der Datumsgrenze und deren von vielen angenommene Fixierung durch einen internationalen Vertrag wird treffend von A. C. F. David umrissen: („The International Date Line is hardly international since it is not based on any formal agreement. It is a line drawn on charts mainly by this department and the United States Hydrographic Department between states and groups of islands keeping the same date. It is only international in the sense that the Date Line shown on Admiralty Chart 3934 is universally accepted.")[2] „Die internationale Datumsgrenze ist überhaupt nicht international, da sie nicht auf einem formellen Abkommen basiert. Es ist eine Linie, die meistens von diesem ‚Department' (dem Hydrographic Department der ‚Royal Navy', d. Verf.) und dem Hydrographic Department der Vereinigten Staaten zwischen Staaten und Inselgruppen, die nicht das gleiche Datum führen, gezogen wird. Sie ist nur insofern international, als die Datumslinie, wie auf der Admiralitätskarte 3934[3] dargestellt, allgemein akzeptiert wird."

Auf der Grundlage der von der US-amerikanischen und englischen Marine nicht verbindlich kodifizierten, weltweit freiwillig angenommenen Datumsgrenze resultiert das Recht pazifischer Inselstaaten und Inselgruppen auf der Basis zwingender wirtschaftlicher oder politischer Interessen den Verlauf der Datumsgrenze zu ändern. Wie vorangehend schon aufgezeigt, kommt – der Tradition gemäß – dem britischen „Hydrographic Department" im Benehmen mit dem amerikanischen „Hydrographic Office" nur die Auf-

---

1   Leigh-Browne, F. S., in: The International Date Line, The Geographical Magazine 1942, S. 306
2   David, A C F, Lieutenant Commander for Hydrographer of the Navy, Hydrographic Department (Ministry of Defence), in: Schreiben H 6163/58 v. 3. Juni 1975 an Mr D E Hay Tonga Mission of Seventh Day Adventists, Box 15, Nukualofa, Tonga, South Pacific, S. 1
3   Collins, K. St. B., O. B. E., D. S. C., Rear Admiral, Hydrographer of the Navy, in: „THE WORLD 3934", London, 27th of June, 1958; New Edition 8th June, 1984

425

gabe zu, den geänderten Verlauf zu gegebener Zeit auf einer geänderten oder neuen Admiralitätskarte „THE WORLD" darzustellen.

Die augenblickliche Seekarte der „Royal Navy", die den Datumsgrenzenverlauf zeigt, ist die im Kapitelabschnitt „Änderung der Datumszählung auf Kiribati" erwähnte Karte „THE WORLD 4000"[1] in der Ausgabe vom 3. April 2014. Sie gibt noch nicht die durch Kiribati (1995), Samoa und Tokelau (2012) verursachten Änderungen in der Bahn der Datumslinie wieder.

Daraus wird Folgendes klar ersichtlich: „Zu gegebener Zeit" bedeutet für die hydrographische Abteilung der britischen Marine, Änderungen im Verlauf der Linie nicht unmittelbar nach deren Durchführung zu veröffentlichen. Vielmehr wird erst jahrelang beobachtet, ob die vorgenommene Änderung auch allgemeine Akzeptanz findet.

– – – – – –

---

1 Essenhigh, N. R., Rear Admiral, Hydrographer of the Navy, in: „THE WORLD 4000", Taunton, United Kingdom, 7th Juli 1995, Edition Number: 2, Edition Date: 3rd April 2014

C.

Zusammenfassung

der 500-jährigen Entwicklung

der Datumsgrenze in Form

von Illustrationen

1. Historische Datumsgrenze

a. Kernstück der historischen Datumsgrenze nach dem endgültigen Fußfassen der Spanier auf den Philippinen (1569)[1]

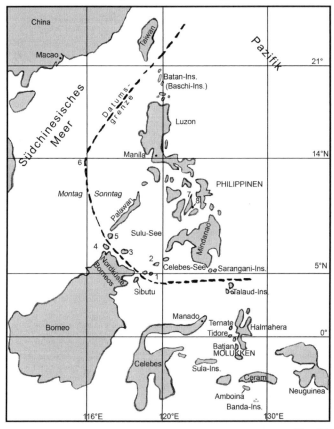

Fig. 55

1 = Tawi-Gruppe	2 = Sulu-Archipel	3 = Cagayan
4 = Bangui	5 = Balabac	6 = Schnittpunkt von
7 = Cebu	8 = Mactan	14°N mit 116°E

---

1   s. Teil I, S. 166

b. Kernstück der historischen Datumslinie unter Berücksichtigung der Machtverhältnisse im Sulu-Archipel und auf Palawan[1]

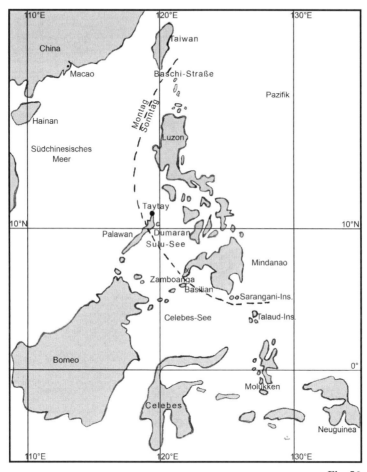

Fig. 56

1   s. Teil I, S. 170

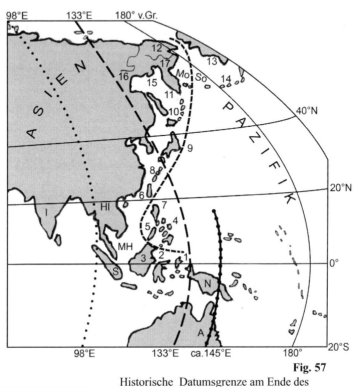

Fig. 57

 Historische Datumsgrenze am Ende des
17. Jahrhunderts

„Tordesillas-Gegenlinie": 133° E im Sinne
des Vertrages von Tordesillas (7.6.1494)

Spanische Darstellung der „Tordesillas-
Gegenlinie" (nach der ersten Weltumsegelung)
von 1522

Meridian zur territorialen Erweiterungsklausel
gem. dem Vertrag von Saragossa (22.4.1529)
zugunsten Portugals

1   s. Teil I, S. 189

d. Bahn über die Nordwestflanke Amerikas gemäß dem „Ukas von 1821"[1]

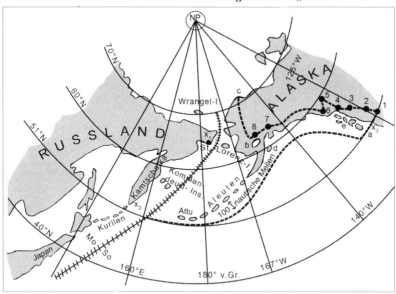

Fig. 58

┼┼┼┼┼┼┼┼┼┼   Historische Datumsgrenze vor dem Fußfassen
              Russlands in Amerika (vor 1745)

┼┼┼┼╼━━   Historische Datumsgrenze gemäß dem Ukas
              des Zaren Alexander I. Von 1821

> 1 = Mt. Everad............. (51.05 N 125.45 W)
> 2 = Monarch Mountain (51.54 N 125.53 W)
> 3 = Atna Peak...............(53.57 N 128.03 W)
> 4 = Treble Mountain......(55.50 N 129.51 W)
> 5 = Mt. Foster...............(59.48 N 135.29 W)
> 6 = Mt. Fairweather.......(58.54 N 137.32 W)
> 7 = Mt. Markus Baker....(61.26 N 147.45 W)
> 8 = Mt. Torbert..............(61.25 N 152.24 W)

a = Eingang Queen-Charlotte-Strait   b = Iliamna Lake (59.30 N 156.00 W)
c = Point Barrow (71.23 N 156.30 W) d = Kodiak-Insel
e = Alexander-Archipel x_1 = Kap Tschukotskoi
x_2 = Kap Lopatka x_3 = Kontinentalpunkt (51N 127.30 W,
                                        s. Teil I, S. 196)

---

1   s. Teil I, S. 198

e. Bahn über den amerikanischen Kontinent gemäß den „Alaska-Konventionen von 1824/25"[1]

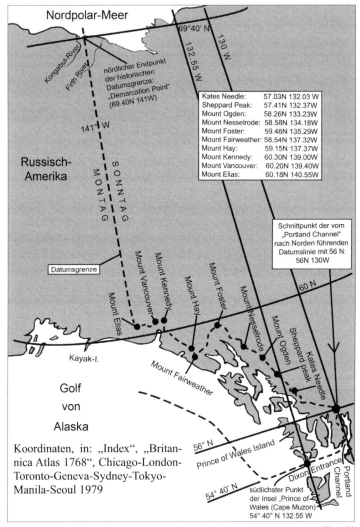

Nordpolar-Meer

Russisch-Amerika

SONNTAG

MONTAG

Datumsgrenze

nördlicher Endpunkt der historischen Datumsgrenze: „Demarcation Point" (69.40N 141W)

Kates Needle:	57.03N 132.03 W
Sheppard Peak:	57.41N 132.37W
Mount Ogden:	58.26N 133.23W
Mount Nesselrode:	58.58N 134.18W
Mount Foster:	59.48N 135.29W
Mount Fairweather:	58.54N 137.32W
Mount Hay:	59.15N 137.37W
Mount Kennedy:	60.30N 139.00W
Mount Vancouver:	60.20N 139.40W
Mount Elias:	60.18N 140.55W

Schnittpunkt der vom „Portland Channel" nach Norden führenden Datumslinie mit 56 N: 56N 130W

Mount Elias · Mount Vancouver · Mount Kennedy · Mount Hay · Mount Foster · Mount Nesselrode · Mount Ogden · Sheppard peak · Kates Needle

Kayak-I.

Mount Fairweather

Golf von Alaska

Koordinaten, in: „Index", „Britannica Atlas 1768", Chicago-London-Toronto-Geneva-Sydney-Tokyo-Manila-Seoul 1979

Prince of Wales Island

Dixon Entrance

Portland Channel

südlichster Punkt der Insel „Prince of Wales (Cape Muzon) 54° 40' N 132.55 W

Fig. 59

---

1 s. Teil I, S. 208

432

f. Datumsgrenze in der Zeit nach den vertraglich bestimmten Grenzen von „Russisch-Amerika"[1] (1824/25)

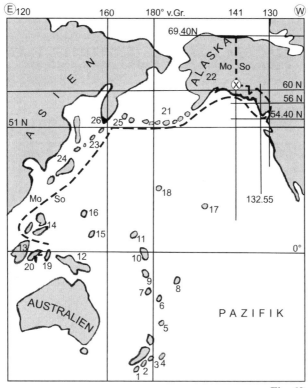

Fig. 60

– – – – – = Verlauf der Datumsgrenze

X =	Mt. Elias	
1 = Campbell-Insel	2 = Antipoden-Inseln	3 = Bounty-Inseln
4 = Chatham-Inseln	5 = Kermadec-Inseln	6 = Tonga-Inseln
7 = Fidschi-Inseln	8 = Samoa-Inseln	9 = Ellice-Inseln
10 = Gilbert-Inseln	11 = Marshall-Inseln	12 = Neu-Guinea
13 = Borneo	14 = Philippinen	15 = Karolinen
16 = Marianen	17 = Hawaii	18 = Midway-Inseln
19 = Molukken	20 = Celebes	21 = Aleuten
22 = Alaska	23 = Kurilen	24 = Japan
25 = Kommandeur-Inseln		26 = Kap Lopatka

---

1   s. Teil I, S. 212

433

g. Vollendete historische Datumslinie (1840 nach der Errichtung der englischen Herrschaft in Neuseeland)[1]

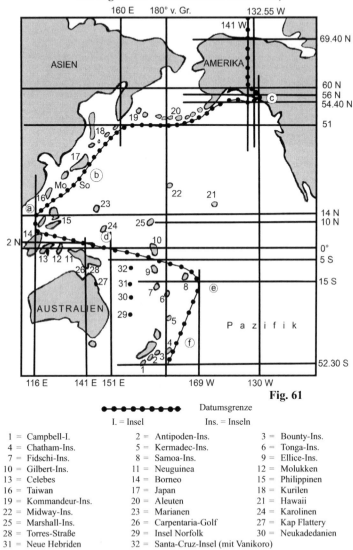

Fig. 61

●●●●●●●● Datumsgrenze

I. = Insel   Ins. = Inseln

1 = Campbell-I.	2 = Antipoden-Ins.	3 = Bounty-Ins.
4 = Chatham-Ins.	5 = Kermadec-Ins.	6 = Tonga-Ins.
7 = Fidschi-Ins.	8 = Samoa-Ins.	9 = Ellice-Ins.
10 = Gilbert-Ins.	11 = Neuguinea	12 = Molukken
13 = Celebes	14 = Borneo	15 = Philippinen
16 = Taiwan	17 = Japan	18 = Kurilen
19 = Kommandeur-Ins.	20 = Aleuten	21 = Hawaii
22 = Midway-Ins.	23 = Marianen	24 = Karolinen
25 = Marshall-Ins.	26 = Carpentaria-Golf	27 = Kap Flattery
28 = Torres-Straße	29 = Insel Norfolk	30 = Neukaledanien
31 = Neue Hebriden	32 = Santa-Cruz-Insel (mit Vanikoro)	

1   s. Teil I, S. 332: Entwicklungsstufen der Datumsgrenze (a – f)

434

h. Nach der Änderung der Datierung auf den Philippinen (1845) und vor dem Übergang von Russisch-Amerika in den Besitz der Vereinigten Staaten von Amerika (1867)[1]

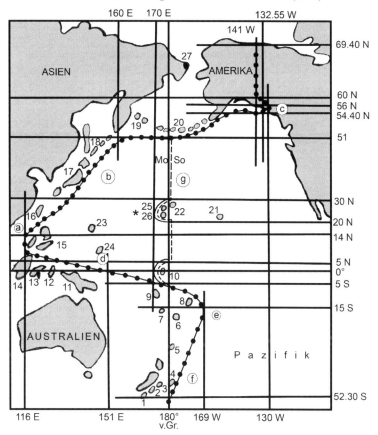

Fig. 62

●●●●●●●●● Historische Datumsgrenze bis 1845

●●●●------●●● Nautisch-historische Datumsgrenze von 1845 bis 1867

Mo = Montag   (höheres Datum)
So = Sonntag   (niedrigeres Datum)

---

1   s. Teil I, S. 363: Entwicklungsstufen der Datumsgrenze (a – g)

* = nicht existent – Die Figur verzeichnet nur die ungefähre Lage des Bogens, den die Datumsgrenze um die Inseln Morrell und Byers schlägt. Zur Zeit der Entstehung des „Morrell-Byers-Bogens", um die Mitte des 19. Jahrhunderts, lagen seine genauen Koordinaten noch nicht vor. Dasselbe gilt für die Fig. 63 (S. 437) und 64 (S. 438). Die bewussten Koordinaten wurden erst 1899 vom „Hydrographic Office" (Hydrographisches Amt) der „U.S. Navy" (amerikanische Marine) veröffentlicht (s. S. 350 ff.).

Legende zur Figur 63 auf der nachfolgenden Seite:

▬ ▬ ▬ ▬ ▬ ▬ ▬   Datumsgrenze

* = nicht existent

i. Nach dem Verkauf Alaskas gemäß der „Cession of Alaska 1867"[1]

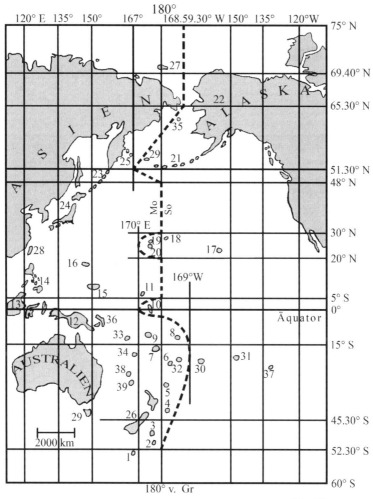

Fig. 63

---

1   s. Teil I, S. 390

j. Nach dem ersten internationalen geographischen Kongress von Antwerpen (1871)[1]

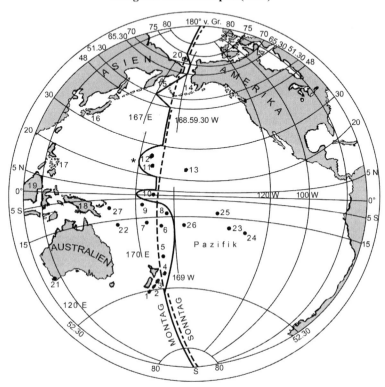

Fig. 64

———————— Nautisch-historische Datumslinie

▬ ▬ ▬ ▬ ▬ Nautische Datumsgrenze (180° v. Gr.)

* s. S. 436

1	=	Campbell-I.	2	=	Antipoden-Ins.	3	=	Bounty-Ins.
4	=	Chatham-Ins.	5	=	Kermadec-Ins.	6	=	Tonga-Ins.
7	=	Fidschi-Ins.	8	=	Samoa-Ins.	9	=	Ellice-Ins.
10	=	Gilbert-Ins.	11	=	Byers-I.	12	=	Morrell-I.
13	=	Hawaii	14	=	Aleuten	15	=	Kommandeur-Ins.
16	=	Japan	17	=	Philippinen	18	=	Neuguinea
19	=	Borneo	20	=	Wrangel-I.	21	=	Kap Leuwin
22	=	Neue Hebriden	23	=	Gesellschafts-Ins.	24	=	Tuamotu-Ins.
25	=	Manihiki-I.	26	=	Rarotonga	27	=	Salomon-Ins.

1   s. Teil I, S. 399 ff.

2. Politisch-wirtschaftliche Datumsgrenze

**a. Verlauf der politisch-wirtschaftlichen Datumsgrenze im Jahr 1900
gemäß den Koordinaten des amerikanischen „Hydrographic Office"
und des britischen „Hydrographic Department"**

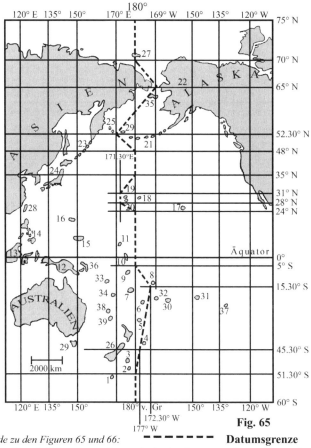

Fig. 65

439

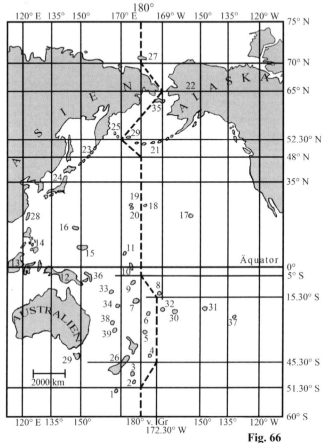

b. Verlauf der Datumslinie gemäß den Koordinaten der britischen Admiralität von 1910

Fig. 66

19*	=	Morrell-I.	20*	=	Byers-I.	21	=	Aleuten
22	=	Alaska	23	=	Kurilen	24	=	Japan
25	=	Kommandeur-Ins.	26	=	Neuseeland	27	=	Wrangel-I.
28	=	Taiwan	29	=	Attu	30	=	Rarotonga
31	=	Tahiti	32	=	Insel Niue	33	=	Santa Cruz-Ins.
34	=	Neue Hebriden	35	=	St. Lorenz-I.	36	=	Bismarck-Arch.
37	=	Insel Pitcairn	38	=	Neukaledonien	39	=	Norfolk

* = nicht existent

c. Datumslinie von der Mitte der 1920er Jahre bis zur Änderung der Zählung von Wochentag und Datum auf Kiribati 1995[1]

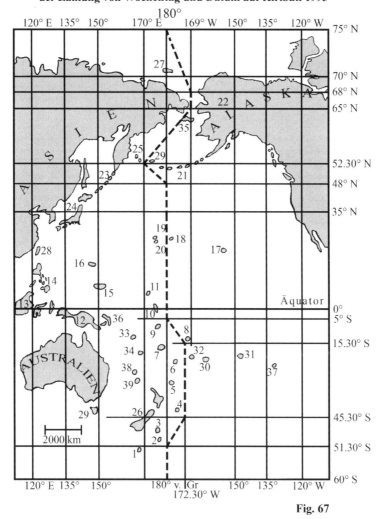

Fig. 67

---

1 Diese Karte unterscheidet sich von der vorangehenden aus dem Jahr 1910 nur durch die Änderungen des Datumsgrenzenverlaufs in Beringstraße und Nordpolarmeer (zwischen 65° und 75° ndl. Br.).

Legende zur Figur 67:

— — — — — Datumsgrenze

I. = Insel   Ins. = Inseln

1	=	Campbell-I.	2	=	Antipoden-Ins.	3 = Bounty-Ins.
4	=	Chatham-Ins.	5	=	Kermadec-Ins.	6 = Tonga-Ins.
7	=	Fidschi-Ins.	8	=	Samoa-Ins.	9 = Ellice-Ins.
10	=	Gilbert-Ins.	11	=	Marshall-Ins.	12 = Neuguinea
13	=	Borneo	14	=	Philippinen	15 = Karolinen
16	=	Marianen	17	=	Hawaii	18 = Midway-Ins.
19*	=	Morrell-I.	20*	=	Byers-I.	21 = Aleuten
22	=	Alaska	23	=	Kurilen	24 = Japan
25	=	Kommandeur-Ins.	26	=	Neuseeland	27 = Wrangel-I.
28	=	Taiwan	29	=	Attu	30 = Rarotonga
31	=	Tahiti	32	=	Insel Niue	33 = Santa Cruz-Ins.
34	=	Neue Hebriden	35	=	St. Lorenz-I.	36 = Bismarck-Arch.
37	=	Insel Pitcairn	38	=	Neukaledonien	39 = Insel Norfolk

* = nicht existent

d. Verlauf der Datumsgrenze nach der Änderung der Datumszählung auf Kiribati (1995) bis zur Einführung der höheren Datierung auf Samoa und Tokelau (2012)

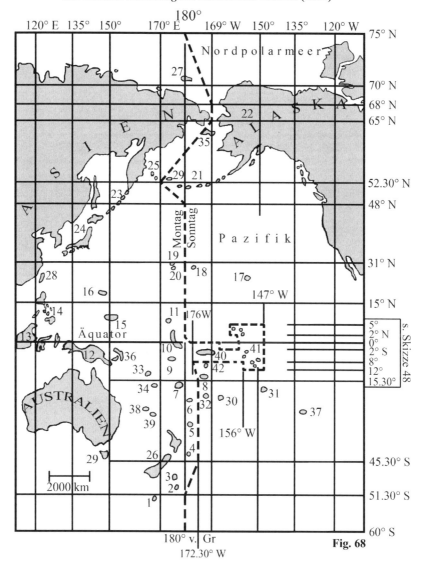

Fig. 68

Legende zur Figur 68:

-------   Datumsgrenze

I. = Insel   Ins. = Inseln

1 = Campbell-I.	2 = Antipoden-Ins.	3 = Bounty-Ins.
4 = Chatham-Ins.	5 = Kermadec-Ins.	6 = Tonga-Ins.
7 = Fidschi-Ins.	8 = Samoa-Ins.[1]	9 = Ellice-Ins.
10 = Gilbert-Ins.	11 = Marshall-Ins.	12 = Neuguinea
13 = Borneo	14 = Philippinen	15 = Karolinen
16 = Marianen	17 = Hawaii-Ins.	18 = Midway-Ins.
19* = Morrell-I.	20* = Byers-I.	21 = Aleuten
22 = Alaska	23 = Kurilen	24 = Japan
25 = Kommandeur-Ins.	26 = Neuseeland	27 = Wrangel-I.
28 = Taiwan	29 = Attu	30 = Rarotonga(Cook-Ins.)
31 = Tahiti	32 = Niue	33 = Santa Cruz-Ins.
34 = Neue Hebriden	35 = St. Lorenz-I.	36 = Bismarck-Arch.
37 = Pitcairn	38 = Neukaledonien	39 = Norfolk
40 = Phönix-Ins.	41 = Linien-Ins.[2]	42 = Tokelau-Ins.

* = nicht existent

Vergrößerung des „Datumsgrenzenhammers" aus Figur 68:

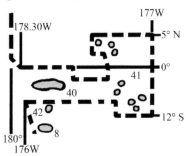

---

1   Amerikanisch Samoa und Samoa (bis 1996 West-Samoa)

2   Die 8 Inseln der am weitesten im Osten liegenden Inselgruppe, die Linien-Inseln im „Hammer" der Datumsgrenze, seien von Nord nach Süd einzeln aufgeführt. Die drei nördlichen: TERAINA (Washington-Insel) TABUAERAN (Fanning-Insel), KIRITIMATI (Christmas-Insel); die zwei mittleren Inseln: MALDEN-INSEL, STARBUCK-INSEL; die drei südlichen: MILLENNIUM-INSEL (Caroline-Insel, VOSTOCK-INSEL, FLINT-INSEL).

e. **Die heutige Datumsgrenze: nach der Einführung der höheren Zählung auf Samoa und den Tokelau-Inseln mit Beginn des Jahres 2012**

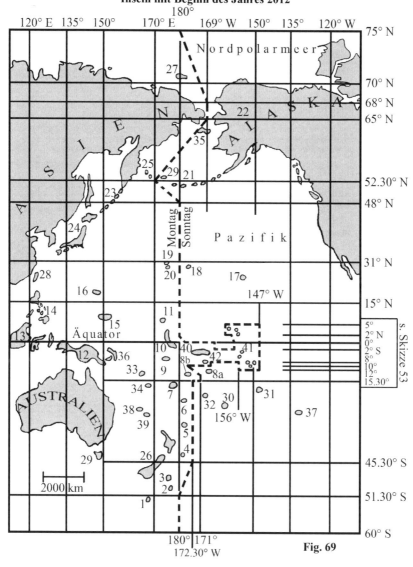

Fig. 69

445

I. = Insel   Ins. = Inseln

1 = Campbell-I.	2 = Antipoden-Ins.	3 = Bounty-Ins.
4 = Chatham-Ins.	5 = Kermadec-Ins.	6 = Tonga-Ins.
7 = Fidschi-Ins.	8a = Amerik. Samoa	8b = Samoa
9 = Ellice-Ins.	10 = Gilbert-Ins.	11 = Marshall-Ins.
12 = Neuguinea	13 = Borneo	14 = Philippinen
15 = Karolinen	16 = Marianen	17 = Hawaii-Ins.
18 = Midway-Ins.	19* = Morrell-I.	20* = Byers-I.
21 = Aleuten	22 = Alaska	23 = Kurilen
24 = Japan	25 = Kommandeur-Ins.	26 = Neuseeland
27 = Wrangel-I.	28 = Taiwan	29 = Attu
30 = Rarotonga(Cook-Ins).	31 = Tahiti	32 = Niue
33 = Santa Cruz-Ins.	34 = Neue Hebriden	35 = St. Lorenz-I.
36 = Bismarck-Arch.	37 = Pitcairn	38 = Neukaledonien
39 = Norfolk	40 = Phönix-Ins.	41 = Linien-Ins.[1]
42 = Tokelau-Ins.		

* = nicht existent

Vergrößerung des „Datumsgrenzenhammers" aus Figur 69:

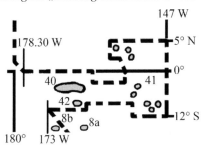

1   Die 8 Inseln der am weitesten im Osten liegenden Inselgruppe, die Linien-Inseln im „Hammer" der Datumsgrenze, seien von Nord nach Süd einzeln aufgeführt. Die drei nördlichen: TERAINA (Washington-Insel) TA-
BUAERAN (Fanning-Insel), KIRITIMATI (Christmas-Insel); die zwei
mittleren Inseln: MALDEN-INSEL, STARBUCK-INSEL; die drei südlichen: MILLENNIUM-INSEL (Caroline-Insel, VOSTOCK-INSEL,
FLINT-INSEL).

Anhang

Vorwort des I. Teils

Der Gedanke, dieses Buch zu schreiben, entsprang dem Unterricht. Vom Thema „Wie Tag und Nacht entstehen" war es nur ein Schritt zu Zonenzeit und Datumsgrenze.

Bei der Vorbereitung und Behandlung des Themas stieß ich bei den mir zur Verfügung stehenden Texten und Karten auf manche Ungenauigkeiten und Unrichtigkeiten – insbesondere bei den Karten über den Verlauf der Linie. Besonders fällt auf: Die Bahn der historischen Datumsgrenze über die Nordwestflanke Amerikas (von ca. 1745 bis 1867) hat in das deutsche Kartenwesen nicht Eingang gefunden. Die durch „Russisch-Amerika" nach Alaska verlagerte historische Linie des Datumswechsels ist z. B. in den kleinen und großen deutschen Enzyklopädien bis zu deren Niedergang kartenmäßig nicht berücksichtigt worden. Mein Buch widerlegt auch die irrige Behauptung, die Datumsgrenze sei 1844/45 durch die „Seemächte" festgelegt worden. Dieser Fehler findet sich durchgängig seit der Mitte des 20. Jahrhunderts bis heute in allen deutschsprachigen Nachschlagewerken.

Zum Buch selbst! Alaska nimmt in der Unterscheidung zwischen historischer und politisch-wirtschaftlicher Datumsgrenze eine Sonderrolle ein. Durch Entdeckung und Übergang in russischen Besitz zählt Alaska zur historischen, durch den Verkauf an die Vereinigten Staaten von Amerika zur politisch-wirtschaftlichen Datumsgrenze. Da Alaska in der Zeit der über 300-jährigen Herausbildung der historischen Datumslinie weitaus länger als 100 Jahre Teil dieses Vorgangs war, fällt es unter die historische Datumslinie.

Die vorliegende Arbeit ist die erste Gesamtdarstellung des historischen Entwicklungsgangs der Wochentag und Datum scheidenden Linie, und zwar vom ersten Auftreten der Datumsdifferenz gegen Ende der ersten Weltumsegelung am 9. Juli 1522 bis zum Übertritt Samoas und der Tokelauinseln zur höheren Datierung mit Beginn des Jahres 2012. In diesem fast 500-jährigen Zeitraum war im Kielwasser der Verquickung der europäischen und nordamerikanischen Geschichte mit der des pazifischen Raums die Datumsgrenze entstanden.

Aus der von den wichtigsten Seefahrernationen Europas ausgelösten Entstehung und Entwicklung der Datumsgrenze ragen fünf Männer heraus: der Portugiese Magellan und sein italienischer Chronist Pigafetta, dessen Reisetagebuch die bei einer Erdumrundung auftretende Datumsdifferenz erstmals aufdeckte; der in russischen Diensten stehende Däne Bering, der das Fundament von „Russisch-Amerika" legte, wodurch die asiatische Datumszählung auf die Nordwestflanke Amerikas übergriff; der Franzose Lapérouse, der als erster Europäer seinen Fuß auf die Samoa-Inseln setzte, denen bei der Entwicklung der historischen Datumsgrenze eine große Rolle zufallen sollte; der Engländer Cook, dessen erste Reise (1768–71) als Nebeneffekt hauptsächlich zur Weiterentwicklung der Datumsgrenze südlich von Samoa führte, und schließlich Williams, der bekannteste englische Südseemissionar, dessen Missionstätigkeit erheblichen Anteil an der Etablierung der höheren Datumszählung auf dem Samoa-Archipel hat.

Das Quellenmaterial umfasst amerikanische, deutsche, englische, französische, neuseeländische, niederländische, österreichische, russische und spanische Originalschriften aus verschiedenen Jahrhunderten.

Dank

Für die mir zuteil gewordene Unterstützung bedanke ich mich beim „National Maritime Museum" (London Old Royal Observatory, Greenwich). Dessen inzwischen verstorbener Leiter, Commander H. D. Howse MBE DSC RN, Head of Navigation and Astronomy, sandte mir im Jahr 1979 Fotokopien aus seinem ein Jahr später erschienenen Buch „Greenwich time and the discovery of the longitude" (Oxford University Press 1980). Darin fand ich langgesuchte Hinweise zur Rekonstruktion der Datumslinie südlich des Äquators.

Außerdem gelangte ich durch Mr Howse in den Besitz des Briefwechsels zwischen dem „Hydrographic Department" der britischen Marine und dem Präsidenten der im Südpazifik stark vertretenen „Seventh Day Adventist Church", Mr D. E. Hay. In diesen Briefen geht Mr A. C. F. David, Lieutenant Commander for Hyrographer of the Navy, auf die Anfragen von Mr Hay zum Verlauf der Datumslinie im Bereich der Tonga- und Fidschi-Inseln ein. Für die Überlassung des o.a. Schriftverkehrs bin ich Mr Hay und Mr David zu Dank verpflichtet.

Abgesehen von der freundlichen und eingehenden Beantwortung meiner Briefe, schulde ich Mr David auch dafür Dank, dass er mir das spärliche Quellenmaterial der Royal Navy über die Datumsgrenze zuschickte. Es handelt sich um drei Artikel von jeweils vier Seiten und einen einseitigen Brief: „Notes on the History of the Date or Calendar Line", „The International Dateline" und „Sailing Directions" (Pacific Islands, Vol. II) für den westlichen und mittleren Pazifik. Der Brief streift die erste Änderung der Datumszählung auf Samoa (1892), die Frage einer Verlaufsfestlegung der Linie und enthält noch einen allgemeinen Hinweis darauf, dass die ohnehin dürftigen Informationen über die Datumsgrenze nicht leicht aufzuspüren seien.

Dem vorerwähnten Präsidenten, Mr Hay, der selbst auf dem Gebiet des Datumsgrenzenverlaufs forscht und mit dem ich von 1980 bis 1997 in brieflichem Kontakt stand, danke ich für das über Jahre an meiner Arbeit gezeigte Interesse und seinen Hinweis, dass es zur Datumsgrenze schon eine Veröffentlichung gebe, die umfangreicher als die drei o.a. mir von der britischen Marine übersandten Artikel sei: „The Lord's Day on a ROUND WORLD" (Robert Leo Odom, Nashville, Tennessee, 1946). Dieses Buch ist aber keine Gesamtdarstellung zur Geschichte der Datumslinie. Von zehn Kapiteln handeln nur zwei davon. Es beschäftigt sich hauptsächlich mit der Beziehung zwischen der Einhaltung des Sabbats und der Datumsgrenze als Element einer globalen

Zeitrechnung, denn die durch die Kugelgestalt der Erde erschwerte Bestimmung von Zeit und Datum führt in manchen Weltgegenden zu gewissen Schwierigkeiten bei der von der Bibel vorgeschriebenen Einhaltung des Siebenten Tages. Die historische Entwicklung der Datumsgrenze dagegen wird in dem bewussten Buch nur gestreift – mit einer knappen, unvollständigen Darlegung ihrer wichtigsten geschichtlichen Fakten bis zur Meridiankonferenz von Washington (1884).

Bei der deutschen Botschaft der Vereinigten Staaten von Amerika bedanke ich mich für die Zusendung der Verträge zur Festlegung der Grenzen von „Russisch-Amerika": des „Russian Ukase (1821)" und der „Alaska-Konventionen von 1824/25" zwischen dem Zarenreich auf der einen und den USA und Großbritannien auf der anderen Seite sowie für den Vertrag über den Verkauf Alaskas an die Vereinigten Staaten von Amerika („Cession of Alaska 1867"). Der britischen Botschaft danke ich für die Erkundigungen nach den „American State Papers, Foreign Relations".

Dem amerikanischen Innenministerium, dem „United States Department of the Interior" (Office of the Secretary, Washington, D. C. 20240) schulde ich Dank für die Überlassung einer Reihe von Verträgen über Samoa, die den Zeitraum von 1872 bis zur Gegenwart abdecken, für „Western Samoa" betreffende Auszüge aus dem „Pacific Islands Year Book" wie auch für eine Sammlung von Gesetzen und Urteilssprüchen internationalen Rechts zu pazifischen Angelegenheiten der USA („Digest of International LAW", Volume III, Chapters IX – XI). Dem „Hydrographic Office" der U. S. Navy sage ich Dank für das Quellenmaterial über die nicht existierenden Inseln Morrell und Byers, die lange Zeit den Kurs der Datumsgrenze mitbestimmt haben.

Der Presseabteilung der deutschen Botschaft der ehemaligen UdSSR sage ich Dank für ihre Bemühungen zur Beschaffung des Vertrages zwischen Russland und Großbritannien vom 16. – 28. Februar 1825 und dem deutschen Konsulat von Samoa für die Hilfe bei der Suche nach Quellenmaterial.

Dem „Staatsministerium Baden-Württemberg" danke ich für die Weiterleitung meiner die Datumsgrenze südlich des Äquators betreffenden Unterlagen an die tongaische Regierung via Herrn Sanft, den deutschen Honorarkonsul in Tonga.

Weiter erwähne ich bei meinen Danksagungen das Deutsch-Amerikanische Institut (Amerika-Haus, Heidelberg), das mir die für meine Arbeit benötigten Adressen von Botschaften, Konsulaten und Regierungen zukommen ließ und die Universitätsbibliothek Heidelberg. Sie unterstützte mich bei meiner weitverzweigten Suche nach Material für meine Arbeit – leider ohne Erfolg. Hierzu heißt es im Antwortschreiben: „… dass ich in den Stichwortregistern unserer Sachkataloge nichts zum Thema ‚Datumsgrenze' gefunden habe."

Der „Deutschen Gesellschaft für Wehrtechnik e.V." und der „Gesellschaft für Wehrkunde e.V." sage ich Dank für ihre Bemühungen, Hinweise auf die Praxis des Datumswechsels in der Kaiserlichen Marine des Deutschen Reiches zu finden – ebenso für die Suche nach Hinweisen auf den k. k. Fregatten-kapitän von Benko, der die allgemeine Aufmerksamkeit auf die unklaren Datumsverhältnisse lenkte, die nach dem Zusammenbruch der historischen Datumsgrenze im mittleren und südlichen Pazifik herrschten. Der Folgeband „Die politisch-wirtschaftliche Datumsgrenze" ist v. Benko für seine jahrzehntelangen Bemühungen zur Klärung der philippinischen Datumszählung gewidmet.

Dem Militärgeschichtlichen Forschungsamt der Bundeswehr, Freiburg i. Br., danke ich für seine Auskünfte über den Besuch des deutschen Kriegsschiffs „S. M. S. Hertha" zum Abschluss des Freundschafts- und Handelsvertrags zwischen dem deutschen Reich und dem Königtum Tonga vom 1. November 1876 und für weitere Informationen über das Befahren der Südsee durch Schiffe der Kaiserlichen Marine.

Nicht zuletzt danke ich meinem langjährigen Freund Rolf Hopp und seinem Sohn Jörg Hopp fürs Korrekturlesen.

Heidelberg, im März 2017   H.–D. Woreschk

Inhaltsverzeichnis des I. Teils
DIE HISTORISCHE DATUMSGRENZE

> Von der Sperrung des Landwegs nach Indien bis zum beginnenden Einfluss des Greenwicher Meridians auf die Linie des Datumswechsels

453

Literaturverzeichnis

Atlanten und Globen:

- „Adolf Stieler's Hand-Atlas über alle Theile der Erde und über das Weltgebäude", Gotha 1895 (Justus Perthes)
- Andrees, Richard: Allgemeiner Handatlas, Bielefeld und Leipzig 1887, 2. Aufl.
- Baker, Jill (Hrsg.): Weltatlas & Länderlexikon (europäische Ausgabe), Königswinter 2009 (Originalausgabe 1999 Random House Australia Pty Ltd.)
- Berliner Schulatlas (Auf Grund der 50. Auflage von Keil und Riecke: Berliner Schulatlas), Leipzig und Berlin 1910, 3. Aufl. (Reprint der Originalausgabe von 1910)
- Britannica Atlas 1768, Chicago-London-Toronto-Geneva-Sydney-Tokyo-Manila-Seoul 1979
- Diercke Weltatlas, Braunschweig 2015, 1. Aufl.
- Hickmanns, A. Is., Prof.: Geographisch-Statistischer UNIVERSAL-TASCHENATLAS, Wien und Leipzig 1911
- „Columbus Erdglobus DUPLEX – Politisch und physikalisch", Berlin und Stuttgart 1970

Bastian, A.: Inselgruppen in Oceanien, Berlin 1883

Benko, Jerolim Freiherr von, k. u. k. Fregatten-Kapitän d. R.: Das Datum auf den Philippinen, Wien 1890 (Separatabdruck des 32. Capitels aus dem auf Befehl des k. u. k. Reichskriegs-Ministeriums, Marine-Section, demnächst im Commissions-Verlage von Carl Gerold's Sohn in Wien erscheinenden Werke: „Die Schiffsstation der k. u. k. Kriegs-Marine in Ostasien.")

Bibel, in: Apostelgeschichte 27, Vers 28 und 41

Buschick, Richard, Dr.: Die Eroberung der Erde – Dreitausend Jahre Entdeckungsgeschichte, Leipzig 1930, 6. Aufl.

Le Bureau international des administrations télégraphiques: CARTE GÉNÉREALE DES GRANDES COMMUNICATIONS TÉLÉGRAPHIQUES DU MONDE dressée d'aprés des documents officiels par LE BUREAU INTERNATIONAL DES ADMINISTRATIONS TÉLÉGRAPHIQUES, Berne 1901

Bligh, William, Lieutenant: „NARRATIVE OF THE MUTINY, ON BOARD HIS MAJESTY'S SHIP BOUNTY; AND THE SUBSEQUENT VOYAGE OF PART OF THE CREW, IN THE SHIP'S BOAT From TOFOA, one of the Friendly Islands, To TIMOR, A DUTCH Settlement in the East Indies. London MDCCXC (1790)

„Britannica"

- New York 1910/11, 11th. edit.
- Chicago-London-Toronto-Geneva-Sydney-Tokyo-Manila-Seoul 1979, 15th edit.

Brockhaus

- Leipzig 1882–1887, 13. Aufl.
- Leipzig 1908–1910, 14. Aufl.
- Leipzig 1928–1935, 15. Aufl.
- Der Neue Brockhaus, Leipzig 1941–1942

Burns, Bill: History of the Atlantic Cable & Undersea Communications (Messages Carried by the 1858 Atlantic Telegraph Cable) – http://atlantic-cable.com/Article/1858 Messages, 21.02.18

Carpenter, Edmund Janes: AMERICA IN HAWAII – A HISTORY OF UNITED STATES INFLUENCE IN THE HAWAIIAN ISLANDS, Boston 1899

Chartier, Le, H.: TAHITI et les Colonies Françaises de la Polynésie, Paris 1887

Clarke, Arthur C.: Im höchsten Grade phantastisch – Ausblicke in die Zukunft der Technik, Düsseldorf 1969

Collier's Encyclopedia, Library of Congress Catalog Card number 77-168799, ohne Ortsangabe 1972 (Kanadische Ausgabe)

Compte-Rendu Du Congrès Des Sciences Géographiques Cosmographiques Et Commerciales Tenu à Anvers Du 14 Au 22 Août 1871., Anvers 1872, Tome Second

Cooper, Stonehewer, H': THE ISLANDS OF THE PACIFIC, London 1888

Cooper, Stonehewer, H (Editor), in: Our New Colony Fiji – History, Progress and Resources, London 1882

Daville, Le Ernest, D': La Colonisation Française aux Nouvelles Hébrides Paris 1895

Deutsches Verkehrsministerium (Hrsg.): Hundert Jahre deutsche Eisenbahnen – Jubiläumsschrift zum hundertjährigen Bestehen der deutschen Eisenbahnen, Leipzig 1938, 2. Aufl.

Dominion Observatory, Wellington, New Zealand: NOTES ON THE HISTORY OF THE DATE OR CALENDAR LINE, Wellington, N. Z. 1930

Engelmann, J., Dr. (Hrsg.): Geschichte des Handels und Weltverkehrs, Leipzig 1873

Fieldhouse, David, K.: Die Kolonialreiche seit dem 18. Jahrhundert (Fischer Weltgeschichte Band 29), Frankfurt/Main 1965

455

Finsch, O.: Carolinen und Marianen, Hamburg 1900

Frey, Jürgen; Rex, Dieter: Das neue farbige Jugendlexikon, Niedernhausen/Ts., 1990/91

Freuchen, P.: Book of the Seven Seas, New York 1957

Geistbeck, Michael, Dr.: DER WELTVERKEHR. Telegraphie und Post, Eisenbahnen und Schiffahrt in ihrer Entwickelung dargestellt, Freiburg i. Br. 1887

Hassert, Kurt, Dr.: Die neuen deutschen Erwerbungen in der Südsee: Die Karolinen, Marianen und Samoa-Inseln, Leipzig 1903

Hay, D. E., President of the Seventh-Day Adventist Church (a section of the Western Pacific Union Mission): Schreiben an den Verfasser vom 18.8.1996

Helmolts Weltgeschichte, Leipzig und Wien 1922, 9. Bd.

Hopkins, Manley: HAWAII: THE PAST, PRESENT, AND FUTURE OF ITS ISLAND-KINGDOM, London 1866

Howse, Derek: Greenwich time and the discovery of the longitude, Oxford-New York-Toronto-Melbourne 1980

Huber, F.C., Prof. Dr.: DIE GESCHICHTLICHE ENTWICKELUNG DES MODER-NEN VERKEHRS, Tübingen 1893

Hydrographic Department (Ministry of Defence of Great Britain and Northern Ireland):

- Collins, K. St. B., O.B.E., D.S.C., Rear Admiral, Hydrographer of the Navy, in: „THE WORLD 3934", London, 27th of June, 1958; New Edition 1984

- David, A C F, Lieutenant Commander for Hydrographer of the Navy, Hydrographic Department: Schreiben H 6163/58 v. 3. Juni 1975 an Mr D E Hay Tonga Mission of Seventh Day Adventists, Tonga, South Pacific

- David, A C F, Lieutenant Commander for Hydrographer of the Navy, Hydrographic Department: Schreiben H 6163/58 v. 18. August 1975 an Mr D E Hay Tonga Mission of Seventh Day Adventists, Tonga, South Pacific

- David, A C F, Lieutenant Commander for Hydrographer of the Navy, Hydrographic Department: Schreiben H 6163/58 v. 9. Oktober 1975 an Mr D E Hay Tonga Mission of Seventh Day Adventists, Tonga, South Pacific

- David, A C F, Lieutenant Commander for Hydrographer of the Navy, Hydrographic Department, in: Schreiben v. 12. Februar 1979, H 6163/58, an: Lieutenant Commander H.D. Howse, MBE DSC RN, Deputy Keeper, Head of Navigation and Astronomy, National Maritime Museum, London

- David, A C F, Lieutenant Commander for Hydrographer of the Navy, Hydrographic Department: Schreiben H 6163/58 v. 11. September 1979 an Verfasser

- David, A C F, Lieutenant Commander for Hydrographer of the Navy, Hydrographic Department: Schreiben H 4496/79 v. 17. Oktober 1979 an Verfasser

- Essenhigh, N. R., Rear Admiral, Hydrographer of the Navy, in: „THE WORLD 4000", Taunton, United Kingdom, 7th Juli 1995, Edition Number: 2, Edition Date: 3rd April 2014

- Gould, R., Assistant Hydrographer: Samoa-proposed change of date (Schreiben an Hydrographic Department), 1921

- Hydrographer to the Admiralty, London, November 1921: NOTES ON THE HISTORY QF THE DATE OR CALENDAR LINE, Reprinted from the ‚New Zealand Journal of Science and Technology', Vol. XI, herausgegeben von: Dominion Observatory, Wellington, New Zealand, 1930

- Learmonth, Frederick, Vice Admiral, Hydrographer of the Navy (1919–24): Notes on the History of the Date or Calendar Line (New Zealand Journal of Science and Technology, Vol. XI, No. 6), Dominion Observatory, Wellington, New Zealand 1921, Bulletin No. 78

- Pacific Islands, Vol. II (Central Groups), published by the Lords Commissioners of the Admiralty, Printed for the Hydrographic Office, Admiralty, by Eyre and Spottiswoode, Printers to the Queen's most excellent Majesty:": SAILING DIRECTIONS" for Fiji, Tonga, Samoa, Union, Phoenix, Ellice, Gilbert, Marshall Islands; New Caledonia, Loyalty, New Hebrides, Banks, Torres, and Santa Cruz Islands. – Third Edition, London 1900

Seekarten:

- „THE WORLD 3934"; Kenneth Collins, K. St., O.B.E., D.S.C., Rear Admiral, Hydrographer of the Navy (1955–60), Ministry of Defence of Great Britain and Ireland, London 1958, New Edition 1984

- „THE WORLD 4000"; Nigel Essenhigh, N. R., Rear Admiral, Hydrographer of the Navy (1994–96), Taunton, United Kingdom, 1995, Edition 2014

- „4506: MARIANA ISLAND TO THE GILBERT GROUP", Sir David Haslam, C. E., O.B.E., Hydrographer of the Navy (1975–85), Taunton, United Kingdom, 1983, Edition 1984

Hydrographisches Amt des Reichs-Marine-Amts (Hrsg.), in: Die Forschungsreise S. M. S. „Gazelle" in den Jahren 1874 bis 1876 unter Kommando des Kapitän zur See Freiherrn von Schleinitz, Berlin 1889, I. Theil

Kleine Enzyklopädie der Natur, in: Datumsgrenze, 17. Aufl., Leipzig 1971

Knaurs Lexikon in zwanzig Bänden, München 1974, 4. Bd.

Krümmel, Otto, Dr: Handbuch der Ozeanographie, Stuttgart 1907, 2. Aufl. (Überarbeitung der 1. Aufl. 1884)

Köhlers Flottenkalender 1963, 51. Jahrgang, Minden 1963

Lehmann, Friedrich, Rudolph: Die polynesischen Tabusitten, Leipzig 1930

Leigh-Browne, F. S: The International Date Line, in: The Geographical Magazine 1942

Lingenhöhl, Daniel: Die Geisterinseln, in: Spektrum der Wissenschaft, Heidelberg 2013, Ausgabe vom 3. Mai

Lovett, Richard, M. A.: THE HISTORY OF THE LONDON MISSIONARY SOCIETY 1795–1895; The Conquest of Tahiti by France, Oxford 1899, Vol. I

Marggraff, Hugo (kgl. Bezirksingenieur): Die Kgl. Bayerischen Staatseisenbahnen in geschichtlicher und statistischer Beziehung. – GEDENKSCHRIFT zum fünfzigsten Jahrestage der Inbetriebsetzung der ersten Staatsbahnstrecke Nürnberg – Bamberg am 1. Oktober 1844, München 1894

Marquardt, Carl: Der Kampf um und auf Samoa. Ausführlich dargestellt unter Benutzung amtlichen Materials, Berlin 1899

Martin, John, M.D.: AN ACCOUNT OF THE NATIVES OF THE TONGA ISLANDS – COMPILED and Arranged from the Extensive Communications of Mr WILLIAM MARINER, SEVERAL YEARS RESIDENT IN THOSE ISLANDS, London 1817 (Vol. I and II)

Meinicke, Carl E., Prof. Dr.: Die Inseln des Stillen Ozeans, Leipzig 1875, Erster Theil,

Meinicke, Carl E., Prof. Dr.: Die Inseln des Stillen Ozeans, Leipzig 1876, Zweiter Theil,

Meinicke, Carl E., Prof. Dr.: Der internationale Kongress … in Antwerpen, in: Leopoldina, Dresden 1871–72, 7. Heft

Meyer:

- Hildburghausen und New York 1857 – 1860, 2. Aufl.
- Leipzig 1874 – 1879, 3. Aufl.
- Leipzig 1885 – 1891, 4. Aufl.
- Leipzig und Wien 1895 – 1897, 5. Aufl.
- Leipzig und Wien 1905 – 1910, 6. Aufl.
- Leipzig 1924 – 1933, 7. Aufl.
- Mannheim 2003, 9. Aufl.

Militärgeschichtliches Forschungsamt der Bundeswehr: Schreiben an Verfasser, Abt. AIF/III, Az.: 50-36-05, TgbNr. 757/59, Freiburg i. Br. 13.11.1979

Mommsen, Wolfgang J. (Verf. u. Hrsg.): Das Zeitalter des Imperialismus, Fischer Weltgeschichte, Frankfurt/M. 1969, Bd. 28

Monfat, Le, P. A.: LES TONGA OU ARCHIPÉL DES AMIS, Lyon 1893

Morrell, Benjamin, Capt.: A NARRATIVE OF FOUR VOYAGES TO THE SOUTH SEA, NORTH AND SOUTH PACIFIC OCEAN, CHINESE SEA, ETHIOPIC AND SOUTHERN ATLANTIC OCEAN, INDIAN AND ANTARCTIC OCEAN – FROM THE YEAR 1822 TO 1831, New York 1832

Mulhall: Dictionary of Statistics (Routledge and Sons), London 1885

Odom, Robert Leo: The Lord's Day on a Round World, Nashville (Tennessee, U. S. A.) 1946

Owen, Jean A..: THE STORY OF HAWAII, London und New York 1898

Pfeil, Joachim, Graf: STUDIEN UND BEOBACHTUNGEN AUS DER SÜDSEE, Braunschweig 1899

Pollin, Burton R.: Poe's life reflected through the sources of ‚Pym‘, in: Kopley, Richard (Hrsg.): Poe's ‚Pym‘ critical explorations, Durham und London 1992 (Wikipedia: „Byers-Insel", v. 17.12.2017)

Pierers Konversations-Lexikon, 7. Aufl., Vierter Band, Berlin & Stuttgart 1889

Pritchard, W.T., F.R.G.S., F.A.S.L. , : POLYNESIAN REMINISCENCES, OR LIFE IN THE SOUTH PACIFIC ISLANDS, London 1866

Random House Dictionary of the English language, New York 1987, 2. Aufl.

Reed, E. J., C. B.: OUR IRON-CLAD SHIPS, London 1869

Röll, Victor (Hrsg.) und Wurmb, Carl: Encyklopädie des gesamten Eisenbahnwesens, Wien 1890, Erster Band

Scherzer, Karl von: Reise der Oesterreichischen Fregatte Novara um die Erde, in den Jahren 1857, 1858, 1859 unter den Befehlen des Commodore B. von Müllersdorf-Urbair, Beschreibender Theil, Wien 1862, Dritter Band

Seemann, Berthold, F. L. S., MEMBER OF THE IMPERIAL L. C. ACADEMY NATURE CURIOSORUM, NATURALIST OF THE EXPEDITION, ETC., in: NARRATIVE OF THE VOYAGE OF H. M. S. HERALD DURING THE YEARS 1845 – 51; UNDER THE COMMAND OF CAPTAIN HENRY KELLETT, R. N., C. B. BEING A CIRCUMNAVIGATION OF THE GLOBE, AND THREE CRUIZES TO THE ARTIC REGIONS IN SEARCH OF SIR JOHN FRANKLIN., London 1853, VOL. II

Schmeil, O.: Leitfaden der Botanik, Leipzig 1914, 54. Aufl.

Scholes, S.E.: FIJI AND THE FRIENDLY ISLES: Sketches of their scenry and People., London 1882

Spry, W. J. J., R. N.: THE CRUISE OF HER MAJESTY' S SHIP „CHALLENGER." VOYAGES OVER MANY SEAS, SCENES IN MANY LANDS, Toronto MDCCCLXXVII (1877)

Stommel, Henry M.: Lost Islands, Vancouver 1984, in: Wikipedia: „Byers-Insel, v. 17.12.2017

taz.de: Zeitsprung im Südpazifik: Samoa lässt den 30. Dezember ausfallen, http://www.taz.de/!84587

Thomson, Basil: SAVAGE ISLAND – AN ACCOUNT OF A SEJOURN IN NIUÉ AND TONGA, London 1902

United States of America, Government of the: „INTERNATIONAL CONFERENCE – HELD AT WASHINGTON – FOR THE PURPOSE OF FIXING – A PRIME MERIDIAN – AND – A UNIVERSAL DAY. – October, 1884, PROTO-COLS OF THE PROCEEDINGS.", Washington, 1884 (*Anmerkung:* Proto-koll der Meridiankonferenz von Washington 1884)

United States of America, Ministry of Defence, Department of the Navy, Bureau of Equipment of the: „THE HAWAIIAN ISLANDS AND THE ISLANDS, ROCKS, AND SHOALS TO THE WESTWARD", Washington 1899

United States of America, Ministry of Foreign Affairs of the:

- Treaties, Cessions and Federal Law: „CONVENTION OF 1899"
- Treaties, Cessions and Federal Law: „AGREEMENT OF 1872"

Vorepièrre, B. – Dupiney, de (dirigé par), Dictionnaire Français Illustré- et encyclopédie universelle, Paris 1864, Tome second

Wagner, Hermann: Lehrbuch der Geographie, Hannover und Leipzig 1903, 7. Aufl., 1. Bd.

Wegener, Georg: Deutschland im Stillen Ozean – Samoa, Karolinen, Marshall-Inseln, Marianen, Kaiser-Wilhelm-Land, Bismarck-Archipel und Salomon-Inseln, Bielefeld und Leipzig 1903

Werner von, B.: Ein deutsches Kriegsschiff in der Südsee., Leipzig 1890, 3. Aufl.

Wikipedia

- Datumsgrenze, http://de.wikipedia.org/wiki/Datumsgrenze 18.1.2018, 15:36
- Datumsgrenze, Null-Meridian, Zeitzonen/Kalender/Wetzel, südlicher Teil der Datumsgrenze: Graphik aus 2008, 250812, Abb. 4
- Kiribati (Geographie) http://de.wikipedia.org/wiki/Kiribati, 18.01.2018, 15:30
- Duke of Clarence's Island und Wolf's Island https://de.wikipedia.org/wiki/tokelau, 1.4.2018

Woodcroft, Bennet: A SKETCH OF THE ORIGIN AND PROGRESS OF STEAM NA-VIGATION FROM AUTHENTIC DOCUMENTS, London 1848

Woreschk, H.-D.: Geschichtliche Entwicklung der Datumsgrenze (Teil I: Die Histori-sche Datumsgrenze), Heidelberg 2017, 1. Aufl.

Sachwortverzeichnis

461

462

464

465

466

471

472

473

474

475

477

Verzeichnis der vorkommenden Schiffe

Englische Schiffe

„Britannia"	„Great Britain"	„Sirius"
„Defiance"	„Great Eastern"	„Prince Williams" (Kanada)
„Duff" (Missionsschiff der London Missionary Society)	„Great Western" „Lady of the Lake"	

„Royal Navy"

„H. M. S. Agamemmnon"	„H. M. S. Dolphin"	„H. M. S. Sparrowhail"
„H. M. S. Bounty"	„H. M. S. Egeria"	„H. M. S. Tagus"
„H. M. S. Blossom"	„H. M. S. Erebus"	„H. M. S. Terror"
„H. M. S. Briton"	„H. M. S. George"	„H. M. S. Prince Regent"
„H. M. S. Carysfort"	„H. M. S. Herald"	„H. M. S. Providence"
„H. M. S. Challenger"	„H. M. S. Nelson"	„H. M. S. Queen Charlotte"
„H. M. S. Cyclops"	„H. M. S. Pandora"	
„H. M. S. Discovery"	„H. M. S. Resolution"	

Deutsche Schiffe
Kaiserliche Marine des Deutschen Reiches

„S. M. S. Adler"	„S. M. S. Eber"	„S. M. S. Iltis"
„S. M. S. Ariadne"	„S. M. S. Falke"	„S. M. S. Nautilus"
„S. M. S. Bismarck"	„S. M. S. Gazelle"	„S. M. S. Olga"
	„S. M. S. Hertha"	

Amerikanische Schiffe

„Clermont"	„Elisa" (Sklavenhandelsschiff)	„Savannah"
„Colombo"		

„U. S. Navy"

„USS Arctic"	„USS Charleston"	„USS Niagara"
„USS Boston"	„USS Columbo"	„USS Philadelphia"
„USS California"	„USS Narragansett"	„USS Topas"
		„USS Tuscarora"

Französische Schiffe	**Russische Schiffe**	**Österreich-Ungarische Schiffe**
Marine Française	*Kaiserliche Marine*	*k. u. k. Marine*
„Artemise"	„Myrtle"	„Novara"
„La Venus"	„Neva"	„S. M. E. H. Friedrich"

Spanisches Schiff	**Hawaiisches Schiff**
„Nuestra Senora Covadanga"	*(einziges Schiff der von König Kalakaua ins Auge gefassten Kriegsmarine seines Königreichs)* „Kaimiloa"

478

Verzeichnis der Illustrationen

479

480

481

482

Karte zur Inbesitznahme pazifischer Inseln (1)

1 – 39

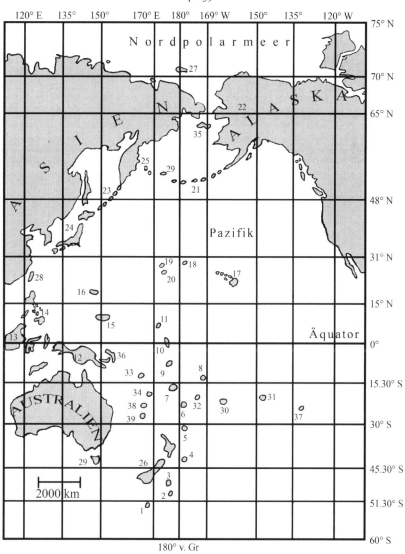

Fig. 70

483

Karte zur Inbesitznahme pazifischer Inseln (2)
40 – 73

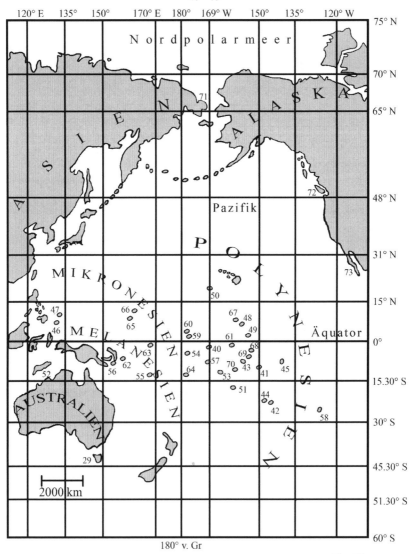

Fig. 71

484

Legende zu den beiden vorangehenden Karten:

I. = Insel   Ins. = Inseln

22	=	Alaska	24	=	Japan	14	=	Philippinen
21	=	Aleuten	61	=	Jarvis-I.	40	=	Phönix-Ins.
2	=	Antipoden-Ins.	50	=	Johnston-I.	37	=	Pitcairn
29	=	Attu	15	=	Karolinen	65	=	Providence-Ins. (Ujelang)
59	=	Baker-I.	5	=	Kermadec-Ins.	30	=	Rarotonga (Cook-Ins.)
13	=	Borneo	25	=	Kommandeur-Ins.	62	=	Salomon-Ins.
3	=	Bounty-Ins.	23	=	Kurilen	8	=	Samoa-Ins.
66	=	Brown-Ins. (Enivetok)	68	=	Malden-I.	33	=	Santa-Cruz-Ins.
36	=	Bismarck-Archipel	70	=	Manihiki-I.	35	=	St. Lorenz-I.
20*	=	Byers-I.	16	=	Marianen	69	=	Starbuck-I.
1	=	Campbell-I.	45	=	Marquesas-Ins.	51	=	Suwarow-Ins.
4	=	Chatham-Ins.	11	=	Marshall-Ins.	31	=	Tahiti
49	=	Christmas-I.	18	=	Midway-Ins.	28	=	Taiwan
9	=	Ellice-Ins.	41	=	Millennium-I.	57	=	Tokelau-Ins. (Union-Ins.)
48	=	Fanning-Ins.			(Caroline-I.)	6	=	Tonga-Ins.
7	=	Fidschi-Ins.	19*	=	Morrell-I.	43	=	Tongarewa-I. (Penrhyn)
64	=	Futana, Alofi, Wallis (Uea)	53	=	Nassau-I.	56	=	Trobriand-I.
54	=	Gardner (Gardiner)-Ins.	34	=	Neue Hebriden	71	=	Tschuktschen-Halbins.
10	=	Gilbert-Ins.	12	=	Neuguinea	42	=	Tuamotu-Ins.
17	=	Hawaii-Ins.	38	=	Neukaledonien	44	=	Tubuai-Ins.
60	=	Howland-I.	26	=	Neuseeland	55	=	Tucopia-Ins.
58	=	Insel Ducie	73	=	Niederkalifornien	72	=	Vancouver-I.
63	=	Insel Nauru	32	=	Niue	67	=	Washington-I.
52	=	Insel Timor	39	=	Norfolk	27	=	Wrangel-I.
47	=	Jap-Ins. (Yap-Ins.)	46	=	Palau-Ins.			

* Diese beiden Inseln erwiesen sich als nicht existent (s. S. 355 ff.).

485

Printed in Poland
by Amazon Fulfillment
Poland Sp. z o.o., Wrocław

14953373R10273